中國佛教思想資料選編

（全十冊，附索引）

石　峻　樓宇烈　方立天　許抗生　樂壽明 編

二

隋唐五代卷（一）

中 華 書 局

目　録

智　顗……………………………………………………………… 1

　一、摩訶止觀（節選）………………………………… 2

　二、法華玄義（節選）…………………………………47

　三、妙法蓮華經文句（節選）…………………………72

　四、修習止觀坐禪法要……………………………………85

　五、四念處（節選）…………………………………111

　六、四教義（節選）…………………………………127

　　〔附〕　智顗傳………………………………………144

　　　　　灌頂：隋天台智者大師別傳……………154

灌　頂……………………………………………………………170

　一、觀心論疏（節選）………………………………170

　二、天台八教大意…………………………………184

　三、大般涅槃經玄義…………………………………195

　　〔附〕　灌頂傳………………………………………228

湛　然……………………………………………………………231

　一、金剛錍…………………………………………232

　二、止觀義例（節選）………………………………244

　　〔附　梁肅天台止觀統例〕………………257

　　〔附　梁肅天台法門議〕………………260

　　〔附　梁肅心印銘〕………………262

　三、十不二門………………………………………262

四、始終心要……………………………………… 267
　〔附〕湛然傳……………………………………… 267

吉　藏……………………………………………… 270
　一、三論玄義……………………………………… 271
　二、大乘玄論（節選）…………………………… 304
　三、二諦義（節選）……………………………… 386
　　〔附〕吉藏傳…………………………………… 392

智　顗

　　【簡介】　智顗,字德安,俗姓陳,生於公元五二三年(梁武帝大同四年),死於公元五九七年(隋文帝開皇十七年),祖籍潁川(今河南許昌),後遷居荆州華容(今湖北監利縣西北)。他是陳隋之際著名的佛教學者,天台宗的創立者。

　　智顗十八歲出家,先學於沙門法緒和慧曠律師,後從光州大蘇山慧思禪師學心觀法。智顗學成之後,去往當時陳朝的首都金陵(今南京)弘揚禪法,影響極大。以後主要在天台山居住。由於他博識善辯,深達禪理,又與陳隋兩朝皇帝關係密切,在當時佛教界影響極大。陳宣帝曾吹捧他爲"佛法雄傑,時匠所宗,訓兼道俗,國之望也。"(國清百錄)

　　智顗創立的天台宗是中國佛教史上第一個宗派。他們奉法華經爲本宗所依據的經典,大肆宣揚法華經中"會三歸一"的理論,最先提出了一套"五時八教"的判教學說,貶低佛教其他教義,而把自己吹捧爲最得釋迦真諦的"一乘圓教"。智顗天台宗的主要思想是止觀學說,其中基本命題有二個:一是"一念三千",二是"圓融三諦",而其理論基礎則是"實相說"。智顗認爲,實相即是佛性,也就是佛心。他說:"世界無別法,唯是一心作"(法華玄義卷二上)。因此,心生一切法,"一念心即可生三千大千世界"。同理,"三諦具足,祇在一心。……即空、即假、即中,……三諦不同,而只一念"(摩訶止觀卷六下)。三諦可以一心觀,因此三諦圓融無礙。

　　智顗的著作很多,據大唐内典錄著錄有"十九部,八十七卷"。

但大部分都是其弟子灌頂等記録的講稿。其中主要的有史稱爲"天台三大部"的法華玄義、法華文句、摩訶止觀，釋禪波羅蜜次第法門、六妙門（此二書依次爲"漸次止觀"、"不定止觀"，加上上述摩訶止觀的"圓頓止觀"，又合稱爲智顗的"三種止觀"），修習止觀坐禪法要（亦名小止觀或童蒙止觀），四念處（大唐内典録列爲灌頂作），四教義，觀心論等。此外尚有史稱"小五部"的觀音玄義、觀音義疏、金光明經玄義、金光明經文句、觀無量壽經疏（此書抄襲後周慧遠之説，疑爲僞書）和法界次第法門、仁王護國般若經疏、維摩經玄義、維摩經疏、金剛般若經疏、阿彌陀經疏、菩薩戒經義疏、淨土十疑論（此書疑僞）、方等三昧行法、法華三昧懺儀等。

一、摩訶止觀（節選）

止觀明静，前代未聞。智者，大隋開皇十四年四月二十六日，於荆州玉泉寺，一夏敷揚，二時慈霖。雖樂説不窮，纔至見境，法輪停轉，後分弗宣。然挹流尋源，聞香討根。論曰：我行無師保。經云：受剗於定光。書言：生知者上，學而次良。法門浩妙，爲天真獨朗，爲從藍而青，行人若聞付法藏，則識宗元。大覺世尊，積劫行滿，涉六年以伏見，舉一指而降魔，始鹿苑，中鶖頭，後鶴林，法付大迦葉。迦葉八分舍利，結集三藏，法付阿難。阿難河中入風三昧，四派其身，法付商那和修。修手雨甘露，現五百法門，法付毱多。多在俗得三果，受戒得四果，法付提迦多。多登壇得初果。三羯磨得四果，法付彌遮迦。迦付佛馱難提。提付佛馱密多。多授王三歸，降伏算者，法付脇比丘。比丘出胎髮白手放光取經，法付富那奢。奢論勝馬鳴，剃髮爲弟子，鳴造賴吒和羅妓，妓音演無常苦空，聞者悟道，法付毘羅。羅造無我論，論所向處，邪見消滅，法付龍樹。樹生生身，龍成法身，法付提婆。婆鑿天眼，施萬肉眼，法付羅睺羅。羅識鬼名書，降伏外道，法付僧佉難提。提説偈試羅漢，法付僧佉耶奢。奢遊海見城説偈，法付鳩摩羅馱。馱見萬騎，記馬色，得人名，分別衣，法付闍夜那。那爲犯重人作火坑，令入懺悔，坑成池罪滅，法付盤馱。馱法付摩奴羅。羅分恒河爲二分，自化一分，法付鶴勒夜那。那法付師子。師子爲檀彌羅王所害，劍斬流乳，付法藏人。始迦葉終師子二十三人。末田地與商那同時取之，則二十四人。諸師皆金口所記，並是聖人，能多利益。昔王不立廁於寺，立廁於屠，況好世值聖，寧無益耶？又婆羅門貨髑髏，孔達者半者不者，達者起塔禮供得生天。聞法之要功德若此，佛爲此益付法藏也。此之止觀，天台智者，説己心中所行法門。

智者生光滿室，目現雙瞳，行法華經懺，發陀羅尼，代受法師講金字般若，陳隋二國，宗爲帝師，安禪而化，位居五品。故經云：施四百萬億那由他國人，一一皆與七寶。又，化令得六通，不如初隨喜人百千萬倍，況五品耶？文云：卽如來使，如來所使，行如來事。大經云：是初依菩薩。智者師事南岳。南岳德行不可思議，十年專誦，七載方等，九旬常坐，一時圓證，大小法門朗然洞發。南岳事慧文禪師，當齊高之世獨步河淮，法門非世所知，履地戴天，莫知高厚。文師用心一依釋論，論是龍樹所説，付法藏中第十三師。智者觀心論云："歸命龍樹師。"驗知龍樹是高祖師也。疑者云：中論遣蕩，止觀建立，云何得同？然天竺注論凡七十家，不應是青目而非諸師。又論云：因緣所生法，我説卽是空，亦爲是假名，亦是中道義云云。

天台傳南岳三種止觀：一漸次，二不定，三圓頓，皆是大乘，俱緣實相，同名止觀。漸，則初淺後深，如彼梯隥。不定，前後更互，如金剛寶置之日中。圓頓，初後不二，如通者騰空。爲三根性説三法門引三譬喻，略説竟。更廣説：漸初亦知實相，實相難解，漸次易行。先修歸戒，翻邪向正，止火血刀，達三善通；次修禪定，止欲散網，達色無色定道；次修無漏，止三界獄，達涅槃道；次修慈悲，止於自證，達菩薩道；後修實相，止二邊偏，達常住道。是爲初淺後深，漸次止觀相。不定者，無別階位，約前漸後頓，更前更後，互淺互深，或事或理，或指世界爲第一義，或指第一義爲爲人對治，或息觀爲止，或照止爲觀，故名不定止觀。疑者云：教境名同，相頓爾異。然同而不同，不同而同。漸次中六，善惡各三，無漏總中三，凡十二不同，從多爲言，故名不定。此章同大乘同實相，同名止觀，何故名爲辯差？然同而不同，不同而同。漸次中九不同，不定中四不同，總有十三不同，從多爲言故名不同耳。一切聖人皆以無爲法而有差別，卽其義也。圓頓者，初緣實相，造境卽中，無不真實。繫緣法界，一念法界，一色一香無非中道。己界及佛界衆生界亦然。陰入皆如，無苦可捨。無明塵勞卽是菩提，無集可斷。邊邪皆中正，無道可修。生死卽涅槃，無滅可證。無苦無集故無世間，無道無滅故無出世間。純一實相，實相外更無別法。法性寂然名止，寂而常照名觀，雖言初後無二無別，是名圓頓止觀。漸與不定，置而不論。今依經更明圓頓，如了達甚深妙德。賢首曰：菩薩於生死，最初發心時，一向求菩提，堅固不可動。彼一念功德深廣無崖際，如來分別説窮劫不能盡。此菩薩聞圓法、起圓信、立圓行、住圓位。以圓功德而自莊嚴，以圓力用建立衆生。云何聞圓法？聞生死卽法身，煩惱卽般若，結業卽解脱。雖有三名，而無三體。雖是一體，而立三名。是三卽一相，其實無有異。法身究竟，般若解脱亦究竟。般若清淨，餘亦清淨。解脱自在，餘亦自在。聞一切法亦如是。皆具佛法無所減少，是名聞圓法。云何圓信？信一切法，卽空卽假卽中，無一二三而一二三。無一二三是遮一二三，而一二三是照一二三。

無遮無照，皆究竟清淨自在。聞深不怖，聞廣不疑，聞非深非廣意而有勇，是名圓信。云何圓行？一向專求無上菩提，卽邊而中，不餘趣同；三諦圓修，不爲無邊所寂有邊所動，不動不寂直入中道，是名圓行。云何入圓位？入初住時一住一切住，一切究竟一切清淨一切自在，是名圓位。云何圓自在莊嚴？彼經廣説自在相，或於此根入正受，或於彼根起出説，或於一根雙入出，或於一根不入出，餘一一根亦如是。或於此塵入正受，或於彼塵起出説，或於一塵雙入出，或於一塵不入出，餘一一塵亦如是。或於此方入正受，或於彼方起出説，或於一方雙入出，或於一方不入出。或於一物入正受，或於一物起出説，或於一物雙入出，或於一物不入出。若委説者，祇於一根一塵，卽入卽出，卽雙入出，卽不入出，於正報中一一自在，於依報中亦如是，是名圓自在莊嚴。譬如日光，周四天下，一方中，一方旦，一方夕，一方夜半，輪迴不同，祇是一日而四處見異。菩薩自在亦如是。云何圓建立衆生？或放一光，能令衆生得卽空卽假卽中益，得入出雙入出不入出益，歷行住坐臥語默作作亦如是。有緣者見，如目覩光；無緣不覺，盲瞽常闇。故舉龍王爲譬，豎遍六天，橫亘四域，與種種雲，震種種雷，耀種種電，降種種雨。龍於本宮不動不搖，而於一切施設不同。菩薩亦如是，內自通達，卽空卽假卽中，不動法性，而令獲種種益，得種種用，是名圓力用建立衆生。初心尚爾，況中後心。如來殷勤稱歎此法，聞者歡喜，常啼東請，善財南求，藥王燒手，普明刻頭，一日三捨恒河沙身，尚不能報一句之力，況兩肩荷負百千萬劫，寧報佛法之恩？一經一説如此，餘經亦然。

疑者云：餘三昧願聞誠證。然經論浩博，不可委引，略舉一兩。淨名云：“始坐佛樹力降魔，得甘露滅覺道成，三轉法輪於大千，其輪本來常清淨，天人得道此爲證，三寶於是現世間。”此卽漸教之始也。又云："佛於一音演説法，衆生隨類各得解，或有恐怖或歡喜，或生厭離或斷疑，斯則神力不共法。"此證不定教也。又云："説法不有亦不無，以因緣故諸法生，無我無造無受者，善惡之業不敗亡。"此證頓教也。大品云："次第行次第學次第道。"此證漸也。又云："以衆包裹摩尼珠，置之水中隨物變色。"此證不定也。又云："從初發心，即坐道場，轉法輪，度衆生。"此證頓也。法華云："如是之人應以此法，漸入佛慧。"此證漸也。又云："若不信此法，於餘深法中示教利喜。"此證不定也。又云："正直捨方便，但説無上道。"此證頓也。大經云："從牛出乳乃至醍醐。"此證漸也。又云："置毒乳中乳即殺人，乃至置毒醍醐，醍醐殺人。"此證不定也。又云："雪山有草名曰忍辱，牛若食者即得醍醐。"此證頓也。無量義云："佛轉法輪，微滯先墮，淹諸欲塵，開涅槃門，扇解脱風，除世熱惱，致法清涼。次降十二因緣雨，灑無明地，掩邪見光，後澍無上大乘，普令一切發菩提心。"此證漸也。華嚴曰："娑伽羅龍，車軸雨海，餘地不堪，爲上根性説圓滿修多羅，二乘如聾如瘂。"淨名曰："入薝蔔林，不嗅餘香；入此室者，但聞諸佛功德之香。"首楞嚴曰："擣萬種香爲丸，若燒一塵具足衆氣。"大品曰："以一切種智知一切法，當學般若波羅蜜。"法華曰："合掌以敬心，欲聞具足道。"大經曰："譬如有人在大海浴，當知是人已用諸河之水。"華嚴曰："譬如日出先照高山，次照幽谷，次照平地。"平地不定也，幽谷漸也，高山頓也。上來皆是金口誠言，三世如來所尊重法。過去過去，久遠久遠，邈無萌始；現在現在，無邊無際；未來未來，展轉不窮。若已今當，不可思議。當知止觀諸佛之師，以法常故，諸佛亦常。樂我淨等亦復如是。如是引證，寧不信乎？

既信其法，須知三文：次第禪門合三十卷，今之十軸，是大莊嚴寺法慎私記；不定文者如六妙門，以不定意歷十二禪九想八背，觀練熏修，因緣六度無礙旋轉縱橫自在，此是陳尚書令毛憙請智者出此文也；圓頓文者，如灌頂荊州玉泉寺所記十卷是也。雖有三文無得執文而自疣害。論云：若見若不見般若皆縛皆脫，文亦例然。疑者云：諸法寂滅相不可以言宣。大經云："生生不可說，乃至不生，不生不可說。若通若別言語道斷，無能說無所說。"身子云："吾聞解脫之中無有言說，故吾於此不知所云。"淨名云："其所說者，無說無示，其聽法者，無聞無得，斯人不能說，斯法不可說，而言亦人，然但引一邊不見其二。"大經云："有因緣故，亦可得說。"法華云："無數方便，種種因緣，爲衆生說。"又云："以方便力故，爲五比丘說。若通若別，皆可得說。"大經云："有眼者爲盲人說乳。"此指真諦可說。天王般若云："總持無文字，文字顯總持。"此指俗諦可說。又如來常依二諦說法。淨名云："文字性離即是解脫，即說是無說。"大經云："若知如來常不說法，是即多聞。"此指不說而是說也。思益云："佛及弟子常行二事，若說若默。"法華云："去來坐立，常宣妙法，如注大雨。"又云："若欲求佛道，常隨多聞人。善知識者，是大因緣，所謂化導，令得見佛。"大經云："空中雲雷，生象牙上華，何時一向無說？"若競說默，不解教意，去理逾遠。離說無理，離理無說，即說無說，無說即說，無二無別即事而真。大悲憐愍，一切無聞。如月隱重山，舉扇類之；風息太虛，動樹訓之。今人意鈍，玄覽則難。眼依色入，假文則易。若封文爲害，須知文非文，達一切文非文非不文，能於一切文得一切解。爲此義故，以三種文作達一門也。已略說緣起竟。

今當開章爲十：一、大意，二、釋名，三、體用，四、攝法，五、偏圓，六、方便，七、正觀，八、果報，九、起教，十、旨歸。十是數方不多不少，始則標期在荼，終則歸宗至極，善始令終，總在十章中矣。

生起者，專次第十章也。至理寂滅，無生無生者，無起無起者。

有因緣故，十章通是生起。別論前章爲生，次章爲起。緣由趣次，亦復如是。所謂無量劫來癡惑所覆，不知無明卽是明，今開覺之故言大意。既知無明卽明，不復流動，故名爲止。朗然大淨，呼之爲觀。既聞名得體，體卽攝法。攝於偏圓，以偏圓解，起於方便。方便既立，正觀卽成。成正觀己，獲妙果報。從自得法，起教教他，自他俱安，同歸常寂。祇爲不達無生無起，是故生起既了，無生無起，心行寂滅，言語道斷，寂然清淨。分別者，十章功德如囊中有寶，不探示人，人無見者。今十章幾真幾俗，幾非真非俗；幾聖說聖默，非說非默；幾定幾慧，幾非定慧；幾目足，幾非目足；幾因果，非因果；幾自他，非自他；幾共不共，非共非不共；幾通別，非通別；幾廣略，非廣略；幾橫豎，非橫豎。如是等種種，應自在作問。初八章卽俗而真，果報一章卽真而俗，旨歸章非真非俗。正觀聖默，餘八章聖說，旨歸非說非默。正觀一分是定，餘八章及一分是慧，旨歸非定非慧。大意至正觀是因，果報是果，旨歸非因非果。前八章自行起教化他，旨歸非自非他。大意至起教是目，方便至果報是足，旨歸非目非足。大意至正觀共，果報起教不共，旨歸非共非不共。大意一通，八章別，旨歸非通非別。大意略八章廣，旨歸非廣非略。體相豎，餘八橫，旨歸非橫非豎。

　　料簡者。問：略指大意同異云何？答：通則名異意同，別則略指三門，大意在一頓。問：約顯教論顯觀，亦應約祕教論密觀？答：既分顯密，今但明顯不說祕。問：分門可爾任論得不？答：或得或不得。教是上聖被下之言，聖能顯祕兩說，凡人宣述祇可傳顯不能傳祕，聽者因何作觀？或得者，六根淨位，能以一妙音遍滿三千界，隨意悉能至，則能傳祕教。若修觀者，發所修顯法不發不修者。發宿習人，得論密觀。問：初淺後深是漸觀，初深後淺是何觀相？答：是不定觀。問：初後俱淺是何觀相？答：小乘意非三止觀相也。

問：小乘亦是佛説，何意言非？若言非者，不應言漸。答：既分大小，小非所論。今言漸者，從微至著之漸耳。小乘初後俱不知實相，故非今漸也。問：示三文者，文是色，色是門爲非門？若是門者，色是實相更何所通？若非門者，云何而言一色一香皆是中道？答：文門並是實相，衆生多顛倒少不顛倒，以文示之，即於文達文非文，非文非不文。文是其門，於門得真相故。文是其門門具一切法，即門即非門即非門非不門。

解釋者，釋十章也。初釋大意，囊括始終，冠戴初後，意緩難見，今撮爲五，謂：發大心、修大行、感大果、裂大網、歸大處。云何發大心？衆生昏倒不自覺知，勸令醒悟上求下化。云何行（應作修）大行？雖復發心，望路不動，永無達期，勸牢強精進行四種三昧。云何感大果？雖不求梵天，梵天自應，稱揚妙報，慰悦其心。云何裂大網？種種經論，開人眼目，而執此疑彼，是一非諸，聞雪謂冷，乃至聞鶴謂動。今融通經論，解結出籠。云何歸大處？法無始終，法無通塞。若知法界，法界無始終無通塞，豁然大朗，無礙自在。生起五略，顯於十廣云云。

就發心更爲三：初方言，次簡非，後顯是。菩提者，天竺音也，此方稱道。質多者天竺音，此方言心，即慮知之心也。天竺又稱污栗馱，此方稱是草木之心也。又稱矣栗馱，此方是積聚精要者爲心也。今簡非者，簡積聚草木等心，專在慮知心也。道亦有通有別，今亦簡之略爲十：若其心念念專貪瞋癡，攝之不還拔之不出，日增月甚起上品十惡，如五扇提羅者，此發地獄心行火途道。若其心念念欲多眷屬，如海吞流，如火焚薪，起中品十惡，如調達誘衆者，此發畜生心行血途道。若其心念念欲得名聞，四遠八方稱揚欽詠，內無實德虛比賢聖，起下品十惡，如摩犍提者，此發鬼心行刀途道。若其心念念常欲勝彼，不耐下人，輕他珍己，如鴟高飛下視，而外揚仁義禮智信，起下品善心行阿脩羅道。若其心念念欣世間樂，安其臭身，悦其癡心，此起中品善心行於人道。若其心念念知三惡苦多，人間苦樂相間，天上純樂，爲天上樂闢六根不出六塵不入，此上品善心行於天道。若其心念念欲大威勢，身口意纔有所作，一切弭從，此發欲界主心行魔羅道。若其心念念欲得利智辯聰，高才勇哲，鑒達六合，十方顒顒，此發世智心行尼犍道。若其心念念五塵六欲外樂，蓋微三禪樂，如石泉其樂内重，此發梵心行色無色道。若其心念念知善惡輪環，凡夫耽洒，賢聖所呵，破惡由淨慧，淨慧由淨禪，淨禪由淨戒，尚此三法如飢如渴，此發無漏心行二乘道。若心若道其非甚多，略言十耳。或開上合下，或開下合上，令十數方足而已。舉一種爲語端，強者先牽，如論云：破戒心墮地獄，慳貪心墮餓鬼，無慚愧心墮畜生，即其義也。或先起非心，或先起是心，或是非並起，譬象魚風並濁池水。象譬外，魚譬内，風譬並起。又，象譬諸非自外而起，魚譬内觀羸弱爲二邊所動，風譬内外合雜穢濁混和。又，九種是生死，如蠶自縛；後一是涅槃，如麞獨跳。雖得自脱，未具佛法，俱非故雙簡。前九是世間不動不出，後一雖出，無大悲，俱非雙簡也。有爲、無爲、有漏、無漏、善惡、染淨、縛脱、真俗等，種種法門亦如是。又，九法約世間苦諦，後一非苦諦，雖非苦諦，曲拙灰近，故雙非簡却。次有爲有漏約集諦，後一非集諦，雖非集諦，曲近灰拙，亦雙非簡也。次善惡染淨約道諦，後一是道諦，雖是道諦，亦如前簡。次縛脱真俗約滅諦，後一雖是滅諦亦如前簡。若得此意，歷一切根塵、三業四儀、生心動念，皆此觀察，勿令濁心得起，設起速滅。如有明眼人能避險惡道，世有聰明人能遠離衆惡。初心行者若見此意，堪爲世間而作依止。問：行者自發心，他教發心？答：自他共離皆不可，但是感應道交而論發心耳。如子墮水火，父母騷擾救之。淨名云："其子得病，父母亦病。"大經云："父母於病子心則偏重，動法性山入生死海，故有病行嬰兒行，是名感應發心也。"禪經云："佛以四隨説法，隨樂隨宜隨治隨義，將護彼意説悦其心。附先世習，令易受行；觀病輕重，設藥多少；道機時熟，聞即悟道，豈非隨機感應利益？智度論四悉檀，世法間隔名世界，隨其堪能名爲人，兩悉檀與四隨同，亦是感應也。更引論五復次：一、明菩薩種種行故，説般若波羅蜜經。二、令菩薩增念佛三昧故。三、説跋致相貌故。四、拔弟子惡邪故。五、説第一義故，説般若波羅蜜經。此五復次與四隨四悉皆不異。又與五因緣同。若不隨機惱他故，説於彼無益。若大悲雷雨，得從微之著。論云：真法及説者聽衆難得故。如是，則生死非有邊非無邊，實相非難非易，非有非無，此名真法。能如此説聽，名真説聽。有三悉檀益名有邊。第一義益名非有邊非無邊。故知緣起能辦大事，則感應意也。然四隨四悉五緣名異，意義則同。今説之：四隨是大悲應益，悉檀是憐愍遍施，蓋左右之異耳。言因緣者，或因於聖緣於凡，或因於凡緣於聖，則感應道交。當知三法言味相符，則意同。隨樂欲偏語修因所尚，世界偏語受報間隔，蓋因果之異耳。便宜者選法以擬人，爲人者觀人以逗法，此乃欣赴不同耳。又五因緣者，衆生信樂爲因，佛説一法一切法，大菩提心也，於經是樂欲，於論是世界。衆生有大精進勇猛，佛説一行一切行，則四三昧，於經是便宜，於論是爲人。衆生有平等大慧爲因，感佛説一破一切破，獲勝果報及通經論，於經論俱是對治。衆生有佛智眼爲因，感佛説一究竟一切究竟，得説旨歸寂滅，於經論俱是第一義也。又五緣五復次者，菩提心是諸行本，論舉種種行，蓋枝本之異耳。四三昧是通修，念佛是別修，蓋通別之異耳。勝報備説依正習果報果，跋致偏舉習果入位之相，蓋雙隻之異耳。除經論疑滯者，經論是起疑執處，拔弟子惡邪者是起過人，人處異耳。本末究竟等與第一義名同易見，所以不異是爲義同。又，聖説多端，或次説或不次説，或具説或不具説，或雜説或不雜説。衆生禀益不同，或次益不次益，或具益不具益，或雜益不雜益；或四悉檀成五緣，五緣成四悉；或四悉成一因緣，一因緣成一悉；或一一因緣皆具四悉，四悉具五緣。如是等種種互相成顯，還以三止觀結之，可以意知。又以一止觀結之，發菩提心即是觀，邪僻心息即是止。又五略祇是十廣，初五章祇是發菩提心一意耳，方便正觀祇是四三昧耳。果報一章祇明遠順，遠即二邊果報，順即勝妙果報。起教一章轉其自心利益於他，或作佛身施權實，或作九界像對揚漸頓，轉漸頓，弘通漸頓。旨歸章祇是同歸大處祕密藏中，故知略廣義同也。

顯是更爲三：初四諦，次四弘，後六即。四諦名相出大經聖行品，謂生滅無生滅無量無作。生滅者，苦集是世因果，道滅出世因果。苦則三相遷移，集則四心流動，道則對治易奪，滅則滅有還無。雖世出世皆是變異，故名生滅四諦也。無生者，苦無逼迫，一切皆空，豈有空能遣空，即色是空，受想行識亦復如是，故無逼迫相也。集無和合相者，因果俱空，豈有因空與果空合？歷一切貪瞋癡亦復如是。道不二相無能治所治，空尚無一云何有二耶？法本不然，今則無滅，不然不滅，故名無生四諦也。無量者，分別校計，苦有無量相，謂一法界苦尚復若干，況十法界，則種種若干，非二乘若智若眼所能知見，乃是菩薩所能明了。謂地獄種種若干差別，皮剥割截燒煮剉切，尚復若干不可稱計，況復餘界種種色種種受想行識，塵沙海滴寧當可盡？故非二乘知見，菩薩智眼乃能通達。又，集有無量相，謂貪欲瞋癡種種心種種身口，集業若干，身曲影斜，聲喧響濁，菩薩照之不謬耳。又，道有無量相，謂析體拙巧，方便曲直，長短權實，菩薩精明而不謬濫。又，滅有無量相，如是方便，能滅見諦，如是方便能滅思維，各有若干正助，菩薩洞覽無毫差也。又即空方便，正助若干，皆無若干，雖無若干而分別若干無謬無亂。又如是方便能析滅四住，又如是方便能體滅四住，如是方便能滅塵沙，如是方便能滅無明，雖種種若干，彼彼不雜。又三悉檀分別故有若干，第一義悉檀則無若干，雖無若干從多爲論，故名若干，稱無量四諦也。無作四諦者，皆是實相不可思議，非但第一義諦無復若干，若三悉檀及一切法無復若干，此義可知不復委記。若以四諦竪對諸土有增有減，同居有四，方便則三，實報則二，寂光但一。若橫敵對者，同居生滅，方便無生滅，實報無量，寂光無作云云。又總説名四諦，別説名十二因緣，苦是識、名色、六入、觸、受、生、老、死七支，集是無明、行、愛、取、有等五支，道是對治因緣方便，滅是無明滅乃至老死滅，故大經開四四諦，亦開四十二因緣。下智觀故得聲聞菩提，中智觀故得緣覺菩提，上智觀故得菩薩菩提，上上智觀故得佛菩提。又中論偈云：因緣所生法，即是生滅；我説即是空，是無生滅；亦名爲假名，是無量；亦名中道義，是無作。又解：因緣即果，所生即苦，滅苦方便是道，苦集盡是滅。又偈言因緣，因緣即無明，所生法即行、名色、六入等。故文云：爲利根弟子，説十二因緣不生不滅相，指前二十五品；爲鈍根弟子，説十二因緣生滅相，指後兩品。當知論偈總説，即四種四諦，別説即四種十二因緣也。已分別四四諦竟。

　　諸經明種種發菩提心，或言推種種理發菩提心，或視佛種種相發菩提心，或視種種神通，或聞種種法，或遊種種土，或視種種衆，或見修種種行，或見種種法滅，或見種種過，或見他受種種苦而發菩提心，略舉十種爲首廣説云云。推理發心者，法性自天而然，集不能染，苦不能惱，道不能通，滅不能淨。如雲籠月不能妨害，却煩惱已乃見法性。經言：滅非真諦因滅會真，滅尚非真三諦焉是？煩惱中無菩提，菩提中無煩惱，是名推生滅四諦，上求佛道，下化衆生，發菩提心。推無生四諦發心者，法性不異苦集，但迷苦集失法性。如水結爲冰，無別水也。達苦集無苦集，卽會法性。苦集尚是，何況道滅。經言：煩惱卽是菩提，菩提卽是煩惱，是名推無生四諦，上求下化，發菩提心。推無量者，夫法性者，名爲實相，尚非二乘境界，況復凡夫？出二邊表，別有淨法。如佛藏經十喩云云。是名推無量四諦，上求下化，發菩提心。推無作者，夫法性與一切法無二無別，凡法尚是，況二乘乎？離凡法更求真相，如避此空彼處求空。卽凡法是實法，不須捨凡向聖。經言：生死卽涅槃，一色一香皆是中道，是名推無作四諦上求下化發菩提心。若推一法卽洞法界達邊到底，究竟橫竪事理具足，上求下化備在其中，方稱發菩提心。菩提名道，道能通到橫竪彼岸，名發心波羅密。故於推理委作淺深事理周遍，下去法法例爾。觀佛相好發心者，若見如來，父母生身，身相昺著，明了得處，輝麗灼爍。毘首羯磨所不能作，勝轉輪王，相好纏絡，世間希有。天上天下無如佛，十方世界亦無比。願我得佛齊聖法王，我度衆生無數無史，是爲見應佛相好，上求下化，發菩提心。若見如來，知如來無如來。若見相好，知相好非相好。如來及相好皆如虛空，空中無佛，況復相好？見如來非如來，卽見如來；見相非相，卽見諸相。願我得佛齊聖法王，我度衆生無數無央，是爲見勝應相好，上求下化，發菩提心。若見如來身相，一切靡所不現，如明淨鏡覩衆色像。一一相好，凡聖不得其邊，梵天不見其頂，目連不窮其聲。論云：無形第一體，非莊嚴莊嚴。願我得佛齊聖法王，是爲見報佛相好，上求下化，發菩提心。若見如來，知如來智，深達罪福相，徧照於十方，微妙淨法身，具相三十二。一一相好卽是實相，實相法界具足無減。願我得佛齊聖法王，是爲見法佛相好，上求下化，發菩提心云云。云何見佛種種神變發菩提心？若見如來依根本禪，一心作一，不得衆多。若放一光，從阿鼻獄上至有頂，大光晃耀，天地洞明，日月戢重輝，天光隱不現。願我得佛，齊聖法王云云。若見<u>如來</u>，依如來無生理，不以二相，應諸衆生，能令衆生各各見佛獨在其前。願我得佛，齊聖法王云云。若見<u>如來</u>，依如來藏三昧正受，十方塵刹起四威儀，而於法性未曾動搖。願我得佛，齊聖法王云云。若見<u>如來</u>與諸神變無二無異，<u>如來</u>作神變，神變作<u>如來</u>，無記化化，化復作化，不可窮盡，皆不可思議，皆是實相而作佛事。願我得佛，齊聖法王云云。

云何聞種種法發菩提心，或從佛及善知識，或從經卷，聞生滅一句，即解世出世法，新新生滅，念念遷移，戒慧解脱，寂静乃真。願我得佛，能説淨道云云。或聞生滅，即解四諦皆不生不滅，空中無刺，云何可拔？誰苦誰集，誰修誰證，畢竟清淨，能所寂然。願我得佛，能説淨道云云。或聞生滅，即解生滅對不生滅爲二，非生滅非不生滅爲中，中道清淨，獨拔而出生死涅槃之表。願我得佛，能爲衆生説最上道，獨拔而出，如華出水，如月處空云云。或聞生滅，即解生滅不生滅，非生滅非不生滅，雙照生滅不生滅，即一而三，即三而一，**法界秘密**，常樂具足。願我得佛，能爲衆生説祕密藏，如福德人，執石成寶，執毒成藥云云。若聞無生，謂二乘無三界生，菩薩未無生。若聞無生，謂三乘皆無三界生。若聞無生，二乘非分，但在菩薩，菩薩先無分段生，次無變易生。若聞無生，一無生一切無生。若聞無量一句，例如此。若聞無量，謂二乘方便道，四諦十六諦等，以爲無量。若聞無量，二乘自用伏惑，**不能化他**，菩薩用此無量，自去惑亦化他。若聞無量，謂二乘無分，但在菩薩，菩薩用斷界内塵沙，亦伏界外塵沙。若聞無量，謂二乘無分，但在菩薩，菩薩用斷界内外塵沙，亦伏無明。若聞無量但在菩薩，菩薩用伏斷無明。若聞無作一句，例亦如此。若聞無作，謂非佛天人修羅所作，二乘證此無作。<u>思益</u>云：“我等學於無作，已作證得，而菩薩不能證得”

云云。若聞無作，謂三乘皆能證得。若聞無作謂非二乘境界，況復凡夫。菩薩破權無作，證實無作。若聞無作，謂即權無作，證實無作。若得此意，隨聞一句，通達諸句，乃至一切句，一切法而無障礙云云。

夫一說衆解，是義難明，更約論偈重說之。若言因緣所生法，我說即是空者，既言因緣所生，那得即空，須析因緣盡，方乃會空，呼方空爲即空。亦名假名者，有爲虛弱，勢不獨立，假衆緣成，賴緣故假，非施權之假。亦名中道義者，離斷常名中道，非佛性中道。若作如此解者，雖三句皆空，尚不成即空，況復即假即中，此生滅四諦義也。若因緣所生法不須破滅，體即是空，而不得即假即中，設作假中，皆順入空。何者？諸法皆即空，無主我故；假亦即空，假施設故；中亦即空，離斷常二邊故。此三番，語雖異，俱順入空，退非二乘析法，進非別非圓，乃是三獸渡河，共空之意耳。若謂即空即假即中者，三種邐迤，各各有異。三語皆空者，無主故空，虛設故空，無邊故空。三種皆假者，同有名字故假。三語皆中者，中真中機中實，故俱中。此得別失圓云云。若謂即空即假即中者，雖三而一，雖一而三，不相妨礙。三種皆空者，言思道斷故。三種皆假者，但有名字故。三種皆中者，即是實相故。但以空爲名，即具假中，悟空即悟假中，餘亦如是。當知聞於一法，起種種解，立種種願，即是種種發菩提心，此亦可解。其淨土徒衆、修行法滅、受苦起過等，發菩提心，例前可解，不復委記。

上來所說既多，今以三種止觀結之。然法性尚非一法，云何以三四推之？今言一二三四，說法性是所迷，苦集是能迷，能迷有輕重，所迷有即離。約界內外分別，即有四種苦集；約根性取理，即有一二三四不同云云。若界內鈍人，迷真重，苦集亦重；利人迷真輕，苦集亦輕。界外利鈍輕重，亦如是。法性是所解，道滅是能解，所解有即離，能解有巧拙。界内鈍人，所解離能解則拙；利人，所解即能解亦巧。界外利鈍，即離巧拙，亦如是。所以者何？事理既殊，昏惑亦甚。譬如父子兩謂路人，瞋打俱重。瞋以譬集，打以譬苦。若謂煩惱即法性，事理相即，苦集則輕。實非骨肉，兩謂父子，瞋打則薄。粗細、枝本、通別、徧不徧、難易等，亦如是。或云界内苦集，底滯爲重；界外升出爲輕。或界内皮惑，故爲淺；界外肉惑，故爲深。惑言界内隨他意，故爲拙；界外隨自意，故爲巧。或言界内稱機故爲巧，界外不稱機故爲拙。或言界内有能所故爲粗，界外無能所故爲細。或言界内小道極在化城，故爲細；界外大道極在寶所，故爲粗。或言界内容塵故爲枝，界外同體故爲本。或言界内在初故爲本，界外在後故爲枝。或言界内小大共故爲通，界外獨在大故爲別。或言界内偏故爲小，淺故爲別；界外圓故爲大，無隔故爲通。或言界内短故爲不徧，界外周法界故爲徧。或言界内在一切賢聖共故爲徧，界外獨在大緣故爲不徧。或言界内用二乘方便故爲難斷，界外但依無礙慧故爲易斷。如是等種種互説，今若結之，則易可解。若作淺深輕重者，漸次觀意也。若作一實四諦，不分別者，圓觀意也。若作更互輕重者，不定觀意也。皆是大乘法相，故須識之。若見此意，即知三種：漸次顯是，不定顯是，圓頓顯是云云。問：集既有四，苦果何二？答：惑隨於解，集則有四；解隨於惑，但惑二死。例如小乘，惑隨於解，則有見諦思惟。若解隨於惑，但是一分段生死耳。問：苦集可是因緣所生法，道滅何故爾？答：苦集是所破，道滅是能破，能破從所破得名，俱是因緣生法。故大經云：“因滅無明，則得熾然三菩提燈”，亦是因緣也。問：法性是所迷，何故二？何故四？答：法性隨權實，是故二。法性隨根緣，是故四。若見此意，例見相聞法，乃至起過，例作四種分別廣説云云。

中約弘誓顯是者，前推法性聞法等，其義已顯，爲未了者更約四弘。又四諦中，多約解明上求下化；四弘中，多約願明上求下化。又四諦中，通約三世佛明上求下化；四弘中，多約未來佛明上求下化。又四諦中，多約諸根明上求下化；四弘中，專約意根明上求下化。如此分別令易解，得意者不俟也。夫心不孤生，必託緣起。意根是因，法塵是緣，所起之心是所生法。此根塵能所，三相遷動，竊起竊謝，新新生滅，念念不住，睒爍如電耀，遄疾若奔流。色泡、受沫、想炎、行城、識幻，所有依報國土田宅妻子財產，一念喪失，倏有忽無，三界無常，一篋偏苦。四山合來，無逃避處，唯當專心戒定智慧。堅破顛倒，橫截死海，超度有流。經言我昔與汝等，不見四真諦，是故久迴轉。火宅如此，云何耽湎，縱逸嬉戲？是故慈悲起四弘誓，拔苦與樂，如釋迦之見耕墾，似彌勒之觀毀臺，即其義也。以明了四諦，故非九縛；起四弘誓，故非一脫。是爲非縛非脫，發真正菩提心，顯是義明矣。次祇觀根塵相對，一念心起，能生所生，無不即空。妄謂心起，起無自性，無他性，無共性，無無因性，起時不從自他共離來，去時不向東南西北去。此心不在內外兩中間，亦不常自有，但有名字，名之爲心。是字不住，亦不不住，不可得故，生即無生，亦無無生，有無俱寂。凡愚謂有，智者知無，如水中月，得喜失憂，大人去取，都無欣慘。鏡像幻化亦如是。思益云："苦無生，集無和合，道不二，滅不生。"大經云："解苦無苦，而有真諦，乃至解滅無滅，而有真諦。"集既即空，不應如彼渴鹿，馳逐陽燄。苦既即空，不應如彼癡猴，捉水中月。道既即空，不應言我行即空，不行不即空。如筏喻者，法尚應捨，何況非法？滅既即空，不應言衆生壽命，誰於此滅而證彼滅。生死即空，云何可捨？涅槃即空，云何可得？經言：我不欲令無生法中有修道　若四念處　乃至八聖道　我不欲令無生法中有修道，若四念處，乃至八聖道。我不欲令無生法中有得果，若須陀洹乃至阿羅漢。依例，亦應言我不欲令無生法中有色受想行識，我不欲令無生法中有貪欲瞋恚癡。但愍念衆生，與誓願拔兩苦，與二樂。以達苦集空，故非九縛；達道滅空，故非一脱；是爲非縛非脱，發真正菩提心，顯是義明矣。祇觀根塵一念心起，心起即假，假名之心爲迷解本，謂四諦有無量相，三界無别法，唯是一心作，心如工畫師，造種種色。心搆六道，分别校計，無量種别，謂如是見愛，是界内輕重集相，界外輕重集相；如是生死，是分段輕重苦相，界外輕重苦相。還翻此心而生於解，譬如畫師，洗蕩諸色，塗以墻彩。所謂觀身不淨乃至觀心無常，如是道品，紆通化城；觀身身空，乃至觀心心空，空中無無常，乃至無不淨，如是道品，直通化城；觀身無常，無常即空，乃至觀身法性，非常非無常，非空非不空，乃至觀心亦如是，如是道品，紆通寶所；觀身法性，非淨非不淨，雙照淨不淨，乃至觀心法性常無常雙照常無常，如是道品，直通寶所。是人見諦滅名須陀洹。是人思惟滅名三果。是人見滅名見地。是人思滅，名薄名離名已辦，乃至侵習名辟支佛。是人見思滅名十住，塵沙滅名十行十迴向，無明滅名十地等覺妙覺。是人見思塵沙滅名十信，無明滅名十住十行十迴向十地等覺妙覺。分别十六門，道滅不同，及一切恆沙佛法，分别校計不可説不可説，如觀掌果，無有僻謬，皆從心生，不餘處來。觀此一心，能通不可説心。不可説心，能通不可説法。不可説法，能通不可説非心非法。觀一切心，亦復如是。九縛凡夫不覺不知，如大富盲兒，坐寶藏中都無所見，動轉罣礙，爲寶所傷。二乘熱病，謂諸珍寶，是鬼虎龍蛇，棄捨馳走，呤娉辛苦五十餘年。雖縛脱之殊，俱貪如來無上珍寶。起大慈悲誓願，拔苦與樂，是爲非縛非脱，發真正菩提心，顯是義明矣。

　　次根塵相對，一念心起，即空即假即中者，若根若塵並是法界，並是畢竟空，並是如是藏，並是中道。云何即空？並從緣生，緣生即無主，無主即空。云何即假？無主而生即是假。云何即中？

不出法性並皆卽中。當知一念卽空卽假卽中，並畢竟空，並如來藏，並實相。非三而三，三而不三；非合非散，而合而散；非非合，非非散；不可一異而一異。譬如明鏡，明喻卽空，像喻卽假，鏡喻卽中。不合不散，合散宛然，不一二三，二三無妨。此一念心不縱不橫，不可思議，非但己爾，佛及衆生亦復如是。華嚴云："心佛及衆生，是三無差別。當知己心具一切佛法矣。"思益云："愚於陰界入，而欲求菩提。陰界入卽是，離是無菩提。"淨名曰："如來解脱，當於衆生心行中求。衆生卽菩提，不可復得。衆生卽涅槃，不可復滅。一心既然，諸心亦爾，一切法亦爾。"普賢觀云："毘盧遮那徧一切處"，卽其義也。當知一切法卽佛法，如來法界故。若爾，云何復言遊心法界如虛空？又言無明明者卽畢竟空。此舉空爲言端，空卽不空，亦卽非空非不空。又言一微塵中有大千經卷，心中具一切佛法，如地種，如香丸者。此舉有爲言端，有卽不有，亦卽非有非不有。又言一色一香無非中道。此舉中道爲言端，卽中而邊，卽非邊非不邊，具足無減。勿守語害圓，誣罔聖意。若得此解，根塵一念心起。根卽八萬四千法藏。塵亦爾，一念心起，亦八萬四千法藏。佛法界，對法界，起法界，無非佛法。生死卽涅槃，是名苦諦。一塵有三塵，一心有三心，一一塵有八萬四千塵勞門，一一心亦如是。貪瞋癡亦卽是菩提，煩惱亦卽是菩提，是名集諦，翻一一塵勞門，卽是八萬四千諸三昧門，亦是八萬四千諸陀羅尼門，亦是八萬四千諸對治門，亦成八萬四千諸波羅蜜。無明轉，卽變爲明，如融冰成水，更非遠物，不餘處來。但一念心，普皆具足，如如意珠，非有寶非無寶。若謂無者卽妄語，若謂有者卽邪見，不可以心知，不可以言辯，衆生於此不思議，不縛法中而思想作縛，於無脱法中，而求於脱。

是故起大慈悲，與四弘誓，拔兩苦，與兩樂，故名非縛非脱發真正菩提心。前三皆約四諦爲語，今約法藏塵勞，三昧、波羅蜜，其義宛然。問：前簡非併言非，今顯是何故併言是？答：所言併是者，皆非縛非脫，故言併是，通皆上求故。又次第漸入到實，故言併是；又實難知，借權顯實，故言併是。此三番，擬世界悉檀，言併是也。又權不攝實，實則攝權，欲令攝顯易見，故言併是。此一番擬爲人悉檀，故言是也。又一菩提心，一切菩提心，若不說者，不知一切，故言併是。此一番，擬對治悉檀明是。若究竟而論，前三是約權，後一約實。譬如良醫有一祕方，總攝諸方；阿伽陀藥，功兼諸藥。如食乳糜更無所須，一切具足如如意珠，權實顯是，其義可知。又一是者，一大事因緣故。云何爲一？一實不虛故，一道清淨故，一切無礙人，一道出生死故。云何爲大？其性廣博多所含容，大智大斷，大人所乘，大師子吼，大益凡聖，故言爲大。事者，十方三世佛之儀式，以此自成佛道，以此化度衆生，故名爲事。因緣者，衆生以此因感佛，佛以此緣起應，故言因緣。又是者不可言三，不可言一，不可言非三非一，而言三一，故名不可思議是也。又是者，非作法，非佛，非天人修羅所作，常境無相，常智無緣，以無緣智，緣無相境，無相之境相無緣之智，智境冥一，而言境智，故名無作也。又是者，如文殊問經云：“破一切發，名發菩提心。”常隨菩提相，而發菩提心。又無發而發，無隨而隨，又過一切破，過一切隨，雙照破隨，名發菩提心。如此三種，不一不異，如理如事，如非理非事，故名爲是。若例此義，無作，不可思議，一大事因緣等諸法門，皆言破，皆言隨，皆言非破非隨，雙照破隨。又前三是，上中下智所觀；後一是，上上智所觀。前三是共，後一是不共；前三淺近曲，後一深遠直云云。前三是小中大，後一是大中大，上中上，圓中圓，滿中滿，實中實，真中真，了義中了義，玄中玄，妙中妙，不可思議中不可思議，若能如此簡非顯是，體權識實，而發心者，是一切諸佛種。

　　譬如金剛從金性生，佛菩提心從大悲起，是諸行先，如服阿婆羅藥，先用清水，諸行中最。如諸根中，命根爲最。佛正法正行中，此心爲最。如太子生，具王儀相，大臣恭敬，有大聲名。如迦陵頻伽鳥，㲉中鳴聲，已勝諸鳥。此菩提心有大勢力，如師子筋弦，如師子乳，如金剛槌，如那羅延箭，具足衆寶，能除貧苦。如如意珠，雖小懈怠，小失威儀，猶勝二乘功德。舉要言之，此心即具一切菩薩功德，能成三世無上正覺。若解此心，任運達於止觀，無發無礙即是觀，其性寂滅即是止，止觀即菩提，菩提即止觀。寶梁經云："比丘不修比丘法，大千無唾處，況受人供養？六十比丘悲泣白佛，我等乍死，不能受人供養。佛言汝起慚愧心，善哉善哉！一比丘白佛：何等比丘能受供養？佛言：若在比丘數，修僧業得僧利者，是人能受供養。四果四向是僧數，三十七品是僧業，四果是僧利。比丘重白佛：若發大乘心者復云何？佛言：若發大乘心求一切智，不墮數，不修業，不得利，能受供養。比丘驚問：云何是人能受供養？佛言：是人受衣用敷大地，受摶食若須彌山，亦能畢報施主之恩。"當知小乘之極果，不及大乘之初初。又如來密藏經説："若人父爲緣覺，而害盜三寶物，母爲羅漢，而汙不實事謗佛，兩舌間賢聖，惡口罵聖人，壞亂求法者，五逆初業之瞋，奪持戒人物之貪，邊見之癡，是爲十惡惡者。"若能知如來説因緣法，無我人衆生壽命，無生無滅，無染無著，本性清淨；又於一切法，知本性清淨；解知信入者，我不説是人趣向地獄，及諸惡道果。何以故？法無積聚，法無集惱，一切法不生不住，因緣和合而得生起，起已還滅，若心生已滅，一切結使亦生已滅，如是解無犯處。若有犯有住，無有是處。如百年闇室，若然燈時，闇不可言，我是室主，住此久而不肯去。燈若生，闇即滅，其義亦如是。此經具指前四菩提心，若知如來説因緣法，即指初菩提心；若無生無滅，指第二菩提心；若本性清淨指第三菩提心；若於一切法知本性清淨，指第四菩提心。初菩提心已能除重重十惡，況第二第三第四菩提心耶？行者聞此勝妙功德，當自慶幸。如闇處伊蘭，得光明栴檀。問：因緣語通，何意初觀獨當其名？答：以最初當名耳。又因緣事相初觀爲便，若言生滅者即別後三，例有通別，而從別受名耳。

約六即顯是者，爲初心是，後心是？答：如論焦炷，非初不離初，非後不離後。若智信具足，聞一念即是。信故不謗，智故不懼，初後皆是。若無信，高推聖境，非己智分；若無智，起增止慢，謂己均佛，初後俱非。爲此事故須知六即，謂理即、名字即、觀行即、相似即、分真即、究竟即。此六即者，始凡終聖，始凡故除疑怯，終聖故除慢大云云。理即者，一念心即如來藏理，如故即空，藏故即假，理故即中，三智一心中具，不可思議，如上説三諦一諦，非三非一。一色一香，一切法，一切心，亦復如是，是名理即，是菩提心，亦是理即止觀。即寂名止，即照名觀。名字即者，理雖即是，日用不知，以未聞三諦，全不識佛法，如牛羊眼不解方隅，或從知識，或從經卷，聞上所説，一實菩提，於名字中，通達解了，知一切法皆是佛法，是爲名字即菩提，亦是名字止觀。若未聞時，處處馳求，既得聞已，攀覓心息名止。但信法性，不信其諸，名爲觀。觀行即是者，若但聞名口説，如蟲食木偶得成字，是蟲不知是字非字，既不通達，寧是菩提？必須心觀明了，理慧相應，所行如所言，所言如所行。華首云：“言説多不行，我不以言説，但心行菩提。”此心口相應是觀行菩提。釋論四句，評聞慧具足如眼得日，照了無僻，觀行亦如是，雖未契理，觀心不息。如首楞嚴中射的喻。是名觀行菩提，亦名觀行止觀。恆作此想名觀，餘想息名止云云。相似即是菩提者，以其逾觀逾明，逾止逾寂，如勤射鄰的，名相似觀慧。一切世間，治生產業，不相違背。所有思想籌量，皆是先佛經中所説，如六根清淨中説。圓伏無明名止，似中道慧名觀云云。分真即者，因相似觀力入銅輪位，初破無明見佛性，開寶藏顯真如，名發心住。乃至等覺，無明微薄，智慧轉著。如從初日，至十四日，月光垂圓，暗垂盡。若人應以佛身得度者，卽八相成道。應以九法界身得度者，以普門示現。如經廣說，是名分真菩提，亦名分真止觀，分真智斷。究竟卽菩提者，等覺一轉，入於妙覺，智光圓滿，不復可增，名菩提果。大涅槃斷，更無可斷，名果果。等覺不通，唯佛能通，過荼無道可說，故名究竟菩提，亦名究竟止觀。總以譬譬之，譬如貧人，家有寶藏，而無知者，知識示之，卽得知也。耘除草穢而掘出之，漸漸得近，近已藏開，盡取用之，合六喻可解云云。問：釋論五菩提意云何？答：論豎判別位，今豎判圓位。會之，發心對名字，伏心對觀行，明心對相似，出到對分真，無上對究竟。又用彼名，名圓位，發心是十住，伏心是十行。問：住已斷，行云何伏？答：此用真道伏。例如小乘破見名斷，思惟名伏，明心是十迴向，出到是十地，無上是妙覺。又從十佳具五菩提，乃至妙覺，究竟五菩提。故地義云：從初一地，具諸地功德，卽其義也。問：何意約圓說六卽？答：圓觀諸法，皆云六卽。故以圓意，約一切法，悉用六卽判位，餘不爾，故不用之。當其教用之，胡爲不得？而淺近非教正意也。然上來簡非，先約苦諦，升沉世間簡耳。次約四諦智，曲拙淺近簡耳。次約四弘行願，次約六卽位，展轉深細，方乃顯是。故知明月神珠，在九重淵內，驪龍頷下，有志有德方乃致之，豈如世人鷤淺浮虛，競執瓦石草木，妄謂爲寶？末學膚受，太無所知。

（選自揚州刻經處本<u>摩訶止觀</u>卷一）

　　第七正修止觀者。前六重依修多羅以開妙解，今依妙解以立正行，膏明相賴，目足更資。行解既勤，三障四魔紛然競起，重昏巨散，翳動定明，不可隨不可畏。隨之將人向惡道，畏之妨修正法。當以觀觀昏，卽昏而朗；以止止散，卽散而寂。如猪揩金山，衆流入海，薪熾於火，風益求羅耳。此金剛觀，割煩惱陣；此牢強足，越生死野。慧淨於行，行進於慧，照潤導達，交結瑩飾。一體二手，更互揩摩。非但開拓遮障，內進己道，又精通經論，外啓未聞，自匠匠他，兼利具足，人師國寶，非此是誰？而復學佛慈悲，無諸慳恪，說於心觀，施於彼者，卽是開門傾藏，捨如意珠。此珠放光而復雨寶，照闇豐乏朗夜濟窮，馳二輪而致遠，翥兩翅以高飛，玉潤碧鮮可勝言哉！香城粉骨，雪嶺投身，亦何足以報德？快馬見鞭影卽著正路。其癡鈍者，毒氣深入，失本心故，既其不信則不入手，無聞法鉤，故聽不能解，乏智慧眼，不別真偽，舉身痺癱，動步不前，不覺不知，大罪聚人，何勞爲說。設厭世者翫下劣乘，攀附枝葉，狗犴作務，敬獼猴爲帝釋，宗瓦礫是明珠，此黑闇人豈可論道？又一種禪人，不達他根性，純教乳藥，體心踏心，和融覺覓，若泯若了，斯一轍之意，障難萬途，紛然不識，纔見異相卽判是道，自非法器復闕匠他，盲跛師徒二俱墮落，瞽躄夜遊甚可憐愍，不應對上諸人說此止觀。夫止觀者，高尚者高尚，卑劣者卑劣。

開止觀爲十：一、陰界入，二、煩惱，三、病患，四、業相，五、魔事，六、禪定，七、諸見，八、增上慢，九、二乘，十、菩薩。此十境通能覆障。陰在初者二義：一、現前，二、依經。大品云：聲聞人依四念處行道，菩薩初觀色乃至一切種智，章章皆爾，故不違經。又行人受身，誰不陰入？重擔現前，是故初觀後發異相，別爲次耳。夫五陰與四大合，若不照察，不覺紛馳，如閉舟順水寧知奔进？若其迴沿，始覺馳流。既觀陰果則動煩惱因，故次五陰而論四分也。四大是身病，三毒是心病，以其等故，情中不覺。今大分俱觀，衝擊脈藏，故四蛇偏起，致有患生。無量諸業不可稱計，散善微弱不能令動。今修止觀，健病不虧動生死輪，或善萌故動，惡壞故動，善示受報故動，惡來責報故動，故次病說業也。以惡動故惡欲滅，善動故善欲生。魔遽出境作諸留難，或壞其道，故次業說魔。若過魔事則功德生，或過去習因，或現在行力，諸禪競起，或味或淨或橫或竪，故次魔說禪。禪有觀支因生邪慧，逸觀於法，僻起諸倒，邪辯猛利，故次禪說見。若識見爲非，息其妄著貪瞋，利鈍二俱不起，無智者謂證涅槃。小乘亦有橫計四禪爲四果，大乘亦有魔來與記，並是未得謂得，增上慢人。故次見說慢。見慢既靜，先世小習因靜而生，身子捨眼即其事也。大品云：“恒沙菩薩發大心，若一若二，入菩薩位，多墮二乘。”故次慢說二乘。若憶本願，故不墮空者，諸方便道菩薩境界即起也。大品云：“有菩薩不久行六波羅蜜，若聞深法即起誹謗墮泥犁中”，此是六度菩薩耳。通教方便位亦有謗義，入真道不謗也。別教初心知有深法，是則不謗。此等悉是諸權善根，故次二乘後說也。此十種境，始自凡夫正報，終至聖人方便，陰入一境常自現前，若發不發恒得爲觀，餘九境發可爲觀，不發何所觀？又八境去正道遠，深加防護得歸正轍；二境去正道近，至此位時不慮無觀，薄修即正。

又若不解諸境互發，大起疑網，如在岐道不知所從。先若聞之，恣其變怪，心安若空。互發有十，謂：次第不次第、雜不雜、具不具、作意不作意、成不成、益不益、久不久、難不難、更不更、三障四魔九雙七隻。次第者有三義，謂法、修、發。法者，次第淺深法也。修者，先世已曾研習次第，或此世次第修也。發者，依次修而次發也。不次亦三義，謂法、修、發。發則不定，或前發菩薩境，後發陰入，雖不次第十數宛足。修者，若四大違返則先修病患，若四分增多則先修煩惱，如是一一隨強者先修。法者，眼耳鼻舌陰入界等，皆是寂靜門亦是法界，何須捨此就彼？出寶篋經云云。當知法界外，更無復有法而爲次第也。煩惱即法界，如無行經云：“貪欲即是道。”淨名云：“行於非道，通達佛道。”佛道既通，無復次第也。病患是法界者，淨名云：“今我病者非真非有，衆生病亦非真非有。”以此自調亦度衆生，方丈託疾雙林病行，卽其義也。業相爲法界者，業是行陰。法華云：“深達罪福相，遍照於十方，微妙淨法身，具相三十二。”達業從緣生，不自在故空。此業能破業，若衆生應以此業得度，示現諸業以此業立業，業與不業縛脫叵得，普門示現雙照縛脫，故名深達，何啻堪爲方等師耶？魔事爲法界者，首楞嚴云：“魔界如佛界如，一如無二如，實際中尚不見佛，況見有魔耶？設有魔者，良藥塗屣堪任乘御”云云。禪爲法界者，能觀心性，名爲上定。卽首楞嚴不昧不亂入王三昧，一切三昧悉入其中。見爲法界者，淨名云：“以邪相入正相，於諸見不動，而修三十七品。”又動修不動修，亦動亦不動修，非動非不動修三十七品，以見爲門以見爲侍。慢爲法者，還是煩惱耳。觀慢、無慢、慢大慢，非慢非不慢，成祕密藏入大涅槃。二乘爲法界者，若但見於空不見不空云云。智者見空及與不空，決了聲聞法，是諸經之王，聞已諦思維得近無上道。菩薩境爲法界者，底惡生死下劣小乘，尚卽是法界，況菩薩法寧非佛道？又菩薩方便之權，卽權而實，亦卽非權非實，成祕密藏入大涅槃，是一一法皆卽法界，是爲不次第法相也。雜不雜者，發一境已更發一境，歷歷分明，是爲不雜，適發陰入復起煩惱，煩惱未謝，復業復魔，禪、見、慢等，交橫並沓，是爲雜發，雖雜不出十種。具不具者，十數足名具，九去名不具，次不次雜不雜，皆論具不具。又總具總不具，別具別不具。十數足是總具，十數不委悉是總不具。九數欠是別不具，九數中委悉是別具。又橫具橫不具，竪具竪不具，例如發四禪至非想是竪具，至不用處是竪不具。發通別明背捨等是橫具，止發七背捨是橫不具。又發初禪至四禪是竪具，三禪來是竪不具。又初禪九品是竪具，八品來是竪不具。又一品五支足是橫具，四支已來是橫不具。其餘例此可知云云。修不修者，作意修陰界入，界入開解是修發，不作意陰界入自發通達色心是不修發，乃至菩薩境亦如是，應有四句爲根本，句句織成三十六句，例如下煩惱境中說。成不成者，若發一境究竟成就，成就已謝更發餘境，餘境亦究竟成；若發一種乍起乍滅，非但品數缺少，於分分中亦曖昧不明。前具不具止明頭數，此中論體分始終。益不益者，或發惡法，於止觀巨益，明靜轉深；或發善法於止觀大損，損其靜照。或增靜損照，或損靜增照，俱增俱損。難發不難發者，或惡法難易，或善法難易，俱難俱易。久不久者，自有一境久久不去，或有一境即起即去云云。更不更者，自有一境，一更兩更乃至多多。自有一境一發即休，後不復發。如是等種種不同，善識其意莫謬去取，然皆以止觀研之使無滯也。三障四魔者，普賢觀云："閻浮提人，三障重故。"陰入病患是報障，煩惱見慢是煩惱障，業魔禪二乘菩薩是業障。障止觀不明靜，塞菩提道，令行人不得通至五品六根清淨位，故名爲障。四魔者，陰入正是陰魔，業禪二乘菩薩等是行陰名爲陰魔，煩惱見慢等是煩惱魔，病患是死因名死魔，魔事是天子魔。魔名奪者，破觀名奪命，破止名奪身。又魔名磨訛，磨觀訛令黑闇，磨止訛令散逸，故名爲魔云云。

　　問：何意互發？答：皆由二世因緣。昔有漸觀種子，今得修行之兩即次第發。昔有頓觀種子，即不次第發。昔有不定種子，即雜發。昔修時數具即具發，昔修時數不具即不具發。昔曾證得今發則成，昔但修不證今發不成。昔因強今不修而發，今緣強待修而發。昔因今緣二俱善巧，迴向上道，今發則益。昔因緣中雜毒是則致損，發所因處弱則不久，發因處強是則久。粗細住乃至四禪傳傳判強弱云云。善易發關遮輕，善難發由遮重。惡難發由根利，惡易發由根鈍。惡欲滅而告謝，善欲生而相知，則一而不更。善欲滅而求救，惡欲興而求受，則更更更更。此中皆須口決，用智慧籌量，不得師心謬判是非，爾其慎之勤之重之。

　　私料簡者。法若塵沙境何定十？答：譬如大地一，能生種種芽，數方不廣略，令義易明了，故名十耳。問：十境通別云何？答：受身之始無不有身，諸經說觀多從色起，故以陰爲初耳。以陰本，陰因陰患，陰主善陰，又陰因別陰等云云。通言煩惱者，見慢同煩惱，陰入病是煩惱果，業是煩惱因，禪是無動業，業即煩惱用，魔即統欲界即煩惱主，二乘菩薩即別煩惱攝云云。通稱病患者，陰界入即病本，煩惱見慢等即是煩惱病。淨名云："今我病者皆從前世妄想諸煩惱生。"業亦是病，大經云："王今病重，即指五逆爲病也。"魔能作病，三災爲外過患，喘息喜樂是内過患，禪有喜樂即病患也。二乘菩薩即是空病，空病亦空。通稱業者，陰入是業果，煩惱見慢是業本，病是業報，魔是魔業，禪是無動業，二乘菩薩是無漏業。通稱魔者，陰入即陰魔，煩惱見慢即煩惱魔，病是死魔，魔即天子魔，餘者皆是行陰魔攝。通稱禪定者，禪自是其境，陰入煩惱見慢業等，悉是十大地中心數定攝；魔是未到地定果，亦是心數定攝；二乘菩薩淨禪攝。又三定攝之：上定攝菩薩二乘，中下二定攝八境云云。通稱見者，陰入即我見衆生見，煩惱具五見，病壽者命者見，業禪等作者見，亦是戒取見。魔是使作者使受者使起等攝。又生死即邊見攝，慢即我見攝，二乘方便菩薩等皆曲見攝。通稱慢者，陰入我慢攝，煩惱即慢慢攝，病患不如慢攝，業即憍慢攝，由憍故造業。魔即大慢攝，禪即憍慢攝，見亦大慢攝，二乘菩薩增上慢攝。通稱二乘者，四念處四諦法攝九境也。通稱菩薩境者，以四弘誓攝得九境。問：境法名俱通者，行人亦通不？答：大經云："云何未發心而名爲菩薩？前九境人亦通稱菩薩人也，通是二乘則有四種聲聞。增上慢聲聞攝得下八境人也；佛道聲聞攝得菩薩人也。"問：通是無常不？答：寶性論云："菩薩住無漏界中，有無常倒。"問：通是有漏不？答：漏義則通，有義小異。問：通是偏真不？答：偏義則通，真義異。問：通義可領，別復云何？答：十境不同即別義也。復有亦通亦別，陰是受身之本，又是觀慧之初，所以別當其首。此一境亦通亦別，後九境從發異相受名，但得是通是別，不得是亦通亦別也。若爾煩惱亦是諸法之本，元爲治惑，亦是觀初，病身四大亦是事本。元爲治病，亦是觀初，何意不得亦通亦別？答：若身因煩惱屬前世，若今世煩惱由身而有，病不恒起爲本事弱，諸經論不以病爲觀首，故不亦通亦別耳。非通非別者，皆不思議，一陰一切陰，非一非一切。問：九境相起更立別名者，陰入解起應立別名？答：陰解起時非條然別，還是陰入攝。若執此解即屬見，若約解起愛恚屬煩惱，招病來魔隨事別判。若解發朗然無九境相者，此則止觀氣分，但得通別不得亦通亦別耳。問：十境條然別不？答：四念處是陰別，觀空聚是入別，無我是界別，五停心煩惱別，八念病別，十善業別，五繫魔別，六妙門禪別，道品見別，無常苦空慢別，四諦十二緣二乘別，六度菩薩別。問：五陰俱是境，色心外別有觀耶？答：不思議境智即陰是觀，亦可分別：不善無記陰是境，善五陰是觀。觀既純熟無惡無無記，唯有善陰。善陰轉成方便陰，方便陰轉成無漏陰，無漏陰轉成法性陰，謂無等等陰，豈非陰外別有觀耶？小乘尚爾，況不思議耶？問：若轉陰爲觀，報陰亦應轉？答：大品云：“色淨故，受想行識淨，般若亦淨。”法華云：“顏色鮮白六根清淨”，即其義也。陰雖轉觀境宛然云云。問：十境與五分云何？答：五分判禪十發約境，今當會之。若次不次一發至後則進分也，齊九已來住分也，作意矜持護分也，一發即失退分也，達分可知。若於境境皆作五分者，可以意推不俟分別。然五分十境皆是法相，可得互有其義，六即十地行位淺深不得相類。問：念性離緣性亦離，若無緣無念亦無數量，云何具十法界耶？答：不可思議，無相而相觀智宛然，他解須彌容芥，芥容須彌，火出蓮華，人能渡海，就希有事解不思議。今解無心無念無能行無能到，不思議理，理則勝事。問：十法界互相有爲因爲果？答：俱相有，而果隔難顯，因通易知。如慈童女以地獄界發佛心，如未得記菩薩輕得記者，若不生悔無出罪期。更引諸例：凡聖皆具五陰不可言聖陰如凡陰。又佛具五眼，豈可以人天果報釋佛眼？佛具五行，病行是四惡界，嬰兒行是人天界，聖行是二乘法界，梵行是菩薩法界，天行是佛法界。問：一念具十法界爲作念具爲任運具？答：法性自爾非作所成，如一微塵具十方分云云。

第一觀陰入界境者，謂五陰十二入十八界也。陰者陰蓋善法，此就因得名。又陰是積聚，生死重沓，此就果得名。入者涉入亦名輸門。界名界別亦名性分。毘婆沙明三科開合：若迷心開心爲四陰，色爲一陰；若迷色開色爲十入及一入少分，心爲一意入及法入少分；若俱迷者開爲十八界也。數人説五陰同時，識是心王四陰是數，約有門明義，故王數相扶同時而起。論人説識先了別，次受領納，想取相貌，行起違從，色由行感，約空門明義，故次第相生。若就能生所生，從細至粗，故識在先；若從修行，從粗至細，故色在先；皆不得以數隔王。若論四念處，則王在中，此就言説爲便耳。又分別九種：一期色心名果報五陰，平平想受無記五陰，起見起愛者兩污穢五陰，動身口業善惡兩五陰，變化示現工巧五陰，五善根人方便五陰，證四果者無漏五陰，如是種種源從心出。正法念云：“如畫師手畫出五彩，黑青赤黃白”云云。畫手譬心，黑色譬地獄陰，青色譬鬼，赤譬畜，黃譬脩羅，白譬人，白白譬天。此六種陰，止齊界内。若依華嚴云，心如工畫師，畫種種五陰，界内界外一切世間中，莫不從心造。世間色心尚叵窮盡，況復出世，寧可凡心知？凡眼瞖尚不見近，那得見遠？彌生曠劫不覩界内一隅，況復界外邊表。如渴鹿逐炎狂狗齧雷，何有得理！縱令解悟小乘，終非大道。故大集云：

"常見之人說異念斷，斷見之人說一念斷，皆墮二邊，不會中道，況佛去世後，人根轉鈍，執名起諍，互相是非，悉墮邪見。故龍樹破五陰一異，同時前後，皆如炎幻響化，悉不可得，寧更執於王數同時異時耶？然界內外一切陰入皆由心起，佛告比丘，一法攝一切法，所謂心是。"論云：一切世間中，但有名與色。若欲如實觀，但當觀名色，心是惑本，其義如是。若欲觀察須伐其根，如炙病得穴。今當去丈就尺，去尺就寸，置色等四陰，但觀識陰。識陰者，心是也。

觀心具十法門：一、觀不可思議境，二、起慈悲心，三、巧安止觀，四、破法徧，五、識通塞，六、修道品，七、對治助開，八、知次位，九、能安忍，十、無法愛也。既自達妙境，即起誓悲他。次作行填願，願行既巧破無不徧，徧破之中精識通塞，令道品進行，又用助開道，道中之位己他皆識，安忍內外榮辱，莫著中道法愛，故得疾入菩薩位。譬如毘首羯磨造得勝堂，不疎不密間隙容綖，巍巍昂昂崎於上天，非拙匠所能揆則。又如善畫圖其匡郭，寫像偪真，骨法精靈，生氣飛動，豈填彩人所能點綴。此十重觀法橫竪收束，微妙精巧。初則簡境真偽，中則正助相添，後則安忍無著。意圓法巧該括周備，規矩初心，將送行者到彼薩雲，非闇證禪師、誦文法師，所能知也。蓋由如來積劫之所勤求，道場之所妙悟，身子之所三請，法譬之所三說，正在茲乎！

一、觀心是不可思議境者，此境難說。先明思議境，令不思議境易顯。思議法者，小乘亦說心生一切法，謂六道因果三界輪環。若去凡欣聖則棄下上出灰身滅智，乃是有作四諦，蓋思議法也。大乘亦明心生一切法，謂十法界也。若觀心是有，有善有惡，惡則三品三途因果也，善則三品脩羅人天因果。觀此六品無常生滅，能觀之心亦念念不住。又能觀所觀悉是緣生，緣生即空，並是二乘因果法也。若觀此空有墮落二邊，沈空滯有，而起大慈悲入假化物，實無身假作身，實無空假説空，而化導之，卽菩薩因果法也。觀此法能度所度，皆是中道實相之法，畢竟清淨，誰善誰惡，誰有誰無，誰度誰不度，一切法悉如是，是佛因果法也。此之十法邅迤淺深皆從心出，雖是大乘無量四諦所攝，猶是思議之境，非今止觀所觀也。不可思議境者，如華嚴云："心如工畫師造種種五陰，一切世間中莫不從心造。"種種五陰者，如前十法界五陰也。法界者三義，十數是能依，法界是所依，能所合稱，故言十法界。又此十法各各因各各果，不相混濫，故言十法界。又此十法一一當體，皆是法界，故言十法界云云。十法界通稱陰入界，其實不同，三途是有漏惡陰界入，三善是有漏善陰界入，二乘是無漏陰界入，菩薩是亦有漏亦無漏陰界入，佛是非有漏非無漏陰界入。釋論云："法無上者涅槃是，卽非有漏非無漏法也。"無量義經云："佛無諸大陰界入者，無前九陰界入也。"今言有者有涅槃常住陰界入也。大經云："因滅無常色獲得常色，受想行識亦復如是。"常樂重沓卽積聚義，慈悲覆蓋卽陰義，以十種陰界不同故，故命五陰世間也。攬五陰通稱衆生，衆生不同：攬三途陰，罪苦衆生；攬人天陰，受樂衆生；攬無漏陰，真聖衆生；攬慈悲陰，大士衆生；攬常住陰，尊極衆生。大論云："衆生無上者佛是，豈與凡下同？"大經云："歌羅邏時名字異，乃至老時名字異；芽時名字異，乃至果時名字亦異。"直約一期十時差別，況十界衆生寧得不異？故名衆生世間也。十種所居稱國土世間者：地獄依赤鐵住，畜生依地水空住，修羅依海畔海底住，人依地住，天依宮殿住，六度菩薩同人依地住，通教菩薩惑未盡同人天依住，斷惑盡者依方便土住，別圓菩薩惑未盡者同人天方便等住，斷惑盡者依實報土住，如來依常寂光土住。仁王經云："三賢十聖住果報，唯佛一人居淨土，土土不同，故名國土世間也。"此三十種世間悉從心造。

又十種五陰一一各具十法，謂如是相、性、體、力、作、因、緣、果、報、本末究竟等。先總釋，後隨類釋。總釋者，夫相以據外覽而可別。釋論云："易知故名爲相。"如水火相異則易可知，如人面色具諸休否覽外相卽知其内。昔孫劉相顯，曹公相隱，相者擧聲大哭，四海三分，百姓荼毒。若言有相，闇者不知；若言無相，占者洞解；當隨善相者，信人面外具一切相也。心亦如是，具一切相。衆生相隱彌勒相顯，如來善知故遠近皆記。不善觀者，不信心具一切相；當隨如實觀者，信心具一切相也。如是性者，性以據内，總有三義：一不改名性，無行經稱不動性，性卽不改義也。又性名性分，種類之義分分不同，各各不可改。又性是實性，實性卽理性，極實無過卽佛性異名耳。不動性扶空，種性扶假，實性扶中。今明内性不可改，如竹中火性雖不可見不得言無，燧人乾草徧燒一切。心亦如是，具一切五陰性，雖不可見不得言無。以智眼觀，具一切性。世間人可笑，以其偏聞判圓經。涅槃明佛知衆生有佛性，判爲極常；法華明佛知一切法如是性，判爲無常。豈可以少知爲常，多知爲無常？又法華云："佛知一切法皆是一種一性。"此語亦少，何故判爲無常？又有師判法華十如，前五如屬凡爲權，後五屬聖爲實。依汝所判，則凡無實，永不得成聖。聖無權非正徧知，此乃專輒之説，誣佛慢凡耳。又涅槃明一切衆生悉有佛性，而言是常。淨名云："一切衆生，卽菩提相。"判是無常，若佛性菩提相異者，可一常一無常，若不異者，此判大謬。如占者，見王相王性俱得登極，佛性菩提相何故不同？如是體者，主質故名體，此十法界陰，俱用色心爲體質也。如是力者，堪任力用也。如王力士，千萬技能，病故謂無，病差有用。心亦如是，具有諸力，煩惱病故，不能運動，如實觀之，具一切力。如是作者，運爲建立名作。若離心者，更無所作，故知心具一切作也。如是因者，招果爲因，亦名爲業，十法界業起自於心，但使有心，諸業具足，故名如是因也。如是緣者，緣名緣由，助業皆是緣義，無明愛等,能潤於業,即心爲緣也。如是果者,尅獲爲果,習因習續於前,習果尅獲於後,故言如是果也。如是報者,酬因曰報,習因習果,通名爲因,牽後世報,此報酬於因也。如是本末究竟等者,相爲本,報爲末,本末悉從緣生,緣生故空,本末皆空,此就空爲等也。又相但有字,報亦但有字,悉假施設,此就假名爲等。又本末互相表幟,覽初相,表後報,覩後報,知本相,如見施知富,見富知施,初後相在,此就假論等也。又相無相,無相而相,非相非無相;報無報,無報而報,非報非無報,一一皆入如實之際,此就中論等也。

二、類解者。束十法爲四類:三途以表苦爲相,定惡聚爲性,摧折色心爲體,登刀入鑊爲力,起十不善爲作,有漏惡業爲因,愛取等爲緣,惡習果爲果,三惡趣爲報,本末皆癡爲等。三善表樂爲相,定善聚爲性,升出色心爲體;樂受爲力,起五戒十善爲作,白業爲因,善愛取爲緣,善習果爲果,人天有爲報應,就假名初後相在爲等也。二乘表涅槃爲相,解脱爲性,五分爲體,無繫爲力,道品爲作,無漏慧行爲因,行行爲緣,四果爲果,既後有田中不生,故無報云云。菩薩佛類者,緣因爲相,了因爲性,正因爲體,四弘爲力,六度萬行爲作,智慧莊嚴爲因,福德莊嚴爲緣,三菩提爲果,大涅槃爲報云云。因緣有逆順:順生死者,有漏業爲因,愛取等爲緣;逆生死者,以無漏正慧爲因,行行爲緣;俱損生破惑。順界外生死,亦以無漏慧爲因,無明等爲緣;若逆生死,即以中道慧爲因,萬行爲緣;俱損變易生死故。因緣既爾,餘者逆順,準此可知。若依聲聞,但九無十;若依大乘三佛義,佛有報身;若依斷惑盡義,則無後報。九之與十,斟酌可解。衆生世間,既是假名無體,分別攬實法假施設耳。所謂惡道衆生,相性體力究竟等云云;善道衆生,相性體力究竟等;無漏衆生,相性體力究竟等;菩薩佛法界,相性體力究竟等;準例皆可解。國土世間,亦具十種法。所謂惡國土,相性體力等云云;善國土、無漏國土、佛菩薩國土，相性體力云云。夫一心具十法界，一法界又具十法界、百法界。一界具三十種世間，百法界卽具三千種世間，此三千在一念心。若無心而已，介爾有心，卽具三千。亦不言一心在前，一切法在後；亦不言一切法在前，一心在後。例如八相遷物，物在相前，物不被遷；相在物前，亦不被遷；前亦不可，後亦不可，祇物論相遷，祇相遷論物。今心亦如是。若從一心生一切法者，此則是縱；若心一時含一切法者，此卽是橫；縱亦不可，橫亦不可，祇心是一切法；一切法是心故。非縱非橫，非一非異，**玄妙深絕**；非識所識，非言所言，所以稱爲不可思議境，意在於此云云。問：心起必託緣，爲心具三千法？爲緣具？爲共具？爲離具？若心具者，心起不用緣。若緣具者，緣具不關心。若共具者，未共各無，共時安有？若離具者，既離心離緣，那忽心具？四句尚不可得，云何具三千法耶？答：地人云：一切解惑真妄，依持法性。法性持真妄，真妄依法性也。攝大乘云：“法性不爲惑所染，不爲真所淨。”故法性非依持，言依持者，阿黎耶是也，無没無明，盛持一切種子。若從地師，則心具一切法。若從攝師，則緣具一切法。此兩師各據一邊。若法性生一切法者，法性非心非緣，非心故而心生一切法者，非緣故亦應緣生一切法，何得獨言法性是真妄依持耶？若言法性非依持，黎耶是依持，離法性外別有黎耶依持，則不關法性。若法性不離黎耶，黎耶依持，卽是法性依持，何得獨言黎耶是依持？又違經。經言：非內非外，亦非中間，亦不常自有。又違**龍樹**。龍樹云：諸法不自生，亦不從他生，不共不無因。更就譬檢，爲當依心故有夢？依眼故有夢？眼法合心故有夢？離心離眠故有夢？若依心有夢者，不眠應有夢。若依眠有夢者，死人如眠應有夢。若眠心兩合而有夢者，眠人那有不夢時。又眼心各有夢，合可有夢，各既無夢，合不應有。若離心離眠而有夢者，虛空離二應常有夢。四句求夢尚不得，云何於眠夢見一切事？心喻法性，夢喻黎耶，云何偏據法性黎耶生一切法？當知四句求心不可得，求三千法亦不可得。既横從四句生三千法不可得者，應從一念心滅生三千法耶？心滅尚不能生一法，云何能生三千法耶？若從心亦滅亦不滅生三千法者，亦滅亦不滅其性相違，猶如水火二俱不立，云何能生三千法耶？若謂心非滅非不滅生三千法者，非滅非不滅、非能非所，云何能所生三千法耶？亦縱亦横求三千法不可得，非縱非横求三千法亦不可得，言語道斷，心行處滅，故名不可思議境。大經云："生生不可説，生不生不可説，不生生不可説，不生不生不可説"，即此義也。當知第一義中，一法不可得，況三千法！世諦中一心尚具無量法，況三千耶！如佛告德女：無明内有不，不也；外有不，不也；内外有不，不也；非内非外有不，不也。佛言如是有。龍樹云：不自不他，不共不無因生。大經生生不可説，乃至不生不生不可説，有因緣故，亦可得説，謂四悉檀因緣也。雖四句冥寂，慈悲憐愍，於無名相中，假名相説；或作世界説心具一切法，聞者歡喜，如言三界無別法，唯是一心造，即其文也；或説緣生一切法，聞者歡喜，如言五欲令人墮惡道，善知識者是大因緣，所謂化導令得見佛，即其文也；或言因緣共生一切法，聞者歡喜，如言水銀和真金，能塗諸色像，即其文也；或言離生一切法，聞者歡喜，如言十二因緣非佛作，非天人修羅作，其性自爾，即其文也；此四句即世界悉檀，説心生三千一切法也。云何為人悉檀？如言佛法如海　唯信能入。信則道源功德母，一切善法由之生，汝但發三菩提心，是則出家禁戒具足，聞者生信，即其文也；或説緣生一切法，如言若不值佛，當於無量劫墮地獄苦，以見佛故，得無根信，如從伊蘭，出生栴檀，聞者生信；或説合生一切法，如言心水澄清，珠相自現，慈善根力，見如此事，聞者生信，即其文也；或説離生一切法，如言非内觀得是智慧，乃至非内外觀得是智慧，若有住著，先尼梵志小信尚不可得，況捨邪人正，聞者生信，即其文也；是爲爲人悉檀四句，説心生三千一切法也。云何對治悉檀説心治一切惡？如言得一心者，萬邪滅矣，即其文也；或説緣治一切惡，如説得聞無上大慧明，心定如地不可動，即其文也；或説因緣和合治一切惡，如言一分從思生，一分從師得，即其文也；或説離治一切惡，我坐道場時，不得一切法，空拳誑小兒，誘度於一切，即其文也；是爲對治悉檀心破一切惡。云何第一義悉檀，心得見理？如言心開意解，豁然得道；或説緣能見理，如言須臾聞之，即得究竟三菩提；或説因緣和合得道，如快馬見鞭影，即得正路；或説離能見理，如言無所得即是得已，是得無所得，是名第一義四句見理，何況心生三千法耶？佛旨盡淨，不在因緣共離，即世諦是第一義也。又四句俱皆可説，説因亦是，緣亦是，共亦是，離亦是，若爲盲人説乳，若貝若粖若雪若鶴，盲聞諸説，即得解乳。即世諦是第一義諦。當知終日説終日不説，終日不説終日説，終日雙遮，終日雙照，即破即立，即立即破。經論皆爾。天親龍樹內鑒冷然，外適時宜，各據所據，而人師偏解，學者苟執，遂興矢石，各保一邊，大乖聖道也。若得此意，俱不可説俱可説。若隨便宜者，應言無明法法性生一切法，如眠法法心則有一切夢事。心與緣合，則三種世間三千相性皆從心起。一性雖少而不無，無明雖多而不有。何者？指一爲多，多非多；指多爲一，一非少；故名此心爲不思議境也。若解一心一切心，一切心一心，非一非一切；一陰一切陰，一切陰一陰，非一非一切；一入一切入，一切入一入，非一非一切；一界一切界，一切界一界，非一非一切；一衆生一切衆生，一切衆生一衆生，非一非一切；一國土一切國土，一切國土一國土，非一非一切；一相一切相，一切相一相，非一非一切；乃至一究竟一切究竟，一切究竟一究竟，非一非一切；徧歷一切，皆是不可思議境。若法性無明，合有一切法，陰界入等即是俗諦；一切界入是一法界，即是真諦；非一非一切，即是中道第一義諦；如是徧歷一切法，無非不思議三諦云云。若一法一切法，即是因緣所生法，是爲假名假觀也；若一切法即一法，我説即是空，空觀也；若非一非一切者，即是中道觀。一空一切空，無假中而不空，總空觀也；一假一切假，無空中而不假，總假觀也；一中一切中，無空假而不中，總中觀也。即中論所説不可思議一心三觀。歷一切法亦如是。若因緣所生一切法者，即方便隨情道種權智；若一切法一法，我説即是空，即隨智一切智；若非一非一切，亦名中道義者，即非權非實一切種智；例上一權一切權，一實一切實，一切非權非實，徧歷一切，是不思議三智也。若隨情即隨他意語，若隨智即隨自意語，若非權非實即非自非他意語，徧歷一切法，無非漸頓不定不思議教門也。若解頓即解心，心尚不可得，云何當有趣非趣？若解漸即解一切法趣心，若解不定即解是趣不過，此等名異義同。軌則行人呼爲三法，所照爲三諦，所發爲三觀，觀成爲三智，教他呼爲三語，歸宗呼爲三趣，得斯意類，一切皆成法門，種種味勿嫌煩云云。如如意珠，天上勝寶，狀如芥粟，有大功能，净妙五欲，七寶琳琅，非内畜，非外入，不謀前後，不擇多少，不作粗妙，稱意豐儉，降雨穰穰，不添不盡，蓋是色法尚能如此，況心神靈妙，寧不具一切法耶？又三毒惑心，一念心起，尚復身邊利鈍八十八使，乃至八萬四千煩惱。若言先有，那忽待緣？若言本無，緣對即應；不有不無定有即邪，定無即妄，當知有而不有，不有而有，惑心尚爾，況不思議一心耶？又如眠夢見百千萬事，豁寤無一，況復百千。未眠不夢不覺，不多不一。眠力故謂多，覺力故謂少。莊周夢爲蝴蝶，翻翔百千，寤知非蝶，亦非積歲。無明法法性，一心一切心，如彼昏眠，達無明即法性，一切心一心，如彼醒寤云云。又行安樂行人，一眠夢初發心，乃至作佛坐道場轉法輪度衆生入涅槃，豁寤秖是一夢事。若信三喻，則信一心非口所宣，非情所測，此不思議境，何法不收？此境發智，何智不發？依此境發誓，乃至無法愛，何誓不具，何行不滿足耶？説時如上次第，行時一心中具一切心云云。

二、發真正菩提心者。既深識不思議境，知一苦一切苦，自悲昔苦，起惑耽湎，粗弊色聲，縱身口意作不善業，輪環惡趣，縈諸熱惱，身苦心苦，而自毀傷，而今還以愛繭自纏，癡燈所害，百千萬劫，一何痛哉！設使欲捨三途，欣五戒十善，相心修福，如市易博換，翻更益罪，似魚入筍口，蛾赴燈中，狂計邪黠，逾迷逾遠，渴更飲鹹、龍須縛身，入水轉痛，牛皮繫體，向日彌堅，盲入蕀林，溺墮洄澓，抱刃把炬，痛那可言，虎尾蛇頭，悚焉悼慄。自惟若此，悲他亦然。假令隘路，叛出怨國，備歷辛苦，絶而復蘇，往至貧里，傭賃一日，止宿草庵，不肯前進，樂爲鄙事，不信不識，可悲可怪。思惟彼我，緪痛自他，卽起大悲，興兩誓願：衆生無邊誓願度，煩惱無數誓願斷。衆生雖如虛空，誓度如空之衆生；雖知煩惱無所有，誓斷無所有之煩惱；雖知衆生數甚多，而度甚多之衆生；雖知煩惱無邊底，而斷無底之煩惱；雖知衆生如如佛如，而度如佛如之衆生；雖知煩惱如實相，而斷如實相之煩惱。何者？若但拔苦因，不拔苦果，此誓雜毒，故須觀空；若偏觀空，則不見衆生可度，是名著空者，諸佛所不化；若偏見衆生可度，卽墮愛見大悲，非解脱道云云。今則非毒非偏，故名爲真；非空邊非有邊，故名爲正。如鳥飛空，終不住空，雖不住空，跡不可尋，雖空而度。雖度而空，是故名誓與虛空共鬪，故名真正發菩提心，卽此意也。又識不可思議心一樂心一切樂心，我及衆生，昔雖求樂，不知樂因。如執瓦礫，謂如意珠；妄指螢光，呼爲日月。今方始解，故起大慈，興兩誓願，謂法門無量誓願知，無上佛道誓願成。雖知法門永寂如空，誓願修行永寂；雖知菩提無所有，無所有中，吾故求之；雖知法門如空無所有，誓願畫繢莊嚴虛空；雖知佛道非成所成，如虛空中種樹，使得華得果；雖知法門及佛果非修非不修，而修非證非得，以無所證得而證而得，是名非偏非毒名爲真，非空非見愛名爲正。如此慈悲誓願，與不可思議境智，非前非後，同時俱起。**慈悲即智慧**，智慧即慈悲，無緣無念，普覆一切，**任運拔苦**自然與樂，**不同毒害**，不同但空，不同愛見，是**名真正發心菩提義**。自悲己悲衆生，義皆如上説，觀心可解。

三、**善巧安心者**，善以止觀安於法性也。上深達不思議境，淵奥微密，**博運慈悲**，亘蓋若此，須行填願，行即止觀也。無明癡惑，**本是法性，以癡迷故，法性變作無明**，起諸顛倒善不善等。如寒來結水，**變作堅冰，又如眠來變心**，有種種夢。今當體諸顛倒，即是法性，不一不異。雖顛倒起滅，如旋火輪，不信顛倒起滅，唯信此心，但是法性。起是法性起，滅是法性滅，體其實不起滅，妄謂起滅，祇指妄想悉是法性。**以法性繫法性，以法性念法性**，常是法性，無不法性時。體達既成，不得妄想，亦不得法性，還源反本，法界俱寂，是名爲止。如此止時，止來一切流轉皆止。觀者，觀察無明之**心，上等於法性**，本來皆空，下等一切妄想善惡皆如虛空，無二**無別，譬如劫盡**，從地上至初禪，炎炎無非是火。又如虛空藏菩薩所現之相，一切皆空，如海慧如來所現，一切皆水。介爾念起，所念念者無不即空，空亦不可得，如前火木，能使薪然，亦復自然。法界洞朗，咸皆大明，名之爲觀。止祇是智，智祇是止，不動止祇是不動智，**不動智祇是不動止。不動智照於法性，即是觀智得安**，亦是止安；**不動於法性相應，即是止安，亦是觀安**；無二無別，若俱不得安，當復云何？夫心神冥昧，樉利悦憪，汩起汩滅，難可執持，倏去倏來，不易關禁，雖復止之，馳疾颺炎，雖復觀之，闇逾漆墨，加功苦至，散惑倍隆，敵強力弱，鷸蚌相扼，既不得進，又不可退，當殉命奉道，薦以飢骨，誓巧安心，方便迴轉，令得相應，成觀行位也。安心爲兩:一教他,二自行。教他又爲兩:一聖師,二凡師。聖師有慧眼力,明於法藥;有法眼力,識於病障;有化道力,應病授藥,令得服行。如遫多知弟子應以信悟,令上樹;應以食悟,令服乳酪;應以呵責悟,化爲女像;一一開曉,無有毫差,不待時,不過時,言發卽悟。佛去世後,如是之師,甚爲難得。盲龜何由上值浮孔,墜芥豈得下貫針鋒,難難。二者凡師,雖無三力,亦得施化。譬如良醫精別藥病,解色、解聲、解脈,逗藥卽差,有命盡者,亦不能起死。若不解脈,醫問病相,依語作方,亦挑脱得差。身子聖德,亦復差機;凡夫具縛,稱病導師。今不論聖師,正説凡師教他安心也。他有二種:一信行,二法行。薩婆多明此二人位在見道,因聞入者,是爲信行;因思入者,是爲法行。曇無德云:位在方便,自見法少,憑聞力多,後時要須聞法得悟,名爲信行;憑聞力少,自見法多,後時要須思維得悟,名爲法行。若見道中無相,心利一發卽真,那得判信法之別。然數據行成,論據根性,各有所以,不得相非。今師遠討源由,久劫聽學,久劫坐禪,得爲信法種子,世世熏習,則成根性,各於聞思開悟耳。若論根利鈍者,法行利,内自觀法故;信行鈍,藉他聞故。又信行利,一聞卽悟故;法行鈍,歷法觀察故。或俱利俱鈍,信行人聞慧利,修慧鈍;法行人修慧利,聞慧鈍。已説前人根性利鈍竟。云何安心?師應問言,汝於定慧爲志何等?其人若言,我聞佛説,善知識者,如月形光,漸漸圓著;又如梯隥,漸漸增高。巧説轉人心,得道全因緣,志欣渴飲,如犢逐母,當知是則信行人也。若言我聞佛説,明鏡體若不動,色像分明,淨水無波,魚石自現,欣捨惡覺,如棄重擔,當知是則法行人也。既知根性,於一人所,八番安心。咄1 善男子,無量劫來,飲狂散毒,馳逐五塵,升沈三界,猶如猛風,吹兜羅毱,大熱沸鑊,煮豆升沈,從苦至惱,從惱至苦,何不息心達本,以一其意?意若一者,何事不辦。苦集得一,則不輪迴。無明得一，不至於行，乃至不至老死，摧折大樹，畢故不造新。六蔽得一則度彼岸，唯此爲快。善巧方便種種因緣，種種譬喻廣讚於止，發悅其情，是名隨樂欲以止安心也。又善男子，如天亢旱河池悉乾，萬卉焦枯，百穀零落，娑伽羅龍王七日構雲四方注雨，大地霑洽，一切種子皆萌芽，一切根株皆開發，一切枝葉皆蔚茂，一切華果皆敷榮。人亦如是，以散逸故應生善不復生，已生善還退失，禪定河乾，道品樹滅，萬善焦枯，百福殘悴，因華道果，不復成熟，若能閑林一意，内不出外不入，靜雲興也，發諸禪定，即是降雨也，功德叢林煩頂方便，眼智明覺信忍順忍無生寂滅，乃至無上菩提悉皆克獲，善巧方便種種緣喻，廣讚於止生其善根，是名隨便宜，以止安心也。又善男子，夫散心者，惡中之惡，如無鉤醉象踏壞華池，穴鼻駱駝翻倒負馱，疾於掣電毒逾蛇舌，重沓五翳埃靄曜靈，睫近霄遠，俱皆不見，若能修定，如密室中燈，能破巨闇，金錍抉膜，空色朗然，一指二指三指皆了，大雨能淹囂塵，大定能靜狂逸，止能破散，虛妄滅矣。善巧方便，種種緣喻，廣讚於止，破其睡散，是名對治以止安心也。又善男子，心若在定，能知世間生滅法相，亦知出世不生不滅法相，如來成道，猶尚樂定，況諸凡夫。有禪定者，如夜見電光，即得見道，破無數億洞然之惡，乃至得成一切種智。善巧方便，種種緣喻，廣讚於止，即會真如，是名隨第一義以止安心也。其人若言，我聞寂滅，都不入懷。若聞分別，聽受無厭，即應爲説三惡燒然駝驢重楚餓鬼飢渴，不名爲苦，癡闇無聞不識方隅，乃是大苦。多聞分別樂，見法法喜樂，以善攻惡樂，無著阿羅漢是名爲最樂，從多聞人聞甘露樂，如教觀察，知道非道，遠離坑坎，直去不迴。種種緣喻，廣讚於觀，發悅其情，是名隨樂欲以觀安心。又善男子，月開蓮華，日興作務，商應隨主，彩畫須膠，坯不遇火，無須臾用，盲不得導，一步不前。行無觀智，亦復如是。一切種智，以觀爲根本，無量功德之所莊

嚴,善巧方便,種種緣喻,廣讚於觀,生其功德,是名隨便宜以觀安
心。又善男子,智者識怨,怨不能害;武將有謀,能破强敵;非風何
以卷雲,非雲何以遮熱;非水何以滅火,非火何以除闇;析薪之斧,
解縛之刀,豈過智慧!善巧方便,種種緣喻,廣讚於觀,使其破惡,是
名對治以觀安心。又善男子,井中七寶,闇室瓶盆,要待日明,日既
出已,皆得明了,須智慧眼,觀知諸法實相,一切諸法中,皆以等觀
入般若波羅蜜,最爲照明。善巧方便,種種緣喻,廣讚於觀,令得悟
解,是名第一義以觀安心。如是八番爲信行人説安心也。若云:我
樂息心,默已復默,損之又損之,遂至於無爲,不樂分別,坐馳無益,
此則法行根性,當爲説止,汝勿外尋,但内守一,攀覺流動,皆從妄
生,如旋火輪,輟手則息,洪波鼓怒,風静則澄。淨名云:"何謂攀
緣?謂緣三界。何謂息攀緣?謂心無所得。"瑞應云:"其得一心者,
則萬邪滅矣。"龍樹云:實法不顛倒,念想觀已除,言語法皆滅,無量
衆罪除,清淨心常一,如是尊妙人,則能見般若。夫山中幽寂,神仙
所讚,況涅槃澄淨,賢聖尊崇。佛話經云:"比丘在聚,身口精勤,諸
佛咸憂;比丘在山,息事安臥,諸佛皆喜;況復結跏束手,緘唇結舌,
思惟寂相,心源一止,法界同寂,豈非要道,唯此爲貴,餘不能及。"
善巧方便,種種因緣,種種譬喻,廣讚於止,發悦其心,是名隨樂欲
以止安心。其人若云:我觀法相,祇增紛動,善法不明,當爲説止,
止是法界平正良田,何法不備,止捨攀緣卽是檀,止體非惡卽是戒,
止體不動卽是忍,止無間雜卽是精進,止則決定卽是禪,止法亦無
止者亦無卽是慧,因此會非止非不止卽是方便,一止一切止卽是
願,止止愛止止見卽是力,此止如佛止無二無別卽是智,止具一切
法卽是祕藏,但安於止,何用别修諸法。善巧方便,種種緣喻,令生
善根,卽是隨便宜以止安心也。若言我觀法相,散睡不除者,當爲
説止,大有功能。止是壁定,八風惡覺所不能入;止是淨水,蕩於貪

婬八倒，猶如朝露見陽則晞；止是大慈，怨親俱愍，能破恚怒；止是大明咒，癡疑皆遣；止即是佛，破除障道，如阿伽陀藥徧治一切，如妙良醫咒枯起死。善巧方便，種種緣喻，令其破惡，是名對治以止安心。其人若言，我觀察時，不得開悟，當爲説止，止即體真照而常寂，止即隨緣寂而常照，止即不止止雙遮雙照，止即佛母，止即佛父，亦即父即母。止即佛身，佛眼，佛之相好，佛藏佛住處，何所不具，何所不除。善巧方便，種種緣喻，廣讚於止，是爲第一義以止安心。彼人若言，止狀沈寂，非我悦樂，當爲説觀，推尋道理，七覺中有擇覺分，八正中有正見，六度中有般若，於法門中爲主、爲導，乃至成佛正覺，大覺、徧覺，皆是觀慧異名。當知觀慧，最爲尊妙，如是廣讚，是爲隨樂欲以觀安心。若勤修觀，能生信戒，定慧解脱，解脱知見，知病識樂，化道大行，衆善普會，莫復過觀，是爲隨便宜以觀安心。觀能破闇，能照道，能除怨，能得寶，傾邪山，竭愛海，皆觀之力，是爲隨對治以觀安心。觀觀法時，不得能所，心慮虚豁，朦朧欲開，但當勤觀，開示悟入，是爲用第一義以觀安心，是爲八番爲法行人説安心也。復次人根不定，或時迴轉，薩婆多明轉鈍爲利，成論明數習則利，此乃始終論利鈍，不得一時辯也。今明衆生心行不定，或須臾而鈍，須臾而利，任運自爾，非關根轉，亦不數習；或作觀不徹因聽即悟；或久聽不解，暫思即決；是故更論轉根安心。若法行轉爲信行，逐其根轉，用八番悉檀，而授安心；若信行轉成法行，亦逐根轉，用八番悉檀，而授安心。得此意廣畧自在説之，轉不轉合，有三十二安心也。自行安心者，當觀察此心，欲何所樂。若欲息妄，令念想寂然，是樂法行。若樂聽聞，徹無明底，是樂信行。樂寂者知妄從心出，息心則衆妄皆静。若欲照知，須知心原，心原不二，則一切諸法，皆同虚空，是爲隨樂欲自行安心。其心雖廣分別心及諸法，而信念精進，毫善不生，即當疑停莫動，諸善功德，因静而生。若凝停時，薶更沈寂，都無進忍，當校計籌量，策之令起。若念念不住，如汗馬奔逸，卽當止以對治馳蕩。若靜默無記，與睡相應，卽當修觀破諸昏塞。修止既久，不能開發，卽應修觀，觀一切法，無礙無異，怗怗明利，漸覺如空，修觀若久，闇障不除，宜更修止，止諸緣念，無能無所，所我皆寂，空慧將生，是爲自修法行八番善巧，布厝令得心安云云。信行安心者，或欲聞寂光如須彌不畏八動，卽應聽止，欲聞利觀破諸煩惱，如日除闇，卽應聽觀，聽觀多如日焦芽，卽應聽止，潤以定水；或聽定淹久，如芽爛不生，卽應聽觀，令風日發動，使善法現前；或時馳覺，一念巨住，卽應聽止，以治散心；或沈昏濛濛坐霧，卽當聽觀，破此睡熟；或聽止谿谿，卽專聽止；或聞觀朗朗，卽專聽觀，是爲自修信行八番巧安心也。若法行心轉爲信行，信行心轉爲法行，皆隨其所宜，巧鑽研之，自行有三十二，化他亦三十二，合爲六十四安心也。復次信法不孤立，須聞思相資，如法行者，隨聞一句體寂湛然，夢妄皆遣，還坐思惟，心生歡喜。又聞止已，還更思惟，卽生禪定；又聞於止，還卽思惟，妄念皆破；又聞止已，還更思惟，朗然欲悟；又聞觀已，還更思惟，心大歡喜；又聞觀已，還更思惟，生善破惡欲悟等；準前可知，此乃聽少思多，名爲法行，非都不聽法也。信行端坐，思惟寂滅，欣踊未生，起已聞止，歡喜甘樂，端坐念善，善不能發；起已聞止，信戒精進，倍更增多，端坐治惡，惡不能遣；起已聞止，散動破滅，端坐卽真，真道不啓；起已聞止，谿如悟寂，是爲信行坐少聞多，非都不思惟。前作一向根性，今作相資根性，就相資中，復論轉不轉，亦有三十二安心，化他相資，亦有三十二安心，合六十四，合前爲一百二十八安心也。夫心地難安，違苦順樂，今隨其所願，逐而安之。譬如養生，或飲或食，適身立命。養法身亦爾，以止爲飲，以觀爲食。藥法亦兩，或丸或散，以除冷熱。治無明病，以止爲丸，以觀爲散。如陰陽法，陽則風日，陰則雲雨,雨多則爛,日多則焦。陰如定,陽如慧,慧定偏者,皆不見佛性,八番調和,貴在得意。一種禪師,不許作觀,唯專用止,引偈云:思思徒自思,思思徒自苦;息思即是道,有思終不覩。又一禪師,不許作止,專在於觀,引偈云:止止徒自止,昏闇無所以;止止即是道,觀觀得會理。兩師各從一門而入,以己益教他,學者則不見意,一向服乳漿猶難得,況復醍醐。若一向作解者,佛何故種種說耶?天不常晴,醫不專散,食不恒飯,世間尚不爾,況出世耶!今隨根隨病迴轉自行化他有六十四。若就三番止觀,則三百八十四,又一心止觀,復有六十四,合五百一十二。三悉檀是世間安心,世醫所治,差己復生。一悉檀是出世安心,如來所治,畢竟不發,世出世法,互相成顯。若離三諦,無安心處;若離止觀,無安心法;若心安於諦,一句即足;如其不安,巧用方便,令心得安。一目之羅不能得鳥,得鳥者羅之一目耳。衆生心行,各各不同,或多人同一心行,或一人多種心行。如爲一人,衆多亦然;如爲多人,一人亦然;須廣施法網之目,捕心行之鳥耳。

（選自揚州刻經處本摩訶止觀卷五）

二、法華玄義（節選）

釋名第一,辯體第二,明宗第三,論用第四,判教第五,釋此五章,有通有別:

通是同義,別是異義。如此五章,徧解衆經,故言同也。釋名名異,乃至判教教異,故言別也。例衆經之初,皆安五事,則同義也。如是詮異,我聞人異,一時感應異,佛住處所異,若干人聽衆異,則別義也。又通者共義,別者各義。如此通別,專在一部,通則七番共解,別則五重各說。例如利鈍,須廣略二門也。

衆教通別，今所不論，一經通別，今當辯。就通作七番共解：一標章，二引證，三生起，四開合，五料簡，六觀心，七會異。

標章令易憶持，起念心故。引證據佛語，起信心故。生起使不雜亂，起定心故。開合、料簡、會異等，起慧心故。觀心卽聞卽行，起精進心故。五心立，成五根，排五障，成五力，乃至入三脱門。略説七重共意如此。廣解五章者，一一廣起五心五根，令開示悟入佛之知見耳。

初標五章云云，標名爲四：一立，二分別，三結，四譬。

立名者，原聖建名，蓋爲開深以進始，咸令視聽，俱得見聞，尋途趣遠，而至於極，故以名名法，施設衆生。

分別者，但法有粗妙，若隔歷三諦，粗法也，圓融三諦，妙法也。此妙諦本有。文云：是法住法位，世間相常住，唯我知是相，十方佛亦然。尚非不退菩薩，入證二乘所知，況復人天羣萌之類。佛雖知是，不務速説。文云：我若讚佛乘，衆生没在苦，謗法不信故，墜於三惡道。所以初教建立融不融，小根併不聞。次教建立不融，大根都不用。次教俱建立，以融斥不融，令小根恥不融，慕於融。次教俱建立，令小根寄融向不融，令大根從不融向於融。雖種種建立，施設衆生，但隨他意語，非佛本懷，故言不務速説也。今經正直捨不融，但説於融，令一坐席，同一道味，乃暢如來出世本懷，故建立此經，名之爲妙。

結者，當知華嚴兼、三藏但、方等對、般若帶，此經無復兼、但、對、帶，專是正直無上之道，故稱爲妙法也。

譬蓮華者，例有粗妙。云何粗？狂華無菓，或一華多菓，或多華一菓，或一華一菓，或前菓後華，或前華後菓。初喻外道，空修梵行，無所尅獲。次喻凡夫，供養父母，報在梵天。次喻聲聞，種種苦行，止得涅槃。次喻緣覺，一遠離行，亦得涅槃。次喻須陀洹，卻後修道。次喻菩薩，先藉緣修生後真修，皆是粗華，不以爲喻。蓮華多奇，爲蓮故華，華實具足，可喻卽真而權。又華開蓮現，可喻卽權而實。又華落蓮成，蓮成亦落，可喻非權非實。如是等種種義便，故以蓮華，喻於妙法也。

體者爲四：一釋字，二引同，三簡非，四結正。

體字訓禮。禮，法也。各親其親，各子其子，君臣樽節，若無禮者，則非法也。出世法體，亦復如是。善、惡、凡、聖、菩薩、佛，一切不出法性，正指實相以爲正體也。故壽量品云：“不如三界，見於三界，非如非異。”若三界人，見三界爲異；二乘人，見三界爲如；菩薩人，見三界亦如亦異；佛見三界，非如非異，雙照如異。今取佛所見，爲實相正體也。

金剛藏說佛甚微智，辭異意同。其辭曰：空有不二，不異不盡。空非斷無，故言空有。有卽是空，空卽是有，故言不二。非離空有外，別有中道，故言不異。徧一切處，故言不盡。此亦與龍樹意同。中論云：“因緣所生法，卽空，卽假，卽中。”因緣所生法卽空者，此非斷無也。卽假者，不二也。卽中者不異也。因緣所生法者，卽徧一切處也。

今言實相體，卽權而實，離斷無謗也。卽實而權，離建立謗也。權實卽非權實，離異謗也。雙照權實，徧一切處，離盡謗也。斯乃總二經之雙美，申兩論之同致，顯二家之懸會，明今經之正體也。

私謂實相之法，橫破凡夫之四執，豎破三聖之證得。破凡夫可解，破聖者三藏二乘，指但空爲極，譬頗梨珠，一往似真，再研便僞。身子云：“我等同入法性，失於如來無量知見，空有之旨”，正破此證也。通教人，指但空不但空共爲極，譬雜色裹珠，光隨色變，緣所見之光，亡其本體，逐玄黃之色，墮落二乘。大經云：“聲聞之人，但見於空，不見不空；菩薩之人，非但見空，亦見不空”，所見既殊，不二之旨,正破此證也。別教人,指不但空爲極,迥出二邊。如雲外月,棄邊取中,如捨空求空,不異之旨,正破此證。若彼有此無,則正法不偏不盡之旨,亦破此證也。此等皆非佛甚微智,不與金剛藏意同;非佛證得本有常住,不與方便品同;不偏一切處,不與壽量品同。既不會正體,攝屬何法?但空是化他之實,但不但是自行化他之實,出二邊中是自行之權,並他經所説,非今體也。今經體者,體化他之權實,卽是自行之權實,如垢衣内身,實是長者。體自行化他之權實,卽是自行之權實,如衣内繫珠,卽無價寶也。自行之權,卽自行之實,如一切世間治生産業,皆與實相不相違背,一色一香,無非中道,況自行之實,而非實耶?

宗者爲三:一示,二簡,三結。

宗者,要也,所謂佛自行因果以爲宗也。云何爲要?無量衆善,言因則攝;無量證得,言果則攝。如提綱維,無目而不動;牽衣一角,無縷而不來;故言宗要。然諸因果,善須明識,尚不取別教因果,況餘因果?餘因果者,昔三因大異,而三果小同;又三因大同,而三果小異;又一因迥出,一果不融,因不攝善,果不收德;則非佛自行之因,非佛道場證得之果。又簡者,諸經明佛往昔所行因果,悉皆被拂,咸是方便,非今經之宗要。取意爲言,因窮久遠之實修,果窮久遠之實證,如此之因,豎高七種方便,橫包十法界法。初修此實相之行,名爲佛因;道場所得,名爲佛果;但可以智知,不可以言具。略舉如此因果,以爲宗要耳。

用者爲三:一示,二簡,三益。

用者,力用也。三種權實二智,皆是力用。於力用中,更分別:自行二智,照理理周,名爲力;二種化他二智,鑒機機徧,名爲用。祇自行二智,卽是化他二智;化他二智,卽是自行二智;照理卽鑒機,鑒機卽照理。如薩婆悉達,彎祖王弓滿,名爲力;中七鐵鼓,貫一鐵圍山，洞地徹水輪，名爲用。諸方便教，力用微弱，如凡人弓箭。何者？昔緣禀化他二智，照理不徧，生信不深，除疑不盡。今緣禀自行二智，極佛境界，起法界信，增圓妙道，斷根本惑，損變易生。非但生身，及生身得忍，兩種菩薩俱益；法身，法身後心，兩種菩薩亦俱益；化功廣大，利潤弘深，蓋茲經之力用也。

教相爲三：一、根性融不融相，二、化道始終不始終相，三、師弟遠近不遠近相。

教者，聖人被下之言也。相者，分別同異也。云何分別？如日初出，前照高山，厚植善根，感斯頓説。頓説本不爲小，小雖在座，如聾如瘂，良由小不堪大，亦是大隔於小。此如華嚴，約法被緣，緣得大益，名頓教相；約説次第，名從牛出乳味相。次照幽谷，淺行偏明，當分漸解。此如三藏，三藏本不爲大，大雖在座，多跢婆和，小所不識，此乃小隔於大，大隱於小。約法被緣，名漸教相。約説次第，名酪味相。次照平地，影臨萬水，逐器方圓，隨波動静。示一佛土，令淨穢不同；示現一身，巨細各異；一音説法，隨類各解；恐畏、歡喜、厭離、斷疑。神力不共，故見有淨穢，聞有褒貶，嗅有薝蔔不薝蔔，覩有著身不著身，慧有若干不若干。此如淨名、方等等，約法被緣，猶是漸教；約説次第，生酥味相。復有義，大人蒙其光用，嬰兒喪其睛明，夜遊者伏匿，作務者興成。故文云：但爲菩薩，説其實事，而不爲我，説斯真要，雖三人俱學，二乘取證具如大品。若約法被緣，猶是漸教；約説次第，名熟酥味相。復有義，日光普照，高下悉均平，土圭測影，不縮不盈，若低頭、若小音、若散亂、若微善，皆成佛道，不令有人獨得滅度，皆以如來滅度而滅度之，具如今經。若約法被緣，名漸圓教；若説次第，醍醐味相。當知華嚴之譬，與涅槃義同。三子、三田、三馬等譬，皆先菩薩，次及二乘，後則平等凡聖云云。

問：既以五味分別，那同稱漸？答：約漸得明五味耳。又若小不聞大，大一向是頓；若大不用小，小一向是漸；若以大破小，是漸頓並陳；若帶小明大，是漸頓相資；若會小歸大，是漸頓混合。故無量義云："漸頓二法，三道四果不合，今時則合"，即此義也。

問：云何相資？答：小聞於大，恥小而慕大，是爲頓資小；佛命善吉轉教，大益菩薩，是爲漸資頓。

如前分別，但約顯露，明漸頓五味之相。若論不定，義則不然。雖高山頓説，不動寂場而遊化鹿苑；雖説四諦生滅，而不妨不生不滅；雖爲菩薩説佛境界，而有二乘智斷；雖五人證果，不妨八萬諸天，獲無生忍。當知即頓而漸，即漸而頓。大經云："或時説深，或時説淺，應問即遮，應遮即問。"一時一説一念之中，備有不定，不同舊義，專判一部，味味中悉如此。此乃顯露不定。祕密不定，其義不然。如來於法，得最自在，若智若機，若時若處，三密四門，無妨無礙。此座説頓，十方説漸説不定。頓座不聞十方，十方不聞頓座。或十方説頓説不定，此座説漸。各各不相知聞，於此是顯，於彼是密。或爲一人説頓，或爲多人説漸説不定；或爲一人説漸，爲多人説頓。各各不相知，互爲顯密。或一座默，十方説；十方默，一座説。或俱默俱説。各各不相知，互爲顯密。雖復如此，未盡如來於法自在之力，但可智知，不可言辯。雖復甚多，亦不出漸、頓、不定、祕密。今法華，是顯露，非祕密；是漸頓，非漸漸；是合，非不合；是醍醐，非四味；是定，非不定。如此分別，此經與衆經相異也。

又異者，餘教當機益物，不説如來施化之意。此經明佛設教，元始巧爲衆生作頓、漸、不定、顯、密種子，中間以頓漸五味，調伏長養而成熟之。又以頓漸五味，而度脱之。並脱並熟並種，番番不息。大勢威猛，三世益物。具如信解品中説，與餘經異也。

又衆經咸云：道樹師實智始滿，起道樹始施權智。今經明師之權實，在道樹前久久已滿。諸經明二乘弟子，不得入實智，亦不能施權智。今經明弟子入實甚久，亦先解行權。又衆經尚不論道樹之前，師之與弟，近近權實，況復遠遠？今經明道樹之前，權實長遠，補處數世界不知，況其塵數？經云：昔所未曾說，今皆當得聞，殷勤稱讚，良有以也。當知此經，異諸教也。

二、引證者。如文殊答問偈云：我見燈明佛，本光瑞如此，以是知今佛，欲說法華經。何但二萬億，大通智勝，及五佛章中，三世佛說，皆名法華也。文云：今佛放光明，助發實相義。又云：諸法實相義，已爲汝等說。又云：無量衆所尊，爲說實相印。此亦今古同以實相爲體也。文云：佛當雨法雨，充足求道者，即是會三歸一之法雨，令求佛道因者充足，乃至一切皆會令充足。若開近顯遠之法雨，令求佛道果者充足。文云：諸求三乘人，若有疑悔者，佛當爲除斷，令盡無有餘。又云：諸佛法久後，要當說真實，即是斷三乘、五乘、七方便、九法界等疑，皆令生信。此證經用也。又如來神力品云：以要言之，如來一切所有之法，如來一切自在神力，如來一切祕要之藏，如來一切甚深之事，皆於此經，宣示顯說。一切法者，權實一切法皆攝也，此證經名。一切自在神力者，内用名自在，外用名神力，即證用也。一切祕要之藏者，非器莫授爲祕，正體爲要，多所含容而無積聚名藏，此證體也。一切甚深之事者，實相名甚深，爲實相修因名深因，究竟實相名深果。又法師品云：若聞此經，乃是善行菩薩之道，深因也。求佛道者，咸於我前，聞妙法華經一句，乃至一念隨喜，我皆與授記，乃至須臾聞之，即得究竟三菩提深果。此證宗也。所以引二文者，古佛事定，舉要略以釋疑。今佛說竟。

舉要略以付囑，中間正當機廣說，故不引證耳。若引者，開、示、悟、入，即其文也。爲大事因緣故，證名；佛之知見，證體；開、示、悟、入，證宗；爲令衆生，證用；此異餘經，證教也。又藥王品，舉十譬歎教，今引其六：大如海、高如山、圓如月、照如日、自在如梵王、極如佛。海是坎德，萬流歸故，同一鹹故。法華亦爾，佛所證得，萬善同歸，同乘佛乘。江河川流，無此大德，餘經亦爾，故法華最大也。山王最高，四寶所成故，純諸天居故。法華亦爾，在四味教之頂，離四誹謗，開示悟入，純一根一緣，同一道味，純是菩薩，無聲聞弟子故，月能虧盈故，月漸圓故。法華亦爾，同體權實故，會漸入頓故。燈炬星月，與闇共住，譬諸經存二乘道果，與小並立，日能破闇故，法華破化城，除草庵故。又日映奪星月，令不現故，法華拂迹，除方便故。輪王於四域自在，釋王於三十三天自在，大梵於三界自在，諸經或於俗諦自在，或於真諦自在，或於中道自在。但是歷別自在，非大自在。今經三諦圓融，最得自在，譬大梵王。餘經拔衆生出生死，如五佛子，於凡夫第一；或拔衆生出涅槃，如菩薩居無學上。今經拔出衆生，過方便教菩薩上，卽成法王，最爲第一。引諸譬喻，明教相最大。例知用、宗、體、名，亦大如海；境、智，乃至利益，亦大如海。教相如山，在四味教上。用、宗、體、名、境、智、利益，亦復如是。教相虧盈圓滿如月，用、宗、體、名、境、智、利益，亦復如是。教破化城，用、宗、體、名、境、智、利益，亦復如是。教相自在，餘亦如是。教相王中王，餘亦如是。非但引文證教，餘義亦成。

三、生起者。能生爲生，所生爲起，前後有次第，粗細不相違。肇云：名無召物之功，物無應名之實，無名無物，名物安在？蓋第一義中無相意耳。世諦爲言，無名無以顯法，故初釋名。名名於法，法卽是體，尋名識體，體非宗不會，會體自行已圓，從體起用，導利含識，利益既多，須分別教相也。神力品中，約教次第，一切法本皆佛法。大經云：一切世諦，若於如來，卽是第一義諦，衆生顛倒，謂非佛法。今明言示之，故言一切法也。欲説此法，先以神力駭動，故言一切自在神力。既見變通，醒悟渴仰，得爲説教，教詮實相，故言祕密之藏也。禀教修行，即有因果，故言甚深之事也。欲分別四義，與餘經同異，次明教相耳。序品約行次第，初從經卷，若善知識，有所聞見，即聞名也。聞故推理體顯，顯體須行，行即因果，宗也。行自排惑，亦利衆生，是用也。分別同異，教相也。開示悟入，亦約行次第。法本無開閉，今呼爲方便門開，此聞名也。示真實相，體也。自迷得悟，悟因也。由因故悟果，宗也。悟故深入，亦令他入，用也。分別同異，教也。今之五義依序品，扶行次第也。

四、開合者。五章共釋一經，種種分別，令易解故。凡三種開合，謂五種、十種譬喻。

初釋名通論事理，顯體專論理，宗用但論事，教相分別事理。釋名通説教行，顯體非教非行，宗用但行，教相但教。釋名通説因果，顯體非因非果，宗自因果，用教他因果，教相分別上法耳。釋名通論自行化他，體非自非他，宗是自行，用是化他，教相分別自他。釋名通論説默，體非説非默，宗默，用説，教相分別云云。

十種者。釋名總論三軌，體宗用開對三軌，教相分別三軌；釋名總論三道，體宗用開對三道，教相分別三道，乃至第十；釋名總論三德，體宗用開對三德，教相分別三德云云。

譬喻者。譬如總名人身，開身則有識、命、煖，分別諸身，貴賤賢愚，種種差降。人身譬名，識以譬體，命以譬宗，煖以譬用，分別譬教相云云。

五、料簡者。若爲蓮故華，華果必俱，將不墮因中有果耶？答：因中有果，舊醫邪法，已爲初教所破，尚非粗權實義，況是妙因妙果，新醫真乳法耶？！

問：華以喻權，權是小乘之法，則不應破於草庵。草庵既破，何得以華喻權？答：小乘是化他之權，是故須破。今明自行之權，故以華喻耳。

問：文內從火宅至醫子，凡七譬，悉不明蓮華，何以取此爲題？答：七譬是別，蓮華是總，舉總攝別，故冠篇首也。

問：一切法皆佛法，何意簡權取實爲體？答：若開權顯實，諸法皆體；若廢權顯實，如前所用。

問：何故雙用因果爲宗？答：由因致果，果爲因所辦，若從能辦，以因爲宗；若從所辦，以果爲宗；二義本是相成，不得單取。又迹本二文，俱說因果故。

問：論宗簡化他因果，明用俱取自他權實？答：宗論自行，故須簡他；用是益他，是故雙取。

又問：用是化他亦不須自行權實？答：欲以自利利他故。

並宗亦應然，欲自行化他因果，是故應取他也？答：化他因果，不能致佛菩提，是故不取。

並用他權實，亦不能令他至極，亦不應取？答：他宜須此利，是故取也。

問：宗用俱明智斷，云何分別？答：自行，以智德爲宗，斷德爲用。若化他，自他智斷俱爲宗，化他智斷俱爲用。

問：何故五章，不四不六？答：設作四六，亦復生疑，墮無窮問，非也。

問：經經各有異意，那得五義，共釋衆經耶？答：若經經別釋，但得別不得同。今共論五義，得同不失別。

六、明觀心者。從標章至料簡，悉明觀心。心如幻燄，但有名字，名之爲心。適言其有，不見色質；適言其無，復起慮想；不可以有無思度故，故名心爲妙。妙心可軌，稱之爲法。心法非因非果，能如理觀，卽辦因果，是名蓮華。由一心成觀，亦轉教餘心，名之爲經。釋名竟。

心本無名,亦無無名;心名不生,亦復不滅;心卽實相。初觀爲因,觀成爲果。以觀心故,惡覺不起。心數塵勞,若同若異,皆被化而轉,是爲觀心。標五章竟。

觀心引證者。釋論云:"一陰名色,四陰名名,心但是名也。"大經云:"能觀心性,名爲上定。"上定者,第一義定,證心是體。大經云:"夫有心者,皆當得三菩提",心是宗也。遺教云:制心一處,無事不辦,心是用也。釋論云:"三界無別法,唯是一心作。心能地獄,心能天堂,心能凡夫,心能賢聖。"覺觀心是語本,以心分別於心,證心是教相也。

觀心生起者。以心觀心,由能觀心,有所觀境,以觀契境故,從心得解脱故。若一心得解脱,能令一切數,皆得解脱故。分別心王心數,同起偏起等,卽是教相故。

觀心開合者。心是諸法之本,心卽總也。別説有三種心:煩惱心是三支,苦果心是七支,業心是二支。苦心卽法身,是心體;煩惱心卽般若,是心宗;業心卽解脱,是心用;卽開心爲三也。分別十二因緣心生,卽有六道差降;分別心滅,卽有四聖高下;是爲教相兼於開合也。

觀心料簡者。問:事解已足,何煩觀心?答:大論云:"佛爲信行人,以樹爲喻;爲法行人,以身爲喻。"今亦如是。爲文字人,約事解釋;爲坐禪人,作觀心解。又論作四句評:有慧無多聞,是不知實相,譬如大闇中,有目無所見;多聞無智慧,亦不知實相,譬如大明中,有燈而無照;多聞利智慧,是所説應受;無聞無智慧,是名人身牛。今使聞慧兼修,義觀雙舉。百論有盲跛之譬,牟子有説行之義。華嚴云:"譬如貧窮人,日夜數他寶,自無半錢分,偏聞之失也。"下文云:未得謂得,未證謂證,偏觀之失也。何者?視聽馳散,如風中燈，照物不了，但貴耳入口出，都不治心，自是陵人，增見長非，把刃自傷，解牽惡道，由其不習觀也。若觀心人，謂卽心而是，已則均佛，都不尋經論，墮增上慢，此則抱炬自燒，行牽惡道，由不習聞也。

若欲免貧窮，當勤三觀；欲免上慢，當聞六卽。世間相常住，理卽也；於諸過去佛，若有聞一句，名字卽也；深信隨喜，觀行卽也；六根清净，相似卽也；安住實智中，分證卽也；唯佛與佛，究盡實相，究竟卽也。修心內觀，則有法財；正信外聞，無復上慢。眼慧明聞，具足利益，何得不觀解耶?!

（選自揚州刻經處本妙法蓮華經玄義卷一上）

四正論今意爲二，先略用彼名，顯於妙義。

因具三義者：一法界具九法界，名體廣；九法界卽佛法界，名位高；十法界卽空卽假卽中，名用長。卽一而論三，卽三而論一，非各異，亦非橫，亦非一，故稱妙也。

果體具三義者：體徧一切處，名體廣；久已成佛，久遠久遠，名位高；從本垂迹，過現未來，三世益物，名用長。是謂因果六義，異於餘經，是故稱妙。

又乳經一種因果廣高長，一種因果狹下短，則一粗一妙云云。酪經唯一種因果狹下短，但粗無妙。生酥經三種因果狹下短，一種因果廣高長，則三粗一妙。熟酥經二種因果狹下短，一種因果廣高長，則二粗一妙。醍醐經一種因果廣高長，但妙無粗。又醍醐經妙因妙果，與諸經妙因妙果不異，故稱爲妙也。

復次觀心釋。若觀己心，不具衆生心佛心者是體狹，具者是體廣。若己心不等佛心是位下，若等佛心是位高。若己心衆生心佛心，不卽空卽假卽中者是用短，卽空卽假卽中者是用長。

復次於一法界，通達十法界六卽位者，亦是體廣，亦是位高，亦是用長。

初約十法界，是顯理一。次約五味，是約教一，次約觀心，是約行一。次約六郎，是約人一。畧示妙義竟。

廣說者，先法次妙。南岳師舉三種，謂衆生法、佛法、心法。如經爲令衆生開示悟入佛之知見。若衆生無佛知見，何所論開？當知佛之知見，蘊在衆生也。又經，但以父母所生眼，即肉眼；徹見內外彌樓山，即天眼；洞見諸色，而無染著，即慧眼；見色無錯謬，即法眼；雖未得無漏，而其眼根清淨若此。一眼具諸眼用，即佛眼。此是今經明衆生法妙之文也。

大經云："學大乘者，雖有肉眼名爲佛眼。耳鼻五根，例亦如是。"殃掘云："所謂彼眼根，於諸如來常，具足無減修，了了分明見，乃至意根亦如是。"大品云："六自在王，性清淨故。"又云："一切法趣眼，是趣不過，眼尚不可得，何況有趣有非趣？乃至一切法趣意，亦如是。"此即諸經，明衆生法妙也。

佛法妙者，如經止止不須說，我法妙難思。佛法不出權實，是法甚深妙，難見難可了，一切衆生類，無能知佛者，即實智妙也。及佛諸餘法，亦無能測者，即佛權智妙也。如是二法，唯佛與佛，乃能究盡諸法實相，是名佛法妙。

心法妙者，如安樂行中，修攝其心，觀一切法，不動不退，又一念隨喜等。普賢觀云："我心自空，罪福無主，觀心無心，法不住法。"又"心純是法"。淨名云："觀身實相，觀佛亦然，諸佛解脱，當於衆生心行中求。"華嚴云："心佛及衆生，是三無差別，破心微塵出大千經卷。"是名心法妙也。

今依三法，更廣分別：若廣衆生法，一往通論諸因果，及一切法；若廣佛法，此則據果；若廣心法，此則據因。

衆生法爲二，先列法數，次解法相。

　　數者,經論或明一法攝一切法,謂心是三界無別法,唯是一心作;或明二法攝一切法,所謂名色,一切世間中,但有名與色;或明三法攝一切法,謂命、識、煖。如是等增數,乃至百千。

　　今經用十法攝一切法,所謂諸法如是相,如是性,如是體,如是力,如是作,如是因,如是緣,如是果,如是報,如是本末究竟等。南岳師讀此文,皆云如,故呼爲十如也。天台師云,依義讀文,凡有三轉:一云,是相如、是性如、乃至是報如。二云,如是相、如是性、乃至如是報。三云,相如是、性如是、乃至報如是。若皆稱如者,如名不異,即空義也。若作如是相、如是性者,點空相性,名字施設,邐迤不同,即假義也。若作相如是者,如於中道實相之是,即中義也。分別令易解,故名空假中。得意爲言,空即假中。約如明空,一空一切空;點如明相,一假一切假;就是論中,一中一切中。非一二三,而一二三,不縱不橫,名爲實相。唯佛與佛,究竟此法,是十法攝一切法。若依義便,作三意分別;若依讀便,當依偈文云,如是大果報,種種性相義云云。

　　次判權實者,光宅以前五如是爲權,屬凡夫。次四如是爲實,屬聖人。後一如是總結權實。引偈證云: 如是大果報,大故知是實,種種性相,故知是權。今恐不爾,大義有三:大、多、勝。若取大爲實者,亦應取多取勝,種種之名,豈非多義? 若言權屬凡夫,凡夫何意無實? 若實屬聖人,聖人何意無權? 如此抑沒,義不可依。又北地師,以前五爲權,後五爲實。此皆人情也。

　　今明權實者,以十如是,約十法界,謂六道四聖也。皆稱法界者,其意有三:十數皆依法界,法界外更無復法,能所合稱,故言十法界也。二、此十種法,分齊不同,因果隔別,凡聖有異,故加之以界也。三、此十皆即法界,攝一切法,一切法趣地獄,是趣不過,當體即理,更無所依,故名法界。乃至佛法界,亦復如是。若十數依

法界者，能依從所依，卽入空界也。十界界隔者，卽假界也。十數
皆法界者，卽中界也。欲令易解，如此分别，得意爲言，空卽假中，
無一二三，如前云云。

　　此一法界，具十如是，十法界，具百如是。又一法界具九法界，
則有百法界，千如是。束爲五差：一惡、二善、三二乘、四菩薩、五
佛。判爲二法：前四是權法，後一是實法。細論各具權實，且依兩
義。然此權實，不可思議，乃是三世諸佛二智之境。以此爲境，何
法不收？此境發智，何智不發？故文云諸法。諸法者，是所照境廣
也。唯佛與佛，乃能究盡者，明能照智深，窮邊盡底也。其智慧門，
難解難入者，歎境妙也。我所得智慧，微妙最第一者，歎智與境相
稱也。

　　方便品長行，略説此法；後開示悟入，廣説此法；火宅，譬喻此
法；信解，領解此法；長者，付子此法；藥草，述成此法；化城，引入此
法；如是等種種，衹名十如權實法耳。

　　如來洞達，究十法底，盡十法邊，明識衆生，種非種、芽未芽、熟
不熟、可度脱不可度脱，如實知之，無有錯謬。殃掘摩羅，雖是惡
人，實相性熟，卽時得度；四禪比丘，雖是善人，惡性相熟，卽不堪
度。當知衆生之法，不可思議，雖實而權，雖權而實，實權相卽，不
相妨礙。不可以牛羊眼，觀視衆生；不可以凡夫心，評量衆生。智
如如來，乃能評量，何以故？衆生法妙故。

　　次解十如是法。初通解，後别解。

　　通解者。相以據外，覽而可别，名爲相；性以據内，自分不改，
名爲性。主質名爲體，功能爲力，構造爲作，習因爲因，助因爲緣，
習果爲果，報果爲報，初相爲本，後報爲末，所歸趣處爲究竟等云
云。若作如義，初後皆空爲等；若作性相義，初後相在爲等；若作中
義，初後皆實相爲等。今不依此等，三法具足，爲究竟等。夫究竟

者,中乃究竟,卽是實相爲等也。

次別解者。取氣類相似,合爲四番:初四趣,次人天,次二乘,次菩薩佛也。

初明四趣十法。如是相者,卽是惡相,表墮不如意處。譬人未禍,否色已彰,相師覽別,能記凶衰。惡相若起,遠表泥黎。凡夫不知,二乘髣髴知,菩薩知不深,佛知盡邊。如善相師,洞見始終,故言如是相也。

如是性者,黑自分性也,純習黑惡雖可改變,如木有火,遇緣卽發。大經云:"有漏之法,以有生性,故生能生之。"此惡有四趣生性,故緣能發之。若泥木像,雖有外相,內無生性,生不能生。惡性不爾,故言如是性。

如是體者,攬彼摧折粗惡色心,以爲體質也。復次,此世先已摧心,來世摧色。又此世華報,亦摧色心;來世果報,亦摧色心。故以被摧色心爲體也。

如是力者,惡功用也。譬如片物,雖未被用,指擬所任,言其有用。大經云:"作舍取木,不取縷線;作布取縷,不取泥木。地獄有登刀上劒之用,餓鬼吞銅噉鐵之用,畜生强者伏弱,魚鱗相咀,牽車挽重,皆是惡力用也。"

如是作者,構造經營,運動三業,建創諸惡,名之爲作。大經第八云:"譬如世間,爲惡行者,名爲半人;既行惡行,名地獄作也。"

如是因者,惡習因也。自種相生,習續不斷,以習發故,爲惡易成,故名如是因。

如是緣者,緣助也。所謂諸惡我我所,所有具度,皆能助成習業,如水能潤種,故用報因爲緣也。

如是果者,習果也。如多欲人,受地獄身,見苦具謂爲欲境,便起染愛,謂此爲習果也。

如是報者,報果也。如多欲人,在地獄中,趣欲境時,即受銅柱鐵牀之苦,故名如是報也。

本末究竟等者,即有三義:本空末亦空,故言等。又惡果報,在本相性中,此末與本等;本相性,在惡果報中,此本與末等。若先無後事,相師不應預記;若後無先事,相師不應追記。當知初後相在,此假事論等。中實理心,與佛果不異,一色一香,無非中道,此約理論等。以是義故,故言本末究竟等。三義具足,故言等也。

次辨人天界十法者,但就善樂為語,異於四趣,相表清升。性是白法,體是安樂色心,力是堪任善器,作是造止行二善,因是白業,緣是善我我所所有具度,果是任運酬善心生,報是自然受樂,等者如前説云云。

次辨二乘法界十法者,約真無漏,相表涅槃。性是非白非黑法,體是五分法身,力能動能出堪任道器,作是精進勤策,因是無漏正智,緣是行行助道,果是四果。二乘既不生,是故無報。何故發真是果,而不論報?無漏法起,酬於習因,得是習果;無漏損生,非牽生法,故無後報。三果有報者,殘思未斷,或七生,或一往來,或色界生,非無漏報也。是故唯九不十。若依大乘,此無漏,猶名有漏。大經云:福德莊嚴者,有為有漏,是聲聞僧,既非無漏,不損別惑,猶受變易之生,則無漏為因,無明為緣,生變易土,即有報也。

次明菩薩佛界十法者。此更細開,有三種菩薩云云。

若六度菩薩,約福德論相、性、體、力,善業為因,煩惱為緣,三十四心斷結為果,佛則無報,菩薩即具十也。

若通教菩薩,約無漏論相性,六地之前,殘思受報;六地思盡,不受後身;誓扶習生,非實業報。故唯九無十。

若別教菩薩,約修中道,行次第觀,而論十法,此人雖斷通惑,自知有生，則具十法云云。

夫生變易，則三種不同：

一、全未斷別惑，生變易者，即是三藏二乘，及通教三乘是也。類如分段博地凡夫，不伏見思者云云。

二、伏別惑生變易者，即是別教三十心人，習於中道，伏而未斷。類如分段小乘方便道也云云。

三者斷別惑生變易者，如初地初住斷惑是也。類如初果，雖斷見諦，猶有七生。彼亦如是。若未斷伏生者，用方便行，真無漏爲因，無明爲緣。若伏斷者，順道法愛爲因，無明爲緣，生變易土云云。

佛界十法者，皆約中道分別也。淨名云："一切衆生，皆菩提相，不可復得，此即緣因爲佛相。"性以據內者，智顧猶在不失，智即了因爲佛性。自性清淨心，即是正因爲佛體，此即三軌也云云。力者，初發菩提心，超二乘上，名爲力。作者，四弘誓願要期也。因即智慧莊嚴也。緣即福德莊嚴也。果即一念相應，大覺朗然，無上菩提，爲習果也。報即大般涅槃果果斷德，禪定三昧，一切具足，是報果也。本末等者，即相性三諦，與究竟三諦不異，故言等也。空諦等者，元初衆生如，乃至佛如，皆等也。俗諦等者，衆生未發心，佛記當作佛，佛既已成佛，説佛本生事，即是初後相在，假等也。中等者，凡聖皆實相也。

就佛界，亦九亦十。通途爲語，從地地皆有萬行福德爲因，無明爲緣，習果報果，分得十法，無不具足。此經云：得無量無漏，清淨之果報，法王法中，久脩梵行，始於今日，得其果報。又云：久脩業所得。大經云："我今所獻食，願得無上報。"仁王云："三賢十聖住果報。"攝大乘云："因緣生死，有後生死，皆是分論果報，果報即是生滅。何者？無明分盡，是故論滅；真明轉盛，是故言生。"又殘無明在，是故言生；一分惑除，是故言滅。大論云："一人能耘，一人能種，萬行資成如種，智慧破惑如耘，增道損生，意在於此。四十一也，皆有十法也。"

若就妙覺，亦九亦十。何者？中道智慧，乃是損生，生既未盡，故有諸地生滅不同，妙覺損生義足，最後那得論報。故云：唯佛一人居淨土，三十生盡等大覺，無後有生死，煩惱盡故；智德已圓，無復習果，不受後身，故無報果。又約現生後，論九論十云云。若按涅槃經文，願得無上報者，即明佛界報無上也。佛報既言無上，佛相性等九法，悉皆無上。何者？六道相性，全表五住；二乘相性，表破四住，全表無明；菩薩相性，表次第破五住；佛相性，表一切種智，淨若虛空，不為五住所染，故佛十法，最為無上云云。復次六趣相，表生死苦；二乘相，表涅槃樂；佛界相，表非生死、非涅槃、中道常樂我淨；故言佛界最是無上。復次四道表惡，人天表善，二乘表無漏善，菩薩佛表非漏非無漏善，故佛界最為無上。復次六道表諸有因緣生法，二乘表即空，菩薩表即假，佛表即空即假即中，故佛界最為無上。復次四趣但表惡，不能表善；人天相但表善，亦不能表惡；二乘但表無漏，不兼善惡；佛相表一切相。若解佛相，即徧解一切相，是故佛界最為無上。故賢聖集云："地獄中陰，但見地獄，不能知上趣。若天中陰，能知天及下，其相表之，不明正徧知，佛相表正徧知也。"佛智既徧知諸相，而經教應徧說之。

若用此法，歷五味教者：乳教說菩薩界佛界兩性相，或入即假等，或入即中等，入中乃是無上，而帶一方便，未全無上。酪教但明一乘相性，得入析空等，尚不明入即空等，況復餘耶？故非無上。生酥明四種相性，或入析空等，或入即空等，或入即假等，或入即中等，唯佛相性，得入即空即假即中，而帶三方便，故非無上。熟酥明三種相性，或入即空，或入即假，或入即中，唯佛性相，得入即空即假即中，而帶二方便，故非無上。此法華經，明九種性相，皆入即空即假即中，汝實我子，我實汝父，一色一味，純是佛法，更無餘法，故知佛界最爲無上。

復次餘經所明九性相，不得入佛性相即空即假即中者，此經皆開方便，普令得入。又按其相性，即是即空即假即中，不論引入。是故如來殷勤稱歎，此法華經最爲無上，意在此也。

復次百界千法，縱橫甚多，以經論偈結之，令其易解。中論偈云：“因緣所生法，我說即是空，亦名爲假名，亦名中道義。”六道相性，即是因緣所生法也。二乘及通教菩薩等相性，是我說即是空。六度別教菩薩相性，是亦名爲假名。佛界相性，是亦名中道義。結要雖少，攝得前多，義則可見云云。又涅槃偈云：“諸行無常，是生滅法。”生滅滅已，寂滅爲樂。六道相性，即是諸行。二乘通教相性，即是無常。別教菩薩相性，即是生滅滅已。佛界相性，即是寂滅爲樂。又生滅滅已，寂滅爲樂，即是別教相性。即於生滅，仍是寂滅，不待滅已，方稱爲樂，是爲圓教佛界相性云云。又七佛通戒偈云：諸惡莫作，衆善奉行，自淨其意，是諸佛教。四趣相性，即是諸惡。人天相性，即是衆善。自淨其意，即有析體淨意，是二乘相性。入假淨意，是菩薩相性。入中淨意，是佛界相性云云。若能解十相性，與衆經論律合者，即通達三藏通別，識一切法無有障礙。廣明衆生法相竟。

二、廣明佛法者。佛豈有別法，祇百界千如，是佛境界。唯佛與佛，究竟斯理。如函大，蓋亦隨大，以無邊佛智，照廣大佛境，到其源底，名隨自意法也。若照九法界性相本末，纖芥不遺，名隨他意法。從二法本，垂十界迹，或示己身，或示他身；或說自意語，或說他意語；自意他意，不可思議；己身他身，微妙寂絕；皆非權非實，而能應於九界之權，一界之實，而於佛法，無所損減，諸佛之法，豈不妙耶？是事可知，無勞廣説，至方便品中，當更明之。

三、廣釋心法者。前所明法，豈得異心，但衆生法太廣，佛法太高，於初學爲難。然心佛及衆生，是三無差別者，但自觀已心則爲易。涅槃云："一切衆生，具足三定。"上定者，謂佛性也，能觀心性，名爲上定。上能兼下，即攝得衆生法也。華嚴云："遊心法界如虚空，則知諸佛之境界。"法界即中也，虚空即空也，心佛即假也，三種具即佛境界也。是爲觀心，仍具佛法。又遊心法界者，觀根塵相對，一念心起，於十界中，必屬一界。若屬一界，即具百界千法，於一念中，悉皆備足。此心幻師，於一日夜常造種種衆生、種種五陰、種種國土。所謂地獄假實國土，乃至佛界假實國土，行人當自選擇，何道可從？又如虚空者，觀心自生心，不須藉緣。藉緣有心，心無生力。心無生力，緣亦無生，心緣各無，合云何有？合尚叵得，離則不生。尚無一生，況有百界千法耶？以心空故，從心所生一切皆空，此空亦空。若空非空，點空設假，假亦非假，無假無空，畢竟清淨。又復佛境界者，上等佛法，下等衆生法。又心法者，心佛及衆生，是三無差別，是名心法也。問：一念心云何含受百界千法耶？答：借三種爲譬，如止觀中説云云。

二明妙者：一通釋，二別釋。

通又爲二：一相待，二絶待。此經唯論二妙，更無非絶非待之文。若更作者，絶何惑？顯何理？故不更論也。

光宅用法華之妙，待前諸教皆粗，巨有所妨，已如前難云云。今待粗妙者，待半字爲粗，明滿字爲妙，亦是常無常大小相待，爲粗妙也。淨名云："説法不有亦不無，以因緣故諸法生"，即是明滿字也。始坐佛樹力降魔，得甘露滅覺道成，即提昔之半，待出於滿也。般若云："於閻浮提，見第二法輪轉"，亦是對鹿苑爲第一，待般若爲第二也。涅槃云："昔於波羅奈，初轉法輪；今於尸城，復轉法輪。"

衆經皆共以鹿苑爲半爲小爲粗，待此明滿、大、妙，其義是同。今法華明昔於波羅奈，轉四諦法輪，五衆之生滅，今復轉最妙，無上之法輪，此亦待鹿苑爲粗，法華爲妙。妙義皆同，待粗亦等，文義在此也。

問：齊方等來，滿理無殊者，悉應稱妙？

答：今亦不尅教定時，那忽云齊方等耶？縱令爾者，別有所以。何者？利根菩薩，於彼入妙，與法華不異。鈍根菩薩及二乘人，猶帶方便，諸味調伏。方等帶生酥論妙以待粗，般若帶熟酥論妙以待粗。今經無二味方便，純真醍醐，論妙以待粗。此妙彼妙，妙義無殊，但以帶方便，不帶方便，爲異耳。復次三藏但半字生滅門，不能通滿理，故名爲粗；滿字是不生不滅門，能通滿理，故名妙。能通滿理，復有二種：一帶方便通滿理，二直顯滿理。方等般若帶方便通滿理，今經直顯滿理。故中論云："爲鈍根弟子，説因緣生滅相；爲利根弟子，説因緣不生不滅相"云云。中論偈云云。若不卽空，爲通真方便，是故言粗。若能卽空，是通中方便。通中方便，若帶卽空卽假通中者粗，不帶空假，直通中者妙云云。

問：乳至醍醐，同稱爲滿，是譬云何？

答：今以譬解譬，如官有三航，及以私船，從於此岸，度人彼岸。乳教如大中兩航，共度人彼岸；酪教如私船，度人中洲；生酥如四種，小航與私船，度人於中洲，兩航度人於彼岸；熟酥如三航，一航中洲，二航彼岸；醍醐如大航，度人彼岸。三航同是官物，故俱稱爲滿；私船非官物，是故言半。官物之中，二航小，所容蓋寡。大航壯麗容載倍多，獨稱爲妙。智者以譬喻得解，其譬義如是云云。

二、絶待明妙者爲四：一、隨情三假法起，若入真諦，待對卽絶。故身子云："吾聞解脱之中，無有言説。"此三藏經中絶待意也。二、若隨理三假，一切世間皆如幻化，卽事而真，無有一事而非真者，更待何物爲不真耶？望彼三藏，絶還不絶，即事而真，乃是絶待，此通教絶待也。三、別教若起，望即真之絶，還是世諦。何者？非大涅槃，猶是生死世諦，絶還有待。若入別教中道，待則絶矣。四、圓教若起，説無分別法，即邊而中，無非佛法，亡泯清淨，豈更佛法？待於佛法，如來法界故。出法界外，無復有法，可相形比，待誰爲粗？形誰得妙？無所可待，亦無所絶，不知何名，强言爲絶。大經云："大名不可稱量，不可思議，故名爲大。譬如虛空，不因小空，名爲大也。涅槃亦爾，不因小相，名大涅槃。妙亦如是，妙名不可思議，不因於粗，而名爲妙。"若謂定有法界，廣大獨絶者，此則大有所有，何謂爲絶？今法界清淨，非見聞覺知，不可説示。文云：止止不須説，我法妙難思。止止不須説，即是絶言；我法妙難思，即是絶思。又云：是法不可示，言辭相寂滅。亦是絶歎之文。不可以待示，不可以絶示，滅待滅絶，故言寂滅。又云：一切諸法，常寂滅相，終歸於空，此空亦空，則無復待絶。中論云："若法爲待成，是法還成待，今則無因待，亦無所成法。"華首云："既得無生忍，亦不生無生，無生即無生，是名絶待。"降此已外，若更作者，絶何物？顯何理？流浪無窮，則墮戲論。乃是迷情分別，絶待不絶，非絶非待，待於亦待亦絶，言語相逐，永無絶矣。何者？言語從覺觀生，心慮不息，語何由絶？如癡犬逐塊，徒自疲勞，塊終不絶。若能妙悟寰中，息覺觀風，以水澄清，言思皆絶。如黠師子，放塊逐人，塊本既除，塊則絶矣。妙悟之時，洞知法界外無法而論絶者，約有門明絶也。是絶亦絶，約空門明絶也。如快馬見鞭影，無不得入，是名絶待妙也。用是兩妙，妙上三法。衆生之法，亦具二妙，稱之爲妙。佛法心法，亦具二妙，稱之爲妙。若將上四種絶待，約五味經者，乳教兩絶，酪教一絶，生酥四絶，熟酥三絶，此經但有一絶。若開權絶者，無不入一妙絶也。

問: 何意以絕釋妙?

答: 祇喚妙爲絕, 絕是妙之異名, 如世人稱絕能耳。又妙是能絕, 粗是所絕, 此妙有絕粗之功, 故舉絕以名妙。如迹中先施方便之教, 大教不得起。今大教若起, 方便教絕, 將所絕以名於妙耳。又迹中大教旣起, 本地大教不得興。今本地教興, 迹中大教卽絕。絕於迹大, 功由本大, 將絕迹之大, 名於本大, 故言絕也。又本大教若興, 觀心之妙不得起。今入觀緣寂, 言語道斷, 本教卽絕。絕由於觀, 將此絕名, 名於觀妙, 爲顯此義, 故以絕爲妙。今將迹之絕妙, 妙上衆生法; 將本地之絕妙, 妙上佛法; 將觀心之絕妙, 妙上心法。前四絕, 橫約四教; 今三絕, 豎約圓教云云。

別釋妙者爲三, 若鹿苑三粗, 鷲頭一妙, 皆迹中之說, 約迹開十重論妙。此妙有迹有本, 本據元初, 元初本妙。十重論妙, 迹本俱是教。依教作觀, 觀復有十重論妙。迹中有衆生法妙、佛法妙、心法妙, 各十重, 合三十重。此與衆經論妙, 有同有異。本中三十妙, 與衆經一向異。此六十重, 一一復有待妙絕妙, 則有一百二十重。若破粗顯妙, 卽用上相待妙; 若開粗顯妙, 卽用上絕待妙云云。迹中十妙者, 一境妙, 二智妙, 三行妙, 四位妙, 五三法妙, 六感應妙, 七神通妙, 八說法妙, 九眷屬妙, 十功德利益妙。釋十妙爲五番: 一標章、二引證、三生起、四廣解、五結權實。

標章者。云何境妙? 謂十如、因緣、四諦、三諦、二諦、一諦等, 是諸佛所師, 故稱境妙。智妙者, 所謂二十智, 四菩提智、下、中、上、上上, 七權實, 五三智, 一如實智, 以境妙故, 智亦隨妙; 以法常故, 諸佛亦常; 函蓋相稱, 境智不可思議, 故稱智妙。行妙者, 謂增數行、次第五行、不次第五行、智導行故, 故言行妙。位妙者, 謂三草位、二木位、一實位, 妙行所契, 故言位妙。三法妙者, 謂總三法、縱三法、橫三法、不縱不橫三法、類通三法, 皆祕密藏, 故稱爲妙。

感應妙者，謂四句感應、三十六句感應、二十五感應、別圓感應，水不上升，月不下降，一月一時，普現衆水，諸佛不來，衆生不往，慈善根力，見如此事，故名感應妙。神通妙者，謂報通、脩通、作意通、體法通、無記化化通，無謀之權，稱緣轉變，若遠若近，若種若熟若脫，皆爲一乘，故言神通妙。説法妙者，謂説十二部法、小部法、大部法、逗緣法、所詮法、圓妙法，如理圓説，咸令衆生開示悟入佛之知見，故言説法妙。眷屬妙者，謂業眷屬、神通眷屬、願眷屬、應眷屬、法門眷屬，如陰雲籠月，羣臣豪族前後圍遶，故言眷屬妙。利益妙者，謂果益、因益、空益、假益、中益、變易益、猶如大海，能受龍雨，故名利益妙。

二、引證者。但引迹文，尚不引本文，況引餘經耶？文云：諸法如是相等，唯佛與佛，乃能究盡諸法實相。實相是佛智慧門，門卽境也。又云：甚深微妙法，難見難可了，我及十方佛，乃能知是相，卽境妙也。我所得智慧，**微妙最第一**，又以此妙慧，求無上道，無漏不思議，甚深微妙法，唯我知是相云云，卽智妙也。本從無數佛，具足行諸道，行此諸道已，道場得成果。又云：合掌以敬心，欲聞具足道。又諸法從本來，常自寂滅相，佛子行道已，來世得作佛，卽行妙。天雨四華，表住行向地，開示悟入，亦是位義。乘是寶乘，遊於四方，四方是因位，直至道場是果位，是名位妙。佛自住大乘，如其所得法，定慧力莊嚴，大乘卽真性，定卽資成，慧卽觀照，是爲三法妙。我於三七日中，思維如是事；又我以佛眼觀，見六道衆生；又一切衆生，皆是吾子；又遥見其父，踞師子牀；卽感應妙也。今佛世尊，入於三昧，是不可思議，現希有事，神通妙也。如來能種種分別，巧説諸法，言辭柔頓，悦可衆心。身子云："聞佛柔頓者，深遠甚微妙。"又其所説法，皆悉到於一切智地。又但説無上道。又已今當説，最爲難信難解。卽説法妙。但教化菩薩，無聲聞弟子，卽眷屬妙。現在未來,若聞一句一偈,皆與三菩提記;又須臾聞者,即得究竟三菩提;又若以小乘化我,即墮慳貪,此事爲不可;又終不令一人獨得**滅度**,皆以如來滅度而滅度之;即利益妙也。

三、生起者。實相之境,非佛天人所作,**本自有之**,非適今也。故最居初。迷理故起惑,解理故生智。智爲行本,因於智目,起於行足。目足及境,三法爲乘,乘於是乘,入清涼池,登於諸位。位何所住? 住於三法祕**密藏**中。住是法已,寂而常照,照十法界機,機來必應。若赴機垂應,先用身輪,神通駭發。見變通已,堪任受道,即以口輪,宣示開導。既霑法雨,禀教受道,成法眷屬。眷屬行行,拔生**死本**,開佛知見,得大利益。

前五約自,因果俱足;後五約他,能所具足;法雖無量十義意圓,自他始終,皆悉究竟也。

　　　　　　　　(選自揚州刻經處本妙法蓮華經玄義卷二上)

三、妙法蓮華經文句(節選)

一時

一時者,**肇師**云:法王啓運嘉會之時者,世界也。論云:迦羅是實時,示內弟子時。食時著衣者,爲人也。三摩耶是假時,破外道邪見者,對治也。若時與道合者,第一義也。云云。

若見諦已上,無學已下,名下一時。若三人同入第一義,名中一時。若登地已上,名上一時。若初住已上,名上上一時。今經是上上一時,此約教分別也。

本迹者,前諸一時,迹也。久遠實得之一時,本也。

觀心釋者,觀心先空次假後中,次第觀心也。觀心即空即假即中者，圓妙觀心也。

佛住王舍城，耆闍崛山中。

　　佛者，劫初無病，劫盡多病，長壽時樂，短壽時苦。

東天下富而壽。西天下多珠寶、多牛羊。北天下無我、無臣屬，如此時處，不感佛出，八萬歲時，百年時。南天下，未見果而修因，故佛出其地。離車子云：摩竭提國，如大池，佛出其國，如大蓮華。無勝云：佛於衆生平等無二，汝等耽荒五欲，不見佛耳，非佛棄汝，出摩竭提。此皆世界釋也。日若不出，池中未生，生已等華，翳死無疑。佛若出世，則有刹利、婆羅門、居士、四天王，乃至有頂，此就爲人釋也。三乘根性，感佛出世，餘不能感，善斷有頂種，永度生死流，此就對治説也。佛於法性，無動無出，能令衆生，感見動出，而於如來實無動出，此就第一義説也。皆因緣釋耳。

　　佛名覺者、知者，於道場樹下，知覺世間、出世間，總相、別相。覺世即苦集，覺出世即道滅，亦能覺他。身長丈六，壽八十，老比丘像，菩提樹下，三十四心，正習俱盡者，即三藏佛，自覺覺他。帶比丘像，現尊特身，樹下一念相應，斷餘殘習者，即通佛自覺覺他。單現尊特相，坐蓮華臺，受佛識者，即別佛自覺覺他。隱前三相，唯示不可思議，如虛空相，即圓佛自覺覺他。故經云：或見如來丈六之身，或見小身大身，或見坐華臺爲百千釋迦，説心地法門，或見身同虛空，偏於法華，無有分別。即此義也，是爲約教分別也。

　　本迹釋者，一佛爲本，三佛爲迹，中間示現，數數唱生，數數唱滅，皆是迹也。唯本地四佛，皆是本也。

　　觀心釋者，觀因緣所生心，先空次假後中，皆偏覺也。觀心即空即假即中，是圓覺也。云云。

住者，能住住所住。所住卽是忍土王城，能住卽是四威儀。住世未滅，此則世界因緣釋住也。又住者，住十善道，住四禪中，此卽爲人因緣釋住也。又住者，住三三昧，對治因緣釋住。又住者，住首楞嚴，卽是第一義因緣釋住。云云。

約教者，三藏佛，從析門，發真無漏，住有餘無餘涅槃; 通佛從體門，發真，住有餘無餘涅槃; 別佛從次第門入，住祕密藏; 圓佛從不次第門入，住祕密藏。前三佛住，能所皆粗; 後一佛住，能所俱妙。今經則是圓佛住於妙住也。

本迹解者，三藏佛應涅槃慈悲垂迹，生身住世; 通佛誓願慈悲，扶餘習，度衆生，作佛事; 別圓佛，皆慈悲熏法性，愍衆生故，垂應法界。當知四佛，住本佛住，以慈悲故，住於忍土。王城威儀住世，是名迹住。

觀解者　觀住於境，或住無常境，卽空卽假卽中等境，以無住法，住於境中，故名爲住。

王舍城者，天竺稱羅閱祇伽羅。羅閱祇，此云王舍。伽羅，此云城。國名摩伽陀，此云不害，無刑殺法也。亦云摩竭提，此云天羅。天羅者，王名也。以王名國。此王卽駁足之父，昔久遠刧，此王主千小國。王巡山，值牸師子，衆人逃散，仍共王交，後月滿來殿上生。王知是己子，訛言我既無兒，此乃天賜，養爲太子，足上斑駁，時人號爲駁足。後紹王位喜噉肉，敕厨人無令肉少，一時遽闕，乃取城西新死小兒爲膳，王言大美，敕之常辦此肉，厨人日捕一人，舉國愁恐。千小國興兵廢王，置耆闍山中，諸羅刹輔之爲鬼王。因與山神誓，誓取千王祭山。捕得九百九十九，唯少普明王，後時伺執得之，大啼哭，恨生來實語，而今乖信。駁足放之還國，作大施，立太子，仍就死，形悅心安。駁足問之，答得聞聖法，因令説之，廣讚慈心，毀呰殺害，仍説四非常偈。云云。駁足闇法，得空平等地，即初地也。千王各取一渧血，三條髮，襄山神願，駁足與千王共立舍城，都五山中，爲大國。各以千小國付子胤，千王更迭知大國事。又百姓在五山內，七徧作舍，七度被燒，百姓議云：由我薄福，數致煨爐，王有福力，其舍不燒，自今已後，皆排我屋，爲王舍。由是免燒，故稱王舍城。又駁足共千王立舍於其地，故稱王舍。又駁足得道，放赦千王，千王被赦於其地，故名地爲王放，而經家借音爲屋舍字耳。因緣出大論，及諸經。云云。

約教者，像法決疑經云：一切大衆所見不同，或見娑羅林地，悉是土砂草木石壁；或見七寶清淨莊嚴；或見此林是三世諸佛所遊行處；或見此林，即是不可思議諸佛境界，真實法體。例知此義，四見不同，所住既然，能住亦爾。此則約教分別也。本迹觀心在後說。

耆闍崛山者，此翻靈鷲，亦云鷲頭，亦云狼跡。梁武云王雎，引詩人所詠關雎是也。爾雅云：似鵁。又解山峰似鷲，將峰名山。又云山南有屍陀林，鷲食屍竟棲其山，時人呼爲鷲山。又解前佛今佛皆居此山，若佛滅後羅漢住，法滅支佛住，無支佛鬼神住，既是聖靈所居，總有三事，因呼爲靈鷲山。有五精舍：鞞婆羅跋恕，此云天主穴；薩多般那求訶，此云七葉穴；因陀世羅求訶，此云蛇神山；薩簸恕魂直迦鉢婆羅，此云少獨力山；五是耆闍崛山。問：劫火洞然，天地廓清，云何前佛後佛同居此山？答：後劫立，本相還現，得神通人，知昔名，以名今耳。例如先劫姓瞿曇，將本姓以姓今也。

約教釋山，例如城義說。云云。

觀釋者，王即心王，舍即五陰，心王造此舍，若析五陰舍空，空爲涅槃城。此觀既淺，如見土木。若體五陰舍即空，空爲涅槃城，卽通教也。若觀五陰舍，因滅是色獲得常色。受想行識，亦復如是。此之四德，常爲諸佛之所遊處。若觀五陰卽法性，法性無受想行識，一切衆生卽是涅槃，不可復滅，畢竟空寂舍，如是涅槃，卽是真如實體。云云。

觀心山者，若觀色陰，無知如山，識陰如鵞，三陰如鵞。觀此靈鵞無常，卽析觀也。觀此靈鵞卽空，體觀也。觀靈卽智性了因，智慧莊嚴也。鵞卽聚集、緣因，福德莊嚴也。山卽法性正因，不動三法，名祕密藏，自住其中，亦用度人。下文云：佛自住大乘，卽別圓二觀。云云。中者，佛好中道，升中天，中日降中國，中夜滅，皆表中道。今處山中説中道也。

釋同聞衆爲三：初聲聞，次菩薩，後襍衆。諸經多爾，舊云：有事有義。事者，逐形迹親疏，聲聞形出俗網，迹近<u>如來</u>，證經爲親，故前列也。天人，形乖服異，迹非侍奉，證經爲疎，故後別也。菩薩，形不檢節，迹無定處，既不同俗，復異於僧，處季孟之間，故居中仲也。有義者，聲聞欣涅槃，天人著生死，各有所偏；菩薩不訴不著，居中求宗，故在兩間。釋論意亦爾。此一解似兩釋，事解似因緣，義解似約教。云云。

本迹解者，聲聞内祕外現，何嘗保證涅槃？天人皆大薩埵，豈復耽染生死？皆是迹引二邊，而本常中道也。

觀心釋者，從假入空觀，卽偏破生死；從空入假觀，卽偏破涅槃；中道正觀，無復前後。云云。

列聲聞爲二：先比丘，次比丘尼。比丘又二：先列多知識，次列少知識。舊呼爲大名聞、小名聞，雖然無據，今以文判如此。就多知識衆爲六：一類，二數，三位，四歎，五列名，六結。

與大比丘衆。

一類者，皆是大比丘氣類也。譬羣方貴賤，各有班輩。今諸比丘,皆衆所知識,高譽大德也。

釋論明與者,共義舉七一。解共,謂一時、一處、一戒、一心、一見、一道、一解脱也。若歷教,應各明七一:三藏一七一,通教二七一,別教無量七一,圓教一七一。若未發跡,正是三藏通教中七一,直明兩意幾異,時處戒解脱是同,心見道三種則異。若至開三顯一,卽得入圓教七一也。

法華論四種聲聞,今開住果者爲兩:析法住果,是三藏聲聞;體法住果,是通教聲聞。開應化者爲兩:登地應化,別教聲聞;登住應化,圓教聲聞。開佛道聲聞亦爲兩:令他次第開佛道,是別教聲聞;令他不次第聞佛道,卽圓聲聞。聲聞義浩然,云何以證?涅槃者判之。云云。

大者,釋論明大者,亦言多,亦言勝。器量尊重,爲天王等大人所敬,故言大。升出九十五種道外,故言勝。徧知內外經書,故言多。又數至一萬二千,故言多。今明有大道故,有大用故,有大知故,故言大。勝者,道勝、用勝、知勝,故言勝。多者,道多、用多、知多,故言多。道卽性念處,大於一切智外道;用卽共念處,勝神通外道;知卽緣念處,多四韋陀外道也。

約教釋大多勝者,大人所敬等,是三藏中釋耳。大者,大力羅漢所敬也。多者,徧知生滅,卽無生滅法也。勝者,勝三藏四門也。此通教釋也。又大者,體法大力羅漢所敬也。多者,恒沙佛法皆知也。勝者,勝二乘人。此別教釋也。又大者,諸大菩薩所敬也。多者,法界不可量,法悉知也。勝者,勝諸菩薩也。此圓教釋也。

本迹者,此諸大德久爲諸佛之所咨嗟,本得勝幢三昧,超諸外道,先已成就種智徧知。迹來輔佛行化,示作愛見中大多勝,欲引乳入酪。又作三藏中大多勝,欲引酪入生酥;示方等中大多勝，欲引生酥入熟酥；示轉教作般若中大多勝，欲引熟酥入醍醐。故作法華大多勝也。然其本地大多勝久矣。云云。

觀心者，空觀爲大，假觀爲多，中觀爲勝。又直就中觀，心性廣博，猶若虛空，故名大；雙遮二邊，入寂滅海，故名勝；雙照二諦，多所含容，一心一切心，故名多也。

比丘者肇師云：秦言淨命乞食，破煩惱，能持戒怖魔等，天竺一名，含此四義，秦無以翻，故存本稱。什師云：始出妻子家，應以乞食自資，清淨活命，終出三界家，必須破煩惱，持戒自守，具此二義，天魔怖其出境也。釋論云：怖魔、破惡、乞士。魔樂生死，其既出家復化餘人，俱離三界，乖於魔意，魔用力制，翻被五繫但愁懼而已，故名怖魔。出家人，必破身口七惡，故言破惡。夫在家三種如法，一田、二商、三仕，用養身命；出家人，佛不許此，唯乞自濟，身安道存，福利檀越，三義相成，即比丘義也。涅槃寶梁，皆舉破惡，名比丘者，不具説也。今明此三義，應通初後，如初出家時，白四羯磨，無作戒力，徧一切境，翻無作惡。初修禪定，發定共戒防伏意地，貪瞋不起。初修觀慧，發相似道共戒，能伏煩惱。初心亦稱破惡，何獨後心耶？怖魔者，初剃髮禀戒，已令魔愁；修定，欲伏煩惱；修慧，欲破煩惱。初心亦令魔怖，何獨後心耶？乞士者，初離邪命，以乞自活，修禪歷境，求定修慧，緣理求無漏，皆是乞士。何況相應而非乞士？具此義故，通名比丘。依經家皆歎後心比丘耳。此皆三藏意。若歷緣求真，名乞士；破障理之惑，名破惡；修此行，怖四魔，即通教義。若歷三諦求理，名乞士；除通別惑，名破惡；怖八魔十魔者，即別義。若即生死求實相味，名乞士；達煩惱即菩提，名破惡；魔界即佛界者，是圓教義。若未發迹，但明前二義；若已顯本，具後意也。

本迹者，本登涅槃山頂，與無明癡愛父母，結業妻子別，出分段變易家，久除五住，何惡不破，獲眞法喜，如食乳糜，更無所須。持中道，道共尸波羅蜜，攝衆生戒度，魔界降伏，卽佛界如，堪任乘御。本地功德久已成就，爲調衆生，迹示五味比丘，傳引衆生，例如前釋。

觀心者，觀一念心淨若虛空，不爲二邊桎梏所礙，平等大慧，無住無著，卽名出家。以中觀自資，活法身慧命，名爲乞士。觀五住煩惱，卽是菩提，是名破惡。一切諸邊、顚倒，無非中道，卽是怖魔。云云。

衆者，天竺云僧伽，此翻和合衆。一人不名和合，四人已上，乃名和合。事和無別衆，法和無別理。佛常與千二百五十人俱，三迦葉千人，身子目連二百五十。又云耶舍五十。襍阿含四十五云：五百比丘中，九十人三明，九十人俱解脫，餘但慧解脫。釋論明四種僧，不依淨命，名破戒僧；不解法律，名愚癡僧；五方便名慙愧僧；苦法忍去，名眞實僧；此中非三種，但是眞實僧。若依四敎者，此僧歷偏圓五味座，作同聞人。今正是圓敎中證信也。

本迹釋者，本與實相理和，又與法界衆生機緣和；而迹爲半字事理之僧，歷五味中，引諸衆生。云云。

觀解者，初學中觀，入相似觀，旣未發眞，慙第一義天，愧諸聖人，卽是有羞僧；觀慧若發，卽眞實僧；若異此者，卽前兩僧；不依觀行，名破戒僧；不解觀相，名愚癡僧；擧類義竟。

萬二千人俱，

二明數者，卽是一萬二千人也。

本迹者，本是一萬二千菩薩，迹爲萬二千聲聞也。

觀者，觀十二入，一入具十法界，一界又十界，界界各十如是，卽是一千，一人旣一千，十二入卽是萬二千法門也。

皆是阿羅漢。

三明位者，皆是阿羅漢也，阿毗經云："應真。"瑞應云："真人。"
悉是無生釋羅漢也。依舊翻云：無著、不生、應供，或言無翻。名
含三義：無明糠脱，後世田中，不受生死果報，故云不生；九十八
使，煩惱盡故，名殺賊；具智斷功德，堪爲人天福田，故言應供。含
此三義釋阿羅漢也。或言初始學無生，生未無生；初雖怖魔，魔
未大怖；初雖乞士，未是灼然應供。今獲無生忍，破煩惱賊盡，是
好良田，以果對因，釋羅漢三義。若論成就，應取果三義；若通於
初，亦取因三義。如此釋者，皆三藏通中意耳。若別圓者，義則
不然，非但殺賊，亦殺不賊。不賊者，涅槃是，是亦須破，故是殺
賊義、不生於生，亦不生不生，無漏是不生。非但應供，亦是供
應，一切衆生是供應。皆歎初地，初住德也。

　　本迹者，本得不受三昧，於二邊無所著，故名不生；斷五住惑，
故名殺賊；能福九道饒益衆生，故有應供；本義也。方便度衆生，
歷五味，傳傳作不生，迹也。又本是法身，迹示已利；本是般若，
迹示不生；本是解脱，迹示殺賊。云云。

　　觀心者，空觀是般若，假觀是解脱，中觀是法身。又觀心者，從
假入空觀，亦有三義，乃至中道觀，殺無明賊，不生二乘心，供養
此人，如供養世尊。方等云："供佛及文殊，不如施行方等者，一
食充軀。"下文云："毀讚佛罪福輕，毀讚持經者罪福重。"何者？
佛無食想，久離八風，不爲損益。施持經者，全肉身，續報命，生
法身，增慧命，故有益；毀之憂惱退悔，若失好時，則不可救，故大
損。云云。

諸漏已盡，無復煩惱，逮得已利，盡諸有結，心得自在。

　　四歎德文有五句。歎上三德，法華論云："初句總，後句別，當
知諸句，皆歎羅漢句耳。"諸漏已盡，無復煩惱，此兩句歎上殺
賊。漏者，三漏也。成論云："失道故名漏。"律云："癡人造業，

開諸漏門。”毗曇云：“漏落生死。”論律語異，而同明漏義，良由賊詃，失於理寶，貧窮孤露，造諸惡業，致生死苦，亡法身，失慧命，喪重寶，皆是賊義，不應謂是不生義歎德也。煩惱者，即九十八使，流扼纏蓋等，偪惱行人，煩惱是能潤，漏業是所潤，能所既盡，正是殺賊義，那得作不生歎耶？逮得己利一句，是歎應供，三界因果，皆名爲他；智斷功德，皆名己利；己利具足，故成應供。盡諸有結，心得自在，兩句是歎不生。諸有，即二十五有生處也。結，即二十五有生因也。因盡果亡，歎不生明矣，不應作殺賊歎也。羅漢但應結盡，未應有盡。有盡者，因中説果。又盡在不久也。心得自在者，定具足，名心自在；慧具足，名慧自在。慧自在，未必心自在；心自在，必慧自在。今言心自在，即是定慧具足，俱解脱人。俱解脱人，生決定盡，驗知歎不生德也。若依法華論者，呼爲上上起門，則是以後釋前也。論云：以諸漏盡，故名羅漢；以心得自在，故名有結盡；如是傳傳釋上也。

　　本迹者，不生不生，名大涅槃，煩惱漏流，其源久竭，不復墮落二乘，及凡夫地。即本不生，法身智斷，實相功德，名本己利，得王三昧，破二十五有，顯出我性，具八自在我，名本殺賊。迹示二乘功德耳。

　　觀心者，中道正觀，不漏落空假二邊，二邊煩惱滅也。能觀心性，名爲上定。衣珠祕藏，是己之物，即己利也。正觀中道，結賊則斷，無結故有亦斷，二邊不能縛心，故名自在。雖有煩惱，如無煩惱，不斷煩惱而入涅槃，即其義也。

其名曰：**阿若憍陳如**、**摩訶迦葉**、**優樓頻螺迦葉**、**伽耶迦葉**、**那提迦葉**、**舍利弗**、**大目揵連**、**摩訶迦旃延**、**阿㝹樓馱**、**刧賓那**、**憍梵波提**、**離婆多**、**畢陵伽婆蹉**、**薄拘羅**、**摩訶拘絺羅**、**難陀**、**孫陀羅難陀**、**富樓那彌多羅尼子**、**須菩提**、**阿難**、**羅睺羅**。

五列名。略舉二十一尊者，佛諸弟子，皆備衆行，而隱其圓能。各從一德標名者，欲引偏好故。增一阿含云："僑陳如比丘，皆共上座名者，有德大人相隨；舍利弗共智慧深利者相隨；目連共神通大力者相隨；皆掌一法，引諸偏好意也。若欲消名，須識其行，從德立號，無往不通也。"一一羅漢，例作四釋。云云。

僑陳如，姓也，此翻火器，婆羅門種。其先事火，從此命族。火有二義：照也，燒也。照則闇不生，燒則物不生，此以不生爲姓。阿若者，名也，此翻已知，或言無知。無知者，非無所知也，乃是知無耳。若依二諦，卽是知真，以無生智爲名也。無量壽、文殊問、阿毗曇婆沙，皆稱爲了本際，知本際，若依四諦，卽是知滅，而諸經多名爲無知，或翻爲得道。增阿含曰：我佛法中，寬仁博識，初受法味者，拘鄰如比丘第一，故以阿若爲名也。

願者，佛昔於飢世，化爲赤目大魚，閉氣不喘，示爲死相，木工五人，先斧斫魚肉，佛時誓言：於當來世，先度此等。先願與其無生，故云阿若。又迦葉佛時，九人學道，五人未得果，誓於釋迦法中，最先開悟，本願所牽，前得無生，故名阿若。

行者，智生惑滅，智斷行也。夫巨夜長寢，無人能覺，日光未出，明星前現。僑陳如比丘，初得無生智，譬若明星，在衆明之始，一切人智明，無前陳如，故名阿若。最先破暗，莫過明星，陳如亦爾，一切人暗滅，無前陳如，故名阿若。

前者，太子棄國捐王，入山學道，父王思念，遣五人追侍，所謂拘鄰，頞鞞亦云濕鞞，亦阿説示，亦馬星跋提，亦摩訶男十力迦葉。拘利太子，二是母親，三是父親。二人以欲爲淨，三人以苦行爲淨。太子勤行苦行，二人便捨之去，三人猶侍。太子捨苦行，還受飲食、酥油、煖水，三人又捨去。太子得道，先爲五人説四諦，初教二人，拘鄰法眼淨，四人未得，三人乞食，六人共噉。次教三人，三人法眼淨，二人乞食，六人共噉。第三説法時，拘鄰五人，八萬諸天，遠塵離垢，五人得無生，佛三問知法未，卽三答云：已知。地神唱，空神傳，乃至梵世，咸稱已知。拘鄰最前，初見佛道相，初聞法鼓，初服道香，初嘗甘露，初入法流，初登真諦。閻浮提得道，最在一切人，一切天，一切羅漢前。故十二遊經云：佛成道第一年，度五人；第二年，度三迦葉；第五年，度身子且連。當知阿若在前明矣。此因緣釋也。

　三藏教者，盲，譬無生智；鏡，譬無生鏡；陰入界也。頭等六分，譬現在因也。像，譬未來果也。若開眼取鏡，形對像生，愚故不斷絶。若閉眼如盲，則無所見。不見六分，是因不生；不見鏡像，是果不生。故阿含經云：若謂有色，色是淨，淨卽生，非不生。若謂有受想行識，識是淨，淨卽生，非不生。若謂有受，受是樂，樂卽生，非不生。乃至色，色是樂，樂是生，非不生。若計有想行，行是我，我是生，非不生。乃至色，色是我，我是生，非不生。若計有識，識是常，常是生，非不生。乃至色，色是常，常是生，非不生。譬如執鏡見面，面是生，非不生。若謂有五陰，悉是生，非不生。若能知色非淨，乃至識非常；又能知色無常苦空不淨，乃至識無常苦無我不淨者，是爲不生，非是生。如盲執鏡，不見像生，是爲不生，非是生。既知不生，寧復於中，計我是色，計我異色，我在色中，色在我中，乃至識亦如是。如是觀者，現因來果，俱皆不生。如盲對鏡，不見形象，是名觀陰。無生，觀智也。

　觀入界者。凡言海者，雖復深廣，亦有此彼岸，蓋小水耳。若眼見色已，愛念染著貪樂，起身口意業者，是爲大海，沉没一切世間天人修羅。當知眼是大海，色是濤波。愛此色故，是洄澓。於中起不善覺，是惡魚龍。起妬害，是男羅刹。起染愛，是女鬼。起身口意，是飲鹹自没，是爲眼色無知而生無明愛。愛生故名爲行。行生，故名爲業。業縛識入中陰，是爲識生。所受胞胎，五疱未成，是爲名色生。五疱成已，名六入生。六入未能别苦樂，名爲觸生。别苦樂，名受生。於塵起染名愛生。四方馳求名取生。造身口意名有生。應受未來五陰，名生生。未來陰變名老生。未來陰壞名死生。心中内熱名憂生。發聲大喚名悲生。身心頻悴名苦惱生。是名眼見色時，即有三世十二因緣大苦聚生，非不生。耳鼻舌身意，眼界乃至法界，亦如是，是爲入界生，非不生。云何不生？觀眼色時，不種苦種，不生苦芽，不滅臭汁，不集蛆蠅。若種不生，則芽不生，則臭汁不生，則蛆蠅不生，故名不生。云何苦種？眼見色時，起貪恚覺，是爲苦種。念於五欲法，是生苦芽。六根取六塵，是名臭汁流出。於六塵中善惡競起，是名蛆蠅。若知眼色無常，苦空無我，則貪恚不生，念欲不生，取境不生，善惡行不生，是爲不生。耳鼻舌意亦如是，是眼界乃至法界亦如是。阿若最初得此三藏不生智，故名阿若憍陳如。

通教無生觀，譬如幻人，執幻鏡，以幻六分臨幻鏡，觀幻像。像非鏡生，非面生，非鏡面合生，非離鏡面生。既不從四句生，則非内外中間，不常自有，亦無滅處，去不至東西南北方。性本無生，非滅生無生；性本無滅，非滅滅無滅。無生無滅，故曰無生。受想行識，亦復如是。又觀幻色，如幻鏡像，觀受如泡，觀想如炎，觀行如芭蕉，觀識如幻。幻不從幻物生，不從幻師生，非物師合生，非離物師生。四句求幻生，生無從來；四方求幻滅，滅無去處。性本無生，非滅生無生；性本無滅，非滅滅無滅。無生無滅，故曰無生。觀根塵村落，結賊所止，從本已來，一一不實，妄想故起，業力機關，假爲空聚。無明體性，本自不有，妄想因緣，和合而有，有本自無因緣成諸。煩惱業苦，如旋火輪，觀其本無，皆如上說此通意云云。　　　　（選自揚州刻經處本妙法蓮華經文句卷一）

四、修習止觀坐禪法要[*]

卷　上

諸惡莫作，衆善奉行，自淨其意，是諸佛教。

若夫泥洹之法，入乃多途。論其急要，不出止觀二法。所以然者：止乃伏結之初門，觀是斷惑之正要；止則愛養心識之善資，觀則策發神解之妙術；止是禪定之勝因，觀是智慧之由藉。若人成就定慧二法，斯乃自利利人法皆具足。故法華經云："佛自住大乘，如其所得法，定慧力莊嚴，以此度衆生。"當知此之二法，如車之雙輪，鳥之兩翼。若偏修習，即墮邪倒。故經云：若偏修禪定福德，不學智慧，名之曰愚；偏學知慧，不修禪定福德，名之曰狂；狂愚之過雖小不同，邪見輪轉，蓋無差別。若不均等，此則行乖圓備，何能疾登極果？故經云：聲聞之人，定力多故，不見佛性；十住菩薩，智慧力多，雖見佛性，而不明了；諸佛如來，定慧力等，是故了了見於佛性。以此推之，止觀豈非泥洹大果之要門，行人修行之勝路，衆德圓滿之指歸，無上極果之正體也。若如是知者，止觀法門實非淺故，欲接引始學之流輩，開曚冥而進道，説易行難，豈可廣論深妙？今略明十意，以示初心行人，登正道之階梯，入泥洹之等級。尋者當愧爲行之難成，毋鄙斯文之淺近也。若心稱言旨，於一眴間，則智斷難量，神解莫測。若虛構文言，情乖所説，空延歲月取證無由，事等貧人數他財寶，於己何益者哉！

具緣第一	訶欲第二	棄蓋第三
調和第四	方便第五	正修第六

---

* 此書又名童蒙止觀，或名小止觀。

善發第七　　　　覺魔第八　　　　治病第九

證果第十

今略舉此十意，以明修止觀者，此是初心學坐之急要。若能善取其意而修習之，可以安心免難，發定生解，證於無漏之聖果也。

具緣第一

夫發心起行，欲修止觀者，要先外具五緣：第一持戒清淨。如經中說，依因此戒，得生諸禪定，及滅苦智慧，是故比丘應持戒清淨。然有三種行人，持戒不同：一者若人未作佛弟子時，不造五逆，後遇良師，教受三歸五戒爲佛弟子，若得出家受沙彌十戒，次受具足戒作比丘比丘尼，從受戒來，清淨護持無所毀犯，是名上品持戒人也。當知是人修行止觀必證佛法，猶如淨衣易受染色。二者若人受得戒已，雖不犯重，於諸輕戒多所毀損，爲修定故，卽能如法懺悔，亦名持戒清淨，能生定慧。如衣曾有垢膩，若能浣淨，染亦可著。三者若人受得戒已，不能堅心護持，輕重諸戒，多所毀犯，依小乘教門，卽無懺悔四重之法，若依大乘教門猶可滅除。故經云：佛法有二種健人：一者不作諸惡，二者作已能悔。夫欲懺悔者，須具十法，助成其懺：一者明信因果。二者生重怖畏。三者深起慚愧。四者求滅罪方法，所謂大乘經中明諸行法，應當如法修行。五者發露先罪。六者斷相續心。七者起護法心。八者發大誓願度脫衆生。九者常念十方諸佛。十者觀罪性無生。若能成就如此十法，莊嚴道場，洗浣清淨，著淨潔衣，燒香散花，於三寶前，如法修行，一七、三七日，或一月、三月，乃至經年，專心懺悔，所犯重罪，取滅方止，云何知重罪滅相？若行者如是至心懺悔時，自覺身心輕利得好瑞夢；或復覩諸靈瑞異相；或覺善心開發；或自於坐中，覺身如雲如影，因是漸證得諸禪境界；或復豁然解悟心生，善識法相，隨所聞經卽知義趣，因是法喜心無憂悔。如是等種種因緣，當知卽是破戒障道罪滅之相，從是已後堅持禁戒，亦名尸羅清淨，可修禪定，猶如破壞垢膩之衣，若能補治浣洗清淨，猶可染著。若人犯重禁已，恐障禪定，雖不依諸經修諸行法，但生重慚愧，於三寶前發露先罪，斷相續心，端身常坐，觀罪性空，念十方佛，若出禪時，即須至心燒香禮拜，懺悔誦戒，及誦大乘經典，障道重罪自當漸漸消滅。因此尸羅清淨，禪定開發。故妙勝定經云：若人犯重罪已，心生怖畏，欲求除滅，若除禪定餘無能滅，是人應當在空閑處，攝心常坐，及誦大乘經，一切重罪悉皆消滅，諸禪三昧自然現前。第二衣食具足者。衣法有三種：一者如雪山大士，隨得一衣蔽形即足，以不遊人間堪忍力成故。二者如迦葉常受頭陀法，但畜糞掃三衣，不畜餘長。三者若多寒國土，及忍力未成之者，如來亦許三衣之外，畜百一等物，而要須說淨，知量知足，若過貪求積聚則心亂妨道。次食法有四種：一者若上人大士，深山絕世，草果隨時得資身者。二者常行頭陀受乞食法，是乞食法，能破四種邪命，依正命自活，能生聖道故。邪命自活者，一、下口食，二、仰口食，三、維口食，四、方口食。邪命之相，如舍利弗為青目女說。三者阿蘭若處，檀越送食。四者於僧中潔淨食，有此等食緣具足，名衣食具足。何以故？無此等緣，則心不安隱，於道有妨。第三得閑居靜處。閑者不作眾事，名之為閑。無憒鬧故，名之為靜。有三處可修禪定：一者深山絕人之處。二者頭陀蘭若之處，離於聚落極近三四里，此則放牧聲絕，無諸憒鬧。三者遠白衣住處，清淨伽藍中。皆名閑居靜處。第四息諸緣務。有四意：一、息治生緣務，不作有為事業。二、息人間緣務，不追尋俗人朋友親戚知識，斷絕人事往還。三、息工巧技術緣務，不作世間工匠、技術醫方、禁呪、卜相、書數、算計等事。四、息學問緣務，讀誦、聽學等悉皆棄捨。此為息諸緣務。所以者何？若多緣務，則行道事廢，心亂難攝。第五近善知識。善知識有三：一外護善知識，經營供養，善能將護行人，不相惱亂。二者同行善知識，共修一道，互相勸發，不相擾亂。三者教授善知識，以內外方便禪定法門，示教利喜。略明五種緣務竟。

訶欲第二

所言訶欲者，謂五欲也。凡欲坐禪，修習止觀，必須訶責五欲者，是世間色聲香味觸，常能誑惑一切凡夫，令生愛著。若能深知過罪，即不親近，是名訶欲。一、訶色欲者，所謂男女形貌端嚴，修目長眉，朱唇素齒，及世間寶物，青黃赤白紅紫縹綠，種種妙色，能令愚人見則生愛，作諸惡業。如頻婆娑羅王，以色欲故，身入敵國，在婬女阿梵波羅房中，優塡王以色染故，截五百仙人手足，如此等種種過罪。二、訶聲欲者，所謂箜篌箏笛絲竹金石音樂之聲，及男女歌詠讚誦等聲，能令凡夫聞即染著，起諸惡業。如五百仙人雪山住，聞甄陀羅女歌聲，即失禪定，心醉狂亂。如是等種種因緣，知聲過罪。三、訶香欲者，所謂男女身香，世間飲食馨香，及一切薰香等，愚人不了香相，聞即愛著，開結使門。如一比丘在連華池邊，聞華香氣，心生愛樂，池神即大訶責，何故偷我香氣？以著香故，令諸結使臥者皆起。如是等種種因緣，知香過罪。四、訶味欲者，所謂苦酸甘辛鹹淡等，種種飲食肴膳美味，能令凡夫心生染著，起不善業。如一沙彌染著酪味，命終之後，生在酪中，受其蟲身。如是等種種因緣，知味過罪。五、訶觸欲者，男女身分柔軟細滑，寒時體溫，熱時體涼，及諸好觸，愚人無智爲之沈沒，起障道業。如一角仙，因觸欲故，遂失神通，爲婬女騎頸。如是等種種因緣，知觸過罪。如上訶欲之法，出摩訶衍論中說。復云：哀哉衆生，常爲五欲所惱，而猶求之不已。此五欲者，得之轉劇，此火益薪，其焰轉熾。五欲無樂，如狗嚙枯骨；五欲增諍，如鳥競肉；五欲燒人，如逆風執炬；五欲害人，如踐毒蛇；五欲無實，如夢所得；五欲不久，假借須臾，如擊石火。智者思之，亦如怨賊，世人愚惑，貪著五欲，至死不捨，後受無量苦惱。此五欲法，與畜生同有，一切衆生常爲五欲所使，名欲奴僕。坐此弊欲，沈墮三塗，我今修禪，復爲障蔽，此爲大賊，急當遠之。如禪經偈中説：

> 生死不斷絕，　貪欲嗜味故，
> 養宛入丘塚，　虚受諸辛苦。
> 身臭如死屍，　九孔流不淨，
> 如厠蟲樂糞，　愚人身無異。
> 智者應觀身，　不貪染世樂，
> 無累無所欲，　是名真涅槃。
> 如諸佛所説，　一心一意行，
> 數息在禪定，　是名行頭陀。

棄蓋第三

所言棄蓋者，謂五蓋也。一、棄貪欲蓋。前説外五塵中生欲，今約内意根中生欲，謂行者端坐修禪，心生欲覺念念相續，覆蓋善心，令不生長，覺已應棄。所以者何？如術婆伽欲心內發，尚能燒身，況復心生欲火，而不燒諸善法！貪欲之人，去道甚遠，所以者何？欲爲種種惱亂住處，若心著欲，無由近道。如除蓋偈説：

> 入道慚愧人，　持鉢福衆生，
> 云何縱塵欲，　沈没於五情！
> 已捨五欲樂，　棄之而不顧，
> 如何還欲得，　如愚自食吐。
> 諸欲求時苦，　得時多怖畏，
> 失時懷熱惱，　一切無樂處。
> 諸欲患如是，　以何能捨之？
> 得深禪定樂，　即不爲所欺。

二、棄瞋恚蓋。瞋是失佛法之根本，墜惡道之因緣，法樂之冤家，善心之大賊，種種惡口之府藏，是故行者於坐禪時，思惟此人現在惱我及惱我親，讚歎我冤，思惟過去未來亦如是，是爲九惱，故生瞋恨。瞋恨故生怨，以怨心生故，便起心惱，彼如是瞋恚覆心，故名爲蓋。當急棄之，無令增長。如釋提婆那以偈問佛：

> 何物殺安樂？　何物殺無憂？
>
> 何物毒之根？　吞滅一切善。

佛以偈答言：

> 殺瞋則安樂，　殺瞋則無憂。
>
> 瞋爲毒之根，　瞋滅一切善。

如是知已，當修慈忍以滅除之，令心清淨。

三、棄睡眠蓋。內心昏闇，名爲睡。五情闇蔽放恣支節委卧睡熟爲眠。以是因緣，名爲睡眠蓋，能破今世後世實樂法心，及後世生天及涅槃樂，如是惡法最爲不善。何以故？諸餘蓋情，覺故可除，睡眠如死無所覺識，以不覺故難可除滅。如佛諸菩薩訶睡眠弟子偈曰：

> 汝起勿抱臭屍卧，　種種不淨假名人。
>
> 如得重病箭入體，　諸苦痛集安可眠？
>
> 如人被縛將去殺，　災害垂至安可眠？
>
> 結賊不滅害未除，　如共毒蛇同室居。
>
> 亦如臨陣兩刃間，　爾時云何安可眠？
>
> 眠爲大闇無所見，　日日欺誑奪人明。
>
> 以眠覆心無所見，　如是大失安可眠？

如是等種種因緣，訶睡眠蓋，警覺無常，減損睡眠，令無昏覆。若昏睡心重，當用禪鎮杖却之。

四、棄掉悔蓋。掉有三種：一者身掉。身好遊走諸雜戲謔，坐不暫安。二者口掉。好喜吟咏，競諍是非，無益戲論，世間語言等。三者心掉。心情放逸，縱意攀緣，思惟文藝世間才技，諸惡覺觀等，名爲心掉。掉之爲法，破出家人心，如人攝心猶不能定，何況掉散！掉散之人，如無鈎醉象，穴鼻駱駝，不可禁制。如偈説：

> 汝已剃頭著染衣，　執持瓦鉢行乞食，
>
> 云何樂著戲掉法，　放逸縱情失法利？

既失法利，又失世樂，覺其過已，當急棄之。悔者，悔能成蓋。若掉無悔，則不成蓋。何以故？掉時未在緣中故。後欲入定時，方悔前所作，憂惱覆心，故名爲蓋。但悔有二種：一者因掉後生悔，如前所説。二者如作大重罪人，常懷怖畏，悔箭入心，堅不可拔。如偈説：

> 不應作而作，　應作而不作，　悔惱火所燒，
>
> 後世墮惡道。　若人罪能悔，　悔已莫復憂，
>
> 如是心安樂，　不應常念著。　若有二種悔，
>
> 若應作不作，　不應作而作，　是則愚人相。
>
> 不以心悔故，　不作而能作，　諸惡事已作，
>
> 不能令不作。

五、棄疑蓋者。以疑覆心故，於諸法中不得信心，信心無故，於佛法中空無所獲。譬如有人入於寶山，若無有手，無所能取。然則疑過甚多，未必障定。今正障定，疑者有三種：一者疑自，而作是念，我諸根闇鈍，罪垢深重，非其人乎？自作此疑，定法終不得發。若欲修定，勿當自輕，以宿世善根難測故。二者疑師，彼人威儀相貌如是，自尚無道，何能教我？作是疑慢，即爲障定。欲除之法，如摩訶衍論中説：如臭皮囊中金，以貪金故，不可棄其臭囊。行者亦爾。師雖不清淨，亦應生佛想。三、疑法。世人多執本心，於所受法，不能即信，敬心受行。若心生猶像，即法不染心。何以故？疑障之義。如偈中説：

如人在岐路，	疑惑無所趣，	諸法實相中，
疑亦復如是。	疑故不勤求，	諸法之實相，
見疑從癡生，	惡中之惡者。	善不善法中，
生死及涅槃，	定實真有法，	於中莫生疑。
汝若懷疑惑，	死王獄吏縛，	如師子搏鹿，
不能得解脫。	在世雖有疑，	當隨喜善法，
譬如觀岐道，	利好者應逐。	

佛法之中，信爲能入。若無信者，雖在佛法，終無所獲。如是種種因緣，覺知疑過，當急棄之。問曰：不善法廣，塵數無量，何故但棄五法？答曰：此五蓋中，卽具有三毒等分四法爲根本，亦得攝八萬四千諸塵勞門：一、貪欲蓋，卽貪毒。二、瞋恚蓋，卽瞋毒。三、睡眠及疑，此二法是癡毒。四、掉悔，卽是等分攝。合爲四分煩惱。一中有二萬一千，四中合爲八萬四千。是故除此五蓋，卽是除一切不善之法。行者如是等種種因緣棄於五蓋，譬如負債得脫，重病得差。如飢餓之人得至豐國，如於惡賊中得自免濟，安隱無患。行者亦如是。除此五蓋，其心安隱，清涼快樂。如日月以五事覆翳，煙、塵、雲、霧、羅睺阿脩羅手障，則不能明照。人心五蓋亦復如是。

調和第四

夫行者初學坐禪，欲修十方三世佛法者，應當先發大誓願度脫一切衆生，願求無上佛道，其心堅固，猶如金剛，精進勇猛，不惜身命，若成就一切佛法，終不退轉，然後坐中正念思惟一切諸法真實之相。所謂善不善無記法，內外根塵妄識一切有漏煩惱法，三界有爲生死因果法，皆因心有。故十地經云："三界無別有，唯是一心作。"若知心無性，則諸法不實，心無染著，則一切生死業行止息。作是觀已，乃應如次起行修習也。云何名調和？今借近譬，以況斯法。如世間陶師，欲造衆器，先須善巧調泥，令使不彊不懦，然後可就輪繩。亦如彈琴，前應調絃，令寬急得所，方可入弄，出諸妙曲。行者修心亦復如是。善調五事，必使和適，則三昧易生；有所不調，多諸防難，善根難發。一、調食者。夫食之爲法，本欲資身進道，食若過飽，則氣急身滿，百脈不通，令心閉塞，坐念不安；若食過少，則身羸心懸，意慮不固；此二皆非得定之道。若食穢觸之物，令人心識昏迷；若食不宜之物，則動宿病，使四大違反。此爲修定之初，須深慎之也。故經云：身安則道隆，飲食知節量，常樂在空閑，心静樂精進，是名諸佛教。二、調睡眠者。夫眠是無明惑覆，不可縱之。若其眠寐過多，非唯廢修聖法，亦復喪失功夫，而能令心闇昧，善根沈没，當覺悟無常，調伏睡眠，令神氣清白，念心明淨，如是乃可棲心聖境，三昧現前。故經云：初夜後夜，亦勿有廢，無以睡眠因緣，令一生空過，無所得也。當念無常之火，燒諸世間，早求自度，勿睡眠也。三、調身，四、調息，五、調心，此三應合用，不得別說，但有初中後方法不同，是則入住出相有異也。夫初欲入禪調身者，行人欲入三昧調身之宜。若在定外，行住進止，動静運爲，悉須詳審；若所作麤獷，則氣息隨麤。以氣麤故，則心散難録，兼復坐時煩憒，心不恬恬，身雖在定外，亦須用意逆作方便。後入禪時，須善安身得所。初至繩牀，即須先安坐處，每令安穩，久久無妨。次當正腳，若半跏坐，以左腳置右腳上，牽來近身，令左腳指與右髀齊，右腳指與左髀齊。若欲全跏，即正右腳置左腳上。次解寬衣帶周正，不令坐時脱落。次當安手，以左手掌置右手上，重累手相對，頓置左腳上，牽來近身，當心而安。次當正身，先當挺動其身，并諸支節，作七八反，如似按摩法，勿令手足差異。如是已則端直，令脊骨勿曲勿聳。次正頭頸，令鼻與臍相對，不偏不斜，不低不昂，平面正住。次當口吐濁氣。吐氣之法，開口放氣，不可令麤急，以之綿綿，恣氣而出，想身分中百脈不通處，放息隨氣而出，閉口鼻納清氣，如是至三。若身息調和，但一亦足。次當閉口，唇齒纔相拄著，舌向上齶。次當閉眼，纔令斷外光而已，當端身正坐，猶如奠石，無得身首四肢切爾搖動，是爲初入禪定調身之法。舉要言之，不寬不急，是身調相。四初入禪調息法者。息有四種相：一風，二喘，三氣，四息。前三爲不調相，後一爲調相。云何爲風相？坐時則鼻中息出入覺有聲，是風也。云何喘相？坐時息雖無聲而出入結滯不通，是喘相也。云何氣相？坐時息雖無聲，亦不結滯，而出入不細，是氣相也。云何息相？不聲不結不麤，出入綿綿，若存若亡，資神安隱，情抱悅豫，此是息相也。守風則散，守喘則結，守氣則勞，守息卽定。坐時有風喘氣三相，是名不調。而用心者，復爲心患。心亦難定，若欲調之，當依三法：一者下著安心，二者寬放身體，三者想氣徧毛孔出入通同無障。若細其心，令息微微然，息調則衆患不生，其心易定，是名行者初入定時調息方法。舉要言之，不澀不滑，是調息相也。五初入定時調心者有三義：一入，二住，三出。初入有二義：一者調伏亂想不令越逸，二者當令沈浮寬急得所。何等爲沈相？若坐時心中昏暗，無所記錄，頭好低垂，是爲沈相。爾時當繫念鼻端，令心住在緣中，無分散意，此可治沈。何等爲浮相？若坐時心好飄動，身亦不安，念外異緣，此是浮相。爾時宜安心向下，繫緣臍中，制諸亂念，心卽定住，則心易安靜。舉要言之，不沈不浮，是心調相。其定心亦有寬急之相：定心急病相者，由坐中攝心用念，因此入定，是故上向督臆急痛，當寬放其心，想氣皆流下，患自差矣。若心寬病相者，覺心志散慢，身好逶迤，或口中涎流，或時闇晦，爾時應當斂身急念，令心住緣中，身體相持。以此爲治，心有澀滑之相，推之可知，是爲初入定調心方法。夫入定本是從粗入細，是以身既爲粗，息居其中，心最爲細靜，調粗就細，令心安靜，此則入定初方便也，是名初入定時調二事也。二、住坐中調三事者。行人當於一坐之時，隨時長短，十二時，或經一時，或至二三時，攝念用心，是中應須善識身息心三事調不調相。若坐時向雖調身竟，其身或寬或急，或偏或曲，或低或昂，身不端直，覺已隨正，令其安隱，中無寬急，平直正住。復次一坐之中，身雖調和，而氣不調和。不調和相者，如上所説，或風或喘，或復氣急，身中脹滿，當用前法隨而治之，每令息道綿綿，如有如無。次一坐中，身息雖調，而心或浮沈寬急不定，爾時若覺，當用前法調令中適。此三事的無前後，隨不調者而調適之，令一坐之中，身息及心，三事調適，無相乖越，和融不二，此則能除宿患，妨障不生，定道可剋。三、出時調三事者。行人若坐禪將竟，欲出定時，應前放心異緣，開口放氣，想從百脈隨意而散，然後微微動身，次動肩膊及手頭頸，次動二足悉令柔輭，次以手徧摩諸毛孔，次摩手令煖，以揜兩眼，然後開之，待身熱稍歇，方可隨意出入。若不爾者，坐或得住心，出既頓促，則細法未散，住在身中，令人頭痛，百骨節彊猶如風勞，於後坐中煩躁不安，是故心欲出定，每須在意。此爲出定調身息心方法。以從細出粗故，是名善入住出。如偈説：

　　　進止有次第，粗細不相違，譬如善調馬，

　　　欲住而欲去。

法華經云：“此大衆諸菩薩等，已於無量千萬億劫，爲佛道故，勤行精進，善入住出無量百千萬億三昧，得大神通，久修梵行，善能次第習諸善法。”

方便行第五

　　夫修止觀，須具方便法門，有其五法：一者欲。欲離世間一切妄想顛倒，欲得一切諸禪智慧法門故，亦名爲志，亦名爲願，亦名爲好，亦名爲樂。是人志願好樂一切諸深法門故，故名爲欲。如佛言曰：一切善法、欲爲其本。二者精進。堅持禁戒，棄於五蓋，初夜後夜，專精不廢。譬如鑽火未熱，終不休息，是名精進善道法。三者念。念世間爲欺誑可賤，念禪定爲尊重可貴，若得禪定，卽能具足發諸無漏智，一切神通道力，成等正覺，廣度衆生，是爲可貴，故名爲念。四者巧慧。籌量世間樂，禪定智慧樂，得失輕重，所以者何？世間之樂，樂少苦多，虛誑不實，是失是輕。禪定智慧之樂，無漏無爲，寂然閒曠，永離生死，與苦長別，是得是重。如是分別，故名巧慧。五者一心分明。明見世間可患可惡，善識定慧功德可尊可貴，爾時應當一心決定修行止觀，心如金剛，天魔外道不能沮壞，設使空無所獲，終不回易，是名一心。譬如人行，先須知道通塞之相，然後決定一心涉路而進，故説巧慧一心。經云：非智不禪，非禪不智，義在此也。

正修行第六

修止觀者有二種：一者於坐中修，二者歷緣對境修。

一於坐中修止觀者，於四威儀中亦乃皆得，然學道者坐爲勝。故先約坐以明止觀，略出五意不同：一、對治初心麤亂修止觀。所謂行者初坐禪時，心麤亂故，應當修止以除破之，止若不破，卽應修觀，故云對破初心麤亂修止觀。今明修止觀有二意：一者修止，自有三種：一者繫緣守境止，所謂繫心鼻端臍間等處，令心不散故。經云：繫心不放逸，亦如猿著鎖。二者制心止，所謂隨心所起，卽便制之，不令馳散故。經云：此五根者，心爲其主，是故汝等當好止心。此二種皆是事相，不須分別。三者體真止，所謂隨心所念一切諸法，悉知從因緣生，無有自性，則心不取，若心不取，則妄念心息，故名爲止。如經中説云：

　　　　一切諸法中，　因緣空無主，　息心達本源，
　　　　故號爲沙門。

行者於初坐禪時，隨心所念一切諸法，念念不住，雖用如上體真止，而妄念不息，當反觀所起之心，過去已滅，現在不住，未來未至，三際窮之，了不可得。不可得法，則無有心，若無有心，則一切法皆無。行者雖觀心不住皆無所有，而非無刹那任運覺知念起；又觀此心念，以內有六根，外有六塵，根塵相對，故有識生，根塵未對，識本無生。觀生如是，觀滅亦然。生滅名字，但是假立，生滅心滅，寂滅現前，了無所得，是所謂涅槃空寂之理，其心自止。起信論云："若心馳散，卽當攝來住於正念。"是正念者，當知唯心，無外境界，卽復此心，亦無自相，念念不可得。謂初心修學，未便得住，抑之令住，往往發狂，如學射法，久習方中矣。二者修觀有二種：一者對治觀。如不淨觀，對治貪欲；慈心觀，對治瞋恚；界分別觀，對治著我；數息觀，對治多尋思等；此不分別也。二者正觀。觀諸法無相，並是因緣所生，因緣無性，卽是實相，先了所觀之境一切皆空，能觀之心自然不起，前後之文多談此理，請自詳之。如經偈中說：

　　　諸法不牢固，　常在於念中，　已解見空者，

　　　一切無想念。

二、對治心沈浮病修止觀。行者於坐禪時，其心闇塞無記瞪瞢，或時多睡，爾時應當修觀照了。若於坐中，其心浮動輕躁不安，爾時應當修止止之。是則略說對治心沈浮病修止觀相，但須善識藥病相對用之，一一不得於對治有乖僻之失。三、隨便宜修止觀。行者於坐禪時，雖爲對治心沈故修於觀照，而心不明淨，亦無法利，爾時當試修止止之。若於止時，卽覺身心安靜，當知宜止，卽應用止安心。若於坐禪時，雖爲對治心浮動故修止，而心不住，亦無法利，當試修觀。若於觀中，卽覺心神明淨，寂然安隱，當知宜觀，卽當用觀安心。是則略說隨便宜修止觀相，但須善約便宜修之，則心神安隱，煩惱患息，證諸法門也。四、對治定中細心修止觀。所謂行者

先用止觀對破癡亂，亂心既息，即得入定，定心細故，覺身空寂受於
快樂，或利便心發，能以細心取於偏邪之理。若不知定心止息虛
誑，必生貪著。若生貪著，執以爲實。若知虛誑不實，即愛見二煩
惱不起，是爲修止。雖復修止，若心猶著愛見結業不息，爾時應當
修觀。觀於定中細心，若不見定中細心，即不執著定見。若不執著
定見，則愛見煩惱業悉皆摧滅，是名修觀。此則略説對治定中細心
修止觀相，分別止觀方法，並同於前，但以破定見微細之失爲異也。
五、爲均齊定慧修止觀。行者於坐禪中因修止故，或因修觀而入
禪定，雖得入定，而無觀慧，是爲癡定，不能斷結。或觀慧微少，即
不能發起真慧，斷諸結使，發諸法門。爾時應當修觀破析，則定慧
均等，能斷結使，證諸法門。行者於坐禪時因修觀故，而心豁然開
悟，智慧分明，而定心微少，心則動散，如風中燈照物不了，不能出
離生死，爾時應當復修於止。以修止故，則得定心，如密室中燈，即
能破暗，照物分明。是則略説均齊定慧二法修止觀也。行者若能
如是於端身正坐之中，善用此五番修止觀意，取捨不失其宜，當知
是人善修佛法，能善修故，必於一生不空過也。

　　復次第二明歷緣對境修止觀者。端身常坐，乃爲入道之勝要，
而有累之身，必涉事緣，若隨緣對境而不修習止觀，是則修心有間
絶，結業觸處而起，豈得疾與佛法相應？若於一切時中常修定慧方
便，當知是人必能通達一切佛法，云何名歷緣修止觀？所言緣者，謂
六種緣：一行，二住，三坐，四臥，五作作，下祖臥切六言語。云何名對
境修止觀？所言境者，謂六塵境：一、眼對色，二、耳對聲，三、鼻
對香，四、舌對味，五、身對觸，六、意對法。行者約此十二事中
修止觀故，名爲歷緣對境修止觀也。一、行者。若於行事，應作是
念，我今爲何等事欲行？爲煩惱所使，及不善無記事行，即不應行。
若非煩惱所使，爲善利益如法事，即應行。云何行中修止？若於行

時，即知因於行故，則有一切煩惱善惡等法，了知行心，及行中一切法，皆不可得，則妄念心息，是名修止。云何行中修觀？應作是念，由心動身，故有進趣，名之爲行。因此行故，則有一切煩惱善惡等法，即當反觀行心，不見相貌，當知行者，及行中一切法，畢竟空寂，是名修觀。二、住者。若於住時，應作是念，我今爲何等事欲住？若爲諸煩惱，及不善無記事住，即不應住。若爲善利益事，即應住。云何住中修止？若於住時，即知因於住故，則有一切煩惱善惡等法，了知住心，及住中一切法，皆不可得，則妄念心息，是名修止。云何住中修觀？應作是念，由心駐身，故名爲住。因此住故，則有一切煩惱善惡等法，則當反觀住心，不見相貌，當知住者，及住中一切法，畢竟空寂，是名修觀。三、坐者。若於坐時，應作是念，我今爲何等事欲坐？若爲諸煩惱，及不善無記事等，即不應坐。爲善利益事，則應坐。云何坐中修止？若於坐時，則當了知因於坐故，則有一切煩惱善惡等法，而無一法可得，則妄念不生，是名修止。云何坐中修觀？應作是念，由心所念壘脚安身，因此則有一切善惡等法，故名爲坐。反觀坐心，不見相貌，當知坐者，及坐中一切法，畢竟空寂，是名修觀。四、臥者。於臥時應作是念，我今爲何等事欲臥？若爲不善放逸等事，則不應臥。若爲調和四大故臥，則應如師子王臥。云何臥中修止？若於寢息，則當了知因於臥故，則有一切善惡等法，而無一法可得，則妄念不起，是名修止。云何臥中修觀？應作是念，由於勞乏，即便昏闇放縱六情，因此則有一切煩惱善惡等法，即當反觀臥心，不見相貌，當知臥者，及臥中一切法，畢竟空寂，是名修觀。五、作者。若作時應作是念，我今爲何等事欲如此作？若爲不善無記等事，即不應作。若爲善利益事，即應作。云何名作中修止？若於作時，即當了知因於作故，則有一切善惡等法，而無一法可得，則妄念不起，是名修止。云何名作時修觀？應作是念,由心運於身手造作諸事，因此則有一切善惡等法，故名爲作。反觀作心,不見相貌,當知作者,及作中一切法,畢竟空寂，是名修觀。六、語者。若於語時,應作是念,我今爲何等事欲語？若隨諸煩惱,爲論説不善無記等事而語，即不應語。若爲善利益事,即應語。云何名語中修止？若於語時,即知因此語故,則有一切煩惱善惡等法,了知語心,及語中一切煩惱善不善法,皆不可得,則妄念心息,是名修止。云何語中修觀？應作是念，由心覺觀鼓動氣息,衝於咽喉唇舌齒齶,故出音聲語言,因此語故,則有一切善惡等法,故名爲語。反觀語心,不見相貌,當知語者，及語中一切法，畢竟空寂,是名修觀。如上六義修習止觀,隨時相應用之，一一皆有前五番修止觀意,如上所説。次六根門中修止觀者:一、眼見色時修止者。隨見色時,如水中月,無有定實。若見順情之色,不起貪愛;若見違情之色,不起瞋惱;若見非違非順之色,不起無明及諸亂想;是名修止。云何名眼見色時修觀？應作是念,隨有所見，即相空寂,所以者何？於彼根塵空明之中,各無所見,亦無分别,和合因緣,出生眼識,次生意識,即能分别種種諸色,因此則有一切煩惱善惡等法,即當反觀念色之心,不見相貌,當知見者,及一切法,畢竟空寂,是名修觀。二、耳聞聲時修止者。隨所聞聲，即知聲如響相。若聞順情之聲,不起愛心;違情之聲,不起瞋心；非違非順之聲,不起分别心；是名修止。云何聞聲中修觀？應作是念,隨所聞聲,空無所有,但從根塵和合,生於耳識,次意識生,強起分别，因此即有一切煩惱善惡等法,故名聞聲。反觀聞聲之心,不見相貌,當知聞者,及一切法，畢竟空寂，是名爲觀。三、鼻齅香時修止者。隨所聞香,即知如燄不實。若聞順情之香，不起著心；違情之臭,不起瞋心;非違非順之香,不生亂念；是名修止。云何名聞香中修觀？應作是念,我今聞香,虛誑無實。所以者何？根塵合故,而生鼻識,次

生意識,强取香相,因此則有一切煩惱善惡等法，故名聞香。反觀
聞香之心,不見相貌,當知聞香，及一切法，畢竟空寂，是名修觀。
四、舌受味時修止者。隨所受味，即知如於夢幻中得味。若得順
情美味,不起貪著;違情惡味,不起瞋心;非違非順之味,不起分別
意想; 是名修止。云何名舌受味時修觀? 應作是念,今所受味,實
不可得。所以者何? 内外六味，性無分別，因内舌根和合，則舌識
生,次生意識,强取味相，因此則有一切煩惱善惡等法。反觀緣味
之識,不見相貌,當知受味者,及一切法,畢竟空寂,是名修觀。五、
身受觸時修止者。隨所覺觸，即知如影，幻化不實。若受順情樂
觸,不起貪著;若受違情苦觸,不起瞋惱; 受非違非順之觸,不起憶
想分別;是名修止。云何身受觸時修觀? 應作是念,輕重冷煖澀滑
等法,名之爲觸;頭等六分,名之爲身;觸性虛假,身亦不實,和合因
緣,即生身識,次生意識,憶想分別苦樂等相,故名受觸。反觀緣觸
之心,不見相貌,當知受觸者,及一切法,畢竟空寂,是名修觀。六、
意知法中修止觀相。如初坐中已明訖。自上依六根修止觀相，隨
所意用而用之,一一具上五番之意,是中已廣分別,今不重辨。行
者若能於行住坐臥見聞覺知等一切處中修止觀者， 當知是人真修
摩訶衍道。如大品經云:"佛告須菩提，若菩薩行時知行，坐時知
坐,乃至服僧伽梨,視眴一心,出入禪定,當知是人名菩薩摩訶衍。"
復次若人能如是一切處中修行大乘，是人則於世間最勝最上無與
等者。釋論偈中説:

閑坐林樹間，　　寂然滅諸惡，　　憺怕得一心，
斯樂非天樂。　　人求世間利，　　名衣好牀褥，
斯樂非安隱，　　求利無厭足，　　衲衣在空閑，
動止心常一，　　自以智慧明，　　觀諸法實相。
種種諸法中，　　皆以等觀入，　　解慧心寂然，

三界無倫匹。

卷　下

善根發第七

　　行者若能如是從假入空觀中善修止觀者，則於坐中身心明淨，爾時當有種種善根開發，應須識知。今略明善根發相，有二種不同：一、外善根發相。所謂布施持戒孝順父母尊長供養三寶及諸聽學等善根開發，此是外事。若非正修，與魔境相濫，今不分別。二、內善根發相。所謂諸禪定法門善根開發，有三種意：第一明善根發相有五種不同：一、息道善根發相。行者善修止觀故，身心調適，妄念止息，因是自覺其心漸漸入定，發於欲界及未到地等定，身心泯然空寂，定心安隱，於此定中，都不見有身心相貌。於後或經一坐二坐，乃至一日二日，一月二月，將息不得，不退不失，即於定中忽覺身心運動八觸而發者，所謂覺身痛痒冷煖輕重澀滑等。當觸法時，身心安定，虛微悦豫，快樂清淨，不可爲喻，是爲知息道根本禪定善根發相。行者或於欲界未到地中，忽然覺息出入長短，徧身毛孔皆悉虛疏，即以心眼見身內三十六物，猶如開倉見諸麻豆等，心大驚喜，寂靜安快，是爲隨息特勝善根發相。二、不淨觀善根發相。行者若於欲界未到地定，於此定中身心虛寂，忽然見他男女身死，死已䏶脹爛壞，蟲膿流出，見白骨狼籍，其心悲喜，厭患所愛，此爲九想善根發相。或於靜定之中，忽然見內身不淨，外身䏶脹狼籍，自身白骨從頭至足節節相拄，見是事已，定心安隱，驚悟無常，厭患五欲，不著我人，此是背捨善根發相。或於定心中，見於內身及外身，一切飛禽走獸，衣服飲食，屋舍山林，皆悉不淨，此爲大不淨善根發相。三、慈心善根發相。行者因修止觀故，若得欲界未到地定，於此定中，忽然發心慈念衆生，或緣親人得樂之相，即發深定，

内心悦樂清淨，不可爲喻。中人怨人，乃至十方五道衆生，亦復如
是。從禪定起，其心悦樂，隨所見人，顏色常和，是爲慈心善根發
相。悲喜捨心發相，類此可知也。四、因緣觀善根發相。行者因修
止觀故，若得欲界未到地，身心静定，忽然覺悟心生，推尋三世無明
行等諸因緣中，不見人我，卽離斷常，破諸執見，得定安隱，解慧開
發，心生法喜，不念世間之事，乃至五陰十二處十八界中，分別亦如
是，是爲因緣觀善根發相。五、念佛善根發相。行者因修止觀故，
若得欲界未到地定，身心空寂，忽然憶念諸佛功德相好不可思議，
所有十力無畏不共三昧解脱等法不可思議，**神通變化無礙説法廣
利衆生不可思議**，如是等無量功德不可思議，作是念時，卽發愛敬
心生，三昧開發，身心快樂，清淨安隱，無諸惡相，從禪定起，身體輕
利，自覺功德巍巍，人所愛敬，是爲念佛三昧善相發相。復次，行者
因修止觀故，若得身心澄淨，或發無常、苦、空、無我、不淨，世間可
厭食不淨相、死離盡想、念佛、法、僧、戒、捨、天、念處、正勤、如意、
根力、覺道、空、無相、無作、六度、諸波羅蜜神通、變化等，一切法門
發相，是中應廣分別。故經云：制心一處，無事不辦。二、分別真僞
者有二：一者辨邪僞禪發相。行者若發如上諸禪時，隨因所發之
法，或身搔動，或時身重如物鎮壓，或時身輕欲飛，或時如縛，或時
透迤垂熟，或時壯熱，或見種種諸異境界，**或時其心闇蔽**，或時起諸
惡覺，或時念外散亂諸雜善事，或時歡喜躁動，或時憂愁悲思，或時
惡觸身毛驚豎，**或時大樂昏醉**，如是種種邪法與禪俱發，名爲邪僞。
此之邪定，**若人愛著**，卽與九十五種鬼神法相應，多好失心顛狂；或
時諸鬼神等知人念著其法，卽加勢力，令發諸邪定邪智，辯才神通，
惑動世人，凡愚見者，謂得道果，皆悉信伏，而其內心顛倒，事行鬼
法，惑亂世間，是人命終，永不值佛，還墮鬼神道中；若坐時多行惡
法，卽墮地獄。行者修止觀時，若證如是等禪，有此諸邪僞相，當卽

卻之。云何卻之？若知虛誑，正心不受不著，卽當謝滅，應用正觀破之，卽當滅矣。二者辨真正禪發相。行者若於坐中發諸禪時，無有如上所說諸邪法等，隨一一禪發時，卽覺與定相應，空明清淨，內心喜悅，憺然快樂，無有覆蓋，善心開發，信敬增長，智鑒分明，身心柔輭，微妙虛寂，厭患世間，無爲無欲，出入自在，是爲正禪發相。譬如與惡人共事，恆相觸惱，若與善人共事，久見其美。分別邪正二種禪發之相亦復如是。三、明用止觀長養諸善根者。若於坐中諸善根發時，應用止觀二法修令增進，若宜用止，則以止修之；若宜用觀，則以觀修之；具如前說，略示大意矣。

覺知魔事第八

梵音魔羅，秦言殺者，奪行人功德之財，殺行人智慧之命，是故名之爲惡魔事者。如佛以功德智慧度脫衆生入涅槃爲事，魔常以破壞衆生善根令流轉生死爲事。若能安心正道，是故道高方知魔盛，仍須善識魔事，但有四種：一、煩惱魔，二、陰入界魔，三、死魔，四、鬼神魔。三種皆是世間之常事，及隨人自心所生，當須自心正除遣之，今不分別。鬼神魔相，此事須知，今當略說。鬼神魔有三種：一者精魅，十二時獸，變化作種種形色，或作少女老宿之形，乃至可畏身等非一，惱惑行人。此諸精魅欲惱行人，各當其時而來，善須別識。若於寅時來者，必是虎獸等；若於卯時來者，必是兔鹿等；若於辰時來者，必是龍鼈等；若於巳時來者，必是蛇蟒等；若於午時來者，必是馬驢駝等；若於未時來者，必是羊等；若於申時來者，必是猿猴等；若於酉時來者，必是雞烏等；若於戌時來者，必是狗狼等；若於亥時來者，必是豬等；子時來者，必是鼠等；丑時來者，必是牛等。行者若見常用此時來，卽知其獸精，說其名字訶責，卽當謝滅。二者堆剔鬼，亦作種種惱觸行人。或如蟲蝎緣人頭面鑽刺熠熠，或擊櫪人兩腋下，或午抱持於人，或言說音聲喧鬧，及作諸獸之形，異相非一，來惱行人，應卽覺知，一心閉目，陰而罵之，作是言：我今識汝，汝是閻浮提中食火嗅香偷臘吉支，邪見喜破戒種，我今持戒，終不畏汝。若出家人，應誦戒本；若在家人，應誦三歸五戒等；鬼便卻行匍匐而去。如是若作種種留難惱人相貌，及餘斷除之法，並如禪經中廣說。三者魔惱。是魔多化作三種五塵境界相來破善心：一、作違情事，則可畏五塵，令人恐懼。二、作順情事，則可愛五塵，令人心著。三、非違非順事，則平等五塵，動亂行者。是故魔名殺者，亦名華箭，亦名五箭。射人五情故，名色中作種種境界惑亂行人。作順情境者，或作父母兄弟諸佛形像端正男女可愛之境，令人心著；作違情境界者，或作虎狼師子羅刹之形，種種可畏之像，來怖行人；作非違非順境者，則平常之事，動亂人心，令失禪定。故名爲魔。或作種種好惡之音聲，作種種香臭之氣，作種種好惡之味，作種種苦樂境界，來觸人身，皆是魔事。其相衆多，今不具說。舉要言之，若作種種五塵，惱亂於人，令失善法，起諸煩惱，皆是魔軍，以能破壞平等佛法，令起貪欲憂愁瞋恚睡眠等諸障道法。如經偈中說：

> 欲是汝初軍，　憂愁爲第二，　飢渴第三軍，
>
> 渴愛爲第四，　**睡眠第五軍，**　怖畏爲第六，
>
> 疑悔第七軍，　瞋恚爲第八，　利養虛稱九，
>
> 自高慢人十，　如是等衆軍，　壓沒出家人，
>
> 我以禪智力，　破汝此諸軍，　得成佛道已，
>
> 度脫一切人。

行者既覺知魔事，卽當卻之。卻法有二：一者修止卻之。凡見一切外諸惡魔境，悉知虛誑，不憂不怖，亦不取不捨，妄計分別，息心寂然，彼自當滅。二者修觀卻之。若見如上所說種種魔境，用止不去，卽當反觀能見之心，不見處所，彼何所惱？如是觀時，尋當滅

謝。若遲遲不去，但當正心，勿生懼想，不惜軀命，正念不動，知魔界如，即佛界如。若魔界如佛界如，一如無二如，如是了知，則魔界無所捨，佛界無所取，佛法自當現前，魔境自然消滅。復次，若見魔境不謝，不須生憂，若見滅謝，亦勿生喜，所以者何？未曾見有人坐禪見魔化作虎狼來食人，亦未曾見魔化作男女來爲夫婦，當其幻化，愚人不了，心生驚怖，及起貪著，因是心亂，失定發狂，自致其患，皆是行人無智受患，非魔所爲。若諸魔境惱亂行人，或經年月不去，但當端心正念堅固，不惜身命，莫懷憂懼，當誦大乘方等諸經治魔呪，默念誦之，存念三寶，若出禪定，亦當誦呪自防，懺悔慚愧，及誦波羅提木叉，邪不干正，久久自滅。魔事衆多，說不可盡，善須識之。是故初心行人，必須親近善知識。爲有如此等難事，是魔入人心，能令行者心神狂亂，或喜或憂，因是成患致死；或時令得諸邪禪定智慧神通陀羅尼，說法教化，人皆信伏，後即壞人出世善事，及破壞正法。如是等諸異非一，說不可盡。今略示其要，爲令行人於坐禪中，不妄受諸境界。取要言之，若欲遣邪歸正，當觀諸法實相，善修止觀，無邪不破。故釋論云："除諸法實相，其餘一切皆是魔事。"如偈中說：

　　　　若分別憶想，　即是魔羅網，　不動不分別，
　　　　是則爲法印。

治病第九

　　行者安心修道，或四大有病，因今用觀心息鼓擊發動本病；或時不能善調適身心息三事、內外有所違犯，故有病患。夫坐禪之法，若能善用心者，則四百四病自然除差；若用心失所，則四百四病因之發生。是故若自行化他，應當善識病源，善知坐中內心治病方法，一旦動病，非唯行道有障，則大命慮失。今明治病法中有二意：一明病發相，二明治病方法。一、明病發相者。病發雖復多途，略

出不過二種：一者四大增損病相。若地大增者，則腫結沈重，身體枯瘠，如是等百一患生。若水大增者，則痰陰脹滿，食飲不消，腹痛下痢等百一患生。若火大增者，卽煎寒壯熱，支節皆痛，口氣大小便痢不通等百一患生。若風大增者，則身體虛懸戰掉疼痛，肺悶脹急，嘔逆氣急，如是等百一患生。故經云：一大不調，百一病起；四大不調，四百四病一時俱動。四大病發，各有相貌，當於坐時及夢中察之。二者五藏生患之相。從心生患者，身體寒熱，及頭痛口燥等，心主口故。從肺生患者，身體脹滿，四支煩疼，心悶鼻塞等，肺主鼻故。從肝生患者，多無喜心，憂愁不樂，悲思瞋恚，頭痛眼闇昏悶等，肝主眼故。從脾生患者，身體面上，遊風徧身，瘡痒疼痛，飲食失味等，脾主舌故。從腎生患者，咽喉噎塞，腹脹耳聾等，腎主耳故。五藏生病眾多，各有其相，當於坐時及夢中察之可知。如是四大五藏病患因起非一，病相眾多，不可具說。行者若欲修止觀法門，脫有患生，應當善知因起。此二種病，通因內外發動。若外傷寒冷風熱，飲食不消，而病從二處發者，當知因外發動；若由用心不調，觀行違僻，或因定法發時，不知取與，而致此二處患生，此因內發病相。復次，有三種得病因緣不同：一者四大五藏增損得病如前說。二者鬼神所作得病。三者業報得病。如是等病，初得卽治，甚易得差。若經久則病成，身羸病結，治之難愈。

　　二明治病方法者。既深知病源起發，當作方法治之。治病之法，乃有多途，舉要言之，不出止觀二種方便。云何用止治病相？有師言：但安心止在病處，卽能治病。所以者何？心是一期果報之主，譬如王有所至處，羣賊迸散。次有師言：臍下一寸名憂陀那，此云丹田。若能止心守此不散，經久卽多有所治。有師言：常止心足下莫問行住寢臥，卽能治病。所以者何？人以四大不調故多諸疾患，此由心識上緣，故令四大不調，若安心在下，四大自然調適，衆病除矣。有師言：但知諸法空無所有，不取病相，寂然止住，多有所治。所以者何？由心憶想鼓作四大，故有病生。息心和悅，衆病即差。故淨名經云：何爲病本？所謂攀緣。云何斷攀？緣謂心無所得。如是種種説，用止治病之相非一，故知善修止法，能治衆病。次明觀治病者。有師言：但觀心想，用六種氣治病者，即是觀能治病。何等六種氣？一吹、二呼、三嘻、四呵、五噓、六呬。此六種息，皆於唇口之中，想心方便，轉側而作，綿微而用。頌曰：

　　　　心配屬呵腎屬吹，　脾呼肺呬聖皆知，

　　　　肝藏熱來噓字至，　三焦壅處但言嘻。

有師言：若能善用觀想運作十二種息，能治衆患：一上息、二下息、三滿息、四焦息、五增長息、六滅壞息、七煖息、八冷息、九衝息、十持息、十一和息、十二補息。此十二息，皆從觀想心生。今略明十二息對治之相：上息治沈重，下息治虛懸，滿息治枯瘠，焦息治腫滿，增長息治羸損，滅壞息治增盛，煖息治冷，冷息治熱，衝息治壅塞不通，持息治戰動，和息遍治四大不和，補息資補四大衰。善用此息，可以徧治衆患，推之可知。有師言：善用假想觀，能治衆病。如人患冷，想身中火氣起，即能治冷。此如雜阿含經治病祕法七十二種法中廣説。有師言：但用止觀檢析身中，四大病不可得，心中病不可得，衆病自差，如是等種種説，用觀治病，應用不同，善得其意，皆能治病。當知止觀二法，若人善得其意，則無病不治也。但今時人根機淺鈍，作此觀想，多不成就。世不流傳，又不得於此更學氣術休糧，恐生異見。金石草木之藥，與病相應，亦可服餌，若是鬼病，當用彊心加呪，以助治之。若是業報病，要須修福懺悔，患則消滅。此二種治病之法，若行人善得一意，即可自行兼他，況復具足通達？若都不知，則病生無治，非唯廢修正法，亦恐性命有虞，豈可自行教人？是故欲修止觀之者，必須善解內心治病方法，其法非一,得意在人,豈可傳於文耳！復次,用心坐中治病,仍須更兼具十法,無不有益。十法者：一信、二用、三勤、四常住緣中、五別病因法、六方便、七久行、八知取捨、九持護、十識遮障。云何爲信？謂信此法必能治病。何爲用？謂隨時常用。何爲勤？謂用之專精不息,取得差爲度。何爲住緣中？謂細心念念依法,而不異緣。何爲別病因起？如上所説。何爲方便？謂吐納運心緣想,善巧成就,不失其宜。何爲久行？謂若用之未卽有益,不計日月,常習不廢。何爲知取捨？謂知益卽勤,有損卽捨之,微細轉心調治。何爲持護？謂善識異緣觸犯。何謂遮障？謂得益不向外説,未損不生疑謗。若依此十法所治,必定有效不虛者也。

證果第十

　　若行者如是修止觀時,能了知一切諸法皆由心生,因緣虛假不實故空。以知空故,卽不得一切諸法名字相,則體真止也。爾時上不見佛果可求,下不見衆生可度,是名從假入空觀,亦名二諦觀,亦名慧眼,亦名一切智。若住此觀,卽墮聲聞辟支佛地。故經云：諸聲聞衆等自歎言,我等若聞淨佛國土,教化衆生,心不喜樂。所以者何？一切諸法,皆悉空寂,無生無滅,無大無小,無漏無爲,如是思惟,不生喜樂。當知若見無爲入正位者,其人終不能發三菩提心,此卽定力多故,不見佛性。若菩薩爲一切衆生,成就一切佛法,不應取著無爲而自寂滅,爾時應修從空入假觀。則當諦觀心性雖空,緣對之時,亦能出生一切諸法,猶如幻化,雖無定實,亦有見聞覺知等相差別不同。行者如是觀時,雖知一切諸法畢竟空寂,能於空中修種種行,如空中種樹,亦能分別衆生諸根。性欲無量故,則説法無量。若能成就無礙辯才,則能利益六道衆生,是名方便隨緣止。乃是從空入假觀,亦名平等觀,亦名法眼,亦名道種智。住此觀中,智慧力多故,雖見佛性而不明了。菩薩雖復成就此二種觀,是名方便觀門，非正觀也。故經云：前二種爲方便道，因是二空觀，得入中道第一義觀，雙照二諦，**心心寂滅，自然流入薩婆若海**。若菩薩欲於一念中具足一切佛法，應修息二邊分別止，行於中道正觀。云何修正觀？若體知心性非真非假，**息緣真假之心，名之爲正**。諦觀心性非空非假，而不壞空假之法，若能如是照了，則於心性通達中道，圓照二諦。若能於自心見中道二諦，則見一切諸法中道二諦，亦不取中道二諦，以決定性不可得故，是名中道正觀。如中論偈中說：

　　　　因緣所生法，　我説即是空，　亦名爲假名，
　　　　亦名中道義。

深尋此偈意，非惟具足分別中觀之相，亦是兼明前二種方便觀門旨趣。當知中道正觀，則是佛眼一切種智，若住此觀，則定慧力等，了了見佛性，安住大乘，行步平正，其疾如風，自然流入薩婆若海。行如來行，入如來室，著如來衣，坐如來座，則以如來莊嚴而自莊嚴，獲得六根清淨，入佛境界，於一切法無所染著，一切佛法皆現在前，成就念佛三昧，安住首楞嚴定，則是普現色身三昧，普入十方佛土，教化衆生，嚴淨一切佛刹，供養十方諸佛，受持一切諸佛法藏，具足一切諸行波羅蜜，悟入大菩薩位，則與普賢文殊爲其等侶。常住法性身中，則爲諸佛稱歎授記，則是莊嚴兜率陀天，示現降神母胎、出家、詣道場、降魔怨、成正覺、轉法輪、入涅槃。於十方國土，究竟一切佛事，具足真應二身，則是初發心菩薩也。華嚴經中，初發心時便成正覺，了達諸法真實之性，所有慧身不由他悟。亦云：初發心菩薩，得如來一身作無量身。亦云：初發心菩薩卽是佛。涅槃經云："發心畢竟二不別，如是二心前心難。"大品經云："須菩提，有菩薩摩訶薩，從初發心，卽坐道場，轉正法輪。"當知則是菩薩爲如佛也。法華經中，龍女所獻珠爲證。如是等經，皆明初心具足一切佛

法,即是大品經中阿字門,即是法華經中爲令衆生開佛知見,即是涅槃經中見佛性故、住大涅槃。已略説初心菩薩因修止觀證果之相。次明後心證果之相。後心所證境界則不可知,今推教所明,終不離止觀二法。所以者何？如法華經云：殷勤稱歎諸佛智慧則觀義。此即約觀以明果也。涅槃經廣辯百句解脱以釋大涅槃者,涅槃則止義。是約止以明果也。故云大般涅槃名常寂定。定者即是止義。法華經中雖約觀明果,則攝於止。故云乃至究竟涅槃,常寂滅相,終歸於空。涅槃中雖約止明果,則攝於觀。故以三德爲大涅槃。此二大經雖復文言出没不同,莫不皆約止觀二門辨其究竟。並據定慧兩法以明極果。行者當知初中後果,皆不可思議。故新譯金光明經云："前際如來不可思議,中際如來種種莊嚴,後際如來常無破壞。"皆約修止觀二心以辨其果故。般舟三昧經中偈云：

　　　諸佛從心得解脱，　心者清淨名無垢，

　　　五道鮮潔不受色，　有學此者成大道。

誓願所行者,須除三障五蓋。如或不除,雖勤用功,終無所益。

（據金陵刻經處本）

五、四 念 處（節選）

第四圓教四念處者,爲三：一大意,二停心,三念處。

大意開四門云云,若説若行,多用非有非無門云云。餘法易知,別圓須解：一、明位有高下,二、明法之偏圓,三、明斷不斷,四、明具不具,五、明通不通。

位高下者,別教十信伏界内見思,十住斷界内見思,又斷界外上品塵沙,十行斷中品塵沙,十迴向斷下品塵沙,伏無明,登初地,見中道，斷無明，乃至等覺妙覺斷無明盡。圓教初有五品弟子，名外凡，十信名內凡，皆圓伏無明，而界內見思，自然而盡，如火燒鐵，鐵雖未融，垢在前去，正慧觀無明，無明未除，見思前盡。若登初住，斷一品無明，乃至十住斷十品無明，與別家十地齊。若登初行，又斷一品無明，與別家等覺齊。若至二行，與別家妙覺齊。若登三行，所有智斷，別人不識其名，況知其法？四行乃至十行，十迴向，十地、等覺、妙覺，所有智斷皆非境界，但知十二品斷無明，爲己家之極果，不知是他家之下因。譬如構磚石爲基，以金寶飾上，豈如從基至頂，悉累金剛？非唯高低有殊，亦寶非寶別，法説譬説簡別朗然，不須惑矣。

二、法偏圓者，類如小乘斷通惑，不除別惑。聞甄迦羅彈琴，迦葉起舞，天冠問曰：耆年解脱，何故如此？迦葉答言：聲聞之惑，我已斷盡，此是菩薩勝妙功德，故吾於此不能自安。如四方風不動須彌，毗嵐風至，碎如腐草。當知聲聞斷通，不能知別，無漏力弱，不能自安。別教初心，止伏見思，地前止斷界內見思，登地分分伏無明，分分斷無明，此則偏斷，非圓伏也。若作界外別説者。登地斷別見，二地至六地斷別欲界思，七地斷別色無色界思，此亦偏斷之義耳。又作不思議六塵義者，入無量禪，作無記變化色，住復入力禪，捨復入力禪，起復入力禪，無量百千億劫，倒修凡夫事，至八地已上，猶是無色界果報，不可思議六塵。何以得知？地持解等覺無垢地始得離見，見清淨禪，當知離欲界色無色惑，俱至等覺乃盡，方是圓義。若八地始離無色界果報者，是偏斷之義也。故大經云："十地爲無我輪惑所轉，無我只是見惑。若見惑先斷，不應至無垢地。若見至無垢地者，乃圓義耳。"以是推之，偏斷則是別意也。圓斷惑者，始外內凡，卽圓伏三界之惑。初住卽圓斷無明，二住至等覺皆圓斷無明，以此推之，圓別斷則明矣。

三、斷不斷者，別但明斷，不論不斷，圓具二義：若教道明斷，證道不斷。例如小乘，方便論斷，證真不論斷不斷。今亦如是。若不思議觀，內不見有煩惱可斷，煩惱性不障菩提，菩提不障煩惱，煩惱即菩提，菩提即煩惱。故淨名云："佛爲增上慢人，說斷婬怒癡，名爲解脫，無增上慢者，婬怒癡性，即是解脫。"無行經云："婬怒即是道。"又云："六十二見，爲如來種。"即六根六塵而無限礙，只眼中見色，亦眼中入三解脫門。華嚴明十眼乃至六根，皆明於一塵中，具十方三世諸佛，八相成道，轉法輪，度衆生皆不斷而明了也。

四、具不具者，若只作一法，不作一切法者，此是別意；若一法一切法趣一切，是趣不過，趣尚不可得，況有趣非趣。趣一即法性，法性即法界，無一法出法界外。若有一法過涅槃者，我亦說如幻如化，故知一法具一切法，即圓意也。

五、諸功德通不通者，若別意只一地不關餘地，若圓意一地一切諸地。故大品云："若聞阿字門，即解一切義。"過荼無字可說，初阿具足四十一字，後荼亦具四十一字，從初地具有住持生長荷負義，至後究竟，亦具三義。大論云："有始入、中入、終入，實是一入，而有初中後。"問：若作圓意，若爲判不思議二諦？答：偏圓俱通，是世諦相；非通非塞，是真諦相。大意竟。

二、五停心者，私謂五品是也。即事而理，其相自彰。何者？初教以數息事停散動，圓家以信理除疑惑。又信是道元，故當初品。又信是功德母，如彼氣命。又信順不動，即是停心。故信品，是一停心也。初教以不淨事觀，停貪欲；圓家以讀誦除穢染。若著文字染汙法性，是爲染法，非求法也。文字性離，即是解脫。解脫清淨，是第二停心也。初教以慈停瞋，圓以慈故有說，說無祕悋，悋有祕悋，則非慈相。當知慈故能說，第三品停心也。初教以因緣觀停癡，圓以六度度於六蔽。闇去明生，是第四品停心也。初教以念佛停逼迫，圓以卽事而理，理卽法佛，法佛豈逼迫。佛法無能逼、所逼，無逼、無逼者、無逼法，是第五停心。當知信事卽理，文字卽解脫，慈卽寬宏，度蔽彼岸，一切平等，是圓家五停心也。

以五品爲停心，其義已顯，更重擧四宏、四三昧。生死苦諦，卽是涅槃，無二無別，此則信事順理，道元功德母，未度苦諦，是初停心。煩惱卽菩提，無二無別，是爲未解集諦，令解集諦，卽第二讀誦解脫停心也。大悲拔苦兩誓願云云，未安道諦，令安道諦，卽是以無怡之慈而說法，第三停心也。未入滅諦，令入滅諦，卽是兼行六度，度蔽彼岸，第四停心也。大慈與兩誓願云云，又指四三昧，爲第五停心也。此四三昧，皆修念佛破障道罪，自有人數息覺觀不休，若念佛若稱佛名，卽破覺觀帖然心定。故普門品云："若有衆生多於貪欲，常念觀音，卽便得離，破根本無明。"淨名云："一念知一切法，是爲坐道場，皆是念佛法門也。"常行，出般舟，諸佛倚立現前，觀法界佛也。常坐，出文殊問般若，繫緣法界，一念法界而念佛也。半行半坐，出方等、法華，如是作已，卻坐思維諸佛實法，法華云："當成就四法。"一爲諸佛護念云云，此語初心行人，久行道者，如安樂行，常好坐禪，在於閑處，修攝其心，觀心無心，法不住法，我心自空，罪福無主，作是懺悔，名大懺悔云云。非行非坐通四法：一、通衆經。二、通諸善。三、通諸惡。如賢者軍戎家業等，不妨用心。四、通無記。行住坐臥語默，皆是摩訶衍，以不可得故。夫達者懸解，迷者未悟，如囊中有寶，不探示人，人無見者。今更點對，冀得超然。前三藏中，以事緣事；謂數息不淨，乃至念相好等。今則不爾，以理觀緣理，生死卽涅槃，煩惱卽菩提。生死是衆生之息命，涅槃是法身之息命，雖不可數而可散動，明寂對於數息也。煩惱是底下之穢惡，菩提是尊極之淨理，對前顯後，故以文字解脫對不淨停心也。大悲誓願，拔因果苦，若有我所，尚不自出，況拔他苦？若無我所，以慈悲心，自拔拔他。對前顯後云云。大慈誓願與因果樂者，若十二因緣癡，尚無自樂，況與他樂？今自無癡，故能與樂耳。對前云云。行四三昧，皆是念佛破障道罪。前教念生身應相好，今念法身相好，事理永殊大異，故舉四三昧，爲第五停心也。

次修十觀成五停者，五停上求，上求何等，一信順不思議一實四諦是也。信一念具十法界，生死即苦諦，一心具十法界，煩惱即集諦，集諦即菩提，菩提是道諦也。生死苦諦即涅槃，是滅諦也。此四非四，此一非一，而名實諦。煩惱徧一切處，一切處皆是菩提，棄此菩提，更何處求菩提。如此生死苦諦，徧一切處，皆是涅槃，棄此涅槃，更何處求涅槃。畢定停心，於此煩惱上求菩提。畢定停心，於此生死上求涅槃。信即是求，非別求也，是名信一實諦，成於停心也。又云何停心，停心欲下化，須發真正心。衆生不知生死即涅槃，未度苦諦，菩薩爲此而起大悲，誓令得解脫，既得己，即是令度苦諦。衆生未知煩惱即菩提，菩薩爲此而起大悲，令得解脫，既得脫己，即是令度集諦。衆生若解煩惱即菩提，即是安於道諦；衆生若解生死即涅槃，即是而得滅諦；是爲菩薩下化衆生，言真正者。無行經云："若發心求菩提，是人去佛遠。譬如天與地，蓋指發三方便菩提心也，此乃菩提心魔。"大經云："自此之前，我等皆名邪見人也。"若人爲說此法，名善知識魔。經言涅槃爲生死者，指貪著界外涅槃，成變易生死也。經言生死即涅槃者，指分段生死即大涅槃，況復變易而非涅槃。以真正菩提心真正化也，將此下化，以成停心。初名上求，次名下化，乘何等法，向上向下，所謂善修止觀。生死即涅槃，涅槃名止也，止心心性，名爲大定，大涅槃深禪定窟，故涅槃即是止也，觀煩惱即是菩提即觀也，實相之慧，名一切種智，一切種智名爲般若。法華曰："定慧力莊嚴，即上求；以此度衆生，即是下化。"當知止觀，是所乘之法，專此止觀,成於停心。既能乘向上向下,向上應得果,向下應得度,既不果不度者,何物妨礙。而今不獲,當知破法不徧,當研生死卽涅槃,橫破十法界鯁塞;煩惱卽菩提,豎破十法界鯁塞;菩提涅槃道卽通也。不卽六法,那忽卽六法,是故須破;不離六法,那忽離六法,是故須破;不卽不離,菩提道通,以此破法,成於停心云云。既破法徧,應與理會,那猶不合,當更細檢。一切諸法中,皆有安樂性,那忽併破;一切諸法皆魔羅網,那忽併破。須明識通塞,若迷生死非涅槃,十法界皆塞;迷煩惱非菩提,十法界亦塞。達生死卽涅槃,十法界寂滅,名之爲通。煩惱卽菩提,十法界癡如虛空不可盡,老死如虛空不可盡,窮無明無,見始見終,名之爲通。如此善知識不思議險道,通塞之相,以成停心云云。既識通塞,云何於坦道中,修於道品?若生死身不净,乃至心無常,此析法四枯道品,涅槃卽生死,指此意也。若初修不净,後修於淨,乃至初修無常,後修於常,此卽四榮道品,生死成涅槃,此之謂也。若卽不净,卽修非淨非不淨,乃至卽無常,修非常非無常,此是非枯非榮,於其中間,入般涅槃,此之謂也。故經言從初發心,常觀涅槃行道,具百句解脫,名百斤金;煩惱卽菩提,名首楞嚴三昧;修治於心猶如虛空,亦名王三昧;是名善修道品,以成停心也。既善修道品,自能流入三解脫門,未入而難起,方救他而難起,皆何對治?若慳蔽難起,觀慳卽菩提,受不受,亦受亦不受,乃至五不受,檀卽法界,檀義攝於六資生無畏法,是中一二三 慳卽菩提,不取不捨,餘蔽亦如是。又對治轉治不轉兼非等云云,是名助道成於停心云云。行人未得謂得,未證謂證,增上慢起,當如之何?觀生死卽涅槃,煩惱卽菩提,理涅槃也。能如此解與修多羅合,文字涅槃也。所觀如文,文如觀,觀行涅槃也。六根清淨,相似涅槃也。無明破,佛性理顯,分真涅槃也。等諸佛,同大覺,究竟涅槃也。當自觀察是何等位,撫臆論心,莫自欺欺他,是名識次位,助成停心也。行人行道,欲熟未熟,多動內外障難,每須安忍,令內外障不能動搖,能忍成道事,不動亦不退,是心薩埵。外謂毀譽八風,內謂強輭兩賊,生死不能羅,煩惱不能染,十法界見愛,皆爲侍者。分段變易,二死寂然,以安侍者。侍名以供給役運,是名安忍,以成停心也。順道法愛不生者,夫將登而崩,將過而墮,此非小事,大有所失,行者慎之,莫起法愛。故云涅槃卽生死,涅槃貪著故;生死卽涅槃,無退不生故。於十法界法,一無所染,名順愛不生,而生般若。般若者如人有眼,能避險從平,何須傍教,是名十觀成五停心。一一停心,皆須十觀,總有五十觀云云。初品觀十法界,眾生卽是佛,十法界五陰卽是法,眾生與佛無二無別,眾生陰佛陰無毫芥之殊。三世佛事,眾生四儀,無不具足諸波羅蜜,是名爲僧。大論云:“眾生無上佛是,法無上涅槃是。”又至名僧者第一義是。信順隨喜而無疑惑,是名初隨喜品;將此心讀誦,名第二品;能少分說,名第三品;兼行六度,名第四品;具足六度,造立僧坊,四事如理,乃至般若,名第五品。五品成熟,名觀行位。一品既須十觀,四品亦如是。十觀成五品,如上說,以想慧純熟,轉爲十信心。初隨喜一實之理,無二無別,轉成信心。信慧分別,罔罔無滯,於此信中,具一切佛法,如金剛寶藏,無所缺減故。二真正發心,度下崇上,轉成念慧真正故。經云:百生千生,千萬億生,令心正念,以正念故。如來善護念,又如七覺中心沈,以念起之,破生死卽涅槃。若心散時,以念觀攝之,令煩惱卽菩提,是爲真正發念也。三善修止觀,轉成精進心者。經言:一心勤精進,故得三菩提,一切眾行精進爲本,正觀明白,純無間褻爲精,不染愛見爲進云云。四破法徧轉成定心。涅槃卽生死,菩提卽煩惱,是大散亂。今觀十界生死卽涅槃,達一切法解脫相,究竟常寂滅相,終歸於空,體常寂滅,是名橫破生死,轉成定心。起染愛煩惱,煩惱卽菩提,是竪破十法界無礙,徹至法性,轉成定心也。五善知通塞,轉成慧心。若起十界愚癡,名爲生死;若起十界貪瞋,名爲煩惱。觀生死卽涅槃,煩惱卽菩提,菩提非一非三,是名慧心也。六善修三十七品,轉成不退心。若四枯道品,雖不退入分段,而不進變易,猶名爲退。今四枯道品,又非榮非枯道品,出到不生不生彼岸,故名不退心也。七修對治助道,轉成迴向心。迴生死向涅槃,迴煩惱向菩提,迴因向果,迴事入理,故言迴向心也。八善識次位,轉成護心。若叨上濫下,起增上慢,卽是菩薩旃陀羅。今不執生死作涅槃,不執煩惱作菩提,又三業於涅槃無染,於菩提無著,是名護心也。九安忍內外強輭,轉成戒心。菩薩戒具防形心,若起二乘心,是破戒。知諸法不生,無心無念,不倚不著,名不破戒。大集云:"寧捨身命,不求小乘,名持戒心也。"十順道法愛不生,轉成願心者。菩薩發願求大涅槃,不取不證。大品云:"願求菩提,不以小爲足,足卽住。以不足故,涅槃不應住。用此十心,成一一住。"十住有百,名百法明門,十行十向十地,展轉增倍,千法明門,萬法明門,千萬百萬不可說不可說明門。故瓔珞云:"十信爲諸道大勝者受名,名住行向地耳。"若復前推十信,是內凡相似之位,名柔順忍,亦名伏忍,界內煩惱圓融,無明圓伏,得六根清淨。云何淨?眼中取相淨,塵沙無明淨,乃至意根亦三種淨,故不障三身三德。三身三德,皆與真相似,相似故名六根清淨,廣說如法華。云何六根互清淨?大品云:"眼中眼不可得,眼中耳不可得,乃至眼中鼻舌身意皆不可得,是爲六根互清淨。"又眼中眼相不可得,眼中耳相不可得,乃至鼻舌身意相皆不可得,是爲六根相互清淨。眼中眼性不可得,眼中耳性不可得,乃至鼻舌身意性皆不可得,是爲六根性互清淨。若名不可得,是俗清淨;相不可得,是真清淨;性不可得,是中清淨。又名相性皆不可得,是俗清淨;不可得亦不可得,是真清淨;非俗非真不可得,是中清淨。但以眼爲本,互淨諸根，耳鼻舌身意各各爲本，各各互淨諸根。互淨如上説。云何六根互用？於眼根中，能見無量百千萬億，不可説不可説，不可思議不可思議，虛空等世界中，十法界衆生色，若依若正，若內若外，若上若下，悉見悉知，是爲眼根用。即於眼中，聞無量百千萬億，不可説不可説，不可思議不可思議，虛空等世界中，十法界衆生，若依若正，兩種音聲，地獄燒煮聲。大論云：考掠聲，象馬車牛楚毒聲，餓鬼求食聲，修羅鬪諍高大聲，無數種人聲，苦受等三受聲，乃至有頂入禪出禪聲。大論云：所愛時聲，比丘比丘尼讀誦聲，空無我聲，菩薩解義聲，諸佛演法聲，其耳明利故，悉能分別知，是爲眼能耳用。又於眼中，知無量百千億不可説不可思虛空十法界香，若依若正，鐵圍大海地中諸衆生，修羅男女，人勢小輪羣臣諸宮人，乃至於梵世光音，及有頂，比丘衆，菩薩衆，在在方世尊，聞香悉能知，是爲眼有鼻用。即於眼中，知無量百千萬億不可説不可思虛空世界中衆味法門，於食等於法亦等，如純陀八斛四斗，爲涅槃佛事，若好不好，若美不美，至其舌根變成上味，如天甘露無不美者；又如十法界衆生，堪能法味，於大衆中出深妙聲，能入其心，皆令歡喜；又令天龍人神，聞其所説言論次第，皆樂來聽受；又諸菩薩諸佛，常樂向其處説法，聞皆受持，又能出深妙之音，是爲眼有舌用。即於眼中，知十法界衆生，百千萬億不可説不可思虛空等觸，身如淨明鏡，衆生皆喜見，其身淨故，三千內外依正，山林河海，皆於身中現；地獄已上，有頂已還，所有正報，生時死時，若好若醜，悉於身中現；二乘菩薩，悉於身中現；唯獨自明了，餘人所不見，十方三世佛，從初發心，中間行行，乃至成道，轉法輪，入涅槃，悉於身中現；佛境界既爾，況復餘耶，是爲眼中有身用。又於眼中，能知百千萬億不可説不可思虛空等十法界，所念若干種，一時能悉知，是爲眼中有意用。其聞聲知香味觸法，亦有互用，皆如上説。當知六識所有無明，所有智慧，並是緣因，緣因種緣因性；七識所有無明，所有智慧，並是了因，了因種了因性；八識所有無明，所有智慧，並是正因，正因種正因性；如是三種三相三性未發，名爲六根清淨。三種若發，即真正開佛知見，若小乘法門，析滅諸根，入空取證。今大乘報身，即是法界，不須更滅。能於諸根，作此互用，一根具六，六六三十六法門，正受清淨，能此互用。故淨名云："或有佛土光明爲佛事，或佛土音聲爲佛事，或以香味衣服爲佛事，或無言寂滅爲佛事"，皆此意也。此有似有真，如法華所明即相似，如華嚴所説即是真。故明闇不相除，顯出佛菩提，只言斷；而言即解脱，只言不斷。復云：結習盡者，華不著身，非斷非不斷中論斷，斷中論不斷，此乃不思議圓融方便。宜斷即斷，如此土大士，度剛強衆生；宜不斷即不斷，如香積土聞香，即入律行也。仁王云："十善菩薩發大心，長別三界苦輪海。"十善即十信也。三界苦即界内惑圓融也。大經云："學大乘者，雖有肉眼，名爲佛眼。"法華云："雖未得無漏，而其眼根清淨若此。"此皆明相似位之文也。若觀如來藏心地法門，即是觀如來眼耳鼻舌身，豁然真發，得見佛性。或因聞發，三智現前，三身具足，華嚴云："初發心時，便成正覺。"所有慧身，不由他悟，得如來一身無量身，湛然應一切衆生機感，即能垂應作八相成道，百世界作佛。或現二乘身，利益衆生，乃至作地獄身，利益衆生。諸佛加之，能爲大菩薩説法，此即發真之文也。

　　三、明四念處觀者。先約經示，大經云："其後不久，王復得病，醫占王病，**定應服乳。**"王者，八倒衆生也。其後病者，初倒伏後倒起，故言不久也。**定服乳者，應授四榮之術也，正是今之念處意耳。**又譬有人，以毒塗鼓，衆中打之，近者死，遠者未死；後打毒鼓，近遠俱死。初塗四枯，止枯分段，故言未死；今塗四榮，無明根斷，故近遠俱死，亦是今四念處意也。又云：如鳥出籠，纔得離網，今二鳥俱飛,高翔遠遊,去住自在,正是今四念處也。又云:初枯生死,不能照明佛法,不能開悟衆生,於佛法無工夫,於衆生無利益,故言枯雙樹。今圓顯佛法,大益衆生,夫有心者,皆當作佛,八千聲聞,得見佛性,如秋收冬藏,成大果實,故言四榮莊嚴雙樹。大經不令噉酒糟麥麩,不與特牛同共一犂,不在高原,亦不下濕。下濕者,凡邪四倒也。高原者,偏曲四倒也。酒糟是愚癡,麥麩是瞋恚,特牛是貪欲,選擇中原安處其子。法華云:"正直捨方便,但説無上道,不令二乘,獨得滅度,皆以如來滅度而滅度之,開示悟入佛之知見,解王頂上明珠與之。我本立大願,普令一切衆,亦同得此道。無智者錯亂,迷惑不信受,是故於今日,決定説大乘。"又云:"諸佛法久後,要當説真實。真實者非生死、非涅槃、無邪無偏、無倒無正。咄哉丈夫,示昔繫珠;咄哉去來,寶處在近;是故從本垂迹,與法身眷屬,隱寶揚權,藏高設下,其化衆生,開示正道,内祕外現,令開顯,令得入妙,正是此四念處也。"所言四者,不可思議數,一卽無量,無量卽一,一一皆是法界,三諦具足,攝一切法,出法界外,更無有法,法界無法界,具足法界,雖無法,具足諸法,是不思議數也。華嚴云:一微塵中,具一切塵,及一切法;於一念具一切念,及一切法。塵卽是色,念卽是心,色心卽念處異名耳。大品云:"四念處,卽摩訶衍。"摩訶衍卽四念處者,於一念處與三念處無二無別。一切法趣四念處,是趣不過,念處尚不可得,云何當有趣不趣?此亦不思議意同也。普賢觀云,觀心無心,法不住法,名大懺悔,名莊嚴懺悔。觀心既然,觀色亦爾。大經云:"佛性者,亦一非一,非一非非一。"亦一者,一切衆生,悉一乘故。非一者,説三乘故。非一非非一者,數非數不決定故。當知四數不可決定,卽不思議之四也。法華經中,八千聲聞,得見佛法。大經云:爲諸聲聞開發慧眼。天親以七種佛性釋法華,當知二經佛性理同,同圓同妙同大,更不異也。而法華以一乘爲宗,約智明法相;涅槃以常爲宗,約定明法相;智定左右之異耳。法華指前經亦云:以方便力故,爲五比丘説。當文云:正直捨方便,但説無上道。涅槃開前經云:爲贖命故,説大涅槃,明歷別五行十功德。當文云:復有一行,是如來行,所謂大乘大般涅槃。故知二經是同。今取究竟實説處,即是圓極不可思議四念處也。釋數竟。

念者,觀慧也。大論云:"念想智者,一法異名。"初録心名念,次習行爲想,後成辯名智。處者境也。元從不離薩婆若,能觀之智,照而常寂,名之爲念,所觀之境,寂而常照,名之爲處。境寂智亦寂,智照境亦照,一相無相,無相一相,即是實相。實相即一實諦,亦名虛空佛性,亦名大般涅槃。如是境智,無二無異,如如之境,即如如之智,智即是境。説智及智處,皆名爲般若。亦例云:説處及處智,皆名爲所諦。是非境之境,而言爲境;非智之智,而名爲智。亦名心寂三昧,亦名色寂三昧,亦是明心三昧,亦是明色三昧。請觀音云:"身出大智光,如燒紫金山。"大經云:"光明者,即是智慧。"金光明云:"不可思議智境,不可思議智照。"此諸經皆明念只是處,處只是念,色心不二,不二而二,爲化衆生,假名説二耳。此之觀慧,只觀衆生一念無明心,此心即是法性,爲因緣所生,即空、即假、即中 一心三心,三心一心。此觀亦名一切種智,此境亦名一圓諦,一諦三諦,三諦一諦。諸佛爲此一大事因緣,出現於世,欲令衆生佛之知見開,諸佛出世事足。大經云:"王夷坦道。"無量義經云:"行大直道無留難。"故法華名具足道,雖言三智,其實一心。爲向人説,令易解故,而説爲三。若教道爲言,所斷煩惱,如翻大地,河海俱覆,似崩大樹,根枝悉倒。用此智斷惑,亦復如是。通別塵沙無明,一時清淨,無量功德,諸波羅蜜,萬行法門,具足無減,佛法祕藏,悉現在前。大品云:"諸法雖空,一心具萬行。"大經云:

“發心畢竟二不別。”**法華云**，本末究竟等，故名妙覺平等道。當知此慧，即法界心靈之源，三世諸佛無上法母。以法常故，諸佛亦常，樂我淨等，亦復如是。亦名寶所，亦名祕藏，佛及一切之所同歸。前三藏隘路不得並行。通教，共稟共行共入，入不能深；別教，紆迴歷別遙遠，即不能達。今此念處，曠若虛空，際於無際，猶如直繩，直入四海，故名圓教四念處耳。張衡曰：翔鷗仰而不逮，況青鳥與黄雀當前。三念處所不能及，唯圓念處孤飛獨運，淩摩絳霄無上、無等、無等等。竪無高蓋，故言無上；橫無儔列，故言無等。無等等於十方三世諸佛，言無等等也。欲重説此義，更引天親唯識論：唯是一識，復有分別識？無分別識。分別識者，是識識；無分別者，似塵識。一切法界，所有餅衣車乘等，皆是無分別識，成三無性，無性名非安立諦，如彼具説。龍樹云：四念處即摩訶衍，摩訶衍即四念處。一切法趣身念處，即是一性色，得有分別色，無分別色。分別色，如言光明即是智慧也。無分別色，即是法界四大所成，皆是無分別等，是色心不二。彼既得作兩識之名，此亦作兩色之説。若色心相對，離色無心，離心無色。若不得作此分別色，無分別色，云何得作分別識，無分別識耶？若圓説者，亦得唯色唯聲唯香唯味唯觸唯識。若合論，一一法，皆具足法界。諸法等，**故般若等**，內照既等，外化亦等，即是四隨逐物，情有難易。大論曰：“一切法併空，何須更用十論？”答：空有二種：一難解空，二易解空。十論是易解空，今以易解空，諭難解空。唯識意亦如是，但約唯識，具一切法門。而衆生有兩種：一多著外色，少著內識；二多著內識，少著外色。如上界多著內識，下二界著外色多內識少，如學問人，多向外解。若約識爲唯識論者，破外向內，今觀明白，十法界法，皆是一識，識空十法界空，識假十法界假，識中十法界亦中，專以內心，破一切法。若外觀十法界，即見內心，當知若色若識，皆是唯識；若色若識，皆是唯色。今雖說色心兩名，其實只一念無明法性，十法界即是不可思議，一心具一切，因緣所生法一句，名爲一念無明法性心。若廣說四句成一偈，卽因緣所生心，卽空、卽假、卽中。故般若云："受持一四句偈，與十方虛空等。"法華云："聞一偈亦與菩提記，一句亦然，三世亦如是。"今觀此，只一心不可思議，十界恒現前，入心地法門，故能不起寂滅，現身八會，只是一句。一句有無量，無量中只一句，是爲不思議故，如心諸佛然，如佛眾生然，是三無差別。諸佛解脫，當於一切眾生心中求，眾生心亦當於諸佛解脫中求，始是般若究竟等。未了者一切法正，一切法邪，不以心分別，卽一切正心，起想卽癡，無想卽泥洹。此不思議，非青黃赤白，方圓長短，無名無相，究竟寂滅，唯當心知，口不能說。若有因緣善方便，用悉檀亦可得說，以方便力，爲比丘說眾生無量劫。自性心不爲煩惱所染，不染而染，難可了知，迷妄卽染，染卽覆心。不見淨性，是以久處生死，不能返本還源，源實難解，二乘尚不聞其名，何況凡夫。今佛爲作習因，如大通智所繫珠，至釋迦時，方成果實。今此種子，漸漸積習，後遇聲光，發此種子，轉凡入聖，漸漸積功德，具足大悲心，皆已成佛道。若不爾者，無明覆法性，出十法界五陰，重迷積沓。若能超悟，起二乘五陰，乃至佛陰。華嚴云："心如工畫師，造種種五陰，一切世間中，無不由心造，諸陰只心作耳。"觀無明心，畢竟無所有，而能出十界諸陰，此卽不思議。如法華云："一念夢行因得果，在一念眠中，無明心，與法性合，起無量煩惱，尋此煩惱，卽得法性。"問：別圓俱作此譬，云何異？答：別則隔歷，圓則一念具。如芥子含須彌山，故名不思議。華嚴性起云：一微塵中有大千經卷，智人開塵出經，是一念無明心。有煩惱法，有智慧法，煩惱是惡塵、善塵、無記塵，開出法身般若解脫。法華云：如是性相等，一界十界百千法界究竟皆等。今觀此無明心，從何而生？爲從無明，爲從法性，爲共爲離？若自若他，四皆叵得，名空解脱門，只觀心性，爲有爲無，爲共爲離。若常若斷，四倒不可得，名無相解脱門，只此心性，爲真爲緣，爲共爲離。非四句所作，名無作解脱門，無生而説生，生十法界相性也。無明性即是實性，亦言無明即是明，明亦不可得，是爲入不二法門。但衆生迷倒，不見心之無心，明成無明云云。問：衆生自性清淨，不爲煩惱所染，云何有無明生？答：如前責生相不可得，而作十四難，佛皆不答，設答只長邪見。大品中問：有亦不得道，無亦不得道，乃至四句俱不得道，將非世尊不得道耶？佛答：實得非四句耳。金剛般若云：“須菩提，於是中無實無虚。”大論摩乾提云：瘂法應得道。佛答：汝若證我法，是時自當瘂。佛有時知利益，亦答十四難，如答淨梵志，畢故不造新。答：我已知。汝云：何知？無明名故，取有名新。若知無明不起取有，即知神及世間常無常，衆生只爲愛見，迷於自性，隨逐諸妄，緣輪不息，去道甚遠，五百由旬。普賢觀云：爲恩愛奴，色使我眼。法華云：“貪著生愛，則爲所燒。諸苦所因，貪欲爲本，不斷煩惱而入涅槃。無明煩惱，是如來種，若斷煩惱，即斷佛種。”故言不動而運大慈，普覆十界衆生，衆生無量，慈悲亦無量，非一廣大不可盡。誓願非一廣大不可盡，是名緣念處。三種一心具足。觀此身受心法智慧性，名性念處、一性念處、一切性念處。觀身受心法定慧均和，能助大道，名共念處、一共念處、一切共念處。觀身受心法所有慈悲，名緣念處、一緣念處、一切緣念處。觀此一念無明心，即是衆生，衆生即法性，法性即摩訶衍，摩訶衍即十法界性念處，利益十法界衆生，同於四念處。坐道場轉不思議種種法轉，一切種智，以爲根本，無量功德之所莊嚴，皆令衆生，安置十地。十種珍寶，以爲脚足：枯榮智慧，以爲雙樹。若見佛性非榮非枯，爲中間而般涅槃，雙照二諦。總結四念處，雖別説示人，它言難見，只一刹那心，即是因緣所生法;因緣心生滅,即是三藏三十七品;因緣心空,是通三十七品;因緣心假,是別三十七品;因緣心中,非空非假,即是圓三十七品,只是一念心。若橫無際,若豎無窮,盡三諦源,然此一念,不橫不豎。若心即空,即假,即中,是橫觀;此心先見空,次見假後見中,即是縱。今諦觀心中三句,實不縱不橫,不前不後畢竟清淨,廣大法界,究竟虛空。觀心實性,無有微塵知覺,即是法名不覺。煩惱是道場,斷煩惱不名涅槃,不生煩惱乃名涅槃。煩惱即菩提,生死即涅槃,意在修三種念處觀。十界色名身,十界受名受,十界識名心,十界想行名法。法性色,一色一切色,一切色一色; 一受一切受,一切受一受;一心一切心,一切心一心; 一想行法一切法,一切法一法。將智慧性,觀十法界色性名爲觀,了達色中非垢非淨,名爲處;智慧性觀十界受性名觀,了達受中非苦非樂性,名爲處;智慧性觀十界心性名爲觀, 了達心性非常非無常性,名爲處;智慧性觀十法界法性名爲觀, 了達法性非我非無我,名爲處;能所合標, 名性念處觀也。

次釋共念處觀。觀十法界色非垢非淨,雙照二諦垢之與淨,其性無二,無二之性,即是實性;次觀十界受非苦非樂,雙照二諦苦之與樂,其性無二,無二之性,即是實性;次觀十界心非常非無常, 雙照二諦常與無常,其性無二,無二之性,即是實性;次觀十界非常非無常,雙照二諦常與無常,其性無二,無二之性,即是實性; 次觀十法界非我非無我,雙照二諦我與無我,其性無二,無二之性,即是實性;是名共念處觀。

次釋緣念處。菩薩觀此身受心法,無緣慈悲, 無緣無念,如磁石吸鐵,寂而常照。雖無念不覺,而覺名爲佛,具足恒沙法藏,虛空法門,十方不可説不可説一微塵中法界佛法僧,究盡實相, 而無積聚。譬如貧人,多所積聚,乃名藏。解脫不爾,無所積聚,無所積聚即真解脱。解脱即是<u>如來</u>，無所積聚乃名虚空，能觀此藏是大千經卷，開此大藏是開佛知見。知見故五眼具足，五眼具足即成菩提。菩提即摩訶般若，即得法身，法身即真解脱。三點不縱不横，名大涅槃，涅槃名諸佛法界。作是觀心，是入<u>如來</u>室，著<u>如來</u>衣，坐<u>如來</u>座，舉足下足，從道場來，住於佛法矣。<u>如來</u>遺囑，令於念處修道，要在兹乎」

問：前五停心，六根互用，今念處證何功德？答：前説似解相貌如上，今修念處，進發十住真位。前覩海邊平相，曠蕩若斯，況大海深廣，渺渺浩浩，可以智知，無俟更説。

　　　　　　　　　　（選自江北刻經處本四念處卷四）

六、四教義（節選）

夫衆生機緣不一，是以教門，種種不同。經云：自從得道夜，至泥洹夜，所説之法，皆實不虚。仰尋斯旨，抑有緜致。所以言之，夫道絕二途，畢竟者常樂；法唯一味，寂滅者歸真。然鹿野鵠林之文，七處八會之教，非頓漸之異，不定祕密之殊，是以近代諸師，各爲理釋。今所立義，意異前規，故略撰四教用義，大都漸、頓、不定、祕密之蹤。若能達斯旨者，則如來權實，信矣無方，至人本迹淵哉難究，況復此漸、頓、不定、祕密之蹤，皆無滯矣。今明此義，略開七重：第一釋四教名，第二辯所詮，第三明四門入理，第四明判位不同，第五明權實，第六約觀心，第七通諸經論。

第一，釋四教名。四教者：一、三藏教，二、通教，三、別教，四、圓教。此四通言教者，以詮理化物爲義，大聖於四不可説，用四悉檀赴緣而有四説，説能詮理，化轉物心，故言教也。化轉有三義：

一、轉惡爲善，二、轉迷成解，三、轉凡成聖。故教以詮理化物爲義也，略爲五意：一、正釋四教名，二、覈定，三、引證，四、料簡，五、明經論用教多少不同。

第一，正釋四教名卽爲四：一、釋三藏教名，二、釋通教名，三、釋別教名，四、釋圓教名。一，釋三藏教名者，此教明因緣生滅四聖諦理，正教小乘，傍化菩薩。所言三藏教者：一、修多羅藏，二、毗尼藏，三、阿毗曇藏。一、修多羅藏者。修多羅此或云有翻，或言無翻，言有翻亦有多家不同，然多用法本，出世善法，言教之本，故云法本，卽是四阿含經也。二、毗尼藏者。毗尼此翻爲滅，佛說作無作戒，能滅身口之惡，是故云滅，卽八十誦律也。三、阿毗曇藏者。阿毗曇此翻云無比法，聖人智慧分別法義也，故云無比法。若佛自分別法義，若佛弟子分別法義，皆名阿毗曇也。然此三法，通名藏者，以含藏爲義，但解者不同。有言文能含理，故名爲藏。又言理能含文，故名爲藏。今言三法之名，各是一句，三名各含一切文理，故名藏也。阿含卽是定藏，四阿含多明修行法也。毗尼卽是戒藏，正明因事制戒，防止身口之惡法也。阿毗曇卽是慧藏，分別無漏慧法，不可比也。此之三藏，的屬小乘，故法華云："貪著小乘三藏學者。"問曰：如此對當，義理可然？而名乖詮次。答曰：說時非行時，教起之次，阿含爲先；修行之初，木叉爲首。又如八正道，正見正思惟爲先，次正語等六法，皆名爲正。如人行法，眼前瞻路，然後發足。故大智論云："目足備故，入淸涼池也。"問曰：佛於三藏初開三乘，大乘最勝，何不以大乘爲正，小乘爲傍耶？答曰：鹿苑初說四諦法輪，俱鄰五人，見諦成道，八萬諸天，得法眼淨，但有小乘得道，未有大乘，故以小乘爲正也。大智論云："佛於阿含中，雖爲彌勒授記，亦不說種種菩薩行，故大乘爲傍也。"問曰：外人亦說戒定慧，此有何異？答曰：外人所說戒定慧，卽是舊醫，如彼蟲道。舊醫戒有二：一邪，二正。一、邪者，卽是雞狗等戒。二、正者，卽是十善道也。舊定有二：一邪，二正。一、邪者，卽是九十六種道經所説鬼神邪定，或能知世吉凶，現神變相也。二、正者，卽是四禪、四無量心、四無色定、及發五神通也。舊慧有二：一邪，二正。一、邪者，卽是因身邊見心，發諸邪智，撥無因果，食糞裸形等也。二、正者，卽是因身邊見心，發諸世智，説有因果，修諸善法也。今佛説三藏教所明客醫戒定慧，卽是新醫，從遠方來，曉八種術，初説四枯正術，卽是三藏教門明戒定慧也。一、戒者，卽是十種得戒，發一切律儀無作，如是五部毗尼，所明身口諸善法也。二、定者，卽依八背捨，入九次第定，師子奮迅超越三昧，願智頂禪，六通四辯等也。三慧者，卽是生滅四諦，破身邊二見、六十二見，發真無漏，成十一智、三無漏根也。此戒定慧，外人尚不聞其名，況有少分？譬如驢乳牛乳，乳色雖同，若停驢乳則成臭糞，若停牛乳，便成酪酥醍醐也。二，釋通教名。通者，同也，三乘同稟，故名爲通。此教明因緣卽空，無生四真諦理，是摩訶衍之初門也。正爲菩薩，傍通二乘。故大品經云：“欲學聲聞乘者，當學般若；欲學緣覺乘者，當學般若；欲學菩薩乘者，當學般若。”三乘同稟此教，見第一義，故云通教也。所言通者，義乃多途，略出八義：一、教通，二、理通，三、智通，四、斷通，五、行通，六、位通，七、因通，八、果通。教通者，三乘通稟因緣卽空之教。理通者，同見偏真之理。智通者，同得巧度一切智。斷通者，界內惑斷同也。行通者，見思無漏行同也。位通者，從乾慧地，乃至辟支佛地，位皆同也。因通者，九無礙同也。果通者，九解脫二種涅槃之果同也。通義有八，而但名通教者，若不因通教，卽不知通理，乃至成通果也。故諸大乘方等，及諸般若，有二乘得道者，爲同稟此教也。問曰：何故不名共教？答曰：共名但得二乘近邊，不得遠邊。若立通名，近遠俱便，言遠便者，通別通圓也。三，釋別教名者。別者，不共之名也。此教不共二乘人説，故名別教。此教正明因緣假名，無量四聖諦理，的化菩薩不涉二乘。故聲聞在座，如聾如啞。法華經明迦葉領解，自述往昔聞方等大品，淨佛國土，成就衆生，心不喜樂，即其義也。所言別者，義乃多途，略明有八：一、教別，二、理別，三、智別，四、斷別，五、行別，六、位別，七、因別，八、果別，故名別教也。教別者，佛説恆沙佛法，別爲菩薩不通二乘。理別者，藏識有恆沙俗諦之理也。智別者，道種智也。斷別者，塵沙無知，界外見思無明斷也。行別者，塵沙劫修諸波羅蜜，自行化他之行也。位別者，三十心伏無明，是賢位，十地發真斷無明，是聖位之別。因別者，無礙金剛之因也。果別者，解脱涅槃四德，異二乘也。別義有八，但名別教者，若不因別教，則不知別理，乃至得成別果也。問曰：何故不説爲不共教，而作別教之名？答曰：智輪明不共般若，即是不共二乘人説，如不思議經。今明別教，如説方等大品，二乘共聞，而別教菩薩，故用別名也。兼欲簡非圓教，別雖異通，猶是未圓之號也。四，釋圓教名者。圓以不偏爲義，此教明不思議因緣，二諦中道，事理具足不別，但化最上利根之人，故名圓教也。華嚴經云：“顯現自在力，爲説圓滿經，無量諸衆生，悉受菩提記。”維摩經云：“一切衆生，即大涅槃，不可復滅也。”大品經具足品云：“諸法雖空，一心具足萬行。”法華經云：“合掌以敬心，欲聞具足道。”涅槃云：“金剛寶藏，無所減缺。故名圓也。”所言圓者，義乃多途，略説有八：一、教圓，二、理圓，三、智圓，四、斷圓，五、行圓，六、位圓，七、因圓，八、果圓。教圓者，正説中道言，教不偏也。理圓者，中道即一切法，理不偏也。智圓者，一切種智圓也。斷圓者，不斷而斷，無明惑斷也。行圓者，一行一切行也。位圓者，從初一地，具足諸地功德也。因圓者，雙照二諦，自然流入也。果圓者，妙覺不思議三德之果,不縱不横也。圓義有八,但名圓教者,若不因圓教,則不知圓理,乃至得成圓果也。問曰:教理若圓,何得更有行位因果之殊?答曰:只猶教理圓故,便有智斷行位因果之殊。如世間法書,極能之本,臨學之者,得有階差,雖復初臨劣於後臨,本未曾異也。

第二,叢定者。明此四教,通而爲語,於一教中,各有四教。雖有四教,叢其定實,三義不成,故各從一義以受教名也。卽爲四意:一、叢定三藏教,二、叢定通教,三、叢定別教,四、叢定圓教。一、叢定三藏教者。問曰:如三藏教説無常,三乘同稟入道,卽是通教,別爲菩薩説弘誓六度,此卽別教,爲説一切種智令求佛果,豈非圓教?答曰:今叢此教三義,若言説無常,通教三乘,是通教者,二乘聞無常發真斷結,一世便入涅槃,可是稟教見無常理,菩薩雖稟無常之教,三阿僧祇劫,不發真斷結,豈見無常之理? 故知無常,通教之義不成,雖説願行化物。別教義不成者,本論別教詮別理,斷別惑,初三藏教所明願行,猶約生滅四諦而起,見生滅四諦不及二乘,豈是別教? 雖説一切種智,勸菩薩慕果行因,不名爲圓者,菩薩因中,不得卽具種智,豈得論圓? 又此種智,只照二諦, 不照中道,豈得圓也。是則雖有三教,叢義不成,但名三藏教也。二、叢定通教者。問曰:通教説戒定智慧,豈非三藏教? 道種智, 豈非別教? 説一切種智,豈非圓教耶? 答曰:雖有此三教,叢義不成,所以然者, 通教説無生戒定智慧,一相無相,不同三藏戒定智慧, 別相異也。復次一得不失,從勝受名,故不説三藏之名,受通教名也。雖説種智,止言照界内俗諦,非是説如來藏恆沙佛法之道種智,故別教義不成。雖復説一切種智,只是照界内二諦,明一切種智,非照中道不思議二諦之一切種智,故圓教義不成。是則三教不成,但名通教也。三、叢定別教者。問曰:別教亦説戒定智慧,何故不名三藏教? 亦説無生空理,何故不名通教? 亦説中道一切種智,何故不名圓邪? 答曰：別教説恆沙佛法無量戒定智慧，異前生滅戒定智慧，故非三藏也。雖説空理，是不可得空，非是但空，不與二乘同見，故非通也。雖説中道一切種智，非初住發心，即具一切種智，故非圓也。是則三義不成，但名別教。四、叙定圓教者。問曰：圓教亦有戒定智慧，何故不名三藏？亦有真空之理，何故非通？亦有立別階級法門，何故非別？答曰：圓教所説戒定智慧，皆約真如實相佛性涅槃而辨，豈同三藏偏淺戒定智慧乎？佛性真空平等之理，聲聞辟支佛，所不能知，何況得入？故非通也。種種法門位行階級，無不與實相相應，攝一切法，從初一地，無不具足一切諸地，是故非別，三義不成，但名圓教也。是則四教四名，雖復互通，而研其理實當教立名，不可混濫。若圓教攝三，即是又多僕從而侍衛之也。

第三，引證者。夫欲申通佛法，事須經論明文，但佛教浩漫，玄旨難尋，若不立名辨義，何以得知旨趣？今明此義，略爲三意：一、明無文立名作義以通經教，二、別引經論證，三、總引經論也。一、無文立名作義以通經教者。問曰：古來諸師講説，何必悉有經論明文？如開善光宅五時明義，莊嚴四時判教，地論四宗五宗六宗，攝山單複中假，興皇四假，竝無明文，皆言隨情所立，助揚佛化，其有緣者，莫不承習，信解弘宣。問曰：何意不依半滿五味，幸出經文？答曰：佛教具有漸、頓、不定，半滿五味，各據一邊，豈得通釋此諸教也。但使義符，經論無文，不足致疑。大智論云："法施者，依附經法，廣作義理，爲立名字，皆名法施。"今一家解釋佛法，處處約名作義，隨義立名，或有文證，或無文證。若有文證，固不應疑；無文證者，亦須得意。譬如神農、扁鵲、華他，皆古之聖賢，所造藥對治，撰集經方，當時所治，無往不差，今人依用未必皆愈。而今代凡醫，雖約古方，出意增損，隨病處藥，少有不差。若深解此喩，通經説法，覩時事所宜，作義立名，亦有何失？今釋此經，一部前後，作義立名，此非一條，若不體此意者，何但四教之名而生疑也。經論正赴往人機緣，末代學問，執見千端，行道障起非一，寧可守株待兔，必貽斯責。且佛教無窮恆沙非譬，東流之者，萬不一達，智人君子，希更詳焉。二、別引經論證四教者：前釋名已具引經文，今更略出，如我心云，應學修多羅、毗尼、阿毗曇，佛在世時，豈無三藏之教也？故成論云："我今正欲論三藏中實義。"次證通教者，此經淨名爲迦旃延解說五義，二百比立，心得解脫。大品經三慧品，明薩婆若智，三乘同得。中論云："諸法實相，三人共入。"次證別教者，此經明以無所受而受諸受；未具佛法，亦不滅受而取證也。無量義經云："摩訶般若，華嚴海空，宣說菩薩歷劫修行，即是別文。"涅槃經明五行，正是別教意也。大智論云："結使有二種：一者共二乘斷，二者不共二乘斷。"不共斷者，不共般若斷於別惑。次證圓教者，華嚴經云："爲說圓滿修多羅。"此經云：諸佛解脫，當於衆生心行中求。大品經云："欲以一切種智，知一切法，當學般若。"法華經多寶如來歎言：善哉！釋迦牟尼佛，乃以平等大慧，爲大衆說，如所說者，皆是真實。涅槃經云："復有一行是如來行，所謂大乘大般涅槃。"智論云："三智其實一心中得。"如是尋討大乘經論，四教義文，處處有也。三總引經論證者。今影傍大乘經論，立四教名義者，如大涅槃經，明四不可說，有因緣故，亦可得說，四種之說，以化前緣，即是四教。又涅槃經四種轉四諦法輪，即是四教之意。又法華經明三草二木，稟澤不同，譬方便說，即三教也。一地所生，一雨所潤，譬說最實事，即圓教也。中論破諸異執，既洗淨說因緣四句，通佛四說，即是四教之意。如此等四說法，隨機化物，即四教義。四說即是四教之異名也。

第四，料簡者。問曰：法華經云："佛平等說，如一味雨，"何曾有四說之殊？答曰：上來處處引四不可說，有四因緣故，亦可得說者,尚未曾定有一説，何曾定有四教耶？故此經云:佛以一音演説法,衆生隨類各得解。隨類異解者,即是四教不同之相也。且諸經明義不同,自有説異解異,説一解一,説異解一,説一解異，無説無解。故此經云:其説法者,無説無示;其聽法者，無聞無得;若達此意,四教點定立義,何所疑哉！問曰:四教從何而起？答曰:今明四教,還從前所明三觀而起。爲成三觀,初從假入空觀,具有析體拙巧二種入空不同。從析假入空,故有三藏教起。從體假入空,故有通教起。若約第二從空入假,假中即有別教起。約第三一心中道正觀，即有圓教起。問曰:三觀復因何而起？答曰:三觀還因四教而起。問:觀教因何而起？答曰:觀教皆從因緣所生四句而起。問曰:因緣所生四句因何而起？答曰:因緣所生四句即是心。心即是諸佛不思議解脱。不思議解脱畢竟無所有,即是不可説,故淨名杜口默然説也。有因緣故亦可得説者,即是用四悉檀,説心因緣所生之四句,赴四種根性,十因緣法所成衆生而説也。四種根性者:一者下根,二者中根,三者上根,四者上上根。赴此四種根故,因此教觀無礙而起,普利衆生,得成信法兩行之益,此即若聖説法,若聖默然之義也。問曰:大涅槃經云:“根有三種:一者下,二者中,三者上根。”爲中根人,於波羅柰,轉于法輪;爲上根人,於拘尸那，轉大法輪;若下根人,如來終不爲轉法輪。今何得言有四種根性,爲下下根人,説三藏教耶？答:諸佛教門,隨緣不定,或説一根,或説二根,或説三根,或説四根;或言爲下根者説，或言不爲下根者説。言爲下根説者,如法華經三草槀澤,皆得增長。言不爲下根者説,即如引涅槃經文也。問曰:提謂經説五戒,明人天善，何意不開爲五教義耶？答曰:人天教舊醫所説,世之常道,不離生死。法王出世,欲化衆生,令出火宅,是以鹿苑三轉法輪,人天得道,以此爲實，故有三藏教。此經大品、法華、涅槃、諸大乘經,皆云於波羅柰，轉四諦法輪。又大智度論，明結集法藏，亦從鹿苑而起，不取提謂經爲初也。問曰：若不開人天善，何得法華經明三草二木稟澤也？答曰：三藏教明世間布施持戒禪定，卽是人天之教，竝是正因緣所生善法，此已爲三藏所攝，故不須爲五也。問曰：四教義與地論人四宗義同不？答曰：若人問言四諦卽是四大不，此爲非問，今不依四宗立四教者，意乃多途，略出三妨：一、四宗明義言方似滯。二、細尋研覈，立名作義，似如不便。三、四宗雖言富博，一家往望，攝佛法意，猶有所闕。一、四宗明義言方似滯者。彼不約四不可說，用四悉檀赴緣而說，卽成滯也。二、細尋研覈立名作義似如不便者。彼之四宗，毗曇見有得道，可許因緣爲宗。三假是世諦，何得爲宗？成論見空得道，何不以空爲宗？且智論明三藏教，有三門入道：一是有門，二是空門，三是假名門也。又智論彈方廣義云：取十喻直說一切法不生不滅，失般若意，豈得用夢幻爲不真宗也？今語曰不真宗卽是通教，真宗卽是通宗者，宗則通真不真，何意没宗而用教？真宗何意無教而立宗？宗若無教，何得知真真宗？若没宗有教，則同名通教。若俱安教，則同名通宗教。若留不真真，則名通不真宗教。通真宗教，通不真宗，可爲三乘通修。通真宗，亦應三乘，通修也。若言此通是融通之通者，教亦是通真之通也。此則兩名混同，義無別也。答曰：楞伽經云："說通教童蒙，宗通教菩薩，故以真爲通宗也。"又諮曰：若爾，是則前因緣假名不真，皆是教童蒙，不應悉立宗名也。覈卻竝決，意謂立四宗名義，甚不便也。今言四教者，佛從初得道，至大涅槃，顯示一切法門，無非言教也。三、設巧救四宗名義得立。若比古今，雖爲富博，一家往望，攝佛法意，猶大有所闕。今採諸經論立四教義，一教各有四門，合十六門，彼因緣假名兩宗，似與此所明三藏教有空二門相參，猶闕昆勒門，及非空有兩門也。彼不真宗，明諸法如幻如化，似與此通教有門相參，餘三門，彼所不

明。彼真宗，似與此別教有門相參，餘三門，彼所不明。此則四宗
明義，但得與此三教四門相參，此圓教四門，彼所不明，四教猶有十
二門明義，彼四宗所不明也。又護身法師，用五宗義，四宗如前，長
立法界宗，似與此圓教有門相參，四教猶有十一門，彼所不明也。耆
闍法師，用六宗明義，三宗似與此三門相參，如上分別彼真宗，似與
此通教空門相參；彼常宗，似與此別教有門相參；彼圓宗似與此圓
教有門相參。四教猶有十門，彼六宗之所不明也。故知四宗六宗，
雖言古今比來，明義之富博，今一家往望，攝佛法意，猶大有所闕
也。所以前明四悉檀義者，正是述一家通經説法，與古今所説運用
不同也。故前明三觀豎破諸法，略爲數十番，其尋覽者，則知與諸
禪師，及三論師所説，意有殊也。今明四教，一教各有四門，四教卽
有十六門。又開三藏教四門，如五百阿羅漢，各説身因，卽是五百
門也。故經説泥洹真法寶，衆生從種種門入，但三藏教四門，尚開
無量門入道，何況通教別教圓教各有四門，而不得各開無量門也。
故華嚴經明善財童子，見四十二善知識，各言我唯知此一法門，如
是見一百二十善知識乃至無量善知識，皆各言我唯能知此一法門，
是則大乘法門，無量無邊也。此經三十二菩薩，各説入不二法門，
乃至八千菩薩，皆説入不二法門。故法華經云：以種種法門，宣示
於佛道，如此法，於不可説，用四悉檀而起教門，令一切衆生，以佛
教門，出三界苦，若留心此意，此決四宗五宗六宗，自知殊別也。

　　第五，明經論用四教多少不同。若華嚴頓教，用別圓兩教；若
漸教之初，小乘經，但用三藏教；若大集方等，則具有四教；若摩訶
般若，用通別圓三教；法華但用圓教；大般涅槃，名諸佛法界，四教
皆入佛性涅槃；諸論隨經用教多少，義類可解。問曰：四教遍通衆
經，何故偏於此經文前廣辯？答曰：一切漸頓諸經，未必皆明四教，
唯方等大集及此經，具有四教之文。故約此經玄略明四教義也。但

每嗟末代弘法之人,採衆經義,用通一論,致使後生皆謂論富經貧,輕經重論。今採衆經論,立四教義,以通諸大乘經者,意望後賢,敬重佛言,棄乎枝葉。若能專心大乘方等,聽受讀誦書寫,如說修行,非但功不唐捐,契理之要也。第二,辨所詮者。夫教是能詮,理是所詮,故因理設教,因教顯理。卽理非教,卽教非理,離理無教,離教無理。故思益經云:“菩提之中無文字,文字之中亦無菩提。”離菩提無文字,離文字無菩提。以離菩提無文字故,約理而施教。離文字無菩提故,卽教能顯理。是則教爲能詮,理爲所詮,意在於此。所言理者卽是諦也。今約諦明理起教,教能詮理,教是能詮,理是所詮。今明詮義略爲四意:一、約四諦之理以明所詮,二、約三諦之理以明所詮,三、約二諦之理以明所詮,四、約一諦之理以明所詮也。

一約四諦明所詮者,卽爲三:一、明所詮四諦之理,二、明能詮之教,三、明約經論。一、明所詮四諦之理者,有四種四諦:一、生滅四諦,二、無生四諦,三、無量四諦,四、無作四諦。問曰:何處經論,出此四種四諦?答曰:若散論諸經赴緣,處處有此文義,但不聚在一處。大涅槃經明慧聖行欲爲五味譬本,是以次第分別,明此四種四諦。勝鬘亦有四種四諦之文,所謂有作四諦,有量四諦,無作四諦,無量四諦。但涅槃勝鬘明無量四諦,詮次不同,義意少異。問曰:前明生滅四諦,是三藏教半字之義,此事可然?次明無生、無量、無作,云何分別?答曰:若作滿字明義,三種四諦,同是滿教,不須分別。若五味明義,三種四諦義則不同。無生四諦,此雖大乘,猶通二乘。無量四諦,但是菩薩所行之道。無作四實諦,乃是佛之境界。此爲異也。一、明約生滅四諦之理明所詮者,卽是因緣生滅。次明諦理。故法華云:“昔於波羅柰,轉四諦法輪,分別說諸法,五衆之生滅,生滅卽是起作”。故勝鬘經明有作四諦也。所言四諦者:

一苦,二集,三滅,四道。所言苦者,逼切爲義,無常三相,逼切色心,故名爲苦。審實不虛,名之爲諦。所言集者,招聚爲義,煩惱業合,能招聚生死苦果,故名爲集。審實不虛爲諦。所言滅者,滅無爲義,無有子果二縛,故名爲滅。審實不虛爲諦。所言道者,能通爲義,戒定智慧,能通至涅槃,故名爲道。審實不虛,目之爲諦。此是生滅四諦。故涅槃云:"聲聞有苦有苦諦,有集有集諦,有滅有滅諦,有道有道諦也。"問曰:滅道聖人,行因得果可言審實,苦集虛妄,何名審實?答曰:凡夫虛妄,因果虛妄,非不虛妄,是則有漏無漏因果,皆悉審實,不可混濫。故遺教經云:"日可令冷,月可令熱,佛說四諦,不可令異。"釋此生滅四諦義,備如數人成論分別,今不具明。二、明無生四諦者。如思益云:知苦無生,名苦聖諦;知集無和合相,名集聖諦;以不二相觀,名道聖諦;法本不生,今則無滅,是滅聖諦。是則苦、集、滅、道四法,名字事相是同而諦義有異。前以生滅之理爲諦,今明不生不滅真空之理爲諦,亦名四真諦也。故涅槃云:"菩薩解苦無苦,是故無苦而有真諦;解集無集,是故無集而有真諦;有滅有真,故名四真諦。"三乘共觀得第一義,證二種涅槃,亦是勝鬘經明有量四諦也。問曰:若是三乘通學,涅槃何故解滅明常樂我淨邪?答曰:若方等般若所明無生真諦,三乘共見,而二乘通教菩薩,不見佛性,不明滅諦是常住也。至大涅槃,爲三乘人,同說佛性,故無生四真諦通別圓。故明滅諦四德,異於方等大品,意在於此也。三、明無量四聖諦者。如大涅槃說:"知諸陰苦,名爲苦諦。"分別諸陰有無量相悉是苦,是名無量苦諦。無量集滅道,至下自當具出經文。如是四諦之理,涅槃云:"悉非聲聞緣覺所知,皆是別教所詮文理也"。問曰:此無量四聖諦,是何等四諦無量耶?答曰:今明四教所詮,菩薩學道種智,並得論無量四諦,但此無量四諦,的屬別教也。問曰:若爾,涅槃明四諦無量相,何得定知是別教所詮無量四諦耶？答曰：若不明佛性而説無量，即是前二教所詮無量也。若明佛性説無量者，則任運自成後兩教所明無量也。若圓教亦名無量四聖諦者，即是無作實諦之異名也。四、明無作四諦者。如涅槃明約一實諦而辨四諦，即是無作四實，明四實不作四，故名無作觀四得實，故名四實諦也。涅槃云："所言苦者，爲無常相是可斷相，是爲實諦。"如來之性，非苦、非無常、非可斷相，是故爲實。虛空佛性，亦復如是。無作集滅道諦，在下當具引經，涅槃此文，即無作實諦之明説也。若能依經解此四諦即一實，是爲圓教所詮之理。勝鬘經明無作四諦，無一實結成。涅槃不云無作，但用一實結成。四諦義既相關，今合兩經立名，故言無作四諦也。問曰：勝鬘云："明無量四聖諦，無作四聖諦。"涅槃亦有是説。二處經文，爲同爲異？答曰：有無量四聖諦，雖依藏識非無作。若無量四聖諦，亦依藏識即是無作。所以者何？若約無明恆沙四法事數論無量，即是別教所詮無量非無作。若約法性明四諦無量，即圓教所詮無量，無量即無作也。涅槃答迦葉明無量四諦，正約教數無量，此別教所詮也。若答文殊明四諦，即是明無作四實諦。勝鬘明二種四諦一異，未可判定別。問曰：勝鬘明無量四諦，何故在無作四諦後？答曰：勝鬘云：依無作説無量，但依義有三種：一、依果説因。無量，即是無作之因也。二、明依理説義，無作之理，不可思量無量也。三、依體説用無量，即是無作之數量也。若解此三義，次無作後，説無量四諦，不足致疑也。問曰：無生無作何異？真之與實何異？答曰：若覈名詮義，一、往難者恆強取意，通釋佛意，不無各有所主。二、明能詮之教者。即是四教能詮四種四諦之理，即爲四意：一、初三藏教詮生滅四諦之理，但生滅四諦之理，即是涅槃經明生生之義。生生既不可説，云何説三藏教能詮此理？涅槃經云：有因緣時，亦可得説，即是四悉檀善巧，故能詮也。若是世界對治爲人，用此三悉檀説生滅四諦,此約隨情辨能詮。用第一義悉檀説生滅四諦,即是約隨智辨能詮也。若無情智之機,則不可説。此二機發,則可以方便赴機善巧,説生滅四諦。故法華經云:"諸法寂滅相,不可以言宣,以方便力故,爲五比丘説,是名轉法輪,便有涅槃音,及與阿羅漢也。"二、明通教詮無生四真諦之理。無生四諦,即是大涅槃明生不生義。不生既不可説,云何説通教能詮此理?又涅槃云:"有因緣故,亦可得説",即是用四悉檀因緣説也。若世界爲人對治三悉檀故,説無生四諦,此約隨情辨能詮也。若用第一義悉檀説無生四諦,即是約隨智辨能詮也。若無情智之機,則不可説。此機若發,則以方便赴機善巧而説。三乘向道之人,聞説即入,見第一義諦,無言説道,斷見思煩惱也。三、明別教能詮無量四諦之理。無量四諦,即是涅槃明不生生義。不生生既不可説,云何説別教能詮此理?又涅槃云:"有因緣故,亦可得説",即用四悉檀因緣説也。若用世界爲人對治善巧方便而説無量四諦,即是隨情辨能詮也。若用第一義悉檀,即是隨智辨能詮。若無情智二機則不可説。此二機發,則可以方便赴機而説。別教菩薩,聞説即入,十行迴向登初地也。四、次明用圓教詮無作四諦之理。無作四諦之理,即是大涅槃明不生不生義。不生不生,既不可説,云何圓教能詮此理?又涅槃經:明有因緣故,亦可得説,即是用四悉檀因緣説也。若世界爲人對治三悉檀説無作四實諦,乃得隨情辨能詮耳。若用第一義悉檀説無作四實諦,即是隨智辨能詮也。若無情智之機,即不可説。此二機發,則可説也。利根大士,聞説即開佛知見,見佛性理,住大涅槃也。三、明對治經論者,即爲二意:一、對經,二、對論。一、對經者,若華嚴經,用別圓兩教,詮無量四諦無作四諦之理。小乘三藏,漸教之初,但詮生滅四諦之理。大集方等及此經,用四教,詮四種四諦之理。摩訶般若,用三教,詮四種四諦之理。法華但用一教,詮無作四實諦理。大涅槃通用四教,詮四種四諦之理,事如前引涅槃文,卽其義也。二、明對論者。別通經論,類經可知。若通申經論,如中論破一切内外顚倒執净。外人問曰:若一切世間,皆空無所有者,卽應無生無滅,以無生滅故,則無四諦四沙門果三寶。若受空法,有如此等過。論主答曰:汝今實不知空因緣,諸佛依二諦,爲衆生説法。若不知二諦,則不知真佛法。以有空義故,則一切法得成;若無空義,一切則不成。一切法成者,有四諦四沙門果三寶也。今釋此語,論主破執見既盡。明有四諦四沙門果三寶者,卽是摩訶衍中,三種四諦,三種四沙門果,三種三寶也。問曰:云何得知?答曰:論主説偈故知有,偈云因緣所生法,我説卽是空。此偈申通教大乘,無生四諦四沙門果三寶也。偈云亦爲是假名,卽是申别教大乘,詮無量四聖諦四沙門果三寶也。偈云亦是中道義,卽是通圓教大乘詮無作四實諦四沙門果三寶也。破申之意,大乘三教,亦用一偈,作論之巧,妙在於此。次後説兩品,初品云:問曰:已知摩訶衍,入第一義,今欲聞聲聞法,入第一義。論主具明生滅十二因緣,破六十二見,入第一義,卽是爲鈍根聲聞弟子,説因緣生滅。因緣卽是生滅四諦四沙門果三寶也。中論前申摩訶衍通别圓三教三種四諦四沙門果三寶。後兩品申三藏生滅四諦四沙門果三寶者,以後世人根轉鈍,應須還用此教,是則中論文略而義富,申佛教既明於四諦之理已顯,故言有四諦也。乃是如意珠論,非水精珠論也。若不解此義,單複織假,恐唐棄功夫,四假通佛大小乘經,意終難見也。

第二,約三諦明四教所詮之理者。卽爲三意:一、明三諦所詮之理.二、明能詮四教,三、約經論。一、明三諦所詮理者。三諦名義,具出瓔珞仁王經。一者有諦,二者無諦,三者中道第一義諦。所言有諦者,二十五有世間衆生,妄情所見,名之爲有。如彼情見,審實不虛,名之爲諦,故言有諦,亦名俗諦,亦名世諦者。如涅槃云:如世人之所見者,名爲世諦。二無諦者。三乘出世之人,所見真空,無名無相,故名爲無;審實不虛,目之爲諦;故言無諦,亦名真諦,亦名第一義諦。故涅槃云:如出世人之見,故名爲第一義諦。三、中道第一義諦者。遮二邊故説名中道。言遮二者,遮凡夫異見有邊,遮二乘所見無名相空邊,遮俗諦真諦之二邊,遮世諦第一義諦之二邊,遮如此等之二邊,名爲不二。不二之理,目之爲中。此理虛通無壅,名之爲道。最上無過,故稱第一。深有所以,目之爲義。諸佛菩薩之所證見,審實不虛,謂之爲諦。故言中道第一義諦,亦名一實諦,亦名虛空佛性法界如來藏也。故涅槃云:"凡夫著有,二乘著無,菩薩之法,不有不無",即是三諦之理不同之義。此理竝爲四教所詮,故約三諦之理明所詮也。問曰:所言三諦之理,爲是隨情,爲是隨智之理? 答曰:今一家明義,所辨諦理,有三種不同:一者隨情,三者隨情智,三者隨智。此義別當料簡,今且用一途,依涅槃判三諦之理也。是則一是隨情之理,二是隨智之理。又云二是隨情之理,一是隨智之理。情智合説,以爲三諦之理也。二明能詮之四教三諦理者。卽爲四:一三藏教,但詮二諦之理,所以稟教之流,不聞佛性常住,涅槃三乘,猶在灰斷之果也。二通教亦但詮二諦之理,所以稟教之流,亦不聞佛性常住,涅槃三乘,猶在灰斷之果也。三別教別詮三諦之理,所以稟教之流,三十心但成二觀二智之方便道,登地方乃見性入流也。四圓教詮一諦之理,是故稟教之流,初心卽開佛知見,自然深入薩婆若海也。三、明對經論。華嚴但假名俗諦中道,或云華嚴教,詮別相三諦,一心三諦。三藏漸教,詮真俗二諦。方等大乘之教,詮三諦,一往同華嚴。摩訶般若,亦具詮三諦,一往同華嚴。法華但詮一心三諦,涅槃備詮三諦,一往亦同華嚴也。諸論隨經,類之可知。中論云:"因緣所生法,我説卽是空。"此

卽詮眞諦；亦爲是假名，卽詮俗諦也；亦是中道義，卽詮中道第一義
諦也。此偈卽是申摩訶衍詮三諦之理。若下兩品，明聲聞雖入第一
義，此卽是別申三藏教詮二諦之理也。

第三，明約二諦明所詮者。亦爲三意：一、正明所詮之理，
二、明能詮之教，三、約經論。一、明所詮之理者，卽是二諦之
理也。二諦有二種：一者理外二諦，二者理內二諦。若眞諦非
佛性，卽是理外之二諦。眞卽佛性，卽是理內之二諦也。一理外
二諦有二種：一者不卽之二諦，生滅二諦也。二者相卽之二諦，無
生二諦也。故大品云：卽色是空，非色滅空。色滅方空，是不卽之
二諦；卽色是空，相卽之二諦也。二明理內二諦亦有二種：一不卽
之二諦，二相卽之二諦。不卽之二諦，是無量二諦也。故涅槃云：
分別世諦有無量相，第一義有無量相，非諸聲聞緣覺所知也。二相
卽之二諦，無作之二諦也。無作苦集滅道，名爲世諦，卽一實諦，故
名第一義。二明能詮之四教者，若三藏教詮於理外不卽之二諦，若
通教詮於理外相卽之二諦，別教詮於理內不卽之二諦，圓教詮於理
內相卽之二諦也。三對經論文。華嚴詮理內二種二諦，三藏教詮
理外不卽之二諦，方等大集詮理內理外四種二諦，摩訶般若詮理外
相卽二諦，理內二種二諦。法華但詮理內相卽之二諦。涅槃經通
詮理內理外四種二諦。諸論通經，類之可解。中論云因緣所生法、
我說卽是空，此申理外相卽之二諦。亦爲是假名，亦是中道義，此
申理內不相卽之二諦。後兩品明聲聞入第一義，卽是申三藏教理
外不相卽之二諦也。

第四，明一諦之理辨所詮者，亦爲三意：一者正明所詮之理，二
明能詮之教，三約經論。一、明所詮之理者，卽是一諦之理也。何
等名爲一諦？諦名審實，審實之法，卽是不二，豈有三諦二諦，皆名
審實？今明眞俗說爲諦者，但是方便，實非諦也。故涅槃云：所言

二諦者,其實是一,<u>如來</u>方便,爲化衆生,故説爲二。譬如日月不轉,醉人見轉,當知惟有不轉之日,不醉之人同見,豈別有迴轉之日。若實有轉日者,不醉之人,亦應竝見也。一諦如真日,二諦如轉日。真日審實,可名一諦。轉日不實,何有二諦? 方便説二,實義不成,故非諦也。今以此一實爲所詮之理也。二、明能詮之教者。若三藏教通教,正是煩惱惡酒未吐,唯詮轉日,説有二諦,不能詮一實諦也。若別教詮一實諦,如醉轉日,圓教詮一實諦,轉日即不轉日也。三、對經論者。若<u>華嚴</u>教詮一實諦,帶理內世諦不即之方便,三藏教一向不詮一實諦也。若<u>方等</u>教詮一實諦,同<u>華嚴</u>有偏真會一實諦之方便。<u>摩訶般若</u>教詮一實諦,亦同<u>華嚴</u>,亦帶偏真會實諦之方便。故<u>無量義經</u>云:佛成道已來,四十餘年,未顯真實,今謂何有不説實諦,但或時赴緣,開二諦三諦不即一諦之方便所覆。<u>法華</u>教詮一實諦,無復不即之方便,但詮一切即一實諦也。故<u>法華</u>説二萬日月燈明佛,皆云諸法實相義,已爲汝等説,今佛放光明,助發實相義,諸佛法久後,要當説真實,正直捨方便,但説無上道。若<u>涅槃經</u>同<u>方等</u>通釋入佛性爲異。諸論隨經,類之可解。如<u>中論</u>云亦名中道義,此即是申一實諦之教也。故<u>青目</u>釋云:遮二邊故名爲中道,即是遮因緣空邊假邊,非此二邊,則非遮真俗二諦,名一實諦也。故<u>涅槃</u>云:一實諦,則無二也。又云無二之性,即是實性。無二之性,即是入不二法門。又一實諦者,即是不生不生。不生不生不可説故,是故<u>淨名</u>默然杜口,<u>文殊</u>稱歎,意在於此也。

(選自<u>揚州刻經處</u>本<u>四教義</u>卷二)

〔附〕 智顗傳

釋<u>智顗</u>,字德安,姓<u>陳</u>氏,<u>潁川</u>人也。有<u>晉</u>遷都,寓居<u>荊州</u>之<u>華</u>

容焉。卽梁散騎益陽公起祖之第二子也。母徐氏，夢香煙五彩縈
迴在懷，欲拂去之，聞人語曰：宿世因緣，寄託王道，福德自至，何以
去之？又夢吞白鼠如是再三，怪而卜之。師曰：白龍之兆也。及誕
育之夜，室內洞明，信宿之間其光乃止，內外胥悅，盛陳鼎俎相慶，
火滅湯冷，爲事不成。忽有二僧扣門曰：善哉！兒德所重，必出家
矣。言訖而隱，賓客異焉。鄰室憶先靈瑞，呼爲王道；兼用後相，復
名光道，故小立二字，參互稱之。

　　眼有重瞳，二親藏掩而人已知，兼以臥便合掌，坐必面西。年
大已來口不妄噉，見像便禮，逢僧必敬，七歲喜往伽藍，諸僧訝其情
志，口授普門品。初契一遍卽得，二親遏絕不許更誦，而情懷惆悵，
奄忽自然通餘文句，豈非夙植德本業延於今？

　　志學之年士梁承聖，屬元帝淪沒，北度硤州，依乎舅氏，而俊朗
通悟儀止溫恭，尋討名師，冀依出有。年十有八，投湘州果願寺沙
門法緒而出家焉。緒授以十戒道品律儀。仍攝以北度詣慧曠律
師，北面橫經具蒙指誨，因潛大賢山誦法華經及無量義、普賢觀等，
二旬未淹三部究竟。又詣光州大蘇山慧思禪師，受業心觀。思又
從道於就師，就又受法於最師。此三人者，皆不測其位也。

　　思每歎曰："昔在靈山同聽法華，宿緣所追今復來矣。"卽示普
賢道場，爲說四安樂行。顗乃於此山行法華三昧，始經三夕，誦至
藥王品，心緣苦行，至是眞精進句，解悟便發，見其思師處靈鷲山七
寶淨土，聽佛說法。故思云："非爾弗感，非我莫識。此法華三昧前
方便也。"又入熙州白沙山，如前入觀，於經有疑，輒見思來冥爲披
釋。爾後常令代講，聞者伏之。唯於三三昧三觀智，用以諮審，自
餘並任裁解，曾不留意。思躬執如意，在座觀聽，語學徒曰："此吾
之義兒，恨其定力少耳。"於是，師資改觀，名聞遐邇。及學成往辭，
思曰："汝於陳國有緣，往必利益。"

思既遊南岳，顗便詣金陵，與法喜等三十餘人在瓦官寺，創宏
禪法。僕射徐陵、尚書毛喜等，明時貴望學統釋儒，並禀禪慧俱傳
香法，欣重頂戴時所榮仰。長千寺大德智辯，延入宗熙；天宮寺僧
晃，請居佛窟；斯由道宏行感，故爲時彥齊迎。顗任機便動，卽而開
悟。白馬警韶、奉誠智文、禪衆慧令，及梁代宿德大忍法師等，一代
高流江表聲望，皆捨其先講欲啓禪門，率其學徒問津取濟。禹穴慧
榮住莊嚴寺，道跨吳會，世稱義虎，辯號懸流，聞顗講法，故來設問，
數關徵覈莫非深隱，輕誕自矜揚眉舞扇，扇便墮地。顗應對事理渙
然清顯，譴榮曰：“禪定之力不可難也。”時沙門法歲撫榮背曰：“從
來義龍，今成伏鹿，扇既墮地，何以遮羞？”榮曰：“輕敵失勢，猶未可
欺也。”綿歷八周講智度論，肅諸來學，次説禪門用清心海。

語默之際，每思林澤，乃夢巖崖萬重，雲日半垂，其側滄海無
畔，泓澄在於其下，又見一僧搖手伸臂，至於岐麓挽顗上山云云。
顗以夢中所見，通告門人，咸曰：“此乃會稽之天台山也，聖賢之所
託矣。昔僧光、道猷、法蘭、曇密，晉宋英達無不栖焉。”因與慧辯等
二十餘人，挾道南征，隱淪斯岳。先有青州僧定光，久居此山，積四
十載，定慧兼習，蓋神人也。

顗未至二年，預告山民曰：“有大善知識當來相就，宜種豆造醬
編蒲爲席，更起屋舍用以待之。”會陳始興王出鎮洞庭，公卿餞送，
迴車瓦官，與顗談論，幽極既唱，貴位傾心，捨散山積，虔拜殷重，因
欺曰：“吾昨夢逢强盜，今乃表諸頓賊，毛繩截骨，則憶曳尾泥中。”
仍遣謝門人曰：“吾聞闇射則應於絃，何以知之？無明是闇也，脣舌
是弓也。心慮如絃，音聲如箭，長夜虛發無所覺知。又法門如鏡，
方圓任像。初瓦官寺四十人坐，半入法門，今者二百坐禪，十人得
法，爾後歸宗轉倍，而據法無幾，斯何故耶？亦可知矣。吾自化行
道，可各隨所安，吾欲從吾志也。”卽往天台。既達彼山與光相見，

卽陳賞要。光曰："大善知識，憶吾早年山上搖手相喚不乎？"顗驚異焉，知通夢之有在也。時以陳太建七年秋九月矣。又聞鐘聲滿谷，衆咸怪異，光曰："鐘是召集有緣，爾得住也。"

顗乃卜居勝地，是光所住之北，佛壟山南，螺溪之源，處既閑敞，易得尋真，地平泉清，徘徊止宿。俄見三人皂幘絳衣，執疏請云："可於此行道。"於是聿創草菴，樹以松果，數年之間造展相從，復成衢會。光曰："且隨宜安堵，至國清時，三方總一，當有貴人爲禪師立寺，堂宇滿山矣。"時莫測其言也。顗後於寺北華頂峰獨靜頭陀，大風拔木，雷霆震吼，魑魅千羣，一形百狀，吐火聲叫，駭畏難陳，乃抑心安忍，湛然自失。又患身心煩痛，如被火燒。又見亡没二親枕頭膝上，陳苦求哀。顗又依止法忍，不動如山，故使强輭兩緣所感便滅。忽致西域神僧，告曰："制敵勝怨乃可爲勇。"文多不載。陳宣帝下詔曰："禪師佛法雄傑，時匠所宗，訓兼道俗，國之望也。宜割始豐縣，調以充衆費，蠲兩户民用供薪水。"

天台山縣名爲樂安，令陳郡袁子雄，崇信正法，每夏常講淨名。忽見三道寶階從空而降，有數十梵僧乘階而下，入堂禮拜，手擎香爐遶顗三帀，久之乃滅。雄及大衆同見，驚歎山喧，其行達靈感皆如此也。

永陽王伯智，出撫吳興，與其眷屬就山請戒，又建七七夜方等懺法。王晝則理治，夜便習觀。顗謂門人智越："吾欲勸王更修福禳禍可乎？"越對云："府僚無舊必應寒熱。"顗曰："息世譏嫌，亦復爲善。"俄而王因出獵墮馬將絶，時乃悟意，躬自率衆作觀音懺法，不久王覺小醒，憑几而坐，見梵僧一人，擎爐直進問王所苦，王流汗無答，乃遶王一帀，翕然痛止。仍躬著願文曰："仰惟天台闍梨，德侔安遠．道邁光猷，遐邇傾心，振錫雲聚，紹像法之墜緒，以救昏蒙；顯慧日之重光，用拯澆俗；加以遊浪法門貫通禪苑，有爲之結已離，無生之忍見前。弟子飄蕩業風，沈淪愛水，雖餐法喜，弗袪蒙蔽之心，徒仰禪悅，終懷散動之慮，日輪馳騖，羲和之轡不停；月鏡迴輪，姮娥之景難駐；有離有會，歎息何言；愛法敬法，潺湲無已，願生生世世值天台闍黎，恒修供養，如智積奉智勝如來，若藥王覩雷音正覺，安養兜率俱蕩一乘"云云。其爲天王信敬爲此類也。於即化移海岸法政甌閩，陳疑請道，日昇山席。

陳帝意欲面禮，將伸謁敬，顧問羣臣："釋門誰爲名勝？"陳喧奏曰："瓦官禪師德邁風霜，禪鏡淵海。昔在京邑羣賢所宗，今高步天台，法雲東藹，願陛下詔之還都，使道俗咸荷。"因降璽書重沓徵入。顗以重法之務，不賤其身，乃辭之。後爲永陽苦諫，因又降敕，前後七使，並帝手疏，顗以道通惟人王爲法寄，遂出都焉，迎入太極殿之東堂，請講智論。有詔羊車童子引導於前，主書舍人翊從登階，禮法一如國師瓘闍黎故事。

陳主既降法筵，百僚盡敬，希聞未聞，奉法承道。因即下敕，立禪衆於靈耀寺。學徒又結，望衆森然，頻降敕於太極殿講仁王經。天子親臨，僧正慧暅、僧都慧曠，京師大德，皆設巨難，顗接問承對，盛啓法門。暅執爐賀曰："國十餘齋，身當四講，分文析義，謂得其歸。今日出星收，見巧知陋矣。"其爲榮望未可加之。然則江表法會，由來争競不足，及顗之御法即座，肅穆有餘，遂使千枝花綻七夜恬耀，舉事驗心，顗之力也。

晚出住光耀，禪慧雙宏，勤郭奔隨傾音清耳。陳主於廣德殿下敕謝云："今以佛法仰委，亦願示諸不逮。"於時檢括僧尼，無貫者萬計。朝議云：策經落第者，並合休道。顗表諫曰："調達誦六萬象經，不免地獄；槃特誦一行偈，獲羅漢果，篤論道也，豈關多誦！"陳主大悅，即停搜揀，是則萬人出家，由顗一諫矣。末爲靈耀褊陿，更求閑静，忽夢一人，翼從嚴正，自稱名云："余冠達也，請住三橋。"顗曰："冠達梁武法名,三橋豈非光宅耶?"乃移居之。其年四月陳主幸寺修行大施。又講仁王,帝於衆中起拜殷勤,儲后已下並崇戒範。故其受法文云："仰惟化導無方隨機濟物,衞護國土汲引天人,照燭光輝託迹師友,比丘入夢,符契之像久彰;和尚來儀,高座之德斯炳;是以翹心十地,渴仰四依。大小二乘,内外兩教,尊師重道由來尚矣,伏希俯提,所謂世世結緣遂其本願日日增長。今奉請爲菩薩戒師,傳香在手,而臉下垂淚,斯亦得動人主,屈幸從之。"

及金陵敗覆,策杖荆湘,路次益城,夢老僧曰:陶侃瑞像敬屈護持。於卽往憩匡山,見遠圖繢,驗其靈也,宛如其夢。不久潯陽反叛寺宇焚燒,獨在兹山全無侵擾,信護像之力矣。末剗迹雲峰,終焉其致。

會大業在藩,任總淮海,承風佩德,欽注相仍,欲遵一戒法奉以爲師,乃致書累請。顗初陳寡德,次讓名僧,後擧同學,三辭不免,乃求四願,其詞曰:"一、雖好學禪,行不稱法,年既西夕,遠守繩牀,撫臆循心,假名而已。吹嘘在彼,惡聞過實,願勿以禪法見期。二、生在邊表,頻經離亂,身闇庠序,口拙喧涼。方外虛玄,久非其分,域間撙節,無一可取,雖欲自慎,樸直忤人,願不責其規矩。三、微欲傳燈,以報法恩。若身當戒範,應重去就,去就若重,傳燈則闕,去就若輕,則來嫌誚,避嫌安身,未若通法而命,願許其爲法,勿嫌輕動。四、十餘年水石之間,因以成性,今王途既一,佛法再興,謬課庸虛,沐此恩化,内竭朽力,仰酬外護。若丘壑念起,願隨心飲啄以卒殘年,許此四心乃赴優旨。"晉王方希淨戒,妙願唯諧,故躬製請戒文云:"弟子基承積善,生在皇家,庭訓早趨,貽教夙漸,福履攸臻,妙機須悟。恥崎嶇於小徑,希優游於大乘,笑息止於化城,誓舟航於彼岸。開士萬行,戒善爲先,菩薩十受,專持最上,喻爲宮室,必先基址,徒架虛空,終不能成。孔老釋門咸資鎔鑄,不有軌儀,孰將安仰？誠復能仁本爲和尚，文殊冥作闍黎，而必藉人師顯傳聖授，自近之遠感而遂通。波輪罄髓於無竭，善財亡身於法界，經有明文非徒臆説，深信佛語幸願遵持。禪師佛法龍象，戒珠圓淨定水淵澄，因靜發慧安無礙辯，先物後已謙挹成風，名稱遠聞，衆所知識。弟子所以虔誠遥注，命檝遠迎，每慮緣差值諸留難，師亦既至，心路豁然，及披雲霧卽銷煩惱。今開皇十一年十一月二十三日，於揚州總管金城設千僧會，敬屈授菩薩戒，戒名爲孝，亦名制止，方便智度歸宗奉極，作大莊嚴，同如來慈普諸佛愛，等視四生猶如一子"云云。卽於内第躬傳戒香，授律儀法。告曰："大王爲度遠濟爲宗，名實相符義非輕約，今可法名爲總持也，用攝相兼之道也。"王頂受其旨教曰："大師禪慧内融，道之法澤，輒奉名爲智者。"自是專師率誘日進幽玄，所獲施物六十餘事，一時迴施悲敬兩田，願使福德增繁用昌家國，便欲返故林。王乃固請，顗曰："先有明約，事無兩違。"卽拂衣而起，王不敢重邀，合掌尋送至於城門，顧曰："國鎮不輕，道務致隔，幸觀佛化宏護在懷。"王禮望目極銜泣而返。便泝流上江，重尋匡嶺，結徒行道頻感休徵，百越邊僧聞風至者，累跡相造。

又上渚宫鄉壤，以答生地恩也。道俗延頸，老幼相携，戒場講坐，衆將及萬，遂於當陽縣玉泉山立精舍，敕給寺額，名爲一音。其地昔唯荒嶺，神獸蛇暴，創寺之後快無憂患。是春亢旱，百姓咸謂神怒。顗到泉源帥衆轉經，便感雲興雨注，虛謡自滅。總管宜陽公王積，到山禮拜戰汗不安，出曰："積屢經軍陣，臨危更勇，未嘗怖懼頓如今日。"

其年，晉王又遣手疏請還，詞云："弟子多幸，謬稟師資，無量劫來，悉憑開悟。色心無作，昔年虔奉，身雖疎漏，心護明珠。定水禪支，屏散歸静，荷國鎮蕃，爲臣爲子，豈寂四緣，能入三昧？電光斷結，其類甚多，慧解脱人，厭朋不少。卽日欲服膺智類，率先名教，永汎法流，兼用治國。未知底滯可開化不？**師嚴道尊可降意不？**宿世根淺可發萌不？菩薩應機可逗時不？書云：'民生在三，事之如一。'況覃釋典而不從師！今之慊言備瀝素疑，成就事重請棄飾詞。"顗答書云："謬承人乏，擬迹師資，顧此庸微，以非時許，況降令命，彌匪克當！徒欲沈吟，必乘深寄。"王重請云："學貴承師，事推物論，歷求法界，厝心有在。仰推久植善根，非一生得，初乃由學，俄逢聖境。南岳記荊說法第一，無以仰過，照禪師來具述此事，於時心喜以域寸誠。智者昔入陳朝，彼國明試，瓦官大集，衆論鋒起。榮公强口，先被折角，兩瓊繼軌，才獲交綏，忍師讚歎，嗟唱希有。弟子仰延之始，屈登無畏，釋難如流，親所聞見，衆咸瞻仰。承前荊楚，莫不歸伏，非禪不智，驗乎金口。此釋侶所談，智者融會甚有階位，譬若羣流歸乎大海，此之包舉始得佛意。唯願未得令得，未度令度，樂說不窮法施無盡。"

乃從之重現，令著淨名疏。河東柳顧言、東海徐儀，並才華冑績，膺奉文義緘封寶藏，王躬受持。後蕭妃疾苦，醫治無術，王遣開府柳顧言等，致書請命願救所疾。顗又率侶建齋七日，行金光明懺，至第六夕，忽降異鳥飛入齋壇，宛轉而死，須臾飛去，又聞豕吟之聲，衆並同矚。顗曰："此相現者，妃當愈矣。"鳥死復蘇，表蓋棺還起；豕幽鳴顯，示齋福相乘。至於翌日，患果遂瘳，王大嘉慶，時遇入朝。

旋歸台岳，躬率禪門，更行前懺，仍立誓云："若於三寶有益者，當限此餘年；若其徒生，願速從化。"不久告衆曰："吾當卒此地矣。所以每欲歸山，今奉冥告，勢當將盡，死後安措西南峰上，累石周屍，植松覆坎，仍立白塔，使見者發心。"又云："商客寄金醫去留藥，吾雖不敏，狂子可悲。"仍口授觀心論，隨略疏成，不加點潤。命學士智越，往石城寺掃灑，吾於彼佛前命終，施牀東壁，面向西方,稱阿彌陀佛波若觀音。又遣多然香火,索三衣鉢杖,以近身自餘道具,分為二分:一奉彌勒,一擬羯磨。有欲進藥者,答曰:"藥能遣病,留殘年乎? 病不與身合,藥何所遣;年不與心合,藥何所留。"智晞往曰: 復何所聞? 觀心論內復何所道? 紛紜醫藥累擾於他。又請進齋飲,答曰:"非但步影而為齋也,能無觀無緣卽真齋矣。吾生勞毒器死悅休歸,世相如是不足多歎。"又出所製淨名疏,幷犀角如意,蓮華香爐,與晉王別,遺書七紙,文極該綜,詞彩風標,囑以大法。末乃手注疏曰:"如意香爐是大王者,還用仰別,使永布德香,長保如意也。"便令唱法華經題。顗讚引曰:"法門父母,慧解由生,本迹宏大,微妙難測,輟斤絕絃於今日矣。"又聽無量壽竟,仍讚曰:"四十八願莊嚴淨土,華池寶樹易往無人"云云。又索香湯漱口,説十如四不生十法界三觀四教四無量六度等。有問其位者,答曰:"汝等懶種善根,問他功德,如盲問乳蹎者訪路云云。吾不領衆必淨六根,為他損己,只是五品內位耳。吾諸師友,從觀音勢至皆來迎我,波羅提木叉是汝宗仰,四種三昧是汝明導。"又敕維那,人命將終,聞鐘磬聲增其正念,唯長唯久氣盡為期。云何身冷方復響磬? 世間哭泣著服皆不應作,且各默然,吾將去矣。言已端坐如定,而卒於天台山大石像前,春秋六十有七,卽開皇十七年十一月二十四日也。滅後依於遺教而殮焉。

至仁壽末年已前,忽振錫被衣猶如平昔,凡經七現,重降山寺一還佛壟,語弟子曰:"案行故業,各安隱耶?"舉衆皆見悲敬言問,良久而隱。

自顗降靈龍像育神江漢,憑積善而託生,資德本而化世,身過七尺目佩異光,學統釋門行開僧位,往還山世不染俗塵,屢感幽祥,殆非可測。初帝在蕃日,遣信入山迎之。因散什物標域寺院,殿堂廚宇以為圖樣,告弟子曰:"此非小緣所能締構,當有皇太子為吾造寺，可依此作，汝等見之。"後果如言，事見別傳。往居臨海，民以滬魚爲業，罶網相連四百餘里，江滬溪梁六十餘所，顗惻隱貫心彼此相害，勸捨罪業教化福緣，所得金帛乃成山聚，卽以買斯海曲，爲放生之池。又遣沙門惠拔，表聞於上，陳宣下敕，嚴禁此池不得採捕。因爲立碑，詔國子祭酒徐孝克爲文，樹於海濱，詞甚悲楚，覽者不覺墮淚。時還佛壟如常習定，忽有黃雀滿空翱翔相慶，鳴呼山寺三日乃散。顗曰："此乃魚來報吾恩也。"至今貞觀猶無敢犯，下敕禁之猶同陳世，此慈濟博大仁惠難加。又居山有蕈觸樹皆垂，隨採隨出供僧常調，顗若他涉，蕈卽不生，因斯以談，誠道感矣。所著法華疏、止觀門修禪法等，各數十卷。又著淨名疏至佛道品，有三十七卷。皆出口成章，侍人抄略，而自不畜一字。自餘隨事疏卷不可殫言，皆幽指爽徵摛思開天。煬帝奉以周旋，重猶符命，及臨大寶便藏麟閣，所以聲光溢於宇宙，威相被於當今矣。而枯骸特立端坐如生，癉以石門閉以金鑰，所有事由一關別敕。每年諱日帝必廢朝，預遣中使就山設供。尚書令楊素，性度虛簡事必臨信，乃陳其意：云何枯骨特坐如生？敕授以戶鑰令自尋視，既如前告得信而歸。顗東西重範化通萬里，所造大寺三十五所，手度僧衆四千餘人，寫一切經一十五藏，金檀畫像十萬許區，五十餘州道俗受菩薩戒者，不可稱紀，傳業學士三十二人，習禪學士散流江漢，莫限其數。沙門灌頂侍奉多年，歷其景行可二十餘紙。又終南山龍田寺沙門法琳，凤預宗門親傳戒法，以德音遼遠拱木俄森，爲之行傳廣流於世。隋煬末歲巡幸江都，夢感智者言以遺寄，帝自製碑，文極宏麗，未及鐫勒，值亂便失。

（選自金陵刻經處本唐道宣續高僧傳卷二一）

灌頂：隋天台智者大師別傳

　　大師諱智顗，字德安，俗姓陳氏，潁川人也。高宗茂積，盛傳於譜史矣。暨晉世遷都，家隨南出寓居江漢，因止荆州之華容縣。父起祖，學通經傳，談吐絶倫，而武策運籌偏多勇決。梁湘東王蕭繹之荆州，列爲賓客，奉教入朝領軍。朱異見而歎曰：若非經國之才，孰爲英王之所重乎？孝元即位，拜使持節散騎常侍益陽縣開國侯。母徐氏溫良恭儉，偏勤齋戒，夢香煙五彩輕浮，若霧縈迴在懷。欲拂去之，聞人語曰：宿世因緣，寄託王道，福德自至，何以去之？又夢吞白鼠，因覺體重，至於載誕夜，現神光棟宇，煥然兼輝隣室。隣里憶先靈瑞，呼爲王道，兼用後相，復名光道，故小立二字。眼有重瞳，父母藏護不欲人知，而人自知之矣。

　　至年七歲，喜往伽藍，諸僧口授普門品，初啓一遍即得。而父母遏絶，不聽數往，每存理所誦，而惆悵未聞，奄忽自然通餘文句，後以經驗，無所遺失。鄉閭嗟異，溫故知新其若此乎！年十五，值孝元之敗，家國殄喪，親屬流徙，歎榮會之難久，痛凋離之易及，於長沙像前發弘大願，誓作沙門，荷負正法爲己重任。既精誠感通，夢彼瑞像飛臨宅庭，授金色手從窗隙入，三遍摩頂，由是深厭家獄，思滅苦本。但二親恩愛，不時聽許，雖惟將順，而寢哺不安。乃刻檀寫像，披藏尋經，曉夜禮誦，念念相續。當拜佛時，舉身投地，恍焉如夢見極高山，臨於大海澄渟，蓊欝更相顯映。山頂有僧招手喚上，須臾申臂至於山麓，接引令登入一伽藍，見所造像在彼殿内，夢裏悲泣而陳所願：學得三世佛法，對千部論師說之無礙，不唐世間四事恩惠。申臂僧舉手指像，而復語云：汝當居此，汝當終此。既從寤已，方見己身對佛而伏，夢中之淚委地成流，悲喜交懷，精勤逾至。後遭二親殄喪，丁艱茶毒，逮於服訖，從兄求去。兄曰：天已喪我親，汝重割我心，既孤更離，安可忍乎？跪而對曰：昔梁荆百萬，一朝僕妾，於時久役江湖之心不能復處。碨磊之內欲，報恩酧德，當謀道爲先，唐聚何益？銘肌刻骨，意不可移。時王琳據湘，從琳求去。琳以陳侯故舊，又嘉此志節資給法具，深助隨喜。

　　年十有八，投湘州果願寺沙門法緒而出家焉。緒授以十戒導以律儀，仍攝以北度詣慧曠律師，兼通方等故北面事焉。後詣大賢山，誦法華經、無量義經、普賢觀經，歷涉二旬，三部究竟，進修方等，懺心淨行勤勝相現前，見道場廣博妙飾莊嚴，而諸經像縱橫紛雜，身在高座足躡繩床，口誦法華手正經像。是後心神融淨，爽利常日，逮受具足，律藏精通，先世萌動而常樂禪悅。怏怏江東無足可問，時有慧思禪師，武津人也，名高嵩嶺，行深伊洛，十年常誦，七載方等，九旬常坐，一時圓證，希有能有，事彰別傳。昔在周室預知佛法當禍，故背北游南，意期衡嶽以希棲遁，權止光州大蘇山，先師遙飡風德如飢渴矣。其地乃是陳齊邊境兵刃所衝，而能輕於生重於法，忽夕死貴朝聞，涉險而去。初獲頂拜，思曰："昔日靈山同聽法華，宿緣所追今復來矣。"即示普賢道場，爲說四安樂行。於是，昏曉苦到，如教研心。於時，但勇於求法而貧於資供，切栢爲香，栢盡則繼之以栗，卷簾進月，月沒則燎之以松，息不虛䠔，言不妄出。經二七日，誦至藥王品諸佛同讚是真精進，是名真法供養。到此，一向身心豁然寂而入定，持因靜發。照了法華，若高輝之臨幽谷；達諸法相，似長風之游太虛。將證白師，師更開演，大張教網，法目圓備，落景諮詳，連環達旦。自心所悟，及從師受，四夜進功，功逾百年，問一知十，何能爲喻，觀慧無礙，禪門不壅，宿習開發，煥若華敷矣。思師欺曰：非爾弗證，非我莫識。所入定者，法華三昧前方便也；所發持者，初旋陀羅尼也。縱令文字之師千羣萬衆，尋汝之辯不可窮矣，於說法人中最爲第一。

　　時有慧邈禪師，行矯常倫，辯迷時聽，自謂門人曰：我所敷弘，真師子吼，他之所説，是野干（疑應作牛）鳴。心眼未開，誰不惑者。先師正引經文，傍宗擊節，研覈考問，邈則失徵。揚簸慧風，則糠粃可識；淘汰定水，故砂礫易明。於是迷徒（途）知反，問津識濟。仍於是夜夢見三層樓閣，邈立其下，己坐其上，又有一人攘臂怒目曰：何忽邈耶？何疑法耶？宜當問我。先師設難數關，賓主往復，怒人辭窮理喪，結舌亡言。因誡之曰："除諸法實相，餘皆魔事。"誡已，不復見邈及與怒人。夕有聞者，謂爲譎癮。旦詣思所具陳是相，師曰："汝觀般若不退品，凡幾種行頪相貌九十六道。經云：人若説法神助怖之。汝既晝折幔幢，夜驅惡黨，邪不干正，法應爾也。"

　　思師造金字大品經竟，自開玄義，命令代講，是以智方日月，辯頪懸河，卷舒稱會，有理存焉。唯有三三昧及三觀智，用以諮審，餘悉自裁。思師手持如意臨席，讚曰："可謂法付法臣，法王無事者也。"慧曠律師亦來會坐，思謂曰："老僧嘗聽賢子法耳。"答云："禪師所生非曠之子。"又曰："思亦無功法華力耳。"代講竟，思師誡曰："吾久羡南衡，恨法無所委，汝粗得其門，甚適我願，吾解不謝汝，緣當相揖，今以付屬汝，汝可秉法逗緣，傳燈化物，莫作最後斷種人也。"

　　既奉嚴訓，不得扈從衡嶽，素聞金陵仁義淵藪，試往觀之，若法弘其地，則不孤付囑。仍共法喜等二十七人同至陳都。然上德不德，又知音者寡。有一老僧，厥名法濟，即何凱之從叔也。自矜禪學倚臥，問言："有人入定，聞攝山地動，知僧詮練無常，此何禪也？"答曰："邊定不深，邪乘闇入，若取若説，定壞無疑。"濟驚起謝曰："老僧身嘗得此定，向靈耀則公説之，則所不解説已永失，今聞所未聞，非直善知法相，亦乃懸見他心。"濟以告凱，凱告朝野，由是聲馳道俗,請益成蹊。

大忍法師梁陳擅德養道,開善不交當世,時有義集來會蔣山,雖有折角重席,忍無所容。與先師觀慧縱橫,聽者傾耳,衆咸彈指合掌,皆言聞所未聞。忍歎曰:"此非文疏所出,乃是觀機縱辯。般若非鈍非利,利鈍由緣,豐富適時,是其利相　池深華大,鈍可意得,慶餘暉之。有幸使老疾而忘疲。"先達稱詠,故頌聲溢道。于時,長干慧辯延入定熙天宮,僧晃請居佛窟,皆欲捨講習禪,緣差永恨。面而誓曰:"今身障隔不遂,稟承後世弘通,必希汲引。"

僕射徐陵,德優名重,夢其先門曰:"禪師是吾宿世宗範,汝宜一心事之。"既奉冥訓,資敬盡節,參不失時序,拜不避泥水,若蒙書疏,則洗手燒香,冠帶三禮,屏氣開封,對文伏讀,句句稱諾。若非微妙至德,豈使當世文雄屈意如此耶?

儀同沈君理,請住瓦官開法華經題,勑一日停朝事,羣公畢集,金紫光祿王固、侍中孔煥、尚書毛喜、僕射周弘正等,朱輪動於路,玉珮喧於席,俱服戒香,同湌法味。小莊嚴寺慧榮負水輕誕,其日揚眉舞扇,扇便墮地,雙構巨難,難不稱捷,合掌歎曰:"非禪不智,今之法座乎?"法歲法師爾日並坐,撫榮背而嘲曰:"從來義龍,今成伏鹿,扇既墮地,以何遮羞?"榮答云:"輕敵失勢,猶未可欺也。"興皇法朗,盛弘龍樹,更遣高足,構難累句,磨鏡轉明,揩金足色,虛往既實,而忘反也。好勝者懷愧不議,而革新斯之謂歟!建初寶瓊相逢讓路曰:"少欲學禪,不值名匠,長雖有信,阻以講說,方秋遇賢,年又老矣,庶因渴仰,累世提携。"白馬驚韶、定林法歲、禪衆智令、奉誠法安等,皆金陵上匠,德居僧首,捨指南之位,遵北面之禮。其四方衿袖,萬里來者,不惜無賞之軀,以希一句之益,伏膺至教,湌和妙道,唯禪唯慧,忘寢忘湌。

先師善於將衆,調御得所,停瓦官八載講大智度論,説次第禪門。蒙語默之益者，略難稱紀。雖動静合道，而能露疵藏寶，恩被一切，莫知我誰。昔浮頭玄高，雙弘定慧，厥後沈喪，單輪隻翼而已，逮南嶽挺振，至斯爲盛者也。陳始興王出鎮洞庭，公卿餞送，皆迴車瓦官，傾捨山積，虔拜殷重。因而歎曰："吾昨夜夢逢强盜，今乃表諸軟賊，毛繩截骨則憶曳尾泥間。"仍謝遣門人曰："吾聞闇射則應於絃。無明是闇也，脣舌是弓也，心慮於弦，音聲如箭，長夜虛發，無所覺知，若益一人，心弦則應。又，法門如鏡，方圓如像，若緣牽心，轆轤無盡，若緣杜心，自然塞澁。昔南嶽輪下及始濟江東，法鏡屢明，心絃數應。初瓦官，四十人共坐，二十人得法。次年百餘人共坐，二十人得法。次年二百人共坐，減十人得法。其後徒衆轉多，得法轉少，妨我自行化道，可知羣賢各隨所安，吾欲從吾志。蔣山過近，非避喧之處，聞天台地記稱有仙宮，白道猷所見者信矣；山賦用比蓬萊，孫興公之言得矣。若息緣茲嶺，啄峯飲澗，展平生之願也。"陳宣帝有勅留連，徐僕射濟涕請住，匪從物議，直指東川。

卽陳太建七年秋九月初入天台，歷游山水，弔道林之棋木，慶曇光之石龕，訪高察之山路，漱僧順之雲潭，數度石梁，屢降南門，荏苒淹流，未議卜居。常宿於石橋，見有三人皁幘絳衣，有一老僧引之而進曰："禪師若欲造寺，山下有皇太子寺基，捨以仰給。"因而問曰："止如今日，草舍尚難，當於何時能辦此寺？"老僧答云："今非其時，三國成一有大勢力人能起此寺，寺若成國則清，當呼爲國清寺。"于時三方鼎峙，車書未同，雖獲冥期，悠悠何曰（疑應作日）。且旋塗出谷，見佛隴南峯左右，映帶最爲兼美，卽徘徊留意。有定光禪師，居山三十載，迹晦道明，易狎難識，有所懸記，多皆顯驗。其夕，乃宿定光之草庵，咸聞鐘磬寥亮，山谷從微至著，起盡成韻。問光此聲疎數，光舞手長吟曰："但聞鳴椎集僧，是得住之相，臆覩招手相引時不？"餘人莫解其言。仍於光所住之北峯創立伽藍，樹植松巢，引流遠砌，瞻望寺所，全如昔夢無毫差也。

寺北別峯呼爲華頂，登眺不見羣山，喧涼永異餘處。先師捨衆獨往頭陀，忽於後夜大風拔木，雷震動山，魑魅千羣，一形百狀，或頭戴龍虺，或口出星火，形如黑雲，聲如霹靂，倏忽轉變，不可稱計。圖畫所寫降魔變等蓋少小耳，可畏之相復過於是。而能安心湛然空寂，逼迫之境自然散失。又，作父母師僧之形，乍枕乍抱，悲咽流涕。但深念實相體達本無，憂苦之相尋復消滅。強軟二緣所不能動。明星出時，神僧現曰：“制敵勝怨，乃可爲勇，能過斯難，無如汝者。”既安慰已，復爲説法，説法之辭，可以意得，不可以文載，當於語下隨句明了。披雲飲泉，水日非喻。即便問曰：“大聖是何？法門當云何學云何弘宣？”答：此名一實諦，學之以般若，宣之以大悲。從今已後，若自兼人，吾皆影響。頭陀既竟，旋歸佛隴，風煙山水，外足忘憂，妙慧深禪内充愉樂。然佛隴嶮阻，舟車不至，年既失稔，僧衆隨緣。師共慧綽種莒拾橡，安貧無慼。俄而陳宣帝詔云：“禪師佛法雄傑，時匠所宗，訓兼道俗，國之望也。宜割始豐縣調以充衆費，蠲兩户民用給薪水。”衆因更聚，亦不爲欣。

有陳郡袁子雄，奔林百里，又新野庾崇，斂民三課。兩人登山，值講淨名，遂齋戒連辰，專心聽法。雄見堂前有山瑠璃，映徹山陰曲澗，琳瑯布底，跨以虹橋，填以寶飾，梵僧數十，皆手擎香爐從山而出，登橋入堂，威儀溢目，香煙徹鼻。雄以告崇，崇稱不見。並席天乖，其在此矣。雄因發心改造講堂，此事非遠，堂今尚在。

但天台基壓巨海，黎民漁捕爲業，爲梁者斷谿，爲簄者藩海，秋水一派，巨細填梁，晝夜二潮，噉唼滿簄，髗骨成岳，蠅蛆若雷，非但水陸可悲，亦痛舟人濫殞。先師爲此而運普悲乘，捨身衣，並諸勸助，贖簄一所，永爲放生之池。於時計詡臨郡，請講金光明經，濟物無偏，寶冥出窟，以慈修身，見者歡喜，以慈修口，聞聲發心，善誘慇勤，導達因果，合境漁人改惡從善，好生去殺。湍潮綿亙三百餘里，江谿籠梁合六十三所，同時永捨，俱成法池。一日所濟巨憶萬數，何止十千而已哉？方舟江上講流水品，又散粳糧爲財法二施。船出海口望芙蓉山，聳峭叢起若紅蓮之始開，橫石孤垂似萎華之將落。師云：昔夢游海畔，正似於此。沙門慧承，郡守錢玄智，皆著書嗟詠，文繁不載。翽後還都，別坐餘事，因縶廷尉，臨當伏法，遙想先師，願申一救。其夜夢羣魚巨億，不可稱許，皆吐沫濡翽，明旦降勅，特原翽罪。

當於午時，忽起瑞雲，黃紫赤白，狀如月暈，凝於虛空，遙蓋寺頂。又，黃雀羣飛，翩動嘈囋，棲集簷宇，半日方去。師云："江魚化爲黃雀來此謝恩耳。"師遣門人慧拔金陵表聞，降陳宣帝勅云："嚴禁采捕，永爲放生之池。"陳東宮問徐陵曰："天台功德誰爲製碑？"答云："願神筆玉著。"會宣帝崩，不復得就。勅國子祭酒徐孝克以樹高碑，碑今在山，覽者墮淚。陳文皇太子永陽王出撫甌越，累信殷勤，仍赴禹穴躬行方等，眷屬同稟淨戒，晝湌講說，夜習坐禪。先師謂門人智越云："吾欲勸王修福禳禍可乎？"越對云："府僚無舊，必稱寒熱。"師云："息世譏嫌，亦復爲善。"王後出游，墜馬將絕，越乃感悔，憂愧若傷。先師躬自帥衆作觀音懺法，整心專志。王覺小醒，凭機而坐。王見一梵僧擎香爐直進，問王曰：疾勢何如？王汗流無答。僧乃遶王一匝，香氣徘徊右旋，卽覺搭然痛惱都釋。戒慧先染其心，靈驗次悦其目，不欲生信，詎可得乎？其願文云："仰惟天台闍黎，德侔安遠，道邁光猷，退邇傾心，振錫雲聚。紹像法之將墜以救昏蒙，顯慧日之重光用拯澆俗，加以游浪法門，貫通禪苑，有爲之結已離，無生之忍現前。弟子飄飄業風，沈淪愛水，雖湌法喜，弗袪蒙蔽之心；徒仰禪悦，終懷散勤之慮。日輪馳騖，羲和之轡不停；月鏡迴軒，嫦娥之影難駐。有離有會，歎息冥言；愛法敬法，潺湲無已。願生生世世值天台闍黎恒修供養，如智積奉智勝如來，若藥王覲雷音正覺，安養兜率俱蕩一乘。”

先師雖復懷寶窮岫，聲振都邑，藏形幽壑，德慧昭彰。陳少主顧問羣臣：“釋門誰爲名勝？”徐陵對曰：“瓦官禪師，德邁風霜，禪鑑淵海。昔遠游京邑，羣賢所宗，今高步天台，法雲東靄。永陽王北面親承，願陛下詔之還都弘法，使道俗咸荷。”陳主初遣傳宣左右趙君卿，再遣主書朱雷，三傳遣詔，四遣道人法昇，皆帝自手書，悉稱疾不當。陳主遂杖三使，更勑州敬請。永陽王諫曰：“主上虛己，朝廷思敬，一言利益，則四生有賴，若高讓深山，則慈悲有隔，弟子微弱，尚賜迂屈，不赴臺旨，將何自安？”答曰：“自省無德出處，又幽過則身當，豈令枉濫業緣，如水隆去竅，留志不可，滿任之而已。”仍出金陵，路逢兩使，初遣應勑左右黃吉寶，次遣主書陳建宗，延上東堂，四事供養，禮過殷勤，立禪衆於靈耀，開釋論於太極。又，講仁王般若，百座居左，五等在右，陳主親筵聽法。僧正慧暅、僧都慧曠、長干慧辯，皆奉勑激揚難，似冬冰峨峨共結解，猶夏日赫赫能消。天子欣然，百僚盡敬。講竟慧暅擎香爐賀席曰：“國十餘，齋身當四講，分文析理謂得其門。今日出星收，見巧知陋，由來諍競不止，卽座肅穆有餘，七夜恬静千枝華耀皆法王之力也。”陳主於廣德殿謝云：“非但佛法仰委，亦願示諸不逮。”陳世所檢僧尼無貫者萬人，朝議策經不合者休道。先師諫曰：“調達日誦萬言，不免地獄，槃特誦一行偈，獲羅漢果，篤論唯道，豈關多誦？”陳主大悦，卽停搜揀。

然居靈耀過爲褊陿，更求閒静立衆安禪。忽夢一人翼從嚴整，稱名冠達請住三橋。師云：“冠達，梁武法名；三橋，豈非光宅？”遂移居之。其年四月陳主幸寺捨身大施，又講仁王般若。斂經纔訖，陳主於大衆内起禮三拜，俯仰殷勤，以彰敬重。太子已下並託舟航，咸宗戒範，以崇津導。先師虛己亡受，能安寵辱，故澹無驚喜。

皇太子請戒文云：“淵和南！仰惟化導無方，隨機濟物，衛護國土，汲引人天，照燭光耀，託迹師友。比丘入夢，符契之像久彰，和尚來儀，高座之德斯秉。是以翹心十地，渴仰四依，大小二乘，内外兩教，尊師重道，由來尚矣。伏希俯提，從其所請，世世結緣，遂其本願，日夜增長。今二月五日於崇正殿設千僧法會，奉請爲菩薩戒師，謹遣主書劉璠奉迎”云云。于時，傳香在手而臉下垂淚，既字爲善萌，反言成晚。後大隋吞陳，方悟前旨。

金陵既敗，策杖荆湘，路次益城，忽夢老僧曰：“陶侃瑞像，敬屈守護。”於是往憩匡山，見惠遠圖像，驗雁門法師之靈也。俄而潯陽反叛，寺宇焚燒，獨有兹山，全無侵擾，護像之功，其在此矣。秦孝王聞風延屈，先師對使而言：“雖欲相見，終恐緣差。”既而王人催促，迫不得止，將欲解纜，忽值大風，累旬之間，妖賊卒起，水陸壅隔，遂不成行。至尊昔管淮海萬里，廓清慕義，崇賢歸身，如舍遣使招引，束鉢赴期。師云：“我與大王深有因緣，順水背風不日而至，菩薩律儀即從稟受。”先師初陳寡德，次讓名僧，後舉同學，三辭不免。仍求四願：“一、雖好學禪，行不稱法，年既西夕，遠守繩床。撫臆循心，假名而已，吹噓在彼，惡聞過實，願勿以禪法見期。二、生在邊表，長逢離亂，身闇庠序，口拙喧涼。方外虛玄，久非其分，域間樽節，一無可取。雖欲自慎，終恐樸直忤人，顧不責其規矩。三、微欲傳燈，以報法恩。若身當戒範，應重去就，去就若重，傳燈則闕；去就若輕，則來嫌誚。避嫌安身，未若通法，願許爲法，勿嫌輕動。四、三十餘年，水石之間，因以成性。今王塗既一，佛法再興，謬承人汎，沐此恩化，内竭朽力，仰酬外護，若丘壑念起，顧放其飲啄，以卒殘生。”許此四心乃赴優旨。大王方希淨戒，故妙願唯諾。請戒文曰：“弟子基承積善，生在皇家，庭訓早趨，彝教夙漸，福履攸臻，妙機須悟。恥崎嶇於小徑，希優游於大乘，笑止息於化城，誓舟航於彼岸。開士萬行,戒善爲先;菩薩十受,專持最上。喻造宮室,必先基址,徒架虛空,終不能成。孔老釋門,咸資鎔鑄,不有軌儀,孰將安仰？誠復能仁本爲和尚,文殊冥作闍黎,而必藉人師顯傳聖授,自近之遠感而遂通。波崙罄髓於無竭,善財忘身於法界,經有明文,非從臆說,深信佛語,幸遵明導。禪師佛法龍象,戒珠圓淨,定水淵澄,因靜發慧,安無礙辯。先物後己,謙挹成風,名稱遠聞,衆所知識。弟子所以虔誠遙注,命楫遠延,每畏緣差,值諸留難,亦既至止,心路豁然,及披雲霧,即消煩惱。以今開皇十一年十一月二十三日,於總管金城殿設千僧會,敬屈授菩薩戒,戒名爲孝,亦名制止,方便智度,歸宗奉極,以此勝福奉資至尊皇后作大莊嚴,同如來慈普諸佛愛等視,四生猶如一子。"師云:"大王紆遵聖禁,名曰總持。"王曰:"大師傳佛法燈,稱爲智者。"所獲檀嚫各六十種。一時迴施悲敬兩田,使福德增多,以資家國。香火事訖,汎舸衡峽,大王麾駕貴州,臨江奉送,供給隆重,轉倍於前。既值便風,朝發夕還,而渚宮道俗,延頸候望,扶老攜幼,相趨戒場,垂黑戴白,雲屯講座,聽衆五十餘人,旋鄉答地,荆襄未聞。

既慧日已明,福庭將建,於當陽縣玉泉山而立精舍,蒙勅賜額號爲一音,重改爲玉泉。其地本來荒險,神獸蛇暴,諺云:"三毒之藪,踐者寒心,創寺其間,決無憂慮。"是春夏旱,百姓咸謂神怒,故智者躬至泉源,滅此邪見。口自呪願,手又撝略,隨所指處,重雲靉靆,籠山而來,長虹煥爛,從泉而起,風雨衝溢,歌詠滿路。荆州總管上柱國宜陽公王積,到山禮拜,戰汗不安。出而言曰:"積屢經軍陣,臨危更勇,未嘗怖懼頓如今日。"其年王使奉迎,荆人違覲,向方遙禮,臨岐望絶,既而重履,江淮道俗,再馳欣戴。大王尸波羅蜜先到彼岸,智波羅蜜今從稟受,請文云:"弟子多幸,謬稟師資,無量劫來,悉憑開悟。色心無作,昔年虔受,身雖疎漏,心護明珠。定品禪枝，併散歸靜，荷國鎮藩，爲臣爲子，豈藉四緣，能入三昧？電光斷結，其類實多，慧解脫人，厥朋不少。卽日欲伏膺智斷，率先名教，永沆法流，兼用治國。未知底滯可開化不？師嚴道尊可降意不？宿世根淺可發萌不？菩薩應機可逗時不？書云：'人生在三，事之如一。'況譚釋典而不從師？今之懷言，備歷素欵，成就事重，請棄飾辭。"答曰："謬承人汎，擬迹師資，顧此膚疎，以非時許。況隆高命，彌匪克當，徒欲沈吟，必乖深寄。"重請云："學貴承師，事推物論，歷求法界，措心有在。仰惟宿植善根，非一生得，初乃由學，俄逢聖境。南嶽記莂，説法第一，無以仰過，照禪師來具述斯事，于時心喜以域寸誠。智者昔入陳朝，彼國明試，瓦官大集，衆論鋒起。榮公强口，先被折角，兩瑩繼軌，縷獲交綏，忍師讚歎，嗟唱希有。弟子仰延之始，屈登無畏，釋難如流，親所聞見，衆咸瞻仰。承前荆楚，莫不歸伏，非禪不智，驗乎金口。比聞名僧所説，智者融會，甚有階差，譬若羣流歸乎大海，此之包舉始得佛意。唯願未得令得，未度令度，樂説不窮，法施無盡。"復使柳顧言，稽首虔拜云云。智者頻辭不免，乃著淨名經疏。河東柳顧言，東海徐陵，並才華族胄，應奉文義，緘封寶藏，王躬受持。

今王入朝，辭歸東嶺，吳民越俗掃巷淘溝，沿道令牧旛華交候。寺舊所荒廢凡一十二載，人蹤久斷，竹樹成林。還屆半山，忽見沙門，眉髮皓然，秉錫當路，衆共咸覩。行次漸近，逡巡韜袐。聖猶尚候，況人情乎！智者雅好泉石，負杖閑游，若吟歎曰："雖在人間，弗忘山野，幽幽深谷，愉愉静夜，澄神自照，豈不樂哉！"後時一夜，皎月映床，獨坐説法，連綿良久，如人問難。侍者智晞明旦啓曰："未審昨夜見何因緣？"答曰："吾初夢大風忽起，吹壞寶塔。次，梵僧謂我云：機緣如薪，照用如火，傍助如風，三種備矣，化道卽行。華頂之夜，許相影響，機用將盡，傍助亦息，故來相告耳。又見南嶽師共喜禅师令吾说法，卽自念言：餘法名義皆曉自裁，唯三觀三智最初面受而便説。説竟謂我云：他方華整，相望甚久，緣必應往，吾等相送。吾拜稱諾。此死相現也。吾憶小時之夢當終此地，所以每欣歸山。今奉冥告，勢當不久，死後安厝西南峯所指之地，累石周屍，植松覆坎，立二白塔，使人見者發菩提心。"又經少時，語弟子云："商行寄金，醫去留藥。吾雖不敏，狂子可悲。"仍口授觀心論，隨語疏成，不加點潤，論在別本。

其冬十月，皇上歸蕃，遣行參高孝信入山奉迎，因散什物，用施貧無。標杙山下處擬殿堂，又畫作寺圖以爲式樣，誡囑僧衆："如此基陛，儼我目前棟宇，成就在我死後，我必不覩，汝等見之，後若造寺一依此法。"弟子疑曰："此處山澗險峭，有何緣力能得成寺？"答云："此非小緣，乃是王家所辦。"合衆同聞，互相推測，或言是姓王之王，或言是天王之王，或言是國王之王，喧喧成論竟不能決。今事已驗，方知先旨乃説帝王之王。標寺基已，隨信出山，行至石城，乃云有疾。謂智越云："大王欲使吾來，吾不負言而來也，吾知命在此，故不須進前也。石城是天台西門，天佛是當來靈像處所。既好宜最後用心，衣鉢道具分滿兩分：一分奉彌勒，一分充羯磨。"語已，右脇西向而臥，專稱彌陀般若觀音。奉請進藥，卽云藥能遣病留殘年乎？病不與身合，藥何能遣？年不與心合，藥何所留？智晞往日復何所聞，觀心論中復何所道？紛紜醫藥擾累於他。又請進齋飯，報云：非但步影爲齋，能無緣無觀卽真齋也。吾生勞毒器，死悦休歸，世相如是，不足多歎。卽口授遺書，并手書四十六字：蓮華香爐，犀角如意，留別大王，願芳香不窮，永保如意。書具別本。封竟，索三衣鉢，命淨掃灑，唱二部經，爲最後聞思。聽法華竟，讚云："法門父母，慧解由生，本迹曠大，微妙難測，四十餘年蘊之，知誰可與？唯獨明了餘人所不見，輟斤絶絃於今日矣。"聽無量壽竟，讚曰："四十八願莊嚴淨土，華池寶樹易往，無人火車相現，能改悔者，尚復往生，況戒慧熏修，行道力故，實不唐捐，梵音聲相，實不誑人。"當唱經時，吳州侍官張達等伴五人，自見大佛倍大石尊，光明滿山，直入房內。諸僧或得瑞夢，或見奇相，雖復異處而同是。此時唱經竟，索香湯漱口，說十如、四不生、十法界、三觀、四無量心、四悉檀、四諦、十二因緣、六波羅蜜，一一法門攝一切法，皆能通心到清涼池。若能於病患境達諸法門者，即二十五人百金可寄。今我最後策觀談玄，最後善寂吾今當入。智朗請云："伏願慈留，賜釋餘疑，不審何位？歿此何生？誰可宗仰？"報曰："汝等懶種善根，問他功德如盲問乳，躄者訪路，告實何益？由諸懈怠故，喜怒呵讚，既不自省，倒見譏嫌。吾今不久，當爲此輩破除疑謗。觀心論已解。今更報汝。吾不領衆必淨六根，爲他損己，只是五品位耳。汝問何生者，吾諸師友侍從觀音皆來迎我。問誰可宗仰，豈不曾聞波羅提木叉是汝之師？吾常說四種三昧是汝明導，教汝捨重擔，教汝降三毒，教汝治四大，教汝解業縛，教汝破魔軍，教汝調禪味，教汝折慢幢，教汝遠邪濟，教汝出無爲坑，教汝離大悲難，唯此大師能作依止。我與汝等因法相遇，以法爲親，傳習佛燈是爲眷屬。若不能者，傳習魔燈，非吾徒也。"誠維那曰："人命將終，聞鐘磬聲增其正念，唯長唯久，氣盡爲期，云何身冷方復響磬？世間哭泣著服皆不應爲。"言訖，加趺唱三寶名，如入三昧。以大隋開皇十七年，歲次丁巳，十一月二十四日未時入滅，春秋六十，僧夏四十。至于子時，頂上猶煖。雖復不許哀號，門人哽戀心没，憂海不能自喻。日隱舟沈永無憑仰，加趺安坐在外十日，道俗奔赴燒香散華，號繞泣拜過十日。已殯入禪龕之內，則流汗遍身，綿帛掩拭，沾濡若浣。既而歸佛隴而連雨不休。弟子呪願，願賜威神。纔動泥洹之輿，應手雲開，風噪松悲，泉奔水咽。道俗弟子侍從靈儀，還遺囑之地，龕墳雖掩，妙迹常通。謹書十條繼于狀末。

其一，勅昔在蕃，寅覽別書，感對灒塞，向淨名疏而呪願曰："昔親奉師顏，未敢咨決，今承遺旨，何由可悟？若尋文生解，願示神通。"夜仍感夢，羣僧集閣，王自説義，釋難如流。見智者飛空而至，瀉七寶珊瑚於閣内，還更飛去。王後答遺旨文，并功德疏，慰山衆文，並在別本。送經一藏，銅鐘二口，香爐委積，衣物豐華，王人降寺，歲月相望，每至忌辰，結齋不絶。司馬王弘，依圖造寺，山寺秀麗，方之釋宫。創寺已後，即登春坊，故知皇太子寺基此瑞驗矣，王家造寺斯又驗矣。靈瑞殷勤，聯翩四驗，古今可以爲例焉。

其二，朱方天香寺沙門慧延，彼土名達，昔游光宅，早沾法潤，忽聞遷化，感咽彌辰。奉慕尊靈爲生何處，因寫法華經以期。冥示潛思累旬，夢見觀音，高七層塔，光焰赫奕，過經所稱。智者身從觀音，從西來至。延夢裏作禮，乃謂延曰："疑心遣否？"延密懷此相，口未曾言。後見灌頂，始知臨終觀音引導，事驗懸契，欣嗟無已。

其三，土人馬紹宗居貧好施，刈稻百束以供寺僧，執役疲勞，身如有疾。心作是念："我由施故，而感斯患，未測幽冥當有報否？"因極寢卧夢，見智者加趺坐一牀，燒香如霧，安慰紹宗："汝家貧好施，何疑無福？"種種勸喻，辭繁不載。爾夜，宗兄及宗妻母三人共夢，晨朝各説，異口同言。香氣盈家經日不歇，宗親感歎冥聖不遥。

其四，開皇十八年四月十六日，佛隴僧衆方就坐禪，師現常形進堂按行，上座道修良久瞻奉。其年十月十八日，有海州漣水縣人丘彪晝發誓於龕，夜見僧排户，彪即起禮拜。云："勿拜，安隱無慮也。"遶寺一匝，彪隨後奉，尋出門數步，奄然便失。當其月十二日，有海州沐陽縣人房伯奴衞伯玉，於智者舊室而見其形床事相如在。

其五，開皇十九年十一月六日，土人張造年邁脚蹶，曳疾登龕拜曰："早蒙香火，願來世度脱。仍聞龕内應聲，又聞彈指。造再請云：若是冥力，重賜神異。卽復如初。遶泣而拜，戀慕忘返。

其六，仁壽元年正月十九日，永嘉縣僧法曉，生聞勝德，歿傳妙瑞，悔不早覿，追恨疚心，故來墳所旋千匝禮千拜。於昏夕間，龕戶自開，光明流出，照諸樹木枝葉炳然，合寺奔馳，所共瞻禮。

其七，仁壽二年八月十三日，沂州臨沂縣人孫抱長，午前於龕所奉見，信心殷重。後限滿被替，獨到龕所，辭別洒淚，向僧説如此。

其八，大業元年二月二十日，土人張子達母俞氏，年登九十，患一脚短，凡十八年。自悲已老，到墳奉別，設齋專至，卽覺短脚還申，行步平正，宛如少時。此嫗悲喜，見人卽述，遙禮天台以爲常則。

其九，荆州弟子法偃，於江都造智者影像，還至江津，像身流汗，拭已更出，道俗瞻禮，如平生汗痕尚在。

其十，荆州玉泉寺造石碑，未得鐫刻智者像，至而碑上自然生脈成文曰："天地玄用出生。"或有磨刮，其辭彌亮，一境觀讀，三日方失。

智者弘法三十餘年，不蓄章疏，安無礙辯，契理符文，挺生天智，世間所伏。有大機感，乃爲著文。奉勅撰淨名經疏至佛道品爲二十八卷，覺意三昧一卷，六妙門一卷，法界次第章門三百科，始著六十科爲三卷，小止觀一卷，法華三昧行法一卷。又常在高座云：若説次第禪門一年一遍，若著章疏可五十卷；若説法華玄義並圓頓止觀半年各一遍，若著章疏各三十卷。此三法門皆無文疏，講授而已。大莊嚴寺法慎私記禪門，初分得三十卷，尚未刪定而法慎終。國清寺灌頂私記法華玄初分得十卷，止觀初分得十卷。方希再聽畢，其首尾會，智者涅槃。鑽仰無所厝鬖，龍章未經要妙，深識者自尋得其門也。學士法喜凡事十七禪師，年登耳順方逢智者。陳尚書毛喜，嘲之曰："尊師猶少，弟子何老？"答云："所事者德，豈在於年？"又問曰："何者爲德？"答云："善巧説法卽後代富樓那，破魔除障卽是優波毱多。"毛喜自善其辭，談之朝野，常爲口實。又常行方等懺，雄來索命，神王遮曰：法喜當往西方，次生得道，豈償汝命耶？仍於瓦官寺端坐入滅，建業咸覩，天地共知。又有慧璃因聽法而發定，道勢因領語而觀開，淨辯强記有瀉瓶之德，於佛隴燒身，慧普修懺，象王便現，法慎學禪，微發持力。此二三子不幸早亡。門人行解兼善，堪爲後進師者多矣。皆内秘珍寶，不令人識，今略書見聞如上。梁晉安王中兵參軍陳鍼卽智者之長兄也，年在知命，張果相之死在晦朔，師令行方等懺，鍼見天堂牌門，此是陳鍼之堂，過十五年當生此地，遂延十五年壽。果後見鍼驚問：君服何藥？答：但修懺耳。果云：若非道力，安能超死耶？梁方茂從師習坐，忽發身通微能輕舉，智者呵云："汝帶妻子何須學，此宜急去之。"大中大夫蔣添玫、儀同公吳明徹，皆稟息法，脚氣獲除，法雲遠覃，例皆如此。灌頂多幸，謬逢嘉運，濫齒輪下十有三年，戴天履地不測高深。以開皇二十一年，遇見開府柳顧言，賜訪智者。俗家桑梓，入道緣由皆不能識，克心自責，微知醒悟。仍問遠祖於故老，卽詢受業於先達。瓦官前事，或親承音旨；天台後瑞，隨分憶持。然深禪博慧，妙本靈迹，皆非淺短能知，但戀慕玄風，無所宗仰，輒編聞見，若奉慈顏。披尋首軸，涕泗俱下，謹狀。

銑法師云："大師所造有爲功德，造寺三十六所，大藏經十五藏，親手度僧一萬四千餘人，造栴檀金銅素畫像八十萬軀，傳弟子三十二人，得法自行不可稱數。

（選自日本大正大藏經卷五〇）

灌　頂

【簡介】　灌頂，字法雲，俗姓吳，生於公元五六一年（陳文帝天嘉二年），死於公元六三二年（唐太宗貞觀六年），祖籍常州義興（今江蘇宜興），後遷居臨海章安（今章安鎮），故又稱章安大師。他二十歲出家，三年後投智顗門下，之後到智顗死一直沒有離開過智顗。因此他是智顗創立天台宗的得力助手，爲天台宗人尊爲"五祖"。

灌頂長期跟隨智顗，他的主要工作是記錄和整理智顗的講學稿，智顗的大部分著作都是由他整理的。灌頂在理論上沒有什麼創見，主要是闡發智顗的思想。他的觀心論疏是解釋智顗的觀心論，天台八教大意是解釋智顗的四教義的。智顗死後，他繼承了天台宗的事業，同樣受到隋王朝的重視，隋煬帝楊廣在延請他入京的令中説："禪師既是大師（指智顗）高足，法門委寄，今遣延屈，必希需然隨使入京"（天台九祖傳灌頂傳）。因此，灌頂在當時也是一位很有影響的人物，在天台宗的發展史上占有重要地位。

灌頂的著作除本書所選者外，重要的還有涅槃經疏、國清百錄（此書收錄陳朝君臣與智顗的來往信件）等。

一、觀　心　論　疏（節選）

論曰：摩訶般若波羅蜜經，明四十二字門。初云：若聞阿字門，卽解一切義，所謂一切法初不生。今論初明四不可説，卽是不生義，故引彼文也。次引龍樹中論八不者，一、彼論初明八不，卽是不生爲首，與今論同。二、彼論明諸法不自生，亦不從他生，不共不無因，是故説無生。論主用此四句釋八不，辯諸法不生，以用申經。今論約彼自生一句，起三十六問，有此二義，故引彼論文也。

問：云何是龍樹用八不破立申經之相？復云何是自他四句釋八不，申經之相？復云何是約自生一句，起三十六問耶？答：今當次第釋此三問也。今先明經申破立，後明論申破立。何者？然涅槃經明昔以四枯破外道邪常之計，今以四榮破三修斷無之執，二邊病除始得非枯非榮入大涅槃，而復枯榮雙用二鳥俱遊，利者因斯入祕密藏。經云：安置諸子祕密藏中，我亦不久自住其中。法華亦先破二乘四枯之病，故云無二亦無三，然後會歸常樂我淨。故云：汝是我子，我今常住不滅，汝亦具於四榮。既識枯榮卽悟非枯非榮。經云：終歸於空卽是非枯非榮，入大寂涅槃空也，而能枯榮雙用。經云：一切財物汝悉知之。無智人前勿妄宣傳，有智人中可廣宣也。何者？三根並悟，五千之流，猶未信也；而諸大乘破立，得意者已悟，迷者教未曉。龍樹後出作論，初明八不破執二邊邪迷，申佛中道正教。然論雖明八不，合而論之只是不生不滅二句，破斷常二邊。何者？不常卽是不生，不斷卽是不滅；不一卽不生，不異卽不滅；不來卽不生，不去卽不滅也。是則不生卽四枯之空，破二十五有計常樂我淨之生病；不滅卽四榮之假，破二乘斷無之滅病。是以衆生因龍樹用不生不滅，破二邊病除方曉中道，始悟經中枯榮，非枯非榮，三觀妙用開佛知見，識衣中之寶也。故論中辯三觀之名云：因緣所生法，我説卽是空，亦名爲假名，亦是中道義也。

問：若爾因緣生法四句，若爲會通不生不滅三觀耶？答：因緣所生者，卽是二十五有有漏生滅之法，先出所破之境也。次云我説卽是空者，卽是不生破因緣有漏生法明其不生，故是空也。次云亦名爲假名者，卽是不滅破灰斷滅無，故云亦名假名也。次云亦名中道義者，卽是不生故不常，不滅故不斷，不常不斷非有非無，故亦名中道義也。所以論用不生不滅之空假破迷，申佛中道圓妙三觀，意在此也。論破外人云：若如汝所計則無三寶四諦，若如我所破則不失三寶四諦，三寶四諦卽榮樹一鳥之用也。論後兩品明小乘觀法，卽是枯樹一鳥之用也。是則二鳥俱遊枯榮雙運，斯論之妙用。又論明二觀，卽是論用，中卽是論體，故稱中道論也。

問：今正應明此論四不可說，何乃釋中論破申之意邪？答：彼論不生不滅等因緣所生法，四句破申卽是今四不可說破執，申於佛教是同故，先釋彼次解今也。何者？經云生生不可說，卽彼因緣所生有漏之法也；經云生不生不可說，卽彼我說卽是空也；經云不生生不可說，卽彼亦名爲假名也；經云不生不生不可說，卽彼亦名中道義也；是則名異而義同，申破一也。

問：既其同一彼已明之，此何繁更說？答：雖同而大異。何者？彼歷一切法廣破一切迷執，不專破心辯心，出一切佛法之知見，所以學者多失宗本。今明心是萬法之本，故句句約心而破，顯其心中圓具一切佛法，令識家中伏藏衣中之寶，息其希求之勞，與彼論大異也。

今次答上問云：何用自他四句釋八不，以用申經者。今先釋不生一句，何者？但衆生一切迷惑，莫不計執三界二十五有而起四倒，橫計神我生於三毒八萬四千諸煩惱惑，無明緣行乃至老死，苦集流轉生死浩然，死已更生，已生歸死，虛妄而受三途重苦，莫知休息。而龍樹菩薩愍斯羣迷，故作論申經，示衆生諸法之本源，清淨無生無滅，令其反本還源故，說諸法不生等。但衆生執計已久，未能卽悟無生之理。故外人救云：世間現見有一切萬物瓶衣柱地神我等，云何論主破云言無耶？論主言：何得信汝愚癡，牛羊眼所見即謂之爲有，如病眼見空華，病眼何足爲證耶！論主爲是等衆生不能得信悟故，約自他四句，一一檢破窮責，令其情窮理極（極疑應作屈），方悟無生之理。故云：以自他四句釋成八不也。今略出自他四句，責破之相者，但一切衆生，一計有心神之我，二計有一切萬物。今且破檢心神者，今問夫計心生不生四句爲自生、爲他生、爲共生、爲無因生耶？若謂一念心起不從外境，但從自心而生者，即自生也。即應常生何得對境，即生不對不生故。經云：有緣思生無緣思不生，故知心不自生也。若謂從境而生者，即他生也。若是他生離於內心而應得生，若離必不能生，何謂他生耶？若言由內有心外藉於境，內外和合共生，今問前責自生不得，即是內無有生；前責他生不得，即是外境無生；是二各無生，合共云何得生耶？如一沙無油，合兩沙亦無也。若內外各有生合則兩生，又若必各自有生，何用共合而生耶？是則共生猶有三過也。若謂離心離境無因緣而生者，有因緣責生尚不可得，何況無因緣而得有生耶？故中論云，諸法不自生，亦不從他生，不共不無因，是故説無生。廣破如論也。次破無情一切法求生不可得者，且寄穀子檢破，例餘一切法亦然也。何者，今問穀子爲自生他生共生無因生耶？若言穀子自生者，不應藉水土而生耶？今實不爾，故知穀子不自生。若謂從水土之他生者，離穀子之外而水土之他應能生耶？今實不爾，故知他不能生也。若謂內由有穀子外藉水土爲因緣共生者，前已責自他各求生不可得，共云何生？共生有三過如前説。若謂離穀子水土無因緣而生者，有因緣求生尚不可得，何況無因緣生耶？故云：諸法不自生等云云。今略舉大綱，得意者亦足以除疑也。若欲廣知可自往尋論也。釋論云：一切諸法中但有名與色，若欲如實觀，但當觀名色。然名即是心，攝得一切有情之法。色即外塵，攝得一切無情之法。

是則今**約色心二法**，自他四句檢生不可得者，當知一切萬法皆無生也。衆生因此四句檢責求，生不可得，始悟解一切法無生，卽得反本還源，歸真本淨，方曉一切萬法皆是虛妄，無復執計。鈍者未悟，聞破諸法不生，卽復謂之有滅。論主卽復四句求檢於滅，何者？若謂法體自滅卽是自滅，若謂法體爲三相所滅卽是他滅，若謂法體三相合滅卽共滅，若謂離法體三相滅者卽無因滅，四句俱不可，求檢不可得，始悟諸法本自不生今則無滅，知卽色是空，非色滅空。此是破二十五有之生滅，歸偏真自性之空，此未顯中道。今用不滅破自性空者，若云卽色自性是空者，卽自滅；若謂滅色取空者，卽他滅；若謂滅色自空和合，卽共滅；若謂難（難應作離）自他卽無因滅；是則四句檢自性空亦不可得也。此卽諸法不自滅，亦不從他滅，共不無因，是故知無滅。不常不斷、不一不異、不來不去，例四句檢皆不可得，故知不滅是則兩用也。然既以四句不滅，檢自性空不可得，卽是非空而空名第一義，卽是四枯四句不生；檢自性之有不可得，卽是非有而有名法性之色。經云：捨無常色獲得常色，卽是四榮。以此自他四句求檢生滅，不常不斷、不一不異、不來不去。衆生因悟經中枯、榮、非枯非榮，三觀中道，是名自他四句。**釋論初八**不用申佛經，其相如是也。

次答上第三問云何約自生一句，起三十六問者，**經云：不內觀**得是智慧，乃至非內外觀得是智慧，亦不離內外觀得是智慧。今亦爾，四句求生不可得，亦不離自他四句。論主又明不生則不有不滅，卽不無不無故，得約自生一句起三十六問也。餘他生、共生、無因生亦然也。論云：問觀自生心，云何四不說？離戲論諍訟，心淨如虛空。此一偈去（去疑應作云字）是第二正說分，有三十六偈，爲三十六問。就正說分爲十章：初一偈明教理圓妙不可說。二有兩偈，明迷理教起見思二惑。三有四偈，**明悟理有淺深**，致有四教之別。四有一偈，明欲尋教下之理，應依四種三昧方軌而修。五有一偈，明妙理不可頓階，應先修二十五方便。六有一偈，明心觀理實而諸境，雜發不同。七有一偈，明隨觀一境，用十法成乘。八有七偈，明十法觀成證諸地住，具諸法門不同。九有十四偈，明化他起用法不同。十有四偈，總結自行化物法門，並在於一心，盡淨言語道斷也。偈云：四不可説者：一、生生不可説，二、生不生不可説，三、不生生不可説，四、不生不生不可説。論釋云：生生故生，生故不生，云何可説？令例此語者，生生故生，不生生故不生不生，云何單可説？失其圓旨也。又生生即三藏教，生不生即通教，不生生即別教，不生不生即圓教。是則不但三句即一句，一句即三句。不可説亦即三教即一教，一教即三教，云何可説？故論初云：四不可説次後辯其四教也。又經釋云：生生是有漏之法，故云生生即是中論因緣所生法也。生不生者，釋云：世諦死時名生不生，即中論我説即是空。不生生者，釋云：初出胎名不生生，即中論亦名爲假名。不生不生者，釋云：大般涅槃有不生不生，即中論亦名中道義也。是則論中四句即是論中三觀，三觀即一觀，一觀即三觀，云何可單説？單説則惑者極乎題目而領，豈會玄旨耶？經云：止止不須説我法妙難思，即其義也。故初明四不可説，復明三觀理妙也。又經云：一切衆生亦一非一，非一非非一。亦一者，一切衆生則一乘故，即佛法義也。非一者，如是數法記三乘故，即聲聞、辟支佛、菩薩三法數也。非非一者，如是數不定故，即六道法界。又言衆生者，即六道也。是則經明一念之心具十法界明矣。又經云：衆生身有毒草，復有妙藥王。毒草即六道界，藥王即四聖界，是六道即生生也，二乘即生不生也，菩薩界即不生生，佛界即不生不生。結四句即一句在乎一心，九界即一界在乎一念。文義合會結，六道界即生死，四聖界即涅槃，涅槃即生死，生死即涅槃，九界即一界，一界即九界，即是不可思議境。云何可説？又六道生死即是罪，四聖涅槃則是福，是則識心中十界四不可説。不思議境者，即是識生死非涅槃之妙理，深達罪福之相也。法華云：深達罪福相，遍照於十方，微妙淨法身，具相三十二，龍女悟斯圓理疾成佛道，常不輕圓信妙理故，得六根清淨，是則境智理妙不可説也。故初明不可説，後辯心具十界，明不思議境也。結四句教十法界三觀諸教文字，論云：文字即解脱，解脱即妙理。妙理云何可説？故初明不可説。後結云：一切語言道斷畢竟無所得也。然四不可説等法，並須約一念，一念心即是因緣所生即空即假即中。即空故是常寂，即假故是常照，即中故即非寂非照，因緣所生法亦得是空假雙照，結此四句即四不可説。如前辯者則寂照四句類之可知。既即寂而照即照而寂，即寂照而非寂非照而雙寂照，一句即四句，是則理圓云何單可説？故云四不可説也。得其圓理者息諍訟，心淨如虛空事，如偈説也。

問：何不約餘法起三十六問耶？答：經云：三界無別法，唯是一心作。又云：心如工畫師，能畫種種五陰，一切世間中，無不從心造。故知心是二河之本，萬物之源。而今只爲一切禪慧，學者不知觀心除煩惱病本。如欲伐樹除枝不淨其根，生終不住；亦如治塘不塞其穴，漏終不斷；亦如癡狗逐塊，不知逐人，塊終不息；諸喻可知，故約心而辯。經云：能觀心性名爲上定。

問：若爾，佛何不但令觀心耶？答：爲鈍根衆生種種異説，智者須得意也。如貧女不知家内求寶而外求之，爲其鈍故，涅槃教起正爲示之；心中伏藏聲聞醉故，不覺内衣心中之寶，法華教起正爲示之。故云：爲令衆生開佛知見，出現於世。維摩亦然，故云：諸佛解脱當於衆生心行中求。今論亦爾，亦示衆生心中伏藏故，約心起三十六問。若能答者，即識心中一切法也。

問：若爾只應問心出一切法，云何復問心出見思兩惑耶？答：只爲不知觀心，而結生八萬四千煩惱之冰，若能觀智照了卽融，出八萬四千諸波羅蜜之水，而冰水未嘗有異解，惑何得別體？爲不了故示心諸過，令知罪必改疾除忘惑，示心法門令識福不忘勤修習之，爲是義故，約心觀於外惑也。又且心是一法易可觀之，萬法萬境逐物意移，難可照也。論云：問觀自生心，云何是魔行？業煩惱所繫，三界火宅燒。問觀自生心，云何是外道？諸見煩惱業，流轉於六道。此兩偈不了一念自生之心卽空，不解四不可說之理故，起見思二惑。思惑卽是魔，非第六天魔也。見惑卽外道，非六師也。經云：衆魔者樂生死，菩薩於生死而不捨。外道者樂諸見，菩薩於諸見而不動。此並就見思惑心，論魔外道耳。今就六塵論思惑魔者，不了一念之心卽空，虛妄而見可愛，六塵纏綿愛著起貪，出二萬一千之惑，軟賊魔也。見可畏六塵生佈（佈應作怖）起瞋，出二萬一千惑，卽强魔也。平平六塵起癡，出二萬一千平品之魔也。等分復出二萬一千等分魔也。是則並由不了一念之心卽空虛妄故，觸緣對境而爲三毒等分，八萬四千魔賊之所縈纏，業煩惱繫而被三界火宅之所燒者。故偈云：問觀自生心云何是魔行等，斯之謂也。次釋見惑者，正就推求諦理不當，心行理外而生煩惱，稱爲見惑，名之外道。何者？若定謂一念之心具含萬法是如來藏者，卽同迦毘羅外道，因中先有果計。若定謂心無萬法修之方有者，卽同堀樓僧迦外道，因中無果之計。君定謂心亦具亦不具，卽同勒沙婆外道，因中亦有果亦無果之計。六師各有定執，乃至單四句複四句，具足之見等，並是外道所計。推准可知，所以聞心具萬法是如來藏，卽謂如囊之盛沙；聞心無萬法，卽謂之如兔角；斯並永執邪見之人，何可論道者乎？經取譬如箜篌之聲，不可定實，責之有無四句，若如癡王斷弦求箜篌聲者，斯人求理四句有無，皆是邪見。苟執能如智臣善取聲者，巧能會真，四句皆是得門也。門名能通則無法不具，一色一香無非中道，舉足下足無非道場。必其苟執其門則塞，塞則無法非惑，惑心所見，一色一香無非顛倒，邪見外道也。略出八十八使見惑者，如觀一念之心愛著觀法。經云：法名無染，若染於法乃至涅槃，是則染法非求法也，此是貪使以貪愛故。讚其觀法則喜，呵之則瞋，此是瞋使。既未發真諦即是無明，闇惑此是癡使。既有無明昏闇，疑惑諦理，即是疑使。恃我觀解陵他，是則慢使。存我能觀心，即是身見。既未見中道，即是邊見。執己見爲是撥他爲非，即是邪見。必謂其觀解是涅槃因，即是戒取。定存所見之理是涅槃果，即是見取。斯是觀一念自生之心不了，起此十使之惑。十使約欲界四諦三十二，色無色四諦各二十八，三界四諦有八十八使也。名爲集諦，見必依色即是苦諦。然長爪利根尚不識其見心，苦集我慢自高，今時行者焉能識乎？是以行者未悟理前，何得非見？宜可虛心亡慮悔過自省，不可苟執是非諍計，而生我慢，起八十八使，自縈妄惑，可謂舊病不除更增新疾。然四教各有四門，合爲十六門，一門修觀見惑若斯，餘十五門准而可知。

問：八十八使止障小乘，何得通於大乘？答：別則如問，通則具有，有而義別也，此等見惑外道，皆由不了一念之心，妄縈惑苦流轉生死。故偈云：問觀自生心云何是外道等，斯之是也。論云：問觀自生心云何是三乘拙度？斷見思出三界火宅。前三偈明不了一念自生之心，不達四不可說之義理，故起見思二惑事。如前說，此去〔去應作云〕有四偈，是第三明理有淺深。若解悟一念自生之心，達四不可說之理，但解有大小巧拙，悟有漸頓淺深，致有四教之別，即爲四偈也。

問：教本詮理，所詮唯二，能詮之教何得有四耶？答：詮二理各有曲直巧拙，而成四也。後當可見。問：寶所化城所詮二理，今在何處？若知處所求之卽易也。答：一色一香無非中道，無非實所，卽色是空無非化城，此道辯耳。既近卽心而論者，經云：一切衆生卽涅槃相，不復更滅，諸佛解脱當於衆生心行中求，爲令衆生開佛知見，但由衆生不覺内衣裏有無價寶珠，何知寶所之理在於卽心之内？亦如貧女不識家中伏藏，衆生豈悟身内中道之源者乎？經云：生死卽涅槃，煩惱卽菩提。是則寶所之理，豈在五百由旬之外？經云：卽色是空，偏真化城，亦非三百之外也。是則二理在乎一念之心，無勞遠涉。經云：能觀心性名爲上定。然衆生尋求二理根有利鈍，巧拙四緣教隨於緣，致有四教之別。今先釋初偈三藏教者，但衆生顛倒謂身心是常樂我淨，隨顛倒想起見思二惑，造作無邊生死罪果，常在火宅之中，爲煩惱之所煎迫，常受苦惱。經云：火來逼身苦痛切己，雖遭大苦不以爲患。但東西馳走視父而已，無求出意，長者雖復身手有力而不用之，卽以方便設羊鹿等車，爲諸三乘説諦緣度，斯則名爲三藏説三乘之教。經云：卽趣波羅奈轉四諦法輪，爲五比丘説五衆之生滅等。五衆者，卽是説五陰生滅，云三藏生滅教也。若今行者欲禀學三藏生滅觀者，觀一念自生之心，爲生住滅三相所遷，念念無常。無常故苦，苦故無我，無我故空。以觀知苦空無常無我，卽破常樂我淨四倒。四倒破故，卽不起見思妄惑。見思惑除名爲火滅，則競共推排争出火宅，是則有惑之本生有惑之念滅故，名生滅觀也。修此生滅觀故得悟心空證化城理，是名三藏拙度曲證真理也。故偈云：問觀自生心云何是三乘等，斯之是也。論云：問觀自生心，云何是巧度？三乘不斷結，得入二涅槃。此一偈明通教也。行者禀此教而修觀，觀一念自生之心卽是空，非心滅空心自性空。經云：自性離故，自性無所有故，自性不可得故。經云：譬如幻師見所幻人，菩薩觀衆生爲若此也。如智者見水中月，如鏡中見其面像，如熱時炎，如呼聲響，如空中雲，如水上泡，菩薩觀衆生爲若此。經云：無明體性本自不有，妄想因緣和合而有，但衆生不知虛妄，謂身爲實，言是常樂我淨，而起四倒橫計，諸惑流轉生死。今時行者觀已身心虛幻而無有實，何常樂我淨之有？則不起倒想煩惱自滅。如人夢中見人毀讚，讚則喜躍毀則憂惱，眠覺已後方悟，眠中喜怒橫生忻懼。菩薩行者觀自生心，喜怒而生諸惑，亦如幻化。經云：如夢所見作斯觀故，卽悟一念自生之心空理，是名通教體法無生巧度，傍詮化城理也。

問：何故名體法無生巧度之觀？答：今當譬解者，一如鏡外實像，二如鏡內影像。而卽目世人可不謂鏡外像，是實有鏡內之像，是虛無耶？若禀三藏教行者，觀身心之法，如鏡外實像，但爲三相所遷故，無常苦空無我，作斯觀者，得悟無常苦空之理。而今通教行者，體知身心，只如鏡內之像虛無，然今鏡像可不卽像而空，何得滅像方空？故經云：卽色是空非色滅空，色自性空，是則無鏡像之本滅故。經云：本自不生，今則無滅。此觀巧且妙故，名體法無生巧度觀也。舉鏡譬既然，夢幻影響等喻可知也。此觀比三藏，卽是利根三乘人，乃能修此巧度之觀。故經云：解集無集而有真諦。既云解集無集，何煩惱可斷而有真諦？卽是得二涅槃，如偈云：三乘不斷結得入二涅槃也。論云：問觀自生心，云何是別教？求大乘常果，菩薩斷別惑。此一偈明別教，何者？然禀別教者始心卽知常住佛果，發心欲求，但佛果玄微，不可卽事而頓修故。從微至著，從淺至深，初觀身心生滅苦空無常無我，修生滅之觀不異前三藏觀法，但三藏不知常住佛果，以此爲異耳。次修體法無生之觀，亦不異通教。通教但同三藏偏真化城，不求大乘常果異別教耳。而別教先修生滅伏四住惑，次修無生斷四柱故，名從假入空觀也。故瓔珞經云：從假入空名二諦觀。中論云：因緣所生法我説卽是空也。次出假觀者，觀一念自生之心，若是究竟空卽是斷無。經云：雖空而不斷，雖有亦不常，善惡亦不失，故知雖空而是如來藏，具足百界千如，生死涅槃皆在心內，萬法萬行並在其中，故宜修學恒沙佛法，集無量四聖諦，破無知塵沙之惑，顯出心中如來藏理，故名從空入假觀也。瓔珞云：從空入假名平等觀。前但破假未破空，今復破空故名平等觀也。中論云：亦名為假名。淨名云：未具佛法不應滅受而取證也。是則二經一論共證假觀也。三、修中道觀者，前觀心雖空而不無後觀心，雖假而不有，不有故不常，不無故不斷，不常不斷即是中道。又不有故非有，不無故非無，名為中道。又不有而有，即是中道真善妙有法性常色。故經云：捨無常色獲得常色。受想行識亦復如是。又不無而無，即是第一義空，名為中道，即大涅槃空也。斯之有無並是中道異名，故名從假入中。瓔珞云：二觀為方便，得入中道第一義諦觀。中論云：亦名中道義。淨名云：今我此病非真非有，非真而非空，非有即非假，名為中道，乃至非凡夫行非賢聖行，是菩薩行等，乃有而紙餘。經文並雙非兩捨，顯於中道。是則二經一論，亦共證成中道觀也。此是菩薩行者稟別教之觀，觀一念自生之心，修歷別三觀之理，志求大乘常住佛果，而斷無明別惑，是名別教曲詮中道理也。故偈云：問觀自生心云何是別教等，斯之是也。

　　論曰：問觀自生心，云何圓教乘？不破壞法界，住三德涅槃。此一偈明圓教，何者？經云：生死即涅槃、煩惱即菩提者，三觀圓觀一念生死之心，即是中道涅槃；煩惱之心，即是中道菩提。經云：菩薩未成佛，菩提為煩惱；菩薩成佛時，煩惱即菩提。故知迷心為煩惱生死，悟心即菩提涅槃，是則菩提煩惱更無二法，如寒結水為冰，暖即融冰為水，名殊而體一也，亦何妨名異而體同？故經云：有身為種，無明有愛為種，貪癡為種，四顛倒為種等，乃至一切皆是佛種，是則煩惱惡法即是佛種，善無記法理應是也。斯則一切無非佛法，一色一香無非中道。經云：不壞於身而隨一相，即是苦道，法身德也。不滅癡愛起於明脫，即煩惱道，般若德也。以五逆相即是解脫，即是業道解脫德也。是則經明不壞生死三道，即是三德秘密大般涅槃。故云：一切衆生即大涅槃，不復更滅即其義也。然而三德即是三般若三法身三寶等，乃至一切八萬四千法門諸波羅蜜，萬德萬行一切佛法，皆在一念生死三道之內故，目此心爲如來藏，故知道至近而易迷，理即事而難曉，必其苟領斯意，以圓道神統者，矚目對境何非妙道也！經云：治生産業皆與實相不相違背，四儀之間無非是道，舉足下足無非道場，是則金玉出於沙石，道出於無道。故經云：行於非道通達佛道，火生蓮華謂之希有，自非大行大根性人，何能遊神斯道者也？俱衆生理具情迷，故云貧女寶藏無人知者，不覺內衣裏有無價寶珠，凡夫不知以此寶自富，故名貧女。二乘不能以此寶自饒，故名窮子。此之寶藏不妄授人，故云久默斯要不務速說，四十餘年未顯真實，今乃說之，良由法不可妄說。

問：昔何不說，今乃說之？答：經云：衆生五濁障重故不得說也。

問：五濁何以障大？答：衆生以五濁因緣，橫計生死謂常樂我淨而起妄惑，墜墮三途，而今更說其身，是如來藏常樂我淨，增其倒惑何由得出生死者也。只今行空之人即是其事。何者？而其本多貪欲三毒，聞經婬欲即是道，恚癡亦復然如是，三法中具無量佛法，其不達斯妙旨，扶其惑心更增起迷倒，豈可妄說？

問：今說身有如來常樂我淨，與衆生橫計常樂我淨，若爲有異？答：涅槃經云：橫計常樂等，是蟲食木偶得成字，是蟲不識是字非字，經將此釋以斥於彼，今可借彼以釋此也。然佛初寂滅道場成道，即欲以此大法擬之，衆生無機不受大化，故信解品中領解云：長者於師子床見子便識，即遣傍人急追將還，于時窮子稱怨大喚，我不相犯何爲見捉？我若强説衆生，則破法墮惡道故，云我寧不説法疾入於涅槃，此卽全生如乳。尋念過去佛所行方便力，我今亦如是，方便度衆生卽趣波羅奈，爲五比丘説，説生滅之教斷四住惑，故云更遣二人追坭將來，二十年中除見思之糞，卽是從凡入聖轉乳如酪。次説方等，帶三教方便説圓教調伏故。淨名用圓別兩教，折十大弟子，用圓彈偏行菩薩歷別之行，漸令調伏。何者？昔對其説大破法不信，令不得説。今既得二乘聖道，聞其説大卽自傷敗種，故聲振大千，歎菩薩妙法難思，雖未得悟而不起謗。故云過是已後心相體信入出無難，然其所止猶在草庵，下劣之心亦未能捨也，此是轉酪爲生酥，卽是三藏之後，説方等教也。次説般若，帶通別兩方便説圓調伏，爲諸菩薩説般若故。信解品云：長者知子漸已通泰，而命領知家業。故偈頌云：佛勅我等爲諸菩薩説波羅蜜，而我無有希取一餐之意。此是轉生酥爲熟酥，此方等後説般若教也。次般若後説法華圓教。經云：正直捨方便但説無上道，卽是説今圓觀，觀一念之心卽是中道如來寶藏，常樂我淨佛之知見。故云：爲大事因緣故，出現於世。舍利弗問云：何名大事因緣？佛云：爲令衆生開佛知見故．示悟入等亦復如是。故信解品中云：長者自知臨命終時，聚會親族，卽云：我是其父汝是我子，一切財物皆悉付之。卽般若之後説法華圓教也。故知前之三教並是爲今圓教妙觀之方便，調伏令堪受今之妙觀。故知圓觀微而復妙，何得比前三教者乎！故經歎云：初發心時卽坐道場。又云：初發心時已過於牟尼，譬如王子初生，卽在百官之上；初發圓心，卽在三教之上。經格量第五十人功德，尚不可稱量，況最初隨喜人？卽是今圓觀人也。以是義故，借五味之教，顯今圓教之觀相也。然圓觀之道體生死三道，卽是三德涅槃。已如前釋。是卽三道卽法界，法界何所破壞，故偈云：問觀自生心云何是圓教？不破壞法界住三德涅槃，斯之謂也。

行法衆多而言其四。

（選自日本大正大藏經卷四六觀心論疏卷二）

二、天台八教大意

前佛後佛，自行化他，究其旨歸，咸宗一妙。佛之知見，但機緣差品應物現形，爲實施權故分乎八：頓、漸、祕密、不定，化之儀式，譬如藥方；藏、通、別、圓，所化之法，譬如藥味。

初言頓者，從部得名卽華嚴也。佛垂迹化塵劫亘量因，壽倍之果寧可喻，且從今日一期降生託陰摩耶，主伴互爲唯資大法，譬如日出先照高山，機不經歷故名爲頓。約譬次第，以初譬初名爲乳味。故涅槃云：從佛出十二部經，譬從牛出乳。又二乘機生未受大化，雖復在座如聾若盲，初會俱無見聞之益，亦名爲乳。故迦葉領解云：卽遣傍人急追將還，迷悶躄地等卽第一時也。次從鹿苑至于般若名爲漸教，既二乘全生貴藥非賤治，不動九會脫妙著粗，貫日託陰納妃生子，示成鹿苑轉生滅四諦法輪，小乘生信先度五人，約譬次第名爲酪味。故迦葉領解云：密遣二人方便附近等。故涅槃云：從十二部經出修多羅，譬從乳出酪卽第二時也。次明方等大集寶積淨名，褒圓歎大折小彈偏自悲敗種，約譬次第名生酥味。故涅槃云：從修多羅出方等典，譬從酪出生酥。故迦葉領解云：過是已後心相體信出入無難，然其所止猶在本處卽第三味也。次說諸部般若轉敎付財融通淘汰，約譬次第名熟酥味。故迦葉領解云：長者自知將死不久等卽第四味也。此等四味對頓名漸。法華、涅槃非頓漸攝，開前頓漸歸會佛乘，約譬次第名醍醐味。故涅槃云：從摩訶般若出大涅槃合於法華，譬從熟酥出醍醐味。故迦葉領解云：臨欲終時而命其子等卽第五味也。餘之六教遍在漸頓之中。同聽異聞互不相知名祕密教，同聽異聞彼彼相知名不定教，祕密不定名下之法，只是藏通別圓佛世逗機，一音異解從化儀大判且受二名。略明化儀四教義竟。

次明藏、通、別、圓四教，亦遍頓漸二味之中。華嚴頓部圓教兼別，鹿苑初成十二年前說戒定慧三，並屬小但三藏教。十二年後般若之前大集、寶積、楞伽、思益、淨名、金光明，除般若外並屬方等。對半明滿具有四教，諸部般若帶半明滿具通別圓，無三藏教。法華會竟，無三唯一圓教；涅槃最後談常四教並知圓理，所以二經同醍醐味。第一明三藏教者，仍於法華及大智度論，對斥小乘得此名也。論云：迦旃延子自以聰明利根，於婆沙中明三藏義，不讀衍經非大菩薩。廣破三祇六度，權義建立衍門，通別圓三大乘觀行。謂四阿含卽修多羅藏，俱舍婆沙卽阿毘曇藏，五部毘尼卽是戒藏。此之三藏三乘同須戒防身口。經多詮定，論多辯慧。聲聞觀於四諦，緣覺觀十二因緣，菩薩修事六度，二乘則自調自度。菩薩乃弘誓，與拔因雖小異，俱析實陰而歸但空。聲聞階位立於七賢七聖，不同種福乃三生六十劫。次明支佛者，支佛此翻緣覺，若出無佛世觀華飛葉落，頓悟支佛名爲獨覺，生於佛世聞說因緣頓悟支佛名爲緣覺，並福厚根利謂四生一百劫所修因也。三明菩薩乘者，從初發心緣生滅四諦，發四弘誓願：一、昧（昧應作未）度者令度，卽衆生無邊誓願度，謂度天魔外道，愛見二種六道衆生，此緣苦諦境而發心也。二、未解者令解，卽煩惱無數誓願斷願斷（願斷兩字疑衍文），愛見六道衆生二十五有，見思之縛令得解脫，卽緣集諦境而發心也。三、未安者令安，謂法門無盡誓願知，卽令愛見六道衆生，知三十七品道諦，自安此緣道諦而發心也。四、未得涅槃者令得涅槃，卽佛道無上誓願成，此令六道愛見衆生，滅二十五有因果證滅諦理，此依滅諦境而發心也。既以發心須行填願行，卽三祇百劫所修六度，從初值釋迦牟尼，至羼那尸棄名初僧祇，從此常離女人身，亦不自知當得作佛，卽是外凡五停心總別念位。從尸棄至然燈佛，用七莖蓮華供養布髮掩泥，受然燈記當得作佛號釋迦文，爾時自知口亦未説名二僧祇，此是煗法修事六度。次從然燈至毘婆尸佛爲第三僧祇，亦知亦説此是頂法之位修行六度。若過三祇百劫，種福三十二相百福成一相，福謂相因福義多途難可定判，於南洲男身佛出世時，緣佛身相故得種也。一云：輪王於四天下自在爲一福。有云：如帝釋於二天下自在爲一福。有云：大千人盲治差爲一福。有云：一切人破戒能爲説法，令捨毀禁爲一福。有云：不可譬喻唯佛能知，入第三僧祇修行大行故福難量。問：幾時種三十二相因？答：極遲百劫極疾九十一劫。故弗沙佛觀見釋迦弟子根熟宜在前度，於寶窟中放光遠照，菩薩尋光至弗沙所，七日七夜一心觀佛，目不暫眴，苦行讚歎，超彌勒前九劫獲證。修行六度，各有滿時，凡有所施而無遮礙。如尸毘王代鴿，是檀滿，如須陀摩王捨國，獲偈護不妄語，是名尸滿；如羼提仙人爲歌利王割截無恨，身體平復，是忍辱滿；如大施太子爲諸衆生，入海求珠，充足窮乏，得珠入手，海神見其睡，卽藏其珠，太子覺已，誓將此身抒海令盡，天帝感見，諸天助之，海水減半，乃至七日翹足偈讚，弗沙卽精進滿；如尚闍黎仙人入定鳥巢髻中，待子能飛方乃出定，是名禪滿；如劬嬪大臣分閻浮提地而爲七分，息國仇諍，是般若滿；此訖前百劫並下忍位也。次入補處生兜率，託母胎出生出家降魔，魔軍散已安坐住禪卽中忍成就。次一剎那入上忍，次一剎那入世第一，次一剎那發真無漏，三十四心斷惑證果，十力無畏等皆成就名佛，轉于法輪緣盡入滅，舍利住世廣福人天，此是三藏三乘之相。問：何故二乘卽生斷結，菩薩從初乃至降魔仍未斷耶？答：二乘厭患生死，自求涅槃故先斷結，菩薩慈悲先物後己。設乃因時斷思未得無漏力弱，從其元意亦名未斷。問：三乘所修凡具幾法？答：大而爲論並用十法，能通之門有四隨入咸然。今約有門略明十義：一、明所觀之境，卽是識正無明因緣生一切法也。故大論云：色若粗若細，總而觀之，無常無我，悉是顚倒，如阿毘曇廣説，不同外道計微塵世性及自然等。二、真正發心者。既識無明，乃至老死，正求涅槃，發三乘心，出離見愛，不要名利，唯志無餘。三、遵定慧者。既誓求出有，依木又（又應作叉）住修道，但遮障紛馳道，何由剋爲修四念學五停心？破五種障名停，事觀名定，念處卽慧，慧定均停，故名安心。四、破法遍令見有得道，以無常等慧遍破見愛也。五、知通塞者。前雖知見等是過未見其德，過卽是塞，德卽是通。通謂道滅無明滅等，及於六度塞卽集因緣生等，及於六蔽節節檢校是通須護塞，卽須破。六、道品調適。既識通塞進修道品，所謂觀身不淨觀受是苦，觀心無常觀法無我，勤修念處名四正勤，定心中修名四如意，五善根生名五根，根增長名五力，定慧調停名七覺，安隱道中行名八正。若一停作三十七品，餘停心亦如是，此三十七是行道法，將入無漏城有三門：謂空無相無作，苦下空無我二行爲空門，集道各四及苦下苦無常十行爲無作門，滅下有四爲無相門。故知三乘莫不依諦。七、修對治者，若利人卽入，鈍人不入當修助道，故論云：貪欲心起教修不淨，及背捨等爲助，無常析觀歸真爲正。八、識次位者。雖修正助等法明識，真似階降不同，令無上慢。九、善修安忍。總修四念入於煖法似道煙生，若不安忍不至煖頂，頂法退爲五逆，煖退爲一闡提。忍世第一後入真無漏，由能安忍內外諸障。十、無法愛者。上安忍策進外凡令入內凡，令無法愛策內凡位，而入見諦斷於見惑，或超或次得成無學，利人節節得入，鈍人具乘至十。阿毘曇中所明雖廣不出十意，名爲十法成乘。有門既爾空門亦有亦空門非有非空門亦如是。廣如大本三藏教竟。

次明通教。通者同也。此教三乘因果大同故名通教。故經云：欲得三乘當學般若。論云：聲聞及緣覺解脫涅槃道皆從般若得。三人共行十地，三人同斷見思。前無七賢之名，後無等覺妙覺，所證雖同三藏觀法，巧拙有殊。通教體陰則真名巧，三藏析陰方真名拙，即是界内巧拙相對。相對雖爾，此去三教並屬大乘，大名雖同若地若行，名數多少深淺天隔。初、乾慧地即是外凡，體陰界入如幻如化，總伏見愛八倒，名四念觀。住是觀中，修正勤如意根力覺道，雖未得煖法相似理水，總相智慧深利故稱乾慧地。二、性地者，得煖法理水霜心，增進頂忍及世界第一，見無漏性皆名性地，即内凡也。三、八人地，四、見地，此兩地不出入觀，共斷見惑發真無漏，見於諦理即初果位。八人者，八忍也，即無漏一十六心。亦應云八智，智少一分文略從因故云八人。五、薄地者，體破欲界六品思惑，故名爲薄，即斯陀含果。六、離欲地，斷欲九品不來欲界，即阿那含果，故云離欲。七、已辦地者，三乘進斷色無色界八九七十二品思惑，即羅漢果，名爲已辦，聲聞行極。八、支佛地，雖同斷見思福厚根利能除習氣也。九、菩薩地，從初發心緣無生四諦，發菩提心至六七地，從空入假，假謂化道，空即空觀，道觀雙流誓扶習氣還生三界，用道種智遊戲神通，淨佛國土或就衆生，三乘機熟，即坐道場，用一念相應智慧進斷餘習氣及界内無知，得一切種智名。第十、佛地，轉無生四諦法輪，化三乘衆入無餘涅槃，如火燒木無復灰炭，香象度河到於邊底。故經云：諸法實性相三乘，亦皆得而不名爲佛。三乘觀行亦有四門，今亦約有門明於十法成乘：初、明觀境，即六道陰入，能觀所觀皆如幻化。二、明發心二乘緣真自行，菩薩體幻兼人與樂拔苦譬於鏡像。三、安心定慧前，雖止觀並空如空，而安二法。四、破法遍用幻化之慧，破幻化見思。五、識通塞，雖知苦集十二緣生及六蔽等,皆如幻化,亦以幻化道滅十二緣滅及六度等, 通之節節檢校皆如幻化。六、道品調適者,以不可得心修三十七品也。七、對治者,體三藏法無常苦空如幻而治。八、識次位者,了乾慧等十地因果,三人殊途而不謬濫。九、令安忍乾慧外凡內外諸障而入性地。第十、速令內凡性地,不著相似法愛,而入八人見地證真。餘三門亦如是。廣如大本通教竟。

三、明別教者。此約界外獨菩薩法。教理智斷,行位因果別前二教,別後圓教,故名爲別。涅槃云:四諦因緣有無量相,非諸聲聞緣覺所知,諸大乘經廣明菩薩歷劫修行,行位次第互不相攝,並此教也。華嚴明十住十行十迴向爲賢,十地爲聖,妙覺爲佛。瓔珞明五十二位前加十信。仁王不論等覺但五十一位。涅槃明五行十功德。既是界外菩薩行位,隨機利益豈得定說。今約瓔珞總明七位:一、十信,二、十住,三、十行,四、十迴向,五、十地,六、等覺,七、妙覺。初、十信者,十心之中以信爲本,故云十信。十心者:一、信,二、念,三、精進,四、慧,五、定,六、不退,七、迴向,八、護法,九、戒,十、願。卽是外凡伏忍位也。住、行、向,三並屬內凡柔順忍位。二、明十住者,卽習種性。從信入住習,從假入空,斷界內見思,故名習種。一、發心,二、持地,三、修行,四、生貴,五、方便具足,六、正心,七、不退,八、童真,九、法王子,十、灌頂。三、明十行者,性種性也。從十住空性而入十行假性,名性種性。一、歡喜,二、饒益,三、無瞋恨,四、無盡,五、離癡亂,六、善現,七、無著,八、尊重,九、善法,十、真實。四、明十迴向道種性者,修中道觀伏界外惑,故名道種。一、救護衆生,二、不壞,三、等一切諸佛,四、遍至一切處,五、無盡功德藏,六、隨順一切堅固平等善根,七、等觀一切衆生,八、真如相,九、無縛無著解脫,十、入法界無量。五、明十地聖種性者,證中道觀,故名爲聖。一、歡喜,二、離垢,三、明地,四、焰地,五、難勝,六、現前,七、遠行,八、不動,九、善慧,十、法雲。此之十地破界外十品無明，更破一品入於等覺，更破一品入於妙覺。始終但破十二品無明,乃與圓教第二行齊,以我之因爲汝之果。教權位高者,譬如邊方未靜，高位目之定爵論功，其官則下。此教緣無量四諦發菩提心,苦集滅道皆無量相。若論自行隨一門堅入化他，始終橫破故。十住自行從假入空，用生無生觀六界空。十行入假廣集四四十六門法,知十界假迴向後心滅九界假,證佛界中地前，緣修兩觀經劫無量,爲中道方便登地三觀現前,與圓初住無二無別,名爲證道,若有宜聞地上歷別,亦作一地不知二地說之故得諸大乘經;或明七地之前猶居方便位也。此則始終約教不同,緣修地前對地名爲教道。且約自行四門之中有門所修十法成觀:初、明境者，緣於登地中道妙有之境，而爲所觀局出空有之表。二、明發心者,緣此妙有起四弘誓。故華嚴云:菩薩不爲一人一國一界微塵人,乃爲法界衆生發菩提心也。三、安心者,既發心已安心進行,修諸定慧定愛慧策耳。四、破法遍者,用妙有慧遍破空有也。五、識通塞者,次第三觀爲通見思塵沙無明爲塞,傳傳檢校是塞令通耳。六、道品調適者,三十七品是菩薩寶炬陀羅尼,念處破倒正勤如意,能生五根力必增長七覺八正,定慧均平入三解脱門證中無漏。七、對治助開者,用前藏通助開妙有實相中道。九、安忍者,策十信位入於十住,令離違順強軟二賊。十、無法愛者,策三十心令入十地,若愛相似之法名爲頂墮。餘三門亦如是,廣如大本。別教竟。

　　次略明圓教者。圓名圓妙,華嚴法界廣大,淨名入不二法門,般若最上之乘,涅槃一心五行等,並圓妙法也。此等圓妙一理無他兼帶半滿,權覆於實,旨趣猶隱。今從佛意,卷權歸實,開顯之圓,粗騰綱要。即以法華分別功德品末,明本迹流通。如來滅後,五品聞經轉說起觀行成,以爲凡地措心之首。經云:又復如來滅後,若聞是經,而不毀呰起隨喜心,從會而出聚落田里,爲父母宗親隨力演説,如是展轉至第五十人聞而隨喜,其福超勝於四百萬億那由他恆河沙等衆生令得羅漢,百千億分不及其一,則初隨喜品也。經云:何況讀誦受持之者,卽第二品。經云:若有受持讀誦爲他人説,卽第三品。經云:況復有人能持此經,兼行布施持戒忍辱,精進一心智慧是兼行六度,卽第四品。經云:若人讀誦爲他人説,復能持戒忍辱無瞋精進勇猛得諸深定智慧,問答則是具行六度,第五品也。初品之初校量叵測,餘之四品非凡小所知,略如經文不能具述。初言隨喜者,隨喜妙法也。法卽心法及生佛法。此法卽心,此心卽法,三無差別。凡聖一如如,卽實相。實相遍相百界三千,百界三千無非實相。故經云:諸法實相卽指諸佛權實法也。所謂如是相性體力等,卽百界三千也。妙心體具具不出心,猶如金體具足衆器具不出金,故名具心以之爲妙。妙心是境,妙智是觀,觀境不二能照能遮。所言境者,具三諦也。具心卽空真諦境也,具心卽假俗諦境也,具心卽中中道第一義諦也。知真卽空觀,知俗卽假觀,知中卽中觀。常境無相常智無緣,無緣而緣無非三觀,無相而相三諦宛然。初心此知慶己慶人故名隨喜,卽第五十人也。會初聞説卽五品之初觀念無間故有異也。一一品中以五悔爲本故,彌勒因時無別苦行但修五悔,日夜六時無時有須臾廢成等正覺。次以圓解觀心修行五悔,更加讀誦善言妙義與心相會,如膏助火,是時心觀益明名第二品也。次以增品勝心修行五悔,更加説法轉其內解,導利前人,以廣濟故,化功歸己心倍勝前名第三品。次增進心修行五悔,傍行六度福德力故,倍助觀心更一重深進名第四品。次以圓心修行五悔正行六度,自行化他事理具足心觀無礙,轉勝於前不可比喻,名第五品。此等五品並外凡位假名五品,既轉明靜豁入聞慧,通達無滯深信難動,卽入十信六根清淨內凡位也。見思之惑任運先除，如治鐵作器粗垢先盡，故仁王般若云：十善菩薩發大心長別三界苦輪海，與三藏通教佛果位齊，與別教十迴向齊也。信名雖同別教，人之與行深淺永殊。住行向地亦復如是。圓賢位竟。次明聖位。四十二品並破界外微細無明。初八十住破十品無明，證圓佛性開佛知見。故華嚴云：初發心時便成正覺，真實之性不由他悟。卽此意也。證初一位卽能分身百佛世界，爲十界像普現色身，隨機設化二住已去，十位加前乃至妙覺不可說界，本高迹下普現三昧。次入十行更破十品示佛知見，次入十迴向更破十品悟佛知見，次入十地進破十品入佛知見，竪論雖爾橫論一一皆具開示悟入佛知見也。次破一品入等覺，後破一品入妙覺。妙覺無上，無所復論，始終理等故名爲圓。約事仍殊乃分諸位，譬如濕性冰水無殊，融冰成水初後宛然。應明六卽方顯聖理，圓性恒遍生佛咸如，理卽佛性如理而知，名字佛性如知修觀，刹那無間，觀行佛性獲淨六根，相似佛性破界外惑。證真初住乃至等覺四十一位，分證佛性妙覺一位智斷俱圓，究竟佛性理同故，卽事異故六，故名六卽，如諸大教有卽名者，生死卽涅槃煩惱卽菩提等，並判六卽方免濫非。問：華嚴經云：初發心住便成正覺，何須更因餘之位耶？答：正覺分成名成正覺，非卽發心成究竟正覺。譬如闇室分四十二分，一炷之燈卽名室明可同於二三乃至四十二炷。若了此喻一成一切成不失。初後明昧宛然應知，圓人四門並位位十法淺深有異。今且總明十法名相：一、觀不思議境者，謂觀一念所具之心，卽無作四諦達此具心無非衆生。生佛一如涅槃無二，卽苦滅諦不可思議達此具心無非煩惱。煩惱卽般若卽集道諦不可思議，惑智相卽因果寧殊，一一無非空假中。境卽空故方便淨，卽假故圓淨，卽事故性淨，三淨一心中得名大涅槃。故淨名云：一切衆生卽大涅槃名不思議境。境法非一名廣，無非實相名高。故法華云：其車高廣。第二、發真正菩提心者,緣前實境起四弘誓,緣前若境誓度衆生。故法華云:未度者令度。緣前集境誓斷煩惱,故法華云:未能者令解。達惑卽智則法門無盡誓願知,故法華云:未安者令安。生死卽涅槃則佛道無上誓願成。故法華云:未得涅槃者令得涅槃。四諦是所緣之境,四弘是能發之誓,誓如無境名爲狂願,境不發誓名爲頑諦,依諦發心離於邪小偏僞之過,故名真正。故法華云:又於其上張設幰蓋等。三、巧安止觀者,體境法界法界寂然名止,止卽定也。寂然常照名觀,觀卽慧也。此卽總安。若分止觀逗四悉機名爲別安。若總若別無非圓觀故名善巧。故法華云:安置丹枕卽車内枕也。四、破法遍者,以圓三觀遍破三惑,惑智俱圓一心中破名破法遍,若法華云:其疾如風。五、識通塞者,苦集無明見思塵沙爲塞,道滅無明滅卽空卽假卽中等爲通,是通須護有塞須破。於通起塞亦復如是。節節檢校名識通塞,卽車外枕也。六、道品調適者,無作七科一一調試,隨宜而入,四念爲本雙非枯榮,餘品例之無非中道,名道品調適。故法華云:有大白牛等。七、對治助開者,若正道多障圓理不開,須修事助,事卽五停及三藏六度等事成理顯,事理咸如名爲合行。故法華云:又多僕從等。八、知次位令無上慢,九、能安忍策進五品而入十信,十、無法愛策於十信入證初住。故經總譬乘是寶車遊於四方,乃至直至道場等。故知中下修觀十法,具須上根體境含諸,或一二三不定,内外作受受不咸然,大車無量言豈徒設?以法對譬出自一家,本迹所歸圓理無二,不別而別,位位增明廣如餘文,非此可具依文判義。若四若八目擊道存,更引涅槃證成其理。故第六云:凡夫如乳,須陀洹如酪,斯陀含如生酥,阿那含如熟酥,阿羅漢、辟支佛、佛如醍醐。大論云:聲聞經中稱阿羅漢名爲佛地。故三人同是醍醐,此譬三藏教五味也。涅槃三十二云:衆生如雜血乳,須陀洹斯陀含如淨乳,阿那含如酥,阿羅漢如生

酥，辟支佛如熟酥，佛如醍醐。此譬通教五味。支佛侵習小勝聲
聞，故與菩薩同爲熟酥。佛正習俱盡名醍醐。涅槃第九云：衆生
如牛新生血乳未別，聲聞如乳，緣覺如酪，菩薩如生熟酥，佛如
醍醐。此譬別教五味。十信輕毛菩薩如雜血乳，九住已前斷通見
思名乳比擬聲聞，十住小深故比擬支佛如酪，十行十向如生熟酥，
十地之初已名爲佛故如醍醐。涅槃二十七云：雪山有草名爲忍辱，
牛若食者即成醍醐。草喻八正，能修八正即見佛性。此譬圓教不
歷四味即成醍醐。又涅槃二十七云：置毒乳中遍於五味皆能殺人。
譬於祕密及不定教，毒譬佛性了因種子，五味譬受報五道，殺
人譬值佛聞法斷惑，不明諸教經不可通，無彼經譬教何能顯？問：別
具五味亦具四教，及方等涅槃四教何別？答：涅槃四教俱知常住，方
等四教隔別不融別，具四教法四人。一謂菩薩人知四種法，雖四不
同善須得意，故知稟教自行化他，暗於八教旨歸行解甚難通會，爲
實施權意在於實，卷權歸實意在於權，權實雖殊不思議一。本迹久
近妙理恒同，十方佛化無他，戒定智慧人人備足。汝等所行是菩薩
道，五篇何局自度心修，無二無三之談方便焉不歸實，得法華意冰
冶雲銷。古今失意之人，咸招打脚之喻。執實謗權尚違安樂之行，
執權謗實怨逾七逆者哉1謹案天台一宗略論旨趣，究其始末餘文廣
尋可謂習義觀之初章，辯偏圓之妙慧，終朝結舌，遍誦衆經，八音掩
扇，常聞梵響，靈山親證語不徒施，發陀羅尼言可驗矣。頃因好事
者直筆書之，儻有見聞者咸資種習自他功德，冀必由兹法界，怨親
俱霑願深。

（選自頻伽精舍校刊大藏經陽峽第十册）

三、大般涅槃經玄義

卷　上

夫正道幽寂，無始無終；妙理虛玄，非新非故。無始而言其始者，謂之無明生死；無終而語其終者，卽是種智涅槃。無明生死，本自有之，名之爲故；種智涅槃，修因方克，目之爲新。此經乃於非始之始，分別佛性三因之殊；還就無終之終，辨於涅槃三德極果之別。若佛性之因非因，涅槃之果非果，是則因如不異果如，果如不異因如。若因如不異果如，非止涅槃之如非新，佛性之如，亦復非新；若果不異因如，非止佛性之如非故，涅槃之如，亦復非故；是則佛性涅槃因果之如，皆是非新非故。非新非故之理，卽是法身；非新而新之果，卽是摩訶般若。既有非新而新種智之圓極，則非故之故無明生死患累，究竟斯亡，目之解脫。此則三德之義宛然，不縱不橫，妙等伊字；但衆生利鈍不同，是以大聖赴緣之教，亦有頓漸之別。頓則譬於忍辱之草，牛食卽得醍醐；漸則五味階級，次第圓滿。或有不定根緣，爲赴此機，所說教門，非頓非漸，喻之置毒於乳也。皆是能仁妙窮權實，巧赴根緣，化他利物，罄無乖爽。今此大經，爲欲開通往昔教門，顯發如來方便密義，故於娑羅雙樹，大師子吼。師子吼者，名決定說。決定說者，說一切衆生悉有佛性。如來畢竟不入涅槃，不入涅槃卽是入於無上大乘大般涅槃。此經若具依梵本，應云摩訶般涅槃那修多羅。摩訶言大。般涅槃那，此翻滅度。釋此三字，具依兩義：一別，二通。第一別釋者，大卽法身。故此經云：所言大者，其性廣博，猶若虛空。其性卽法性，法性卽法身也。滅者，卽是解脫。解脫二種煩惱，生死永滅，免斯因果患累，卽解脫義也。所言度者,即是摩訶般若。故大論云:信爲能入，智爲能度。當知別以三字標今經之目,即是三德之異名也。第二通釋:大者,謂大法身、大般若、大解脱也。滅者,即是三德,皆寂滅也。度者，即是三德,皆究竟圓滿也。故通以三字標名,表三德皆大寂滅究竟也。別通之義雖殊,然並是用非果之果無上祕密之極果,以標一教之首也。脩多羅,即是聖教之總名,有翻無翻,事在別釋。若具依梵本,應言摩訶般涅槃那,今翻爲大滅度。大若虛空,不因小相;又其性廣博,多所容受;又名不可思議諸佛之法界,是爲三義釋大也。滅者，滅二十五有,及虛僞物;又得二十五三昧,種種示現;又生滅滅已,寂滅爲樂;是爲三義釋滅也。度者,度於不度,又度於度,又度此彼之彼岸,亦度非彼非此之彼岸,譬如神龜,水陸俱度，是爲三義釋度也。總攬三法、三目、三點，名大般涅槃。金剛寶藏,滿足無缺,不縱不橫,不並不別,微妙祕密,以當其體;常住不變,恒安清涼，不老不死,以當其宗;置毒佛性,徧五味中,味味殺人,震大毒鼓,雖無心欲聞,聞之皆死,八大自在我,以當其用;常住二字,無上醍醐,與諸典別,決定之吼,以當其教;名含體攝,常宗毒用,極教之相也。

　　玄義開爲五重:一、釋名,二、釋體,三、釋宗，四、釋用,五、釋教。

　　釋名又五:謂翻,通,無,假,絶。翻者四説:謂無,有,亦有亦無,非有非無。初言無者,天竺五處不同,東南中三方奢切小殊，西北兩處大異。如言摩訶摩醯,泥日泥洹,此則三方;如言洹隸槃那,般涅槃那,此則二方;類如此間楚夏耳。有人以泥曰目雙卷,泥洹目六卷,涅槃目大本,是義皆不然。雙卷明八十無常,六卷明金剛不毀,豈可以方言簡義？毗婆沙云涅槃那,今經無那字,蓋譯人存略耳。肇論以摩訶涅槃爲彼土正音,古今承用,其各説者,凡有五家:一、廣州大亮云:一名含衆名,譯家所以不翻,正在此也。名下之義,可作異釋。如言大者，莫先爲義。一切諸法，莫先於此。又，大，常也。又,大是神通之極號,常樂之都名，故不可翻也。二云:名字是色聲之法,不可一名累書衆名,一義疊說衆義，所以不可翻也。三云:名是義上之名,義是名下之義,名既是一,義豈可多?但一名而多訓,例如此間息字,或訓子息,或訓長息，或訓止住之息,或訓暫時消息,或訓報示消息。若據一失諸，故不可翻。四云:一名多義,如先陀婆一名四實,關涉處多,不可翻也。五云:祇先陀婆一語,隨時各用,智臣善解,契會王心。涅槃亦爾。初出言涅槃,涅槃卽生也。將逝言涅槃,涅槃卽滅也。但此無密語翻彼密義,故言無翻也,二云有翻者。<u>梁武</u>云:佛具四等,隨其類音,溥告衆生,若不可翻,此土便應隔化,四等亦是不徧,引<u>釋論</u>,般若尊重,智慧輕薄,既得以輕代重,何得不以真丹單別?翻<u>天竺</u>兼含,既可得翻,且舉十家:一、<u>竺道生</u>,時人呼爲涅槃聖,翻爲滅。引文云:聞佛唱滅,悲哀請住,魔王所以勸令速滅。云云。二、<u>莊嚴大斌</u>翻爲寂滅。引文云:生滅滅已,寂滅爲樂,前家正滅於生,後家滅生,復滅於滅,故言寂滅。云云。三、<u>白馬愛</u>翻爲祕藏。引文云: 皆悉安住祕密藏中,云云。四、<u>長干影</u>翻爲安樂。引文云:如人病差,名爲安樂,安樂名涅槃。五、<u>定林柔</u>翻爲無累解脫,既無創疣,卽無累也。六、<u>太昌宗</u>翻爲解脫。引四相品云:涅槃名解脫。迦葉品云:慈悲卽真解脫。解脫卽大涅槃。七、<u>梁武</u>翻爲不生。引文云: 斷煩惱者,不名涅槃。不生煩惱,乃名涅槃。八、<u>肇論</u>云:無爲亦云滅度。九、<u>會稽基</u>,偏用無爲一義爲翻也。十<u>開善光宅</u>,同用滅度。引文云:大覺世尊,將欲涅槃。引六卷云:大牟尼尊,今當滅度。彼此兩存,正是翻也。例:大本稱娑羅雙樹,六卷云堅固林。又引<u>法華</u>長行云、中夜當入涅槃。後偈云:佛此夜滅度。又引<u>華嚴</u>云:古來今佛, 無般涅槃,除化衆生,方便滅度。又引<u>遺教</u>,佛臨涅槃,略說教誡。又云:

時將欲過，我欲滅度。是爲十家，明有翻也。三、明亦可翻亦不可翻者。叡師云：秦言謬者，定之以方册；梵音不可變者，即而書之。匠者之公鑒，受者之重慎。今經翻摩訶爲大，般涅槃三字存梵音，是則一字可翻，三字不可翻，梵漢雙題，正應在此。四云：大名不可思議，故非可翻，非不可翻。今明漢人多不曉梵，即有衆説，莫如執是。世既咸用開善，未能異之。今雖同其翻，不用其義。同翻者，摩訶此翻爲大，般涅此翻爲滅，槃那此翻爲度，是爲大滅度也。有翻無翻四家竟。

次出開善四解：一云：滅據法，度據人。生死之法，滅已還無；生死之人，轉而作佛。二云：滅名目無，滅有還無故；度名目有，從此至彼故。實法道邊，人法俱滅，相續道中，人法俱度。三云：滅是有餘，度是無餘。有餘涅槃，既未究竟，止可是滅；無餘永免，方得是度。四云：滅是本有今無之義，而加之以度者，是永免之名。欲明凡夫之死，亦得是滅，而非永免，不得稱度。觀師難初解云：若生死之法滅，無生死之人，附何而度？若生死假人轉得成佛，生死之法，何不轉爲涅槃？今研初解，是何等義？若依聲聞法者，三果生死未併滅，假人不永度。若第四果，凡法因雖滅，凡法果夫滅，假人猶未度。若灰身滅智，假法俱寂，寂則不論度，又不得作佛。若菩薩法者，凡法都不滅，假人又不度，是誰法滅？何等人度？如此往推，非三藏義也。若依聲聞菩薩共法者，三乘之人，同以無言説道，斷煩惱，入第一義。即體生死法是涅槃法，不論滅與不滅；即生死人是涅槃人，不論度與不度。既無法可滅，何用以滅目之？既無人可度，用度目誰？如此推之，則非通教義也。若獨菩薩法，非但滅生死之偏法，亦滅涅槃之真法；非但度生死之凡人，亦度出世之聖人。彼師言不涉真法，語不論聖人，以此往推，非別教義也。若就佛法者，滅之與度，不縱不橫，無二無別。彼師分滅異度，離法論

人，如此往推，非圓教義也。既非小、非共、非菩薩、非佛，並非先聖
之法言，則不敢道也。云云。今研第二解，若以滅目無，以度目有
者，若受此有無，猶是苦諦；執此有無，猶是集諦；修此有無，猶是道
諦；盡此有無，猶是滅諦。滅諦之真，尚不可以有無名之，云何以有
無名大涅槃？如此往推，非三藏真義。若以滅目無，以度目有，若
雙目生死，生死本自不然，今則無滅。生死既無滅，以滅目誰？生
死本自不然，那得是有非有？則無度法，亦無度者，度復目誰？既
不可以滅度目於生死，云何以滅度目於涅槃？强以疣贅，累彼虛
空，以此推之，非是聲聞菩薩共法。若以滅目無，以度目有者，此以
名召法，以法應名，名物尚存，爲見所縛，云何以見義釋大涅槃？若
以滅目無門，以度目有門者，爲目小門，爲目大門？小門能通拙，所
通僞，貪住化城，久已被棄，云何以拙能通釋大涅槃？若以滅目無，
以度目有，明真俗二諦者，此是偏邪二邊，云何以二邊釋中道大涅
槃？如此往推，則非菩薩法也。若以滅目無，以度目有，有不關無，
無不關有，滅非是度，度異於滅，縱橫狼藉，劫掠羣牛，不解鑽搖，漿
猶難得，況酥醍醐？如此往推，則非佛法。既非小乘，非共乘，非菩
薩乘，非佛乘，是何等義耶？云云。今研第三解。若有餘涅槃，既
未究竟，止可是滅，無餘永免，方得稱度者，亦應滅度四住，非是究
竟，滅度塵沙，方得稱度。又滅度塵沙，亦非究竟，滅度無明，方得
稱度。又滅度無明，亦非究竟，滅度究竟滅度，方得稱度。以後望
前，前非究竟，第二第三，亦非究竟，何得以初番滅度釋大涅槃？云
云。今研第四解。凡夫已有還無，得是滅，亦應凡夫從此至彼，便
應是度。若凡夫非度，凡夫亦復非滅。若聖人已有還無，亦得是
滅，聖人從此至彼，復應是度。若凡聖俱度俱滅，若爲論異。若同
凡聖，則近陿，非高廣。若異凡聖，亦非高廣。非高故，則非無上；
非廣故，則有邊涯；云何以此釋大涅槃？若具研四解，應作四四十

六番。今但十番而已，餘皆可知，明哲自解，何俟多言！時人以開善爲長，故邈研之，餘人置而不言耳。翻名已如前說。

釋其大義者，大有三義：一、理大，二、智大，三、用大。釋論謂大多勝，大取包廣，多取含攝，勝取秀出。今言法身法界徧一切處，是廣大義；報身智境照發相應，不可窮盡，是含攝義；應身自在，無能遏絶，是勝出義；於一大字，三法具足，不縱不橫，不可思議，名祕密藏。祕密藏者，即大涅槃。釋般涅爲滅，滅有三義：謂性滅，圓滅，方便滅。性滅者，理性至寂，非生非起，生起不能喧動，故名性滅。圓滅者，照無不徧，發無不足，明窮境極，故名圓滅。方便滅者，權巧妙能，逗必會，取必克，故名方便滅。如是三滅，即三解脫。無縛無脫，是性淨解脫；因果畢竟，是圓淨解脫；巧順機宜，無染無累，是方便淨解脫；於一滅字，三脫具足，不縱不橫，不可思議，故名三點。三點者，即大涅槃。釋槃那爲度，度有三義：謂實相究竟度，智究竟度，事究竟度。實相度者，諸佛之師也，非此非彼，亦非中流，非能非所，無始無終，故名實相度。佛師度故，諸佛亦度。論云：智度大道佛善來，智度大海佛窮底。即其義也。智度者，如如智稱如如境，函大蓋大，照發相應，故名智度。論云：智度相義佛無閡，即其義也。事度者，自度度他，彼我利益，無不究竟，慈悲誓願，一切周悉，故名事度。如此三度，即三般若：實相般若，是一切種智，與諸佛同體；觀照般若，即一切智，與諸佛同意，文字般若，即道種智，與諸佛同事。於一度字，三智具足，不縱不橫，不可思議，故名面上三目。三目者，即大涅槃。今作三番九義，淺深別異，各各不同者，雖復多含攝勝，未是今經正意。文云：法身亦非，那可單作三身釋大？文云：解脫亦非，那可單作三脫釋滅？文云：般若亦非，那可單作三智釋度？故知單釋非今經意。意者，文云：三法具足，名大般涅槃。三法即三智，三智即三點。三法即九法,九法卽三法。三法卽九法,是不縱。九法卽三法,是不橫。不並不別,亦復如是。不三而三,不一而一,所以名祕密藏,攝一切法,悉入其中,是諸佛體,是諸佛師,都名總號,乃爲具足稱大涅槃,意在此耳。一智三智,三智一智,所以名一面三目。涅槃亦耳,一脫三脫,三脫一脫,所以名爲伊字三點。涅槃亦爾,體意及事,不得相離,不得相混,不可言言,不可思思,故名大涅槃。

二、釋通名者。涅槃之名,徧布諸處,安樂一意,亙十法界,皆稱安樂。梵行品云:寒地獄中,若遇熱風,以之爲樂;熱地獄中,若遇寒風,以之爲樂;如是安樂,亦名涅槃。獼猴得酒,則能起舞,騰枝躍樹;秋水卒至,河伯欣然,魚鼈噞喁,歡沫戲沼;如是安樂,亦名涅槃。餓鬼飢渴,得水食飽滿,則得安樂。如是安樂,亦名涅槃。脩羅怖畏,得歸依處,則得安樂。如是安樂,亦名涅槃。如貧得藏,如病得差,則得安樂。如是安樂,亦名涅槃。檀提婆羅門,飽食撫腹,我今此身,卽是涅槃,此計欲界果報法爲涅槃。阿羅羅仙得無想定,此計色界法爲涅槃。鬱頭藍弗得非想定,此計無色界法爲涅槃。文云:斷欲界結,則得安樂,乃至斷無色界結,則得安樂。如是安樂,亦名涅槃。此多用善因爲涅槃也。若三十三天,常樂我淨,用善果爲涅槃也。若修二乘者,多貪欲人,得不淨觀,則得安樂,如是安樂,亦名涅槃。乃至數息、慈心、念佛、因緣,亦如是,此計二乘方便法爲涅槃也。若斷三界煩惱,八萬六萬四萬二萬一萬住處,則得安樂。如是安樂,亦名涅槃。此計二乘果法爲涅槃也。釋論云:菩薩從初發心,常觀涅槃行道。初心菩薩,亦名涅槃。此文云:十住菩薩,雖見不了了,亦名涅槃。諸佛法王聖主住處,乃得名爲大般涅槃也。涅槃之名,隨情逐事,浩蕩若此,蓋是通名也。達摩鬱多羅,此翻法勝。解云:煩惱滅,名有餘涅槃。引經云:滅諸煩惱,名爲涅槃。離於生死,名無餘涅槃。引經云:離諸有者,乃名涅槃。

此就所滅釋二種涅槃也。二乘所得二涅槃,若於如來,皆是有餘,唯佛乃是無餘。引勝鬘云:二乘是有餘,如來是無餘,昔滅是盡,今滅非盡。經云:不應生滅盡想,涅槃非滅,非滅故常也。若依鬱多之解,乃是通涅槃今昔相對一塗之説。若擘肌分理,義則不然。何者?二乘有餘無餘,所滅則異,真諦則同。若於如來,皆是有餘,唯佛是無餘者。若爾,二乘既是有餘涅槃,子縛斷,破無明,入菩薩位,見佛性,生死身謝,即應同佛入無餘涅槃,何事被訶?言非不斷煩惱,不到彼岸,破除草庵,若此等皆無分者,云何對佛是有餘涅槃?又若二乘有餘無餘,對佛而得,是有餘涅槃者,自地獄已上,至菩薩已還,例應如此。若諸涅槃皆不可得,然二乘安,是故知鬱多羅之説不可依也。問:安樂之名,通十法界,佛性四德,名復云何?答:經云:一切諸法中,悉有安樂性;一切衆生,悉有佛性;豈非佛性通耶?文云:二十五有,有我不耶?答言有我,瘭言刀刀,又楊樹黃葉等,豈非四德通耶?然名乃該通,義不得混,應作三番四句料揀。初四句謂通,别,亦通亦别,非通非别。通者,如向説。别者,各有所以。六道以安身適性爲安樂,猶起煩惱惡因,招生死苦果,安樂義不成,要斷煩惱。使苦樂不復隨身,憂喜不復隨心,得有餘無餘,灰身滅智,隔别生死,入於涅槃者,則與六道别也。菩薩從初心,爲一切衆生,觀涅槃行道,望二乘是别,望佛猶通,即是亦通亦别也。諸佛究竟大般涅槃,非六道之通,非二乘之别,即非通非别之安樂也。又安樂之名,或是病非藥,或是藥非病,或亦藥亦病,或非病非藥。是病者,長者没已,劫掠羣牛,觳乳自食,漿酪醍醐,一切皆失,如來去後　鈔竊正法常樂之名,如蟲食木,偶得成字,不識是非,廣起顛倒,沈淪生死,隨其流處,有種種名,或辛或酸,故知三界四倒,但是病而非藥,爲治此病,説四非常,倒瀉斯病,病去惑盡,名入涅槃。文云:三種病中,無三種藥;三種藥中,無三種病;此小涅槃。

但藥而非病，雖復病去，而藥不亡，還執此藥而復成病。文云：其後不久，王復得病，當知四非常亦藥亦病也。治此病故，還用常樂我淨而倒瀉之，故斥無常病，説於新伊，是勝三修，不同凡夫之倒病，不同二乘之偏藥，故名非藥非病。又新伊但是藥而非病，正法正性，非藥非病之安樂也。又小而非大，大而非小，亦小亦大，非小非大。小者，二乘也。雖斷煩惱，猶有習氣，我身我衣，我去我來，謂佛與己等，唯有常淨，無有我樂，三寶差別，則是習氣，所以爲小也。云何名大？諸佛如來，豎出九界，橫收一切，無邊底故，常大丈夫故，常能化度一切故，常不可思議故，常具八自在故，我斷苦樂故，樂大寂故，樂一切知故，樂身常故，樂有大淨故。業淨、身淨、心淨，是故名爲大涅槃。菩薩望下爲亦大，望上爲亦小。凡夫六道，不斷通惑，故非小。無四德，故非大。例前，應就理爲非小非大，互顯令易解耳。前一番從地獄已上料揀，次一番從外道已上料揀，次一番從二乘已上料揀。問：如此料揀，六道二乘，既非安樂，何故强説爲涅槃耶？答：通有四悉檀因緣故，則作通説，云何更別問耶？所以作通説者，爲悦衆生故，引導生善故，破壞諸惡故，顯昔第一義故，通説無咎。又佛常依三諦説法，依俗，故説六道安樂；依真，故説二乘安樂；依中，故説佛菩薩安樂。又不離俗而有真中，尚得卽俗卽真卽中，何意不得六道説通安樂是涅槃耶？<u>龍樹</u>云：因緣所生法，卽空卽假卽中，是其義也。

三、釋無名者。先出舊解，一云：真如實際等，是真諦名；佛果涅槃，常樂我淨等，是俗諦名；而言涅槃無名者，無生死患累之名，而有美妙之名也。引互無爲證，涅槃無生死之名，生死無涅槃之名耳。二云：真諦涅槃，俱無名無相，名相所不及，言語道斷，心行處滅。引<u>肇論</u>：江河競注而不流，日月歷天而不周，豈有名於其間哉？三云：真諦無名，佛果涅槃，雖復冥真，猶是續待二假，故涅槃不得無名也。初家真俗俱有名，第二家真俗俱無名。第三家真無名，俗有名。應更有第四家執真有名，俗無名，未見執者。若定執此，墮四倒見。若以四爲方便，正是三藏四門。何者？若引互無有美妙之名者，斷莫是三藏有門，能通是有，所通是非有，何得用小乘能通，釋大涅槃所通？指荒塗爲寶所，認魚目是明珠，大無所以。若言真諦涅槃皆無名者，祇是三藏空門，若言真諦無名，佛果涅槃，猶是續待二假者，祇是三藏亦有亦無門。復應有計非有非無門者，未見其人也。然三藏涅槃，既非數法，尚不是一，何得有四？四者，能通之門耳。不可以能通爲所通，縱令跨節是通教四門者，亦不可以通教能通，爲通教所通，何得以共能通，釋別所通？又跨節爲別教能通者，亦不得以別能通，爲別所通，那得以別能远釋圓所通？將此望之，節節無意，窈然大遠，故不用此無名釋大涅槃。云云。問：古來傳譯，什師命世，升堂入室，一肇而已。肇作涅槃無名論，其詞虛豁，洋洋滿耳，世人玩味，卷不釋手，意復云何？答：高僧盛德，日月在懷，既不親承，其門難見，鑽仰遺文，管窺而已。觀其旨趣，不出四句。其論云：有餘無餘涅槃者，良是出處之異號，應物之假名。若無聖人，知無者誰？若無聖人，誰與道遊？卽其有句也。寂寥虛豁，不可以形名得，微妙無相，不可以有心知，豈有名於其間哉？卽其無句也。果有其所以不有，故不可得而有；有其所以不無，故不可得而無耳。恍忽窈冥，其中有精，本之有境，則五陰永滅；推之無鄉，則幽靈不竭；卽其亦有亦無句也。然則有無絶於內，稱謂淪於外，視聽之所不暨，四空之所昏昧，而欲以有無題牓標其方域者，不亦邈哉」卽其非有非無句也。然其作論談大，意不在小，不可謂是三藏四句也。文云：超度有流，言不涉界外之流；大患永滅，不滅涅槃之患。故不可謂是別圓四句也。辨差中云：三車出於火宅，俱出生死，無爲一也。此以三三於無，非無有三，如來結習都盡，聲聞結盡習不盡。盡者，去尺無尺，去寸無寸，脩短在於尺寸，不在無也。智鑒有淺深，德行有厚薄，雖俱至彼岸，而升降不同，彼岸豈異，異自我耳。以此推之，歸宗指極，在於三人，同以無言説道，斷煩惱，入涅槃，文義屢然，何可隱諱？故知是通教四句也。夫通教詮理，非有非數，而以有無四句爲通道之門。若執門求所通，其失一也。又通教體法之觀，非如來本懷隨自意語，乃是俯提枝末隨他意語。故嬰兒行云：不知苦樂晝夜親疏等相，不能造作大小諸事，名曰嬰兒。不知苦樂，是泯憂喜；不知晝夜，是齊明暗；不知親疏，是等憎愛；不作大小，是亡巨細。三人同學體觀，喻之以嬰兒；俱證無爲，喻之以入水；論其智德，喻之以三獸；論其斷德，喻之以灰斷；宗在他經，要非此典，那忽將彼釋此，其失二也。又法華教起，已破化城，一切諸菩薩，疑網悉已除，千二百羅漢，悉亦當作佛。佛開通教方便之門，示真實相，云何追欣三獸，更建草庵？其失三也。又聲聞之徒，不在法華席者，於哀歎品中，更爲分別，汝先所修，悉是顛倒，我先所説，亦非實語，斥故顯新，指劣明勝，云何違經？波動水浪，握捉瓦礫，持作月形，其失四也。然綱維既闕，網目安寄？執佛法之遺棄，謂是真實，徒施於十演，終非三德，明矣。今言涅槃無名，涅槃者，指三德涅槃也；無名者，無六道安樂之名也。又無三藏有門見有得道，獲有餘無餘涅槃之名，亦無見空得道，亦無亦空亦有得道，亦無非空非有得道，獲有餘無餘涅槃之名也。又無三乘共行十地有門得道，獲有餘無餘涅槃之名也。亦無空門，亦空亦有門、非空非有門得道，獲有餘無餘涅槃之名也。又無別教有門得道，獲常住涅槃之名也。亦無空門、亦空亦有門、非空非有門得道，獲常住涅槃之名也。無如是等諸方便之名，從所離故，故言無名。從所得故，故言涅槃。此即圓教有門之意也。又非離諸名外，別一涅槃，即諸名無名，便是涅槃。故言涅槃無名，此圓教空門意也。又從所離故，故言無名。從能離故，故言涅槃。能所合稱，故言涅槃無名。此圓教亦空亦有門意也。若有能所，則大有名，何謂無名？今無能所，稱爲涅槃無名，此是圓教非有非無門意也。門雖有四，涅槃非四也。云云。無名之意，超度爾許諸涅槃名，然後乃顯圓當四門大般涅槃。諸師都未嘗分別一兩節目，卽通無名，無何等名。名曰無名，疑誤後生，今所不用也。故梵行品云：無緣慈者，不緣衆生，亦不緣法，緣於如來，故名無緣。今亦例此。無六道之名，無四聖之名，而有祕藏涅槃之名，故言涅槃無名也。

四、釋假名者。德王初云：涅槃非名非相，云何而言可得見聞？不可見，故無相；不可聞，故無名。佛以佛眼佛耳尚不見聞，況復下地及與凡夫而能見聞？大悲方便，動樹訓風，舉扇喻月，能令機緣而得見聞。其見聞者，實無見聞而言見聞。迦葉品云：涅槃一名，有無量名，亦名無生無出，乃至亦名甘露，亦名吉祥，凡列二十五種，示其無量，悉爲衆生而假施設。文云：如坻羅婆夷，名爲食油，實不食油，無有因緣，强爲立名，名爲食油。如經廣説。涅槃亦爾，無有因緣，强爲立名，名爲涅槃。智度云：名假施設，受假施設，法假施設。實非色心，而言色心，是法假施設。於色心上，更設五陰十二入十八界等，是受假施設。於陰入界上，更立張王李趙等，是名假施設。亦如攬色香味觸，是法假施設。於四微上，更作根莖枝葉等，是受假施設。根莖之上，更立楓柟柿柏等名，是名假施設。是大涅槃亦復如是。强指此實法，名爲佛師，是佛祕藏，是法假施設。於佛師上，更復分別法身般若解脱三點，是受假施設。於三點上，更立名字大般涅槃，是名假施設。或復呼爲洲渚窟宅，或復呼爲乳糜妙味，或復呼爲醍醐上藥，或復呼爲一闡提，或復呼爲一破戒明鏡。譬説虛空，不可得無障閡，如是豈非名假施設？當知從地獄已上，至佛已還，皆言安樂者，悉假名也。大論云：衆生無上者佛是，法無上者涅槃是。所以設此假名者，欲令衆生知名非名，名不在内，亦不在外，亦不在中間，亦不常自有。大品云:菩薩菩薩但有字，佛佛但有字，是字不住，亦不不住，是字無所有故。涅槃亦爾。涅槃不在法身，文云法身亦非。又涅槃不在般若，文云般若亦非。又涅槃不在解脱，文云解脱亦非。三德中各各求，皆不可得;三法合求，亦不可得。故智度云:若人見般若，是則爲被縛;若不見般若，是亦爲被縛;若人見般若，是爲得解脱;若不見般若，是亦得解脱。法身解脱亦如是。譬如幻化物，不可見而見，見而不可見，是事爲希有。此經名爲微妙不可思議，但假名字，名此三身爲祕密藏涅槃。但假名字，名此三般若爲摩醯三目涅槃。但假名字，名三解脱名三點涅槃。但假名字，具足三法，名大涅槃。但假名字，引導衆生。譬如空拳，爲喜小兒，爲引小兒，爲止啼兒，爲教點兒，其事辦已，散指舒拳，拳無拳矣。涅槃亦爾，以新伊悦之，以新伊引進之，以新伊破之，以新伊悟之，是爲假名四種利益。得利益已，寧復執名而起静乎?假立有名既爾。假立無名，假立亦有亦無名，假立非有非無名，亦如是。云云。應説將跨來因緣，云云。又如治噎法，云云。

五、釋絶名者。有人以無釋絶，亡有而存無，無則不絶，非今所用。有人以離釋絶，言涅槃之中，無有諸有，此尚非小乘義，亦所不用。有人以滅釋絶，言滅諸煩惱，悉無所有，猶如火滅，存於涅槃者，經稱是邪解邪難，此豈可用耶?有人引經云:如大香象，頓絶羈鎖，自恣而去。將此釋絶者，此乃三修比丘，偏歎菩薩所絶一邊，義未具足，同上無名之意，非今絶名也。若言語相逐，對無説有，乃至對有説無，非有非無等，待對不息，言則不絶。若以心分別，介爾動念心起想，即癡心亦不絶，心既不絶，言那得絶? 若知心是攀緣三界，攀緣三界生滅，是無常苦空無我，息此攀緣，心無所得，心絶故，其言亦絶。此乃修習言語道斷，心行處滅，非真絶也。若入見諦，苦忍明發，世諦死時，名生不生。**身子云**：吾聞解脫之中，無有言說，亦是解脫之中，無有分別。**此則真證言語道斷，心行處滅。**蓋三藏絶意，指此一絶，凡絶幾許人法，況復餘耶？然入真時絶，出觀不絶，何者？真俗異故，一絶一不絶，待對宛然。云何名絶？若能道遠乎哉，即事而真；聖遠乎哉，體之即神。見色與盲等，聞聲與響等。其說法者，無說無示；其分別者，無所分別。無絶無不絶，而名爲絶。此亦方便道中言語道斷，心行處滅。若空慧相應，入第一義，豁然清淨，無能絶，無所絶，無絶者，無絶法，此通教絶名意也。此雖冥真，未冥中；雖斷通，未斷別。淨名云：結習未盡，華則著身。下文云：無明未吐，迴轉日月，如瘧病者。對界内說界外，想通惑對別惑，是則不絶。若能以大涅槃心修行五行，具十功德，是時一向專求大涅槃行，無復界内之心，無復界内之說，如是方便，亦名言語道斷，心行處滅，而未是冥中。若發中道所得功德，不與聲聞辟支佛共，昔所不得，而今得之；昔所不絶，而今絶之；蓋是別教絶名意也。然證絶之時，乃同圓極，而修時梯隥，江河迴曲。何者？發心不能徧法界故，法界外更有法故，不名絶法。拙行不能行，一行是如來行，如來行外更有行故，不名絶行。非無上方便，方便上更有方便，非絶方便。若圓發心，觀大涅槃諸心法界，法界外更無復法界，獨一法界，故稱絶法界。又如經復有一行是如來行，如來行外更無復行，故名獨絶行。又如經正直捨方便，但說無上道，尼俱耶洲，直入西海，猶如直繩，是絶方便。絶方便絶者，如經斷絶一切疑網心，故名爲解脫。三藏四門，即是法界，即如來行，即上方便。何者？生死即是涅槃，況聲聞法？生決定心，寧起疑網？通教四門，亦即法界，共乘疑網斷故。別教四門，即是法界，菩薩乘疑網斷故。是名斷絶一切疑網之心，名獨絶解脫。唯說一法界，不說餘法界；唯思一法界，不思餘法界；是爲方便道中，言語道斷，心行處滅，是圓方便，亦有四門。若謂一切法絶，是法界，唯一法界，此約有門絶名也。若謂法界尚無法界，寧有其餘？此約空門絶名也。若謂法界微妙，一法卽三法，三法卽一法，此就亦有亦無門絶名也。若謂法界不可思議，此就非有非無門絶名也。此皆方便道。若謂開示悟入，如以金鎞，抉其眼膜，二指三指，了了分明，是名究竟絶言，言滿法界而無一言，心滿法界而無一念，是爲圓教絶名意也。然諸經絶名，其旨非一。華嚴云：如執虛空風，如畫虛空中，説之已自難，何況以示人？淨名云：諸法不相待，一念不住故。又諸菩薩言於言，文殊言無言，淨名杜口絶言。善吉云：我無所説，不覺不得。龍樹云：若法爲待成，是法還成待，今則無因待，亦無所成法。今經云：譬如虛空，不因小空名爲大也。涅槃亦爾，不因小相名大涅槃。云何小相？從二乘所證，乃至生死安樂，皆是小相。不因此小而名大也。又云：譬如有法，不可稱量，不可思議，乃名爲大。涅槃亦爾，不可稱量，不可思議，故名爲大。當知絶名涅槃，其義顯矣。斯文甚多，逗緣亦異，不可一槩，今以四句料揀，謂：不絶，絶，非絶非不絶，絶絶。云何不絶？如前六道安樂等。云何爲絶？如三藏通共等。云何非絶非不絶？如別四門等。云何絶絶？圓四門是也。云何絶絶？絶能絶所，故言絶絶。從別教四門已下，名爲所絶；從圓教四門，名爲能絶。以能絶絶所絶，能絶亦絶，如前火木，然（卽燃）於草已，亦復自然。當知絶名與無名爲異，義在此也。故言絶絶。次總結釋名一章，開爲五重，都是圓教四門意也。若大涅槃名真善妙有，本自有之，非適今也，此是有門義，故作翻名同名釋之。若大涅槃空，迦毗羅城空，此是空門義，故作無名釋之。若大涅槃亦色非色，此是亦空亦有門義，故作假名釋之。若大涅槃名爲中道，遮二邊故，此卽非空非有門義，故作絶名釋之。夫大涅槃者，尚非是一。云何爲四？四者，門也。門以標理，有種種名，如天帝釋有千種名。

解脫亦爾，多諸名字。名字功德品云：涅槃是名，其餘稱歎，是則爲字。若爾，涅槃是總而當機，立之爲名。三點等，及餘一切，皆屬於字。若法身當機是總，已復爲名，涅槃及一切物已復屬字。若爾，更互無定。雖復無定，今既定以涅槃爲名。若定不定，若總若別，皆無待對，悉是不可思議，悉是大絕，故名絕大涅槃也。

第二釋涅槃體。先出舊解，莊嚴云：佛果涅槃，出二諦外，非真俗攝。凡夫以惑因感果，是浮虛世諦。假體即空，故是真諦。佛果非惑因所感，故非世諦。不可復空，故非真諦。引仁王經云：超度世諦，第一義諦，住第十一薩雲若地也。開善云：佛果涅槃，還爲二諦所攝，體是續待二假，故是世諦。即此二假可空，故是真諦。佛果靈智，亦復冥真也。冶城秀云：佛果涅槃非世諦，是真諦，微妙寂絕。故云：世諦死時，名生不生。龍光云：佛果涅槃，具相續相待二假，即世諦，乃即真之義，而不冥真。若冥真，同頑境，即無靈智，故非真諦也。有人難此四解，若佛果出此二諦外，即應非有爲非無爲，汝義中那云佛果一向是無爲？若爲二諦所攝，佛果應是亦有爲亦無爲；若佛果是真諦，真諦不可說，於衆生無用；若佛果是俗諦，佛果一向是有爲，此皆成論師說，自相矛盾，都不愜人情，亦不稱肇論。論云：不可形名得，不可有心知；言之失其真，知之反其愚；有之乖其性，無之傷其軀。肇意推之，墮在四見。佛法邊外，尚非小涅槃門，況小涅槃體？尚非小涅槃門體，焉得是共別涅槃門體？尚不是共別門體，何得是大涅槃體耶？經云：是諸人等，春陽之月，乘船遊戲，失瑠璃寶，即共入水，競捉瓦石，歡喜持出，謂瑠璃珠，都非真實，是珠澄渟清淨，故在水中，猶如仰觀虛空月形，超然獨遠，非衆人所執，亦非衆盲所觸。古來復約三聚論涅槃體，言佛地一向有心聚，一向無無作聚，色聚亦有亦無，無麤色有妙色，引經因滅是色，獲得常色。六卷云：妙色湛然常安隱，云云。又一解：色是頑闃,不可研進,故佛地無色無無作,唯有靈智獨存,經道色者能應爲無窮之色。又妙果顯現義,説爲非色, 引文願諸衆生滅一切色,入於無色大般涅槃。又分別兩界有色,一界無色。又四空無色者,無麤色耳。三界並有色,界外變易則無色。六地已還,身在分段,故有色;七地已上,身在界外,則無色。又七地是兩國中間,猶有光影色;八地已上則無色。又言金心猶有色。故經言意生身者,雖無一期壽命,但有念念生滅,名爲變易,故言意生身。身者,猶有色也。唯佛地無復色耳。無作者,金剛已前,皆有無作,唯金心無心無無作也。有人難此義:若涅槃定有色,應有長短質像,須依食住處;若定無色,心無所依;豈可有心而無色? 若色頑須離,心是取相,何意不離? 如是等釋,皆是妄語,猶如盲跛,見佛亦盲跛。王語諸臣,我庫藏中無如是刀,不須多難也。

卷　下

古來復約三性明涅槃體,言佛地一向是善性,一向非惡性,無記性亦有亦無。云云。光宅云:常住佛果有兩種無記:一、知解無記,二、果報無記。如棋書射御,闡提亦有,故非是善; 佛地亦有,故非是惡; 卽是無記性也。果報者,如生死苦,無常報,既非是惡,只是無記;涅槃地常樂我淨,亦非是善, 直是無記。開善莊嚴並言佛無無記,唯一善性,知解無記有多釋。莊嚴云:是善性。開善云:通三性,在闡提是惡,在佛是善,在餘人是無記。言果報者,生死中多有異具,故果報可是無記。佛果報何以是無記? 佛果唯一習果,無復報法,豈得類此是無記? 以習善既滿,併成習果也。夫三性者,若有若無,只是世俗,尚不是真,何得用此釋涅槃體? 此皆數論之極説,安處佛體,如野人曝背獻至尊耳。今明涅槃體者,上來釋名論無,無一切方便;論絕,絕能絕所; 名下妙理,寧可思議? 德王云：大般涅槃非色非聲，云何而言可得見聞，古來諸師云：何以色爲涅槃體？又經云：夫涅槃者，不從因生，體非是果。古來諸師云：何以佛果釋涅槃體？又涅槃之體，無定無果。古來諸師云：何謂涅槃體定是一法？當知其體非色非聲，非因非果，非一非異，非諸聲聞緣覺所知，亦非十住能了了見。不能默已，强作五種言之：一、約性淨涅槃，二、約法身德，三、約一諦，四、約不生不生，五、約正性。

初論性淨，總指一部；次論法身，指哀歎；次論一諦，指聖行；次論不生，指德王；次論正性，指師子吼迦葉等；不可備引，斑駁略周耳。性淨者，淨有三種：一、方便淨，二、圓淨，三、性淨。方便淨者，嘔和善巧，權能逗物，住首楞嚴，建於大義。或一閻浮提，或一四天下，或一大千界，或十方土，隨諸衆生，應可調伏，種種示現。無生而生，王宮七步；無滅而滅，倚臥雙林。是以晨朝放光，大聲徧告，正覺世尊，將欲涅槃，若有所疑，今速可問，爲最後問。所以三界辴踊，八部悲號，獻供塡空，流血洒地，高幢翳諸日月，廣蓋徧覆大千，如經廣説。乃至下者作九法界身，非生現生，非滅現滅，不前不後，一時等現，然於寂滅無所損減，於諸生死無染無累，故名方便淨涅槃也。圓淨者，因圓果滿，畢竟成就。原其初基，以大涅槃心，行如來行，持戒不殺，擁護正法，廣宣流布，利益衆生，迴向大乘，感得金剛堅固之體，法身常身，圓滿具足，獲大涅槃。修道得故，安住於此祕密藏中，復能頒宣廣説一切悉有佛性，施與一切常命色力，安無閡辯，雖破煩惱，亦無所破；雖圓智慧，亦無能圓；雖施衆生，不得衆生及以施相；是名圓淨涅槃也。性淨者，非修非得，非作業，非與業，本自有之，非適今也。沖湛寂静，不生不滅，雖在波濁，波濁不能昏動，猶如仰觀虛空月形，五翳不能翳；雖復隨流苦酢，其味真正，停留在山；雖没膚中，膿血之所不染；故名性淨涅槃也。此三涅槃，不可相離，即三而一；不可相混，即一而三；雖復一三，即非一三；雖非一三，而復一三、會之彌分，派之彌合，橫之彌高，豎之彌闊，微妙莫測，不可思議。今欲分別令易解故，總唱涅槃即是其名。專據性淨以當其體，指於圓淨即是其宗，方便善巧以爲其用，作此分別即是其教，雖復分別，都是一法，所謂大乘大般涅槃。若得此意，無俟多言，其未解者，更重復説耳。

二、約法身德者。德有三種：一、法身德，二、般若德，三、解脱德。法身者，即是金剛堅固之體。非色即色，非色非非色，而名爲真善妙色。真故非色，善故即色，妙故非色非非色。又真即是空，善即是假，妙即是中。例一切法，亦復如是。以是義故，名爲佛法，名佛法界攝一切法，名法身藏，名法身德也。般若德者，即是無上調御一切種智，名大涅槃明淨之鏡。此鏡一照一切照，照中故是鏡，照真故是淨，照俗故是明。明故，則像亮假顯；淨故，瑕盡真顯；鏡故，體圓中顯。三智一心中得，故言明淨鏡攝一切法，故稱調御，是佛智藏，名般若德也。解脱德者，即是如來自在解脱。其性廣博，無縛無脱，是廣博義；體縛即脱，是遠離義；調伏衆生，是無創疣義。如是解脱，攝一切法，亦名解脱藏，亦名解脱德。如三德，不可相離。文云：法身亦非，乃至解脱亦非。如是三德，不可相混。文云：三點具足，無有缺減。當知雖一而三，雖三而一，雖復三一，而非三一；雖非三一，而三而一；不可思議，攝一切法，攝一切人。文云：我及諸子四部之衆，悉皆入中，微妙難思，爲若此，今欲分別令易解故，總唱祕藏以當其名。法身攝一切法，不縱不橫，以當其體；般若攝一切法，如一面三目，以當其宗；解脱攝一切法，如三點伊以當其用；如此敷演，即是其教，非但經體義明，餘義亦顯。云云。

三、約一諦者。世人解諦，或境或智或教，非無此義，今用理釋,諦理當卽境正,境正卽智教皆正。以理釋諦，其義爲允。有四種四諦:一、生滅四諦。集是能生,苦是所生,能生生所生,所生還生能生,苦集迴轉,生死無已;道名能壞,滅是所壞,所壞亦壞能壞,能壞亦壞所壞,更互生滅;故稱生滅四諦。若論其相,逼迫生長,能除所除等是也。如經。二、無生四諦者。推苦集之本,本自不生,不生故,則無苦集。既無所壞,亦無能壞，故稱無生四諦。論其相者,解苦無苦,而有真諦。集道滅亦如是,如經。三、無量四諦者。分別校計苦集滅道有無量相,非諸聲聞緣覺所知,如經。四、一實四諦者。解苦無苦,而有於實,乃至解滅無滅,而有於實。實者,非苦,非苦因,非苦盡,非苦對,而是一實。乃至滅亦如是。是名一實四諦,具如經。非離生滅四諦,別有一實四諦，卽達生滅而是一實四諦。無生無量亦復如是,一中有無量,無量中有一,不可思議,不可說示,強欲分別令易解故,總唱一實四諦卽是名也。取一滅諦卽是其體。故勝鬘云:一依者,卽一滅諦也。道諦以當其宗，取道諦所治以當其用,調御心喜,說此真諦,卽名爲教。雖差別說,只是一無差別法耳。(此中遺一章)

五、約正性者。性有五種: 謂正性,因性,因因性,果性,果果性。正性者,非因,非因因; 非果,非果果; 是名正性。因性者,十二因緣。因因性者,十二因緣所生智慧。果性者,三藐三菩提。果果性者,大般涅槃。今且約一事論之,五陰下所以卽正因佛性,五陰卽因性,觀五陰生智慧是因因性, 此智慧增成是果性,智慧所滅是果果性。於陰既然， 餘一切法亦爾。當知五性亦非條別， 卽一而五,卽五而一; 一而不混五,五而不離一;不可思議,不可說示,強欲分別令易解故,指果果性爲名,指正性爲體,指因因性果性爲宗,指性爲用,作此分別五性爲教,雖復分別,只是一法,更無差別。若人能如此解者,非但識體,於名宗用教， 觸事泠然， 爲未解者更論宗耳。

第三、明涅槃宗者。有人言宗體不異，是義不然。何者？若論至理，二即不二，不二即二，此則宜然。若論名事，不二不可爲二，二不可爲不二。既立宗體，寧得是同？宗者，要也。修行喉襟，莫過因果。此經明因略有三種：一、破無常修常。如哀歎品，以常樂我，斥諸比丘無常、苦、無我，虛僞不真，宜應捨離。今當爲汝説勝三修，此是破無常，修於常，能得常果，顯於非常非無常。煩惱爲薪，智慧爲火，以是因緣，成涅槃食，令諸弟子悉皆甘嗜。劣三修是煩惱薪，勝三修是智慧火，非常非無常是涅槃食，四衆安住祕密藏中即是甘嗜。又云：如來體之，是故爲常。體者，履也，履而行之。法常故，佛亦常。亦是法非常非無常故，佛亦非常非無常也。問：初爲純陀直説一常，次明常住二字，次斥諸比丘云：勝三修何意增減？答：皆是今昔相對。昔説四非常，總是一無常；今論四德，總是一常；舉總常，破總無常耳。昔説生死無常，而復流動；今以常破生死，以住破流動；故舉二字以破二耳。諸比丘置事緣理，但修三想；今舉勝理破劣理，但用三修。云云。二者，以大涅槃心修，從淺至深，次第行學，如聖行中專行五行。初謂戒定慧，居家如牢獄，梵行若虛空，從頭至足，其中唯有髮毛爪齒大小腸胃，觀察八苦五盛陰等。次解苦無苦，而有真諦。次分別校計苦集滅道無量無邊。次非苦非集非道非滅，而有實諦，廣説如經，修是行已，得二十五三昧，住大涅槃，況出諸佛功德，不復可説。當知從淺至深，成因克果，顯非因非果，始終莫不以常爲宗。德王品中亦如是。初觀四大如篋，五陰如害，六塵如賊，愛如怨詐，煩惱如河，八正如筏，運手動足，截流而去，得到彼岸。戒定如動足，智慧如運手，涅槃是彼岸。師子吼中亦如是。初從少欲知足，乃至住大涅槃，又善修戒，不見戒因戒果，戒一戒二等，是名善修。定慧等亦復如是。原始要終，皆宗常住，以常爲宗明矣。三者，如聖行中云：復有一行是如來行，所謂大乘大般涅槃。大乘即是修因，涅槃即是得果。大乘爲因，何所不運。大涅槃果，何所不克。一切無閡人，一道出生死，莫復過此。大略可知，不復委説。但此文中處處論行，或修十想，或知根知欲，種種不同，不出三種：初破無常而修常，即是以圓接小接通意也。次以大涅槃心修無常，次修於常，即是從漸入頓次第別意也。後即無常而修於常，即圓頓人也。雖三不同，悉以常爲因，歸宗常果，住大涅槃，等無有異。故文云：因雖無常，而果是常，即第二番意也。餘例可知。云云。問：明體一章，即識五意，明宗亦爾否？答：例然。宗有三義：一、宗本，二、宗要，三、宗助。宗本者，諸行皆以大涅槃心爲本，本立道生，如無綱，目不立；無皮，毛靡附。涅槃心爲本，故其宗得立也。宗要者，行之宗要，要在於常，行會於常，能顯非常非無常，如七曜之環北辰，似萬川之注東海。行以常爲要，亦復如是。宗助者，助名氣力也。常宗得成，賴於資助，或人助，或教助，或行助，或道助。由助得力，故言宗助。總此三宗，是釋名。專論宗本，即體意。專明宗要，即宗意。專明宗助，即用意。分別此三異餘法門，即教意。

　　第四、釋涅槃用者爲三：一、本用，二、當用，三、自在起用。本用者。先出舊解，靈味小亮云：生死之中，本有真神之性，如弊帛裹黃金像，墮在深泥，天眼者捉取，淨洗開裹，黃金像宛然。真神佛體，萬德咸具，而爲煩惱所覆，若能斷惑，佛體自現。力士額珠，貧女寶藏，井中七寶，闇室缾盆等喻，亦復如是。此皆本有，有此功用也。新安述小山瑤解云：衆生心神不斷，正因佛性，附此衆生，而未具萬德，必當有成佛之理，取必成之理，爲本有用也。開善莊嚴云：正因佛性，一法無二理，但約本有始有兩時。若本有神助，有當果之理。若能修行金心，謝種覺起，名爲始有。始有之理，本已有之。

引如來性，貧女額珠，闇室等，證本有。引師子迦葉，明乳中無酪，
但酪從乳生，故言有酪，酪非本有，必假醪暖，種植胡麻，答言有油，
油須搗壓，乃可得耳。又引佛性三世衆生，未來當有清淨莊嚴之
身。此證當有。雙取二文，與瑤師不異。又引木石之流，無有成佛
之理，則非本有之用，衆生必應作佛，今猶是因，因是本有，果是始
有，本有有始有之理，即是功用義也。有人難初義，若言衆生身中
已有佛果，此則因中有果過，食中已有糞，童女已有兒。若已具佛
果，何故住煩惱中坐不肯出耶？何故不放光動地？故文云：若言有
者，何故默然？正破此執耳。次難第二，有得佛之理，此理若常，爲
相續常，爲凝然常？若相續常，何謂本有佛果之理？若凝然常，則
因中有果過，同於前難。第三家，若言本有具始有，亦應本有常住，
復有無常。本有只得是常，不得無常者，本有只本有　那得有始
有？又若本有有始有，亦應無常有於常。無常不得有於常，本有那
得有始有？又本有有始有，則了因有生因。若了因，了本有是常；
生因，生始有是無常；不得相有者，今本有那得有始有耶？鷸蚌相
扼，更互是非，由來久矣。今當宣明此義，若定執本有當有，非三藏
通教之宗，乃是別圓四門意。本有是有門，當有是無門，雙取是亦
有亦無門，雙遣是非有非無門。別家偏據不融，門理兩失，爲圓家
所破。何者？若執本有之用，譬之樹木，工匠挨則，任曲者梁用，直
者桁用，長者稍用，短者箭用。本有之用，亦復如是，佛即破之，草
木生時，無梁箭用，工匠所裁，因緣獲用。若裁曲爲直，曲無梁用。
展直爲曲，直無桁用。割長爲籌，長無稍用。折短爲薪，短無箭用。
何得苦執本有之用」經云：三世有法，無有是處。何得苦執本有當
有？當本不立，勝用安在耶？若專難破，復失適緣。何者？理非本
非當。非亦本當，非非本當，有四利益；或言本有即是常用，或言當
有即是無常用，或亦當亦本即常無常雙用，或非當非本即雙非不用

之用。本有常用攝一切法，何得無三門用？三門亦攝一切法，何得無本有常用？文云：大般涅槃是諸佛法界，即其義也，是爲圓教赴緣。論此四用大獲利益，不同舊義。云云。

二、當有用者。先出舊解，解有三：一云：理出萬惑之外，須除惑都盡，乃可見之。譬十重紙裹柱，雖除九重，終不見柱，併盡乃見。二、引漸備，經明一切智慧皆漸漸滿，不可一期併悟也。三云：真諦可漸知，佛果可頓得。何者？即俗而真，更非遠物，所以真可分知。佛果超在惑外，不即生死，故不可漸知。有人難初義，若理不可漸見，惑豈可漸除？既不見理，由何除惑？若言理可漸見，夫理若是分，可作分知，理既圓通，若爲漸解？若初見稱後見，與後無異，不名漸見。若初不稱後，不名頓見。云云。若言見真者須漸，得佛須頓，是義不然。釋論云：若如法觀佛，般若與涅槃，是三則一相。華嚴云：虛妄多分別，生死涅槃異，迷惑聖賢法，不識無上道。真與涅槃既其不異，云何真漸果頓耶？今明諸解，更相馳逐，水動珠昏，然理非遠近，見理之智，寧得漸頓？智若漸頓，寧得稱理？如方入圓，殊不相應。如理而解，解如於理，不見相而見，無所得即是得耳。有因緣故，亦得漸頓，此中應有四句：漸漸，漸頓，頓漸，頓頓。漸漸尚非漸頓，況復頓漸？漸頓尚非頓漸，況復頓頓？法華玄廣説：頓漸者，無差別中差別耳；頓頓者，差別中無差別耳。三種修，三種見，明宗中意是也。漸頓修，漸頓見者，是不定觀意也。漸更不同，又開四句：漸修漸見，漸修頓見，漸修頓漸見，漸修非頓漸見。見此一句意，餘三句亦可解。四四十六句不同，當知顯體之用甚多，那只作一兩種解耶？文云：王家力士，一人當千，種種技藝能勝千故，一人當千。又云：譬如大地草木，爲衆生用。我法亦爾，當知用同草木，比大力士，故知用不一也。舊論照境之用不同。問：俗有三世流動，萬境去來，佛智若爲照之，若逐境去來，則生滅無常；若不逐境去來，則不與境相稱。由此一問，七解不同。冶城嵩云：佛智乃無大期死滅，猶有念念流動逐境去來，此人臨終舌爛，口中浪語之過，現驗也。二、藥師解：佛智體是常住，用是無常，逐境去來。此解亦違經，經云：若正見者，當說如來定是無爲，那忽體是無爲，用是有爲？三、光宅云：若無常之智，照常住境，而不逐境，是常。今常住之智，照無常之境，豈應逐境無常？此亦不可。四、作九世照境義：明此境雖在未來，復有當現在，當過去義。今遂來現在及過去，我皆照竟，所以不生滅也。此亦不可。向在未來時，猶是當現在，未正現在；今遂來在現在，卽作正現在照，當知已息，豈不生滅耶？五、作逆照義云：如來道迎正覺時，初一念倂逆照萬境，從初流來，至後成佛，倂皆照竟，後萬境自有去來，我都不更新照。如天子初登極時，倂付制法，後人犯者，隨輕重治，不更復制也。此亦不可。佛智照境，何嘗暫息？忽言初照，後都不照，縱令如此，終不與境相稱。六、開善云：佛在因日，導發初心，已能橫照數境，豎照數時；次入初地，一念橫照百法，豎照百時；二地千法，乃至佛地，一念橫照萬法，豎照萬時，如懸鏡高臺，此亦不可。鏡照先無而後有，未免無常之難。七、靈味更借虛空爲喻，萬物在空，空不生滅，物自去來。此亦不然。佛智靈知，豈同頑空？今明三藏教中，二諦不相卽故，二智各照，所以諸解喧喧若此。若通教中，二諦相卽，二智二而不二，尚無此諍，況復三諦卽一諦，一諦卽三諦？三智卽一智，一智卽三智；一照卽一切照，一切照卽一照；非一非一切，不可思議，寧復有此微淺問答耶？又開善解佛智照真與真冥，無復智境之異，智體與真境都復不殊。約位分別：凡夫不冥不會；因中聖人，會而不冥；佛果亦冥亦會。第二解云：佛智是靈知，真諦是無知，二體既殊，豈可倂有知同無知？但會之既極，謚之爲冥，豈得有冥異會？慧印三昧經云：冥不冥，寂不寂。肇論亦有用冥體寂之語。今難佛之真智既其冥真，與真不異；佛之俗智亦應冥俗，與俗不異。佛雖知幻，而非幻人。若爾，佛雖知俗，不可冥俗；佛雖冥真，不可同真；不應作如此冥真冥俗義。冥真不出二乘，冥俗不出凡夫境界，云何得是佛智用耶？云云。

　　三、自在起用。用徧法界，廣不可委。文云：譬如大地一切草木爲衆生用。我法亦爾，當知勝用無量無邊，且約三種：一、不可思議用，二、二鳥雙遊用，三、善惡邪正雙攝用。不可思議用者，舊釋有七：一云：令他見須彌入芥子，其實不入，唯應度者，乃能見之。此解不可。若不入者，何謂神通？二解實入，但佛神力蹙大令小，開小令大。此亦不可。若爾，乃以大容小，何謂以小容大？三解不知入與不入，既是不可思議，那可定判入與不入？此亦不可。佛果上地皆是不可思議，盡應不可解，餘者盡言可解，至此一義，獨言不知耶？四、若有則相妨，小大皆空故相容。此亦不可。若其皆空，何所論入？亦無大小也。五、大中有小性，小中有大性，以芥子之大性，容須彌之小性。此亦不可。若執定性，過同外道。又似毗曇。又還是大容於小，何謂以小容大？六、地論解大無大相，不無無相之大；小無小相，不無無相之小；以無相之小，容無相之大，無相之大，還入無相之小。此亦不可。大小本是相，既言無相，那有大小。若有大小，應是有相。若定無相，還同空也。七、興皇云：諸法本無大小因緣，假名相待，假說大爲小，假說小爲大。說大爲小，小是大小；說小爲大，大是小大；故得相容。此亦不可。大不自大，待小爲大；小不自小，待大爲小。此墮他性義，自性大小，尚不能相容，他性大小，那得相容？今明小不自小，亦不由大故小；大不自大，亦不由小故大。因緣故小大，亦不離大離小，不在內外兩中間，亦不常自有，不可思議。大亦如是，通達此理，故即事而真，唯應度者，見不思議須彌之高廣，入於不思議芥子之微小，是名以不思議之大，入於不思議之小，住首楞嚴，能建大義，如經廣説。云云。一往明不思議用在於道後，其理實通，乃至善惡邪正等例如是。所謂四趣是邪，人天爲正。又三界是邪，二乘爲正。又二乘偏邪，菩薩爲正。云云。邪正兩用亦徧法界，四趣是惡，人天是善。又三界悉是惡，二乘是善。又二乘是惡，菩薩爲善。此用亦徧法界，三界皆悉無常，二乘是三無爲常。又二乘是無常，菩薩是常。常無常用亦徧法界，其門略義廣也。二、常無常雙用者，俱亡二邊，如鳥喻品中説：即是一時雙用也。前後倒瀉，即是異時偏用。宜一時，即並用。宜前後，即單用。不必一種，用自在故，善惡雙用。如迦葉品中説：善星至惡，尚能攝受，令得出家，況復善者，寧當不攝？或雙用，或前後。云云。三、邪正善惡俱攝者。陳如品中説：邪即外道，正即陳如、弘廣，邪即諸魔，正即阿難；平等皆攝，巧施妙用，遊諸世間，作大利益。若見此意，即是自在之用，善巧四隨，稱機利益，住首楞嚴，種種示現，不動法性。其見聞者，無不蒙益。此義可知，不俟多説。云云。問：此一章五意云何？答：例前可解。若總論三用，即釋名意；若專本用，即是體意；若專當用，即是宗意；若專自在用，即是用意；若分别三用；即是教意。

第五、釋教相者爲二：一、增數，二、經來緣起。

增數者，謂一乳，二字，三修，四教，五味也。所言乳者，此名則通，外道言教亦稱爲乳。文云：是時舊醫純用乳藥，二乘言教亦稱爲乳。阿含云：舍利弗是所生母，目連是乳母，二人説法生養四衆。後文亦云：聲聞緣覺佛性如乳，菩薩教行亦稱爲乳。故云：手出香色乳，施令得飽滿。佛教亦稱爲乳，故目連騰請云：譬如犢子，其生未久，若不得乳，必死無疑。又云：醫占王病，定須服乳。乳名既通，若爲分别，舊醫偷教，竊取乳名，不解其義，而爲相續悦意轉動薄皮所誑，起四顛倒，毒亂心中，多所傷害，即邪教也。二乘乳者，佛以方便合三種藥，謂鹹、苦、酢。二乘之人，用此方便，爲於四衆治彼邪乳，如以楔出楔，此以四非常教名爲乳也。菩薩乳者，以大慈大悲隨諸衆生，應以何法而得度脱？隨而説之，或説方便法，或説真實法；或治邪常，或治無常；稱彼機緣，令得飽滿，是名菩薩教乳也。佛教乳者，究竟真實，如經。其犢調善，不馳不住，不處高原，亦不下濕，不食酒糟麥麮滑草，不與特牛同共一羣，故其乳多德，最爲第一，正顯涅槃之教是最上乳也。又外道教如驢乳，亨之成糞，從其教者，墮落三塗。二乘教如羊鹿乳，亨之成酪，從其教者，升出生死。菩薩教如下品牛乳，亨之成酥，從其教者，革凡成聖，亦革聖成無上道。佛教如上品牛乳，從佛教者，即得安住祕密藏中，當知涅槃教乳最上最妙。問：何故於一乳中多種分別？答：此經意爾。如本有一偈，四出證義，明無差別差別等例，作此説之無咎。又德王中，不聞聞，不生生等，皆作四句。今亦例爾。邪乳名乳乳，二乘名乳不乳，菩薩名不乳乳，佛是非乳非不乳，意高例盡，子何須惑？二字者，世亦二字，出世亦二字，上上出世亦二字，今文亦二字。二字既通，復須分別：世二字者，如瑞應云：太子乘羊車詣師學書，師教二字，謂佉佉婁。此二字應詮世間禮樂醫方技藝治政之法，故是世間二字也。又云：佉字應如金光明中説出欲論，明修佉法，歎佉報，故是出欲論也。佉婁字應是無量勝論，明十善法，歎釋天報，善能攻惡，故言勝論。總而言之，世間二字也。謝靈運云：佉佉婁是人名，最撮諸廣字爲略，如此間倉雅之類，從人立名，故言佉佉婁。雖復廣略，還是世間之二字。出世二字者，嬰兒行云：婆和二字，所謂有爲無爲爲二字也。若出世與出世上上共爲二字者，即是半滿爲二字也。衆經同以鹿苑説爲半字，摩訶衍所説爲滿字，小大相對，共爲二字。又諸師釋此滿字不同：地人云：涅槃六行俱明是滿字，法華是大乘非滿字，由是無常，此都非義，不須論難。云云。與皇嘟諸師作五滿：半邊滿、豎滿、蒵足滿、共滿、具足滿。今不委論,云云。今明半滿二字,更爲五意:一、直是半,二、對半滿,三、帶半滿,四、廢半滿,五、開半滿。如鹿苑無常,此直半無滿,若方等之流,説無常逗小。又彈小褒大,此正對半明滿。若大品通三人共學。是帶半明滿。若法華正直捨方便,是廢半明滿。亦有開權顯實,卽開半明滿。若此經斥劣辨勝,卽廢半明滿。一切衆生悉有佛性,須跋陀羅得羅漢果,卽開半明滿。而復對破生死流動,明於常住二字,常破生死,住破流動,此亦是廢半明滿。一切諸法中,悉有安樂性,又是開半明滿。故知二字雖通,不可一概。今之常住二字,於諸字中最尊最勝,其義可知。又結爲四句:二乘無常,是半非滿。一乘,是滿非半。若斥小帶小等,是亦半亦滿。若世間,非半又非滿。大意可知,云云。三、三修者,有邪三修,劣三修,勝三修。邪三修,謂世間顛倒,隨邪師教,見相似相續謂爲常,適意可悦謂爲樂,轉動運爲謂是我。愚惑所覆,如執翬電;如蛾,如蠶,追求無厭;如渴飲鹹,唐無毫益;亦是厭下苦麤障,攀上勝妙出,故名邪三修。劣三修者,依半教破於邪執,無常鹹味,破其執澹;無樂苦味,破其執甜;無我酢味,破其執辣。三界皆無常,諸有悉非樂,一切空無我無我所,能破欲染,色無色染,無明掉慢疑。如諸迹中,象迹爲最於諸想中,無常爲最,如經廣説。是名劣三修。勝三修者,依佛勝教,破於劣修,謂常樂我,法身常恆,無有變易,遊諸覺華,歡娛受樂,具八自在,無能遏絶,如是修者,入祕密藏,名勝三修。又邪修是世伊,劣修是故伊,勝修是新伊,大涅槃理卽非新非故伊。今經卽是新伊勝修,最尊最上之教也。四、四教者。此該佛一化,名相理趣,別有疏本,云云。三藏教者,謂戒定慧藏,爲彼嬰兒梯隥出苦,畏憚長遠,止息化城,卽小乘法也。菩薩以大涅槃心修,卽成聖行,如經浮囊白骨八苦等觀,卽其文義也。通教者,三乘共學，近遠俱通，若能前進，亦可得去，即摩訶衍法也。菩薩以大涅槃心修，即成聖行，如經解苦無苦而有真諦，乃至解道無道而有真諦，即其文義也。別教者，別在菩薩，不與二乘人共，所行事理，非彼境界，即獨菩薩法也。若以大涅槃心修，即成聖行，如經苦有無量相，分別校計，有無量種，非諸聲聞緣覺所知，乃至道亦如是，即其文義也。圓教者，即事而理，一教一切教，一切教一教，非一非一切，不可思議，隨佛自意，是佛境界，非諸二乘下地所知，如經非苦非諦有實，乃至非道非諦有實，是名一實諦，即其文義也。菩薩大涅槃心修，即是圓心，圓心爲本，行於衆行，從淺至深，屆極而止，如放金剛，到際則住，當知聖行之一意，即是漸頓之教，亦名漸圓教，此乃文中一種耳。復有一行是如來行，所謂大乘大般涅槃者，即發軫仍頓仍圓，一切諸法，悉入其中，衆流悉鹹，無非性海，漸圓與頓圓，更無別異，歷次第門，故言漸耳。今經乃具二文，從勝受名，即是圓頓之教，於諸教中最爲尊上也。若類通異名者，即是四藏：三藏是聲聞藏，通是雜藏，別是菩薩藏，圓是佛藏。上能攝下，佛藏第一也。若例四句，三藏是聞聞，通是聞不聞，別是不聞聞，圓是不聞不聞，乃至生生等例可解。五、五味者，即五種牛味，正譬說教次第，不應以淺深意取。若謂初淺後深，是義不然。文云：醫占王病，定須服乳。又云：如得乳糜，更無所須。無所須者，即真解脫。真解脫者，即大涅槃。此豈淺耶？文云：如水乳雜，臥至一月，終不成酪。若以一滴頗求樹汁投之於中，即便成酪。衆生佛性亦復如是。若本有者，何故待緣？如此酪譬不可淺也。文云：譬如甜酥，八味具足，是大涅槃亦復如是，當知此酥其況深矣。文云：阿羅漢辟支佛猶如醍醐，如此醍醐不可言深。若初味定淺，後味定深，妨文害義。若作次第意釋者，則無過咎。牛者，譬佛大覺朗然，圓明成就。如血變爲乳，具足在牛。從牛出乳，譬佛初説也。即寂滅道場，從法界體，流出法界法，教諸菩薩，如日初出，先照高山，故言從牛出乳也。次從乳出酪者，爲小機不堪，如聾如瘂，隱其無量神德，示丈六身，覆如來藏，但説三藏，以貪所樂法，隨宜方便，令革凡成聖。故華嚴大後，次説三藏之小，如從乳後即有於酪也。次從酪出生酥者，譬三藏之後，以大訶小，挫其取證，敗種壞根，無生無用，先與後奪，如亨酪作生酥也。次後生酥出熟酥者，譬方等之後，委業領財，使諸聲聞轉教教菩薩也。次從熟酥出醍醐者，譬般若已後，付財定性，與記作佛。故文云：八千聲聞於法華中得記作佛，見如來性，如秋收冬藏，更無所作，無所作者，即究竟也。夫衆生不見佛性，智手指撝，或作大説，或作小説，或訶責説，或教化説，或定天性説。衆生若見佛性，則静乎雙樹，指撝畢矣；息教二河，法流竭矣；如牛出乳，極至醍醐，諸佛布教，極於見性。今經是最後之説，喻被醍醐，一切諸藥悉入其中，歎於横廣；在四味之上，歎其豎高。故此經處處歎教不可思議，只是歎於上妙之乳，常住二字，最後新伊，極圓之教，醍醐妙味耳。種種名目，只是一法。一法者，只是佛師，諸菩薩母。佛菩薩辯，所不能宣，凡夫千舌，豈解揄揚？二乘百盲，安能舞手者哉？五味義具在法華玄中説。又從增一至五，總諸説者，即釋名意。若專五所以，是體意。若專五所以；設諸名相，是宗意。若專對破，是用意。若分別其相，是教意。準前可知，不復委釋。云云。

二、經來緣起又二：一、經緣起，二、疏緣起。經緣起者，有雙卷，六卷，大本。雙卷明八十入滅，不辨常住，蓋小緣所感三藏教也。六卷與大本，皆明常住，俱是大緣所感，同座異聞，例如大小品耳。又云：小本是法顯於天竺鈔初分，翻爲六卷。大本上峽是道猛齋來，斯乃廣略二支耳。世猶惑焉，若是異聞，那忽問詞答旨，兩本皆同？若是鈔者，只應存略，那忽前後？大本則如來説偷狗，六卷迦葉問偷狗；大本偈說三歸，六卷長行說三歸。解云：問詞答旨，所同處少，不同處多。昔鈔梵文，尚無前後。秦人翻譯，逐意奚互，於二義無妨也。昔道猛亡身天竺，唯齎五品還，謂壽命，金剛身，名字功德，如來性，大衆問等品。到西涼州，值沮渠蒙遜割據隴後，自號玄始。其號三年，請曇無羅讖共猛譯五品，得二十卷。遜恨文義不圓，再遣使外國，更得八品，謂病行、聖行、梵行、嬰兒行、德王，師子吼、迦葉，陳如等品。又翻二十卷，合成四十軸，傳於北方。玄始五年，乃得究訖。是時姚萇復號弘始，弘始非玄始。玄始五年，即晉恭帝元熙元年。次入宋武劉裕得四年。次入宋文帝，文帝尚斯典，敕道場寺慧觀、烏衣寺慧嚴，此二高明，名蓋淨衆，康樂縣令謝靈運，抗世逸羣，一人而已，更共治定。開壽命，足序、純陀、哀歎，開如來性，足四相、四依、邪正、四諦、四倒、文字、鳥喻、月喻、菩薩，凡十二品，足前合二十五品，挈三十六卷，則一萬餘偈。讖云：經義已足，其文未盡，餘有三品，謂付囑、燒身、分舍利，二萬言，未來秦地耳。小亮云：是羅什足品，由來關中不聞涅槃，恐其言爲謬。經錄稱謝靈運足品，相承信用。初三人欲刪略百句解脫，俱夢黑神威猛，責數剛切：汝以凡庸，改聖人言義，其過大矣，若不止者，以金剛杵碎之如塵。因不敢刪略，但去質存華。如啼泣面目腫，改爲戀慕增悲慟；如嗚嚏我口，改爲如愛子法。故其文璀璨，皆此例焉。經者，通名也。如法華疏說：序品第一者亦如彼。云云。二、疏緣起者。余以童年，給侍攝靜，攝靜授大涅槃。誦將欲半，走雖不敏，願聞旨趣，於是負笈天台，心欣藍染，登山甫爾，仍逢出谷，不惟菲薄，奉從帝庭。師既香塗二宮，光曜七衆，道俗參請，門堂交絡，雖欽渴甘露，如俟河清，詎可得乎？嘗面請斯典，降旨垂許，有期無日。逮金陵土崩，師徒雨散，後會匡嶺，復屬虔劉，爰西向江陵，仍遭霧露，敕徵師江浦，頂疾滯豫章，始舉颿南湖，已聞東還台嶽，秋至佛隴，冬逢入滅，欸伊余之法障，奚可勝言！昔五百羣盲，七迴追佛，衹洹一狗，聽兩鐘鳴，唯疆唯沈，無見無得，入山出谷，浮墜泝江，希聞斯典，竟不獲聞。日既隱於重崖，盲龜眠於海底，馮光想木，詎可得乎？余乃塓墓植樹，更伏灰場，口誦石偈，思愆畢世，事不由己，迫不得止，戴函負封，西考闕庭，私去公還，經塗八載、日嚴靜論，追入咸陽，值桃林水奔，而夜亡其伴；又被讒爲巫，收往幽薊，乘冰濟北，馬陷身存，臨危履薄，生行死地，悼慄兢兢，寧可盡言！昔裹糧千里，擔簦於東南；負罪三讒，驅馳於西北。若聽若思，二塗俱喪，情不能已，尋諸舊疏，將疏勘經，不與文會，怏怏終日，恆若病諸。效羣盲之觸象，學獨夢之談刀，以大業十年十月十日，廬於天台之南，管窺智者義意，輒爲解釋。運丁隋末，寇盜縱橫，海闊山喧，無處紙筆，匿影沃洲，陰林席箭，推度聖文，衣殫糧盡，虧其次第，於是懷挾鄙志，託命遂安，草本略通，放筆仍病。縣令鄧氏呼講淨名，曳疾應之。事不兼舉，寄疏他舍，他舍被燒，廓然蕩盡，冥持此本，得免灰颺，重寄柵城，海寇衝突，五石俱罄，蕭亮提挾，復獲安存。所謂焦不能燒，賊不能得，再蒙靈異，重厲微誠。更往遂安，披尋補削，復值軍火，食息無寧，乃卜安洲。安洲者，微瀾四繞，絕人獸之蹤，峰連偉括，兼二山之美。左臨水鏡，澄徹鑒心；右帶藻池，紅葩悅目。修竹泠風，勝白牙圓扇；薑蔕翠草，加戴氏重席。雲霞鏤綵於松桂，五彩羞其繪圖；猨麕和韻於蟬蛙，八音陋其絃管。雅有高致，豐趣冥倫，仍蒔粟拾薪，勤兼曉夜。暨染筆已來，凡歷五載，何年不遭軍火，何月不見干戈，菜食水齋，冰牀雪被，孤居獨處，夢抽思乙。詞既野質，意不會文，其玄義一卷，釋文十二卷，用紙七百張。有崖易迨，空海難徧，盲瞶徧知，敢稱圓識？特是不負本懷，遂茲石火，卷舒常住之卷，酬報乎身手；讚歎解脫之法，仰謝於心口；粗耘毒草，微養藥王，螳蜋螢熠，非能抗曜也。　　　　　　　　（據金陵刻經處本）

〔附〕　灌　頂　傳

釋灌頂，字法雲，俗姓吳，常州義興人也。祖世避地東甌，因而不返，今爲臨海之章安焉。父夭早亡，母親鞠養，生甫二月，孩而欲名，思審物類，未知所目。母夜稱佛法僧名，頂仍口敩，音句清辯同共驚異。因告攝靜寺慧拯法師，聞而歎曰：此子非凡。卽以非凡爲字。卽年七歲還爲拯公弟子。日進文詞，玄儒並驚，清藻才綺，卽譽當時。年登二十，進具奉儀，德瓶油鉢彌所留思。泊拯師厭世，沐道天台，承習定綱，罔有虧緒。

陳至德元年，從智顗禪主出居光宅，研繹觀門，頻蒙印可。逮陳氏失馭，隨師上江，勝地名山，盡皆遊憩，三宮廬阜，九向衡峰，無不躡迹依迎，訪問遺逸。後屆荊部停玉泉寺，傳法轉化教敷西楚。開皇十一年，晉王作鎮揚州，陪從智者戾止邗溝，居禪衆寺，爲法上將，日討幽求。俄隨智者，東旋止於台岳。晚出稱心精舍開講法華，跨朗籠基超於雲印，方集奔隨負篋屯涌。有吉藏法師，興皇入室，嘉祥結肆獨擅浙東，聞心道勝，意之未許，求借義記，尋閱淺深，乃知體解心醉，有所從矣。因廢講散衆，投足天台，餐稟法華，發誓宏演。至十七年，智者現疾，瞻侍曉夕艱劬盡心。爰及滅度親承遺旨，乃奉留書並諸信物，哀泣跪授。晉王乃五體投地，悲淚頂受，事遵賓禮，情敦法親。尋遣揚州總管府司馬王弘，送頂還山，爲智者設千僧齋，置國清寺，卽昔有晉曇光道獻之故迹也。前峰佛隴寺號修禪。在陳之日，智者初達，隴南十里，地曰丹邱，經行平正，瞻望顯博。智者標基刊木，欲建道場，未果心期，故遺囑斯在。王人入谷，卽事修營，置臬引繩，一依舊旨。

仁壽元年，晉王入嗣，來巡本國，萬里川途，人野畢慶。頂以檀越升位，寺宇初成，出山參賀，遂蒙引見，慰問重疊，酬對如響，言無失厝，臣主榮歡。又遣員外散騎侍郎張乾威送還山寺，施物三千段，氈三百領。又設千僧齋，寺廟臺殿更加修緝。故丹青之飾亂發朝霞，松竹之嶺奄同畫錦，斯實海西之壯觀也。遠符智者之言，具如彼傳。

仁壽二年，下令延請云："夏序炎赫，道體休宜，禪悅資神，故多佳致。近令慧日道場莊論二師講淨名經，全用智者義疏判釋經文，禪師既是大師高足，法門委寄，今遣延屈，必希需然，並法華經疏，隨使入京也。佇遲來儀，書不盡意。"頂持衣負錫高步入京，至夏闡宏，副君欣載，每至深契，無不申請。並隨問接對，周統云籍，後遣信送還，贐遺隆倍。（國清百録云：大業元年，敕江陽名僧云：昔爲智者創寺，因山爲稱，號曰天台。今須立名，經論之内，有何勝目，可各述所懷，朕自詳擇。僧智操奏：天台大師懸記云：寺若成，國則明。敕云：此是我師之靈瑞，合扁云國清。敕取大牙殿牓，填以雌黄，書以大篆，遣内史通事舍人盧政方送安寺門。又爲寺造四週土牆，及給廢寺水田。又勸王宏，施肥田良地，以充基業。）

大業七年，治兵涿野，親總元戎，將欲蕩一東夷，用清殳軌，因問左右備敍軒皇。先壯阪泉之戰暴，後歎峒山之問道，追思智者感慕動容。下敕迎頂遠至行所，引見天宸，敍以同學之歡。又遣侍郎吳旻送還台寺。爾後王人繼至，房無虛月。

頂縱懷邱壑，絶迹世累，定慧兩修，語默雙化。乃有名僧大德，近域遠方，希覩三觀十如，及心塵使性，並拜首投身，請祈天鼓，皆疏瀹情性，澡雪胸襟，三業屢增，二嚴無盡。忽以貞觀六年八月七日，終於國清寺房，春秋七十有二。初薄示輕疾，無論藥療，而室有異香。臨終命弟子曰："彌勒經説：'佛入滅日，香煙若雲'。汝多燒香，吾將去矣。"因伸遺誡，詞理妙切，門人衆侶瞻仰涕零。忽自起合掌，如有所敬，發口三稱阿彌陀佛，低身就臥，累手當心，色貌歡愉，奄然而逝，舉體柔頓，頂暖經日。

嘗有同學智晞，顗之親度，清亮有名，先以貞觀元年卒。臨終云：吾生兜率天矣，見先師智者，寶座行列皆悉有人，唯一座獨空，云卻後六年灌頂法師昇此說法。焚香驗旨，卽慈尊降迎，計歲論期，審晞不繆矣。以其月九日窆於寺之南山，遠近奔號，誼震林谷。

初頂化流囂俗，神用宏方。村人於法龍，去山三十餘里，染患將絶衆治不愈，其子奔馳入山祈救。頂爲轉法華經，焚栴檀香，疾者雖遠，乃聞檀香入鼻，應時痊復。又，樂安南嶺地曰安洲，碧樹青溪，泉流伏溺，人迹不通，頂留連愛翫，顧而誓曰：若使斯地夷坦，當來此講經。曾未浹旬，白沙遍涌，平如玉鏡，頂以感相顯不違願，仍講法華金光明二部，用酬靈意。嘗於章安攝靜寺講涅槃經，值海賊上抄道俗奔委，頂方撾鐘就講，顔無懾懼，賊徒麾旟詣寺，忽見兵旗耀目，持弓執戟，人皆丈餘，雄悍奮發，羣視驚遽，一時退散。常於佛隴，講暇攜引學徒，累石爲塔，別須二片用搆塔門。弟子光英，先以車運一石，咸疑厚大，更欲旁求，復勞人力，頂舉杖聊撝，前所運石颯然驚裂，遂折爲兩段，厚薄等均，用施塔戶，宛如舊契。若斯靈應其相實多。

自頂受業天台，台又稟道衡岳，思顗三世，宗歸莫二。若觀若講，常依法華。又講涅槃、金光明、淨名等經，及説圓頓止觀，四念等法門，共遍不少。且智者辯才，雲行雨施，或同天網，乍擬瓔珞，能持能領，唯頂一人。其私記智者詞旨，及自製義記，並襃文等題目，並勒於碑陰。弟子光英，後生標俊，優柔教義，與國清寺衆，僉共紀其行，樹其碑於寺之門。常州宏善寺沙門法宣爲文，其詞甚麗，見於別集。

（選自金陵刻經處本唐道宣續高僧傳卷一九）

湛　　然

【簡介】　湛然，俗姓戚，生於公元七一一年（唐睿宗景雲二年），死於公元七八二年（唐德宗建中三年），常州荆溪（今江蘇宜興）人。湛然是唐中期天台宗的一位有名的"中興"人物。自灌頂去世後，天台宗經過法華寺智威、天宮寺慧威、左溪玄朗等幾代，都没有什麽發展，直至湛然起來，才獲得了再度的興盛，因此他被天台宗人尊爲"九祖荆溪尊者"。

湛然出生在一個儒學家庭，二十餘歲時從玄朗習佛經，唐玄宗天寶七年，三十八歲時才正式出家受戒。玄朗去世後，湛然獨力在東南地區復興天台宗教理。當時，禪宗盛行，華嚴宗勢力也不小。湛然面對這種形勢深有感觸，他對門人説："道之難行也，我知之矣。古先聖人，静以觀其本，動以應乎物，二俱不住，乃蹈於大方。今之人或蕩於空，或膠於有，自病病他。道用不振，將欲取正，捨予誰歸？"（湛然傳）毅然以再興天台宗爲己任。他努力從事傳教活動，至老不息，著作有十多萬言，創造性地發揮了天台宗的思想。

湛然佛教理論的特點是，把天台宗的教觀與大乘起信論中的思想結合起來，進而提出了所謂"無情有性"的觀點，突破了以往佛教只承認有情衆生才有佛性的舊説，因而在當時發生了較大的影響。

湛然的著作極多，除本書所選者外，主要的還有：法華玄義釋籤、法華文句記、摩訶止觀輔行傳弘決、止觀大意、維摩廣疏記、維摩略疏、法華輔助儀、三觀義、方等補闕義、摩訶止觀搜要記、五百問論、重治定涅槃經疏等。爲了供研究參考,附上湛然弟子梁肅的三篇文章:天台法門議、天台止觀統例、心印銘。

一、金　剛　錍

（圓伊金錍,以抉四眼無明之膜,令一切處悉見遮那佛性之指。偏權疑碎,加之以剛,假夢寄客,立以賓主,觀者恕之。）

自濫霑釋典,積有歲年,未嘗不以佛性義經懷,恐不了之徒爲苦行,大教斯立功在於兹。萬派之通途,衆流之之歸趣,諸法之大旨,造行之所期,若是而思之,依而觀之,則凡聖一如色香泯淨,阿鼻依正全處極聖之自心,毗盧身土不逾下凡之一念。曾於静夜久而思之,思之未已,悦焉如睡,不覺寝云無情有性。仍於睡夢忽見一人云:僕野客也。容儀粗獷進退不恒,逼前平立,謂余曰:向來忽聞無情有性,仁所述耶? 余曰:然。

客曰:僕忝尋釋教薄究根源,盛演斯宗豈過雙林最後極唱究竟之談,而云佛性非謂無情,仁何獨言無情有耶? 余曰:古人尚云一闡提無,云無情無,未足可怪。然以教分大小其言碩乖,若云無情即不應云有性,若云有性即不合云無情。

客曰:涅槃部大,云何並列? 余曰:以子不閑佛性進否教部權實,故使同於常人疑之。今且爲子委引經文,使代好引此文證佛性非無情者,善得經旨不昧理性,知余所立善符經宗。今立衆生正因體遍,經文亦以虛空譬之。故三十一迦葉品云:衆生佛性猶如虛空,非内非外。若内外者,云何得名一切處有? 請觀有之一字,虛空何所不收,故知經文不許唯内專外,故云非内外等及云如空。既云衆生佛性,豈非理性正因?┐ 次迦葉問云:何名爲猶如虛空? 佛乃以果地無礙而答迦葉,豈非正因因果不二?！由佛果答。迦葉乃以權智斷果果上緣了悉皆是有,難佛空喻法喻不齊。故迦葉云:如來佛性涅槃是有,虛空應當亦是有耶?佛先順問答,次復宗明空。

先順問云:爲非涅槃說爲涅槃,非涅槃者,謂有爲煩惱;爲非如來說爲如來,非如來者謂闡提二乘;爲非佛性說爲佛性,非佛性者謂牆壁瓦礫。今問若瓦石永非,二乘煩惱亦永非耶?故知經文寄方便教說三對治,暫說三有以斥三非。故此文後便即結云:一切世間無非虛空對於虛空。佛意以瓦石等三,以爲所對,故云對於虛空,是則一切無非如來等三。迦葉復以四大爲並,令空成有,故迦葉云:世間亦無非四大對四大,是有虛空無對何不名有?迦葉意以空無對,故有之大也。佛於此後捨喻從法,廣明涅槃不同虛空。若涅槃不同,餘二亦異。故知經以正因結難,一切世間何所不攝,豈隔煩惱及二乘乎?虛空之言何所不該,安棄牆壁瓦石等耶?佛後復云空與涅槃,雖俱非世攝,涅槃如來有證有見,虛空常故是故不然,豈非正與緣了不同?次佛復宗顯空非有,故恐世人以邪計空爲佛性喻,更以一十復次,而遮其非。

初云:世人言虛空者,名爲無色無對不可見,佛言此即心所三世所攝。語似心所,故佛破之。世言身內,何殊心所?復次外道言:虛空者即是光明,佛言亦是色法。世言身內,何殊色法?有云住處,世言身內豈非住處?有云次第,世言身內必須隨身刹那時運。有云不離三法:一空,二實,三者空實。佛言若言空者,有處無故;若言實者,空處無故;若言空實,二處無故。世言身內猶闕外計空及二俱。有云作法如去舍等。世言身沒與真相應,即同作法。有云:無礙處。佛言有分,有具餘處無故。世言身內,餘處則無。有云:與有並合。佛言:合有三種:一、如鳥投樹,二、如羊相觸,三、如二指已合。世言:身內如二指合。有云:如器中空。世言身內,何異器中？有云：所指之處。佛言：則有方面。世言身中，豈非方面？佛總結云：從因緣生皆是無常。故此一十邪計虛空非佛性喻，是無常故，三世攝故，虛空異彼遍一切處。此遠迦葉問，復空符空，以喻正因。

世人何以棄佛正教，明於邪空？云何乃以智斷果上緣了佛性以難正因？如來是智果，涅槃是斷果，故智斷果上，有緣了性。所以迦葉難云：如來佛性涅槃是有。世人多引涅槃爲難，故廣引之以杜餘論，子應不見涅槃之文，空教世人瓦石之妨，緣了難正殊不相應，此即子不知佛性之進否也。況復以空譬正緣了猶局，如迦葉所引三皆有者，此乃涅槃帶權門説，故佛順迦葉三皆是有。若頓教實説本有三種，三理元遍，達性成修。修三亦遍，欲示衆生本有正性。且云正遍猶如虛空，欲赴末代以順迦葉，豈非迦葉知機設疑？故佛覆實述權緣了。此子不知教之權實，故涅槃中佛性之言，不唯一種。如迦葉品下文云：言佛性者，所謂十力無畏不共大悲三念三十二相八十種好，子何不引此文，令一切衆生亦無，何獨瓦石？若云此是果德，衆生有此果性者，果性身上何不霑於瓦石等耶？又若許因有果性者，世何但云十方諸佛同一法身力無畏等，而不云生佛亦同法身力無畏等，使一塵一心無非三身三德之性種也。若言但有果地法身性者，何故經云十方無畏乃至相好？又復經中，闡提等人四句辯性？子云衆生有性，爲何衆生有何等性，瓦石爲復無四句耶？又第六第九及三十二，皆以雜血五味，用對凡夫三乘及佛，何故佛性在人差降不同？又二十七云：若修八正即見佛性，婆沙俱舍悉有八正，乃至諸經咸有道品，爲修何八正見何佛性？故子不知佛性進否。

客曰：何故權教不説緣了二因遍耶？余曰：衆生無始計我我所，從所計示未應説遍，涅槃經中帶權説實，故得以空譬正，未譬緣了。若教一向權則三因俱局，如別初心聞正亦局，藏性理性一切俱然，所以博地聞無情無，依迷示迷云能造是，附權立性云所造非。又復一代已多顯頓，如華嚴中依正不二，普賢普眼三無差別，大集染淨一切融通，淨名不思議毛孔含納，思益網明無非法界，般若諸法混同無二，法華本末實相皆如，涅槃唯防像末謬執，分正緣了別指方隅。若執實迷權尚失於實，執權迷實則權實俱迷，驗子尚昧小乘由心，故暗大教心外無境。

客曰：涅槃豈唯兼帶說耶？余曰：約部通云一切兼帶，部中品內或實或權，如申迦葉難，別爲末代一機而已，則權實並明。若一向權，如恒河中七種衆生；若一向實，如三點二鳥三慈十德等；他皆準知不可具述。如云色常，色言豈不收於一切依正，何故制空令局限耶？此世人不知教之權實，如二乘人處處聞大，尚至法華方信己性，悔來至此財非己有，此豈非子不不知父性耶？聞開權已，方云口生化生有分，故涅槃中猶恐未來一分有情不信己身有如來性及謂闡提未來永斷，示令知有及以不斷，豈部內諸文全無頓耶？今搜求現未建立圓融，不弊性無，但困理壅故於性中點示體遍，傍遮偏指清淨真如，尚失小真佛性安在？他不見之空論無情性之有無，不曉一家立義大旨，故達唯心了體具者焉有異同？若不立唯心一切大教全爲無用，若不許心具圓頓之理乃成徒施。信唯心具，復疑有無，則疑己心之有無也。故知一塵一心卽一切生佛之心性，何獨自心之有無耶？以共造故，以共變故，同化境故，同化事故。故世不知教之權實，以子不思佛性之名從何教立？無情之稱局在何文？已如前說。余患世迷恒思點示，是故窺言無情有性。何謂點示？一者示迷元從性變，二者示性令其改迷，是故且云無情有性。若分大小，則隨緣不變之說出自大教，木石無心之語，生於小宗。子欲執小道而抗大達者其猶螳蜋乎？何殊井蛙乎？故子應知，萬法是真如，由不變故。真如是萬法，由隨緣故。子信無情無佛性者，豈非萬法無真如耶？故萬法之稱寧隔於纖塵，真如之體何專於彼我？是則無有無波之水，未有不濕之波，在濕詎間於混澄，爲波自分於清濁。雖有清有濁，而一性無殊。縱造正造依，依理終無異轍。若許隨緣不變，復云無情有無，豈非自語相違耶？故知果地依正融通，並依衆生理本故也。此乃事理相對以説。若唯從理，只可云水本無波，必不得云波中無水。如迷東爲西，只可云東處無西，終不得云西處無東。若唯從迷説，則波無水名，西失東稱。情性合譬思之可知，無情有無例之可見。

於是野客恭退夋跪而諮曰：波水之譬其理實然，僕曾聞人引大智度論，云真如在無情中但名法性，在有情内方名佛性，仁何故立佛性之名？余曰：親曾委讀細撿論文都無此説，或恐謬引章疏之言世共傳之，汎爲通之，此乃迷名而不知義。法名不覺，佛名爲覺，衆生雖本有不覺之理，而未曾有覺不覺智，故且分之令覺不覺，豈覺不覺不覺猶不覺耶？反謂所覺離能覺耶？

客曰：若爾至佛方會，凡離何乖？余曰：子爲學佛，爲學凡耶？理本無殊，凡謂之離，故示衆生令覺不覺，故覺不覺自會一如。故知覺無不覺不名佛性。不覺無覺法性不成，覺無不覺佛性寧立？是則無佛性之法性，客在小宗。即法性之佛性，方曰大教。故今問子，諸經論中，法界實際實相真性等，爲同法性在無情中，爲同真如分爲兩派？若同真如，諸教不見無情法界及實際等。若在無情，但名法性非佛性者，何故華嚴須彌山頂偈讚品云：了知一切法，自性無所有。若能如是解，則見盧舍那，豈非諸法本有舍那之性耶？又云：法性本空寂，無取亦無見，性空即是佛，不可得思量。又精進慧云：法性本清淨，如空無有相，此亦無所修，能見大牟尼，豈於無性又云無修能見牟尼？又真實慧云：一切法無相，是則真佛體。既真佛體在一切法，請子思之，當免迷教，及迷佛性之進否也。故真如隨緣即佛性隨緣，佛之一字即法佛也。故法佛與真如體一名異。故佛性論第一云：佛性者，即人法二空所顯真如。當知真如即佛性異名。華嚴又云：衆生非衆生，二俱無真實，如是諸法性，實義俱非有。言衆生非衆生，豈非情與無情？二俱隨緣並皆不變，故俱非有。所以法界實際一切皆然，故知法性之名不專無情中之真如也。以由世人共迷法相名異體一故也。然雖體同不無小別，凡有性名者多在凡在理，如云佛性理性真性藏性實性等；無性名者多通凡聖因果事理，如云法界及實相等，如三昧陀羅尼波羅蜜等，則唯在於果。所以因名佛性等者，衆生實未成佛得理證真開藏，以煩惱生死是佛等性，示令修習名佛等性，而諸教之中諸名互立。涅槃經中多云佛性者，佛是果人，言一切衆生皆有果人之性，故偏言之。世人迷故而不從果，云衆生有故失體遍。又云遍者，以由煩惱心性體遍云佛性遍，故知不識佛性遍者，良由不知煩惱性遍故，唯心之言豈唯真心？子尚不知煩惱心遍，安能了知生死色遍？色何以遍？色即心故。何者？依報共造正報別造，豈信共遍不信別遍耶？能造所造既是唯心，心體不可局方所故，所以十方佛土皆有衆生理性心種。以性喻空，具如涅槃一十復次，故知不曉大小教門名體同異，此是學釋教者之大患也。故身子云：我等同入法性，及亦得解脫等。子初不達余之義旨，故聞之警駭，爲子申己理合釋然，故知世人局我遮那唯陰質内，而直云諸法是無情者，則有二種不如外道。外道尚云我大色小我遍虛空，又外道猶計衆塵所成，亦不直云無情而已。又有二種不如小乘，小乘尚云猶業力造造遍三界，又小乘猶知諸法無常，亦不直云無情而已。又有二種不如共乘，共乘尚知造心幻化幻遍三界，又知諸法體性即真。若次第乘故非所擬。子聞是已，亦合薄知教法權實佛性進否。

客曰:仁善分別實壞重疑,信一切法皆正因性,而云正中三因種遍修遍果遍,又云一塵一心即一切生佛之心性,情猶未決。余曰:良由自昔不善遍攬因果自他依正,觀於己心心佛衆生;亦由不閱諸教大旨,不曉佛説果德之意,不達佛現互融之由。余欲開導子之情懷,更以四十六問而問於子。子若能曉余之一問,則衆滯自消,法界融通,釋然大觀洞見法界生佛依正,一念具足一塵不虧。

問:佛性之名從因從果?從因非佛,果不名性。問:佛性之名常無常耶?無常非性,常不應變。問:佛性之名共耶別耶?別不名性,共不可分。問:佛性之名大小教耶?小無性名,大無無情。問:佛性之名有權實耶?對體辯異其相何耶?

問:無情之名大小教耶?大教大部有權實耶?問:無情無者無情爲色爲非色耶?爲二俱耶?問:無情色等佛見爾耶?爲生見耶?爲共見耶?問:無情敗壞故無情者,陰亦敗壞性亦然耶?問:無情是色,法界處色爲亦無耶?爲復有耶?問:唯心之言子曾聞耶?唯只是心,異不名唯。問:唯心之言凡聖心耶?若聖若凡二俱有過。問:唯心名心造無心耶?唯造心耶?二俱有過。問:唯心唯心亦唯色耶?若不唯色,色非心耶?問:唯心所造唯依與正,依正能所同耶異耶?

問:衆生量異性隨異耶?不爾非内爾不名性。問:衆生惑心,性遍不遍神我四句,爲同異耶?問:衆生有性唯應身性亦法性耶?亦報性耶?問:衆生本迷迷佛悟耶?佛既悟已,悟生迷耶?問:衆生一身幾佛性耶?一佛身中幾生性耶?問:佛國土身爲始本耶?始本同耶?爲復異耶?問:佛土佛身爲一異耶?一無能所,異則同凡。問:佛土界分生亦居耶?爲各所居佛無土耶?問:佛土所攝爲遠近耶?何土與生一異共別。問:佛佛土體爲同異耶?娑婆之處爲共別耶?問:佛成道時土亦成耶?成廣狹耶?不成有過。問:佛成見性與生見處爲同異耶？離二不可。問：佛成土成，與彼彼我，彼彼不成爲一異耶？問：佛成三身，與彼彼果及彼彼生爲一異耶？問：佛成身土成何眼智，見自他境初後如何？

問：真如所造互相攝耶？不相攝耶？二俱如何？問：真如之體通於修性，修性身土等不等耶？問：真如隨緣變爲無情，爲永無耶？何當有耶？問：真如隨緣隨已與真爲同異耶？爲永隨耶？問：真如本有爲本無耶？與惑共住同異如何？

問：波水同異，前後得失，真妄同異，法譬如何？問：病眼見華華處空處，同異存沒，法譬如何？問：鏡像明體本始同異，前後存沒，法譬如何？問：帝網之譬唯譬果耶？亦譬因耶？果無因耶？問：如意珠身身有土耶？唯在果耶？通因如何？

問：行者觀心心卽境耶？能所得名同異如何？問：行者觀心一耶多耶？一多心境同異如何？問：行者觀心爲唯觀心亦觀身耶？亦觀土耶？問：行者觀心在惑業苦，內耶外耶同耶異邪？問：行者觀心，心內佛性爲本淨耶？爲始淨耶？問：行者觀心，心佛衆生因果身土法相融攝一切同耶？

如是設問不可窮盡，爲斷子疑且至爾許。

客曰：何以不多不少，唯四十六？余曰：攻惑、攻疑、攻行、攻理，通教通義，通自通他，一問亦足，爲對鈍根故四十六，及對六卽分證離爲四十一位，兼前及後故四十六。應知一問亦皆能攻餘四十五，餘一一位仍須皆具四十六。問乃至無量亦復如是。

客曰：仁所立義灼然異僕於昔所聞，僕初聞之，乃謂一草一木一礫一塵，各一佛性各一因果具足緣了。若其然者僕實不忍。何者？草木有生有滅，塵礫隨劫有無，豈唯不能修因得果？亦乃佛性有滅有生，世皆謂此以爲無情，故曰無情不應有性，僕乃誤以世所傳習難仁至理失之甚矣過莫大矣。余曰：子何因猶存無情之名？

客曰:乃僕重述初迷之見,今亦粗知仁所立理,只是一一有情心遍性遍,心具性具猶如虛空,彼彼無礙彼彼各遍,身土因果無所增減,故法華云世間相常住,世間之言凡聖因果依正攝盡。余曰:觀子所見似知大旨,何不試答向之一問?

客曰:仁向自云若思一問衆滯自消,僕若答者卽以一答遍答衆問,何一問之有耶? 余曰:請述其旨。

客曰:僕還攬向諸問意,若消衆滯卽名爲答,何假曲申一一問耶? 何者? 衆問豈不由僕不受無情有性之說,僕今受之此卽是答。余曰:大略雖爾未曉子情。

客曰:仁所立義關諸大教難可具陳,僕略論之冀垂聽覽,豈非曉最後問三無差別,卽知我心彼彼衆生一一刹那,無不與彼遮那果德身心依正,自他互融互入齊等。我及衆生皆有此性故 名佛性。其性遍造遍變遍攝,世人不了大教之體,唯云無情不云有性,是故須云無情有性。了性遍已則識佛果具自他之因性,我心具諸佛之果德,果上以佛眼佛智觀之,則唯佛無生。因中若實慧實眼冥符,亦全生是佛無別果佛,故生外無佛。衆生以我執取之,卽無佛唯生。初心能信教仰理亦無生唯佛,亡之則無生無佛,照之則因果昭然。應知衆生但理諸佛得事,衆生但事諸佛證理,是則衆生唯有迷中之事理,諸佛具有悟中之事理,迷悟雖殊事理體一。故一佛成道,法界無非此佛之依正。一佛既爾,諸佛咸然。衆生自於佛依正中,而生殊見苦樂昇沈,一一皆計爲己身土,淨穢宛然成壞斯在,仁所問意豈不略爾? 余曰:善哉! 善哉! 快領斯旨,實可總知諸問綱格,此卽已答百千萬問,何獨四十六耶?

客曰:幾不遇仁此生空喪,必依此見獲勝果耶? 余曰:必欲修習教法未周,若不善余一家宗途,未可委究行門始末,安能遍括教行事理惑智因果依正心法? 用爲凡夫初心觀首,然子所領似虛其情，計子觀道猶爲罔象。

客曰：觀道者何？仁師誰耶？法依何耶？余曰：子豈不聞，天台大師靈山親承，大蘇妙悟，是余師也，摩訶止觀所承法也。以二十五法爲前方便，十法成乘觀於十境，十境互發觀時進否，此觀道之大略也。諸問且令識十乘初妙境而已，餘乘諸境不暇論之。客曰：善哉！僕當慕之，以爲永劫之仗託也。

客曰：屢聞講說，大乘諸師猶以無情佛性，爲一別見何耶？余曰：此有由也。斯等曾覩小乘無情之名，又見大乘佛性之語，亡其所弘融通之譚，而棄涅槃虛空之喻，不達修性三因離合，不思生佛無差之旨，謬斅傳習無情之言，反難己宗唯心之教，專引涅槃瓦石之說，不測時部出没之意。如福德子而無壽命，弱喪徒歸，猶迷本族，如受貴位不識祖宗。亦如死人而著瓔珞，用是福爲用瓔珞爲。法相徒施全迷其本。忽遇斯等應以如上諸意問之所弘之典大小乘耶？尚失小乘已如前說。

客曰：斯失者衆，聞仁所宗四教釋義可謂閫耶？余曰：此之四釋，關涉五時牢籠八教，十方三世大小乘教法咸攝其中，豈可率爾譚其始末？

客曰：若爾可能以四教，略判佛性無情有無心造心變具不具耶？余曰：略示方隅斯亦可矣。何者？自法華前藏通三乘俱未稟性，二乘憚教，菩薩不行，別人初心教權理實，以教權故所稟未周，故此七人可云無情不云有性。圓人始末知理不二，心外無境誰情無情，法華會中一切不隔，草木與地四微何殊？舉足修途皆趣寶渚，彈指合掌咸成佛因，與一許三無乖先志，豈至今日云無情無？言心造心變咸出大宗。小乘有言而無其理，然諸乘中其名雖同義亦少別：有共造依報各造正報，有共造正報各造依報。衆生迷故或謂自然梵天等造。造已或謂情與無情，故造名猶通，應云心變；心變復通，應云體具。以無始來心體本遍，故佛體遍由生性遍。遍有二種：一寬廣遍，二即狹遍。所以造通於四，變義唯二，即具唯圓，及別後位，故藏通造六，別圓造十，此六及十括大小乘教法罄盡。由觀解異故十與六各分二別，藏見六實，通見無生，別見前後生滅，圓見事理一念具足。論生兩教似等，明具別教不詮，種具等義非此可述，故別佛性滅九方見，圓人即達九界三道，即見圓伊三德體遍。

客曰：如何能攝依正因果？余曰：一家所立不思議境於一念中理具三千，故曰：念中具有因果凡聖大小依正自他，故所變處無非三千。而此三千性是中理，不當有無有無自爾。何以故？俱實相故。實相法爾具足諸法，諸法法爾性本無生，故雖三千有而不有，共而不雜，離亦不分，雖一一一遍亦無所在。

客曰：其理必然，僕深仰之。此爲憑教爲通依諸部，爲專在一經？余曰：斯問甚善！能使其理永永不朽。雖則通依一切大部，指的妙境出自法華，故方便品初，佛歎十方三世諸佛所得微妙難解之法。所謂諸法實相如是相等，當知如是相等即是轉釋諸法實相。以諸法故故有相等，以實相故相等皆是，實相無相相等皆如。

客曰：云何三千？余曰：實相必諸法，諸法必十如，十如必十界，十界必身土。又依大經及以大論，立三世界故有三千，具如止觀及廣記中，故知因果凡聖恒具三千。是故歎云：唯佛與佛乃能究盡。十方世界稻麻二乘如恒河沙，不退菩薩並不能知斯義少分，即指前之七種人也。是故身子三請慇懃，十方三世諸佛開顯，釋迦仰同無復異趣。大車譬此，宿世示此，壽量久本唯證於此，根敗適復獲記由此，菩薩疑除損生增道，始初發心終訖補處，豈有餘途並託於此？由前四時兼但對帶部非究竟，故推功法華。涅槃兼權意如前說。當知一乘十觀即法華三昧之正體也，普現色身之所依也。正因佛性由之果用，緣了行性由之能顯，性德緣了所開發也，涅槃真伊之所喻也，法華大軍之所至也。諸大乘意準例可知。子得聞之，可謂久種勤而習之無使焦敗，願未來世諸佛會中與子相遇。

於是野客悲喜交集曰：投身莫報粉骨寧酬，唯以此義隨方轉説，以報所聞如何？余曰：佛有誠誡自可爲規。經云：若但讚佛乘衆生没在苦，我寧不説法疾入於涅槃，尋思方便先小後大，此乃以偏助圓方可爲説。又云：當來世惡人破法墮惡道，志求佛道者廣讚一乘道，此即簡人方可爲説。然末代施化復未知根，亦可如安樂行中但以大答，亦可如不輕喜根而强毒之。故首楞嚴中聞生謗者後終獲益，如人倒地還從地起，應運大悲無惱他説。子應從容觀時進否，將獲彼意順佛本懷。若有衆生未稟教者，來至汝所先當語云：汝無始來唯有煩惱業苦而已。即此全是理性三因由未發心未曾加行，故性緣了同名正因，故云衆生皆有正性。既信己心有此性已，次示此性非内外遍虚空，同諸佛等法界。既信遍已次示遍具，既同諸佛等於法界，故此遍性具諸佛之身。一身一切身，如諸佛之感土。一土一切土，身土相即故説土説。大小一多亦復如是。有彼性故故名有性，若世人云：衆生唯有清淨之性，加修萬行爲功用體，故至果時方有大用。此乃佛有衆生之性，不名衆生有佛性也。三無差別斯言有徵，寄言説者勿負斯教。若言衆生有正因性與法身等，不與報化等者，還成衆生與衆生等。何者？若除報化猶是衆生，若言等於有報化之法身，其如法身非報化外，以是言之故須悉等。今此示有是示種性，示遍是示體量，示具是示體德。既示三已，次令緣於一體三寶發四弘誓，進受菩薩清淨律儀，一一緣向理性三因，修行填誓，如向所聞種必相續，世世生處以人天身，佛會再聞而得解脱。若已稟方便教者，若聞若行若伏若斷，隨其所得點示體具。故經云：汝等所行是菩薩道。故法華中五章開權，一一但云是法皆爲一佛乘，故衆生聞已皆得種智。散心講授者，隨宜設化；一種觀心者，從心示之。若憚教生諍競者，應當語云聞已成種不敢輕汝，汝等行道皆當作佛。故大師判教末云：佛法不思議，唯教相難解，二乘及菩薩，尚所不能測，何況諸凡夫？而欲判此事，譬如生盲人，分別日輪相，欲判虛空界，一切諸色像，而言了達者，畢竟無是事。是故有智者，各生慚愧心，自責無明暗，捨戲論諍競。大師親證判已尚自謙喻後輩，余今准此一家宗途，獎導於子，非師己見，子亦順教如是流行。

野客於是歡喜頂受，自爾永劫唯奉持之，所在宣弘不違尊命，斂容再拜安庠而出。忽然夢覺，問者答者、所問所答都無所得。

（選自頻伽精舍校刊大藏經陽帙第一〇冊）

二、止 觀 義 例（節選）

第六，行解相資例者。如分別中總以十義分別十章，於中且約自行化他，則前八自行；於中去果論因，則果報爲果非今正意。前七爲因，正明修相，於七因中，前五生解後二爲行。分別文中雖以起教取譬，於自起教化他義當於解。越次取文兼化他故，故自行解唯前五章是也。大意雖有行及果報等文，但是示行及果報等，令知始末，非謂卽是修行相也。何者？修行俱須二十五法以爲方便，十乘十境以爲正修。所以者何？若無十境乘則無體，若無十法名壞驢車，故知必須五章以生妙解。於生解中大意則略解始終，自他因果則文略而意寬、次四車專在名體則文理俱廣，故以廣解導於行。始使二十五法隨教甄分，會開廢粗，方可得名妙行之首也。是故五章一不可廢。若用此解而修十法，則但釋十法名宗次第，於理自足。而今文中相猶廣者，爲鈍根者仍恐不曉觀法次第，故引前解入觀委論。又恐繁文故，於陰入具釋十法九境比知，是故諸文不無旁正。且如十境，只一念心行之地也，一一顯示境相不同行之種也，一一起於十乘觀法行之雨也，一一轉成不思議境行之牙也，一一發心行之幹也，一一安心行之葉也，一一破遍乃至正助行之華也，一一次位以至離愛行之果也。若無六事道樹不端，次第雖爾。若從人説上根卽於境種而生於果，故文云：直聞是言病卽除愈。爲中下根更須後法，是故文云：至長者所爲合衆藥。又於十乘一一復須了其文旨：一一皆依不思議寂照止觀，文之髓也；一一乘相生起次第，文之骨也；一一引事助我行相，文之肉也；廣破古舊問答釋疑，文之膚也。又釋名等四文兼於膚義，兼於肉意卽骨也。意下所詣卽是髓也。若無四事法身不成，是故讀者行者須知緩急，無得謬指偏言僻意令行不周，修行之來豈過集解而起方便」行因得果果滿教他，他機我應感應斯息，自他同歸滅理眞性。今之一部意唯若是，故此十章攝無不盡。

第七，喻疑顯正例者。此所學宗同稟一師，文理相承終無異解，忽遇僻者因問異答，事不獲已而徵喻之。問：頓教有幾種？答：有漸頓及頓頓。喻曰：夫講貫之法先觀本文，本文立名不可取異，求異會釋仍須體同。頓頓之名經論不出，一家著述諸部所無。若名體俱無，修行何託？若以頓頓是圓，如圓圓等此義可爾，既分二頓漸頓爲圓，更加頓頓爲何所擬？問：此二位者斷惑何殊？答：二位不同。若漸頓者，初住已前，四住先除；若頓頓者，初住已前，圓伏五住，登住已去圓破五住～喻曰：初住已前，四住先除引證屬圓處處皆爾，故圓教四念處云如。冶鐵作器本爲成器，非爲除垢，粗垢先除非關漸次頓頓。既云登住圓破卽顯，住前五住全在，當知此義非別非圓。圓則初住唯破無明，不應入住。五住俱斷，別須住前；五住全在，住破四住行破塵沙；登地方破一品無明。故知非別離二別立無教可憑。問：二頓修成其相何別？答：漸頓觀者空觀先成，頓頓觀者三觀俱證。喻曰：此甚違背一家教文，既云漸圓，是四教中圓，應依之即判此圓位，則不應云空觀先成。何者？五品即是觀行三觀，六根即是相似三觀，初住已去分證三觀，如何乃云空觀先成？又復不識見思先落似位之意，若先成者何名似即頓頓。既云三觀俱證，爲是何位？若在初住與漸頓何別？若在住前都無此理，若云住前但伏初住俱斷，諸教無文方成邪説。問：據何得知有二種頓？答：準玄文。八教謂漸頓祕密不定，漸又四謂藏通別圓，此四兼前名爲八教。漸中既有最後一圓，漸外又復更立一頓，故知前圓但是漸圓，別立一頓即是頓頓。頻將此義以難他人，他無對者唯我獨知。喻曰：依此所判則有多妨：一者不識教名之妨別立一頓，乃是華嚴最初頓部。佛初成道未游諸會，不從漸來直説於大，大部在初故名爲頓。部仍兼別不得妙名，豈以兼別之經，翻爲頓頓？法華獨顯却號漸圓。二者不識漸開之妨。言漸開者，準法華玄。華嚴頓後別爲小機不動不降，施於漸教。漸教之初先説三藏，三藏教後彈斥淘汰，方具用四故云開出。故玄文中自鹿苑來至般若會，皆名爲漸，豈此漸中有於圓教，便名漸圓？又玄第十漸頓判教，自華嚴來至般若會，皆有漸頓。華嚴圓教與方等般若中圓，圓既不殊，亦應並名爲頓頓，何獨華嚴？若方等般若中圓，名漸圓者，則華嚴圓教亦名漸頓，何關餘部？三者不識教體之妨。若漸開出四，如開拳爲指，唯指無拳。合四爲漸，如合指爲拳唯拳無指。存漸則教唯有四，没漸則教唯有七，俱存必一邊無體，立八則體陜名寬。四者抑挫法華之妨。近代判教，多以華嚴爲根本法輪，以法華爲枝末法輪，唯天台大師靈鷲親承大蘇妙悟，自著章疏以十義比之，迹門尚殊，本門永異，故玄文中凡諸解釋，皆先約教判則三粗一妙，次約味判則四粗一妙。如何以粗，稱爲頓頓，以妙翻作漸圓？五者不識頓名之妨。若從行爲名圓只是頓，是故舊題圓頓止觀；若從味立稱則頓異於圓，故判初味云：高山頓說，若將判味兼帶之頓，以斥判教獨顯之圓，一何誤哉！一何誤哉！六者遠拒本宗之妨。本師贊爲獨妙學者毀爲漸圓，抑實揚權有何利益？七者違文背義之妨。經云：已說今說當說，而於其中法華第一。華嚴至般若名已說，無量義經名今說，大般涅槃經名當說。依彼所判則已說第一，何關法華？如此獨知聞者掩耳。問：從漸開四并前但七何成八教？答：開出四已仍有一漸。喻四如前，第三妨中足知迷誤。彼既不知漸，從鹿苑以至般若，將何別立一漸教耶？若知鹿苑至般若來，約時名漸終不輒判四教中圓，名爲漸圓，豈判法華劣於乳教？問：法華經部爲是何頓知非頓頓？喻曰：此師非但不識頓漸之名，亦乃不曉結文之意。玄文釋前四味教竟。次以漸等結釋法華云：非頓漸祕密不定。初云：今法華是顯露非祕密，是定非不定。結非祕密不定。祕密不定通前四時。次云：是漸頓非漸漸，結非前頓後漸教。言漸頓者，約前四時漸中有頓，頓中有漸。今法華經迹門圓說，與漸頓中其義不殊，但異漸中漸耳。言漸漸者，鹿苑一方等三般若二頓中之漸，即是別教與漸中漸其義不殊，故不須簡頓中之頓。同漸中之頓，亦同法華，是故頓教不須別簡。故玄後文（“文”後應有“云”字）今法華迹門與諸經有同有異，本門與諸經一向異。同者謂諸部中圓，異者謂諸部中兼於三教，不見此意望聲釋義，便謂法華但是漸頓非頓頓也。文中只云非是漸漸，何曾復云不是頓頓？問：復何得知法華是漸頓，華嚴是頓頓？答：據法華中諸聲聞人從於小來，經歷諸味至法華會-方始開頓，故知法華是漸頓也。華嚴居初不經諸味，故是頓頓。喻曰：今法華圓極頓足，此從於法不從於人，不應聲聞從於漸來，即依聲聞判經爲漸，況復聲聞不過五百千二二千。此等但名開權顯實。又有菩薩開顯何獨聲聞？如云菩薩聞是法疑網皆已除等。又下文云：無數諸佛子聞世尊分別説，得法利者大喜充遍身。又有顯本，如分別功德品中三千微塵數，乃至一四天下。又八世界塵數初發菩提心，況下方踊現并妙音東來，嚴王諸營從，文殊所教化，如是諸衆何曾歷四味？應當從此方判經爲頓頓，況復法師品現在若滅後？若有聞一句皆與授佛記。華嚴經衆雖不游漸，有二義故不及法華：一、帶別，二、覆本。豈關二義便稱頓頓？具二義者稱爲漸耶？問：亦有菩薩法準聞頓而獨從聲聞判耶？答：據多分説。喻曰：如前所引，應以八界及聞一句爲多。而反以聲聞爲多者，非但玄理不會，亦乃讀文未熟。應知聲聞鈍根菩薩，法華經前機緣未熟，不堪聞頓。更以方等般若調治，方堪來至法華聞頓。是故應判此法華經是開漸顯頓，故名漸頓，人不見之，謂非頓頓。問：據何得知漸圓之教，四住先落？答：如引仁王長別苦輪。既云別苦，知是漸頓。如引法華六根清淨，云肉眼等，知是頓頓。喻曰：此一家義前後皆引仁王以證法華。法華云：無漏意根。仁王云：長別三界。兩經皆是四住先落，且於界内得無漏名有漏業除，故云長別。當知二處文義本同，如何分擗以證兩頓？問：三種止觀中圓頓止觀是何頓耶？答：是漸頓。何以得知？如第一卷以三譬喻三止觀，以通者騰空喻於圓頓。至第七卷識通塞中，中卽三觀破於神通，神通被破故非頓頓。文云：別則略指三門，大意在一頓。又三止觀竟。又云：今依經更明圓頓。又第五卷安心文末，初約三止觀結數，次又約一心止觀結數。又第一結發心文，先三止觀結，次云：又以一止觀結。此等皆是三止觀外別一頓頓之正文也。喻曰：一往引證似有所憑，子細推求都無所據。何以故？以違文故生多妨故。何者？如破神通及依經，更明文在序中。序是章安所置，説止觀時未有此序，如何預將正文破之？又三（“三”字後應有“止”字）觀本傳南嶽，如何弟子反破師宗，乃成逆路伽耶（“耶”之後應有“陀”字）？論又南嶽禀受慧文、龍樹，既破師法，觀心論中何須更云歸命祖師？況兩處神通其義各別。序中以頓行者譬通者履空，空無淺深履者階降，空喻頓理履譬行儀，行雖階差仍名圓漸，理無深淺不當偏圓。第七卷中以步馬神通喻橫別三觀，神通即是別相之中，故以中即三觀，破橫別之中，如何不見近文，遠破未生之序？次依經文更明者，前以三喻證三文竟，更依華嚴以證圓文，故云：更明再治定文意在於此。如何見一更字，便於三外立頓頓名？若引華嚴即名頓頓者，玄第十卷亦引華嚴方等般若圓證於頓。華嚴既其非是漸圓，方等般若寧非頓頓？言別則略指三門，大意在一頓者，彼料簡文問略明三種止觀，略與大意名相似同，是故重問云何同異？答：中分於通別二意，通則略指只是大意，別則略與大異（異應作意）不同。以不同故略有三種，大意但在三中之一，故文云：漸與不定置而不論，人不見之，便於三外別立頓頓。安心文末，先以次第三觀結數，次以一心結數次第義，當於別一心義當於圓，此圓還同初總安心爲結數，故義開三別。次還依本以結一心，不見此意，異説便生。言發心文末一止觀結者，大意五章文相寬總，是故皆以止觀結之、或時唯用一止觀結，如六即文，六文皆一；或復唯用三止觀結，如隨自意文末；或時俱用三一結之，如前所引；或（原無“或”字，按上下文義補）復闕無結文，如常行等三種三昧。又若俱用三一結者，只是通別不同。何者？一種結云：發菩提心即是觀，邪僻心息即是止。當知三種無不發心邪僻心息。又三種結者亦是通義，以通三故，是故結之。始從三藏終至圓頓，皆悉有於漸頓不定，具如第三偏圓文中及玄文第十判教中，四教是別，三種是通，此第一文。不歷四教，一一三結，總以四教共爲三結，以三對一三復爲別，人不見之，便以又以之言憑茲別立，深不可也。問：兩種頓位同異云何？答：住前則別，登住則同。喻曰：凡列立位者皆須準教及以古師，一家立位唯分四別，一期教迹因果顯著，有始有終莫過此四。三藏則因果支佛百劫僧祇，通教則三乘共位，及名別義通別圓並立五十二位。但行有賒促斷伏不同，圓依法華更加五品，一家所用諸部咸然，輒不曾聞兩頓之位，已如前破。問：何故分別立二頓耶？答：由根利鈍立二不同。喻曰：自昔承稟一圓家教法，不見二頓而分兩根，處處文中但云華嚴兼於利鈍，利則圓教鈍則別人。或一一教中而分三根，或信法二行以分利鈍，是則教教部部無不皆然，來至法華同入一實，無容開會同一根性，仍稱爲鈍，覆權隱迹有鈍有利而名爲利，深不可也。問：方等中四漸中開四，兩四中圓爲何同異？答：但是四，教中圓皆是漸圓。喻曰：此師不識漸教之義，是故不知方等只是漸中之一，謂言漸教與方等殊，即便答云但是四教皆名爲漸。若知不別云何便答？但是之言借使法華會前四教中圓，皆名漸圓，法華開權獨顯一圓，何故仍立漸圓之稱？若爾但識四教從漸之言，不了法華開廢等意，因兹暗立漸頓之言。問：涅槃中圓復何差別？答：亦是漸圓。喻曰：若如所判，始自鹿苑終至涅槃，一概漸圓，玄文何故若破光宅？光宅仍以法華異昔，引昔通謾尚乃破之，此師稟受山門，翻更不如光宅？應云涅槃雖四前三知圓，方等雖四三不入實，漸中開四不殊方等，諸文盛（盛應作咸）說何足復疑？依彼所論涅槃圓伊（伊應作行）便成無用，復有一行乃是徒設。問：涅槃四教俱入圓不？答：有不入者，十仙外道即是其流。喻曰：徒聞涅槃入實之言，不曉捃拾得入之意。若十仙不入三修豈聞？初後俱無，中間寧入？十仙不入，世尊何故爲其說常？破云：汝外道中因雖是常而果無常，我佛法中因是無常而果是常，乃至陳如色常受想行識常，餘諸外道大意皆爾，如何謬判以爲無常？易見之文尚謬，況復難見耶？問：止觀第一卷後多種譬文，如迦陵頻伽聲，擣萬種爲丸，在大海浴，阿伽陀藥等爲喻何頓？答：並是漸頓？何以故？猶在穀中，萬種須擣，須待諸水入於大海，合諸藥爲阿伽陀，故是漸頓。若不出穀，諸水是海，不攬萬種，不合爲藥，任運自具方是頓頓。喻曰：此中二失：一者不曉喻旨，二者違於自言。不曉喻者，夫言喻者但約少分，故大經云：不可以喻喻真解脱，如雪山類象，豈可求其尾牙？舉扇喻月，豈可求其光挂？況本文意，意在一法，具足諸法。取現見者以之爲喻，未入海諸水不具，未攬爲丸衆氣不足，自餘諸鳥殼中不鳴，餘藥雖合治病不遍，故用此等以爲頓喻。如何破喻而爲漸圓，養子不肖過而難他喻，卽其事也。二違自言者。自立大意以爲頓頓，此等喻文皆在大意，如何自斥以爲漸圓？問：第一卷中實非父子兩謂路人，此喻何等？答：實非骨肉是前兩教，兩謂路人是後兩教。喻曰：此深不見文中喻意。文以界内界外各有一理，理各兩教以爲能詮，並用四諦以爲迷解文中自合。瞋以譬集，打以（原無“以”字，今據上下文義補）譬苦。若兩謂父子瞋打薄者，以譬直教；兩謂路人瞋打厚者以喻紆迴。此謂道諦智解不同，故使滅諦卽離亦別。若卽解者苦集卽理，如路人爲父子。若離解者苦集異理，如父子爲路人。當知實非骨肉兩謂路人，但約拙教一離義爾，亦闕分判界内外，是何等拙而便跨節以爲四教，具如止觀記中釋。問：漸之與別爲同爲異？答：此二不同，漸則開四，別不開四。喻曰：既其不識漸教開四，徒與別教辨異何益？今言漸別皆應開四者兩文不同，漸教開四已如前說，別教（原無“教”字，今據上下文義補）開四者具如別教四弘之中。約四諦境皆歷四教，但須委知開四所以。然於別人，自行化他未必全立四教之名，但云界内界外曲直巧拙。自行則次第豎入，化他則隨緣橫被，被機雖橫行終成豎，自行雖豎遍學成橫。如初入空偏用折體，以破見思，仍是偏用一門自行。若至十行爲利他故，方始遍習折體八門，及以無量無作八門，爾時所習乃得名橫，是則自他四教義足。讀文不委義理輕疏，而便謬判別不開四。問：商略之文爲是何處？答：挹流尋源已下文是。喻曰：此亦二失：一者不曉新舊文意,二者商略謬判祖承。初不曉文意者,舊文十章前五是序後五是正,故舊本初云:竊念述聞共爲十章,商略等五名爲竊念,已之私竊念與序故;開章等五名爲述聞,述已親從法會聞故。再治改者,良以竊念不應連接,述聞爲十故廢商略,五章之名章名雖廢仍存其文,述聞五章次第雖在,亦没章名,新移商略之文以爲引證之例,首加止觀等字用爲通序,則以挹流等文用擬別序,人不見之,便爲亂説空張。舊本商略以消別序,新文奈何商略之文復彰祖承之後,甚不可也。問:挹流已下正當舊本祖承之文,如何將爲商略文耶?答:正是商略有師無師,故云商略。喻曰:舊釋商略云:略述佛經粗彰圓意,故云商略。即引華嚴了達賢首聞圓等文。今乃判他祖承之文,而爲商略有師無師,既將祖承以爲商略,祖承儻更指後辨差,從始至終重重妄説。問:有情心法并有情之色,及外依報,此之三法頓及頓頓起觀何殊?答:頓頓隨觀即具諸法,漸頓心具餘□則無。喻曰:據此答文却用漸圓爲頓頓,何者四教中圓奚嘗不云三處具法?故四念處圓文中云:非但唯識,亦乃唯色唯聲唯觸,三(原作二應改作三)處具法正是四教末後之圓。今謬判爲頓頓文者,驗知諸判但用胸襟。又漸圓既知心具諸法,諸法遍攝,豈隔色耶? 色攝入心心即是色,如何謬判唯心具耶? 若別教人初心色心並不具法,何獨色耶?漸頓迴互教門雜矣。教門既雜依教修觀,冥如夜遊。問:此二種觀初心何別?答:頓頓觀者初發心時三諦俱觀,漸頓觀者先觀中道離於二邊,二觀先成見思前破,後證中道三諦方同。喻曰:雖指文中三處五處以立頓頓,既無正義,約觀判位亦無正文。大師唯引諸經明位,以證四教,不見引證四教之外別立一頓,況彼諸處頓頓之文,盡是四教最後之圓。彼以此圓判爲漸圓云:初發心者,先觀中道一切教法,都無此文,別則先觀二邊,方乃見思先落,豈有但觀中道先破見思?圓別不成都無所據。問:一心三觀與三觀一心,二文何别？答：一心三觀卽是假，三觀一心卽是空，非三非一卽是中。爲破步馬神通，故云空假。若論頓頓一中具三。喻曰：本論三觀須有所以，此是佛法大體，又是一家要門。凡用其名須得指實，既用此三格一切法，應曉三意方盡其門：一者對境成觀，如觀一心爲不思議境，及破法遍等文是也。二者覆疏收束，如第一卷合散非合非散。三一非三非一等，是三者寄名義立。如門非門非門非不門，權實非權非實等，是此三觀一心一心三觀，都非此之三觀意，只是翻對破彼縱橫觀。縱觀唯約次第之三而不得一，故以卽一而三破彼縱義，故云一心三觀破竪通塞。橫觀唯得各別之一，而不得三，故以卽三之一破彼橫文，故云三觀一心破彼橫通塞。人不見此，便加雙非以對三觀。又文自云：空卽三故破步涉，假卽三故破乘，馬中卽三故破神通。彼師乃云：爲破步馬神通故云空假步馬。元是單空單假何須更以空假破之？破於橫別步馬神通，正用圓敎一中具三，何故別云若論頓頓一中具三？此是違文謬説，令迷文者信之，亦是立觀違文，令誤觀者輒受。問：相待絶待有何同異？答：頓頓是絶待漸頓是相待。喻曰：誤之甚矣！依此所判則應相待絶待俱非頓頓，何者？以玄文中判今法華具有二義，謂：相待，絶待。若爾何處別有頓頓絶耶？又依彼所判，則唯華嚴是絶法華純待。若知法華具有二義，復以待絶分爲二頓，當知此判自語相違，據斯以論俱迷二待。何者？二待並須非漸唯頓判爲相待，又判爲漸，此復一重自語相背。凡言相待，待前諸敎爲漸爲粗，方今法華是頓是妙。頓居漸後兼所破説，對漸明頓故云漸頓，人不見之，徒分待絶以對二經。又亦不識絶待之意，絶於所待名絶待者方是妙頓。彼乃離頓待別立絶名，何爲頓頓？問：此法華之文具足二待，豈可離文判屬二塗？答：會竟無二未會則別。喻曰：此師非但迷於玄文待絶之名，亦乃不達法華開會之意，一代敎法會在法華，彼判法華唯有相待，更立何部稱爲會經？若以法華會入華嚴，實無開顯之説；若爾兩俱未會應別立一經以會斯二；若以觀會會則無文。今家所判以法華之絶，絶彼華嚴，當知華嚴未絶明矣。又何但未絶，亦乃無待，以兼別故獨顯不成，尚非相待絶何所寄？會竟無二還歸法華，何故判之云非頓頓？問：法華之文豈有不會？答：對前稱待應無別理。喻曰：若據此答定判，法華唯有相待，雖有相待理亦不周，但得待前之言，失於能對之妙，縱使法華但有相待，終成不曉所待之名。所待即前諸粗，前謂華嚴。若望彼所判還負己宗，華嚴既粗頓頓何在？法華咸妙頓頓不疑，相待既然絶待可判。問：修觀之法準義用文，既同法華，應依會義因何對昔而分二塗？又以法華爲不會，乃將華嚴爲絶待。答：修觀不同於教，是故觀二教一。喻曰：凡修觀者必依於教，若觀二教一其理不成。法華既融，只應還依融義修觀，其虛立二觀，謬以絶爲華嚴會義，既歸法華頓頓之名徒設，況教一觀二１一觀無文，又與立宗全成乖互，本立華嚴爲頓頓，頓頓却歸於法華。頓頓既歸於法華，言判爲漸者謬矣。問：觀本依教，無教如何立觀？答：根別。喻曰：此乃臨急之説不思前後相違，觀既隨根，根本順教，有根無教同於本迷。若以頓頓爲華嚴，則漸圓無教；若以法華爲漸教，則頓頓無文。問曰：云何名爲頓頓觀相？答：前即後故名空，後即前故名假，前後不二名中。喻曰：後即是前何異前即是後？徒於不二前後謬立空假之名，實未能知三觀相狀。又自説云：頓頓如法華六根清淨位，但云六根清淨不云先斷見思，故知是頓頓。漸圓如仁王十信菩薩位，既云長別苦海，即是先除見思，故云漸頓。喻曰：自言相違不可窮盡。初以法華爲漸頓，今以法華爲頓頓，況復不知山門諸部１並將仁王以證法華。法華云：無漏意根。仁王云：長別苦海。無漏與別苦但有因果之殊，不見義同，從文分二。又云：前文既云大意在一頓，當知五略正明頓頓，釋名已去並是漸頓。喻曰：大意與下文但是廣略之

殊，如何分二？故分別中將大意對八章十義，分別廣略卽其一焉，豈
有略頓而廣漸耶？又第五初列前六重，以開解令依解以立行，如何
以解爲頓頓，以行爲漸圓？依解起行行旣違解，此乃目視東而足西，
膏南而明北。又若大意唯在於頓頓，何故大行通引三乘？若下文唯
在於漸圓，何故復有一心止觀及中，卽三觀破前神通。又若大意唯
在頓頓，何故發心？四諦四弘十種發心皆列四教之下文屬漸，破亦
同前。文旣相違依何立行？又云：此之兩觀初心修觀大難分別，須
自入觀方乃得知。喻曰：如破遍初初入無生，咸須依教，況大章生
解以導行！初旣云分別大難，信是解心冥，昧解旣冥昧入觀無，由彼
解未明便推入觀，何異闇證增上？鼠卽鳥空而豈入體之言，令他生
於聖想，忽令領納說實墜於過，人實得說尚招愆違想，故當重曡。
又若實得爲何位次？若假名與他何異？若五品位便同大師，子實不
裁證者自了，願不欺聖無違自心。又云：依頂法師，十二部經觀心
之文，修觀必得。喻曰：夫三觀者義唯三種：一者從行，唯於萬境觀
一心，萬境雖殊妙觀理等，如觀陰等卽其義也。二約法相，如約四
諦五行之文，入一念心以爲圓觀。三託事相，如王舍耆闍名從事
立，借事爲觀以導執情，卽如方等普賢其例可識。故十二部觀寄事
立名，雖有三觀之名，十境十乘不列，一部名下唯施一句，豈此一句
能申觀門？若此一句足得修行，十境十乘便成煩荶，故知偏指文中，
一句兩句以爲頓頓，義同頑境體心踏心，十卷之文便成無用，兼出
大師虛構之愆。問：漸圓觀但中，是實相不？答：非卽實相體是但
中。喻曰：實相與但中體同名異，實卽俱實，權卽俱權。若約教釋
文但中在別，修觀次第仍居後心，四教中圓一切諸文，並皆初心圓
修三觀，彼將此觀屬頓頓人，別爲圓人立但中觀，遍尋諸部都無此
文。唯煩惱境中斥失玄云：不住調伏不住不調伏，初心修中成雙非
失，如何拾（拾應作捨）失以判法華？苦哉！苦哉！不可救濟。問：初

心修中既非實相,是涅槃不?答: 是涅槃。喻曰: 涅槃實相大小名通,初心修中既非實相, 若非實相亦非涅槃, 若是涅槃亦是實相。若是實相卽是從初常觀涅槃,如何乃云非是實相云是涅槃?若從初心是小涅槃,此通別二種菩薩偏是一往,通塗而說。若別論者, 通教菩薩至第七地,恐墮涅槃,如三惡道。別教初心但名真諦, 仍不得立涅槃之名, 故知初觀唯在於頓。言非實相是涅槃者, 無教可憑。問: 豈有但中名爲初心觀涅槃也?答: 有也。喻曰: 不知求教但任己言,須無卽無須有卽有,一家教相不見少判,但中涅槃。問: 如其必有二種頓者,大師何不分明顯說?答: 如大意在一頓等,卽其文也。又頂法師涅槃疏釋不次第五行中云: 十信斷或(或應作惑) 卽是漸頓不斷,或者卽是頓頓。喻曰: 大意一頓已如前破,彼引涅槃疏親共對撿,全無此文,應是續後謬,思便將想心證義,文所不載,故使再撿無文。又大師諸文文所不載,何須更引章安之文,況復再撿全無,何勞苦據?況復不次第行正是四教中圓!又數數常云有八教故,故有二頓。喻曰: 八教中意具如前破。又云: 二頓初心非一向異,雖異而同雖同而異。喻曰: 無將此異質竅,他人不許漸圓卽是頓頓,理窮無據,同異混和。問: 一色一香無非中道,是何觀相?答: 是漸頓非頓頓。喻曰: 此師已執初心修觀,但聞中道,便謂漸圓而不曉於言偏理圓。故大意云: 勿守語害圓誣罔聖意。故經論名數或具或偏, 言下之旨理必周備。大師以備具釋偏言, 故大意中云: 空卽不空等自語相違,亦如前破。問: 初心起觀,若捨二邊但觀中道,何異通教但有中名,如何初心見此但理便默不?答: 喻曰: 言若有旨言勝不言,言既無歸不言勝言。凡修觀者須立解心,解心未成輒立此觀,言究理極以至無言。又云: 據文須分兩種頓異, 初心修觀實難分別。喻曰: 前云教唯有一觀則有二,此中復云文雖分兩兩觀難分,據茲又成文二觀一, 前後違反不可復論,故知學宗不得輒爾。此時猶可曠累多生，仍使未來不逢善友。問：別教地前爲登地雙亡雙照方便，其義如何？答：地前雙亡登地雙照，至第二地又亡又照。喻曰：非但觀門失緒，亦乃文義參差，既云地前以爲初地亡照方便，當知正亡正照合在初地，如何乃云登地雙照地前雙亡？具如止觀第三卷中，此是讀文未周，不須別破。問：何名四三昧是通修，念佛是別修？答：頂法師誤，應云四三昧是別修，念佛是通修。喻曰：此師自誤，推失與他。今言通修者，以四三昧攝一切行，故曰：通反以爲別。念佛通收諸行不遍，乃是通中之一，故名爲別，反名爲通深不可也。又云：三賢十聖住果報者，此兼兩教，圓教三賢別教十聖。喻曰：言果報者，是實報土既生果報即是圓教四位之人。此師但見是賢聖之名，便分以爲別圓兩教賢聖之稱，乃借別名圓俱生實報，即是正明圓位。若言別教賢聖位，不合生彼而判十地，屬別者圓四十位俱破無明，因何乃分十地屬別人？又約證道地即是住，何須分別？縱存教道，則十地以（以應作已）含兩教，亦無分義。問：彼問（問應作門）人曰：聲問（問應作聞）經漸名漸圓者，八界發心不從漸來，從此應判以爲何教？答：頓頓人也。喻曰：難已如前，何不從於八界塵數爲判頓頓而名漸圓？自此已前略明觀失教失不論。歸命諸賢聖，願捨是非心，爲樹涅槃因，非欲貶量失。

（選自<u>日本大正大藏經</u>卷四六<u>止觀義例</u>卷下）

〔附　梁肅天台止觀統例〕

夫止觀何爲也？導萬法之理而復於實際者也。實際者何也？<u>性</u>之本也。物之所以不能復者，昏與動使之然也。照昏者謂之明，駐動者謂之靜。明與靜，止觀之體也。在因謂之止觀，在果謂之智<u>定</u>因謂之行，果謂之成。行者行此者也，成者證此者也。原夫聖人有以見惑足以喪志，動足以失方，於是乎止而觀之，靜而明之。使其動而能靜，靜而能明。因相待以成法，卽絶待以照本。立大車以御正，乘大事而總權。消息乎不二之場，鼓舞於説三之域。至微以盡性，至賾以體神。語其近，則一毫之善可通也；語其遠，則重玄之門可關也。用至圓以圓之，物無偏也；用至實以實之，物無妄也。聖人舉其言，所以示也；廣其目，所以告也。優而柔之，使自求之；擬而議之，使自至之。此止觀所由作也。夫三論者何也？一之謂也。空假中者何也？一之目也。空假者相對之義，中道者得一之名，此思議之説，非至一之旨也。至一卽三，至三卽一。非相含而然也，非相生而然也，非數義也，非強名也，自然之理也。言而傳之者，迹也。理謂之本，迹謂之末。本也者，聖人所至之地也；末也者，聖人所示之教也。由本以垂迹，則爲小爲大，爲通爲別，爲頓爲漸，爲顯爲祕，爲權爲實，爲定爲不定。循迹以返本，則爲一爲大，爲圓爲實，爲無住，爲中爲妙，爲第一義。是三一之藴也。所謂空也者，通萬法而爲言者也。假也者，立萬法而爲言者也。中也者，妙萬法而爲言者也。破一切惑，莫盛乎空。建一切法，莫盛乎假。究竟一切性，莫大手中。舉中則無法非中，目假則無法非假，舉空則無法不空。成之謂之三德，修之謂之三觀。舉其要，則聖人極深研幾窮理盡性之説乎！昧者使明，塞者使通。通則悟，悟則至，至則常，常則盡矣。明則照，照則化，化則成，成則一矣。聖人有以彌綸萬法而不差，旁礴萬劫而不遺，燾載恒沙而不有，復歸無物而不無。寓名之曰佛，強號之曰覺。究其旨，其解脱自在莫大極妙之德乎！夫三觀成功者如此。所謂圓頓者，非漸次、非不定，指論十章之義也。十章者，恢演始末，通道之關也。五略者，舉其宏綱，截流之津也，十境者，發動之機，立觀之諦也。十乘者，妙用所修，發行之門也。止於正觀而終於見境者，義備故也。關其餘者，非修之要也。乘者何也？載萬物而運者也。十者何也？成載之事者也。知其境之妙，不行而至者，德之上也。乘一而已矣，豈藉夫九哉？九者非他，相生之説，未至者之所踐也。故發心者發無所發，安心者安無所安，破徧者破無所破。爰至餘乘，皆不得已而説也。至於別其義例，判爲章目，推而廣之不爲繁，統而簡之不爲少。如連環不可解也，如貫珠不可雜也，如懸鏡不可弃也，如通川不可遏也。義家多門，非静論也；按經證義，非虚説也；辯四教淺深，事有源也；成一事因緣，理無遺也。噫！止觀其救世明道之書乎！非夫聖智超絶，卓爾獨立，其孰能爲乎？非夫聰明深達，得意忘象，其孰能知乎？今之人乃專用章句文字從而釋之，又何疏漏耶？或稱不思議境，與不思議事，皆極聖之域，等覺至人猶所未盡。若凡夫生滅心行，三惑浩然，於言説之中，推上妙之理，是猶醢雞而説大鵬，夏蟲之議層冰，其不可見明矣。今止觀之説，文字萬數，廣論果地，無益初學，豈如暗然自修，功至自至，何必以早計爲事乎？是大不然。凡所謂上聖之域，豈隔闊遼夐，與凡境杳絶歟？是唯一性而已。得之謂悟，失之謂迷，一理而已。迷而爲凡，悟而爲聖。迷者自隔，理不隔也。失者自失，性不失也。止觀之作，所以辯異同而究聖神，使羣生正性而順理者也。正性順理，所以行覺路而至妙境也。不知此教者，則學何所入？功何所施？智何所發？譬如無目，昧於日月之光，行於重險之處，顛踣墮落，可勝慨乎？噫！去聖久遠，賢人不出，庸昏之徒，含識而已。致使魔邪詭惑，諸黨並熾。空有云云，爲坑爲穽。有膠於文句不敢動者，有流於潾浪不能住者，有太遠而甘心不至者，有太近而我身卽是者，有枯木而稱定者，有竅號而稱慧者，有奔走非道而言權者，有假於鬼神而言通者，有放心而言廣者，有罕言而爲密者，有齒舌潛傳爲口訣者。凡此之類，自立爲祖，繼祖爲家，反經非聖，昧者不覺。仲尼有言：“道之不明也，我知之矣。”由物累也。悲夫！

隋開皇十七年，智者大師去世。至皇朝建中，垂二百載，以斯文相傳，凡五家師：其始曰灌頂，其次曰縉雲威，又其次曰東陽小威，又其次曰左溪朗公，其五曰荊溪然公。頂於同門中慧解第一，能奉師訓，集成此書。蓋不以文辭爲本故也。或失則繁，或得則野，當二威之際，緘授而已，其道不行。天寶中，左溪始弘解説，而知者蓋寡。荊溪廣以傳記數十萬言，網羅遺法，勤矣備矣。荊溪滅後，知其説者適三四人。古人云：生而知之者上，學而知之者次，困而學之又其次。夫生而知之者，蓋性德者也。學而知之者，天機深者也。若嗜欲深、耳目塞，雖學而不能知，斯爲下矣。今夫學者，內病於蔽，外役於煩，没世不能通其文，數年不能得其益。則業文爲之履校桍足也，夢句爲之簸糠眯目也。以不能喻之師，教不領之弟子，止觀所以未光大於時也。予常戚戚，於是整其宏綱，攝其機要。其理之所存，教之所急，或易置之，或引伸之。其義之迂，其辭之鄙，或薙除之，或潤色之。大凡浮疏之患，十愈其九；廣略之宜，三存其一。是袪鄙滯、導蒙童。貽諸他人，則吾豈敢！若同見同行，且不以止觀罪我，亦無隱乎爾。建中上元甲子首事，筆削三歲，歲在析木之津，功畢云爾。

（據金陵刻經處本）

〔附　梁肅天台法門議〕

論曰：脩釋氏之訓者，務之而已。曰：戒、定、惠（應作慧）。斯道也，始於發心，成于妙覺，經緯於三乘，導達於萬行，而能事備矣。昔法王出世，由一道清淨，用一音演法，機感不同，所聞益異。故五時、五味、半滿、權實、偏圓、大小之義，播於諸部，粲然殊流。要其所歸，無越一實。故經曰：雖説種種道，其實爲佛乘。又曰：開方便門，亦真實相。喻之以衆流入海，標之以不二法門，自他兩得，同詣祕密，此教之所由作也。洎鶴林滅而法網散，神足隱而宗途異，各權所得互爲矛楯更作其中。或三昧示生，四依出現，應機不等，持論亦別。故攝論、地持、成實、惟識之類，分路並作；非有非空之談，莫能一貫。既而去聖滋遠，其風東扇，説法者桎梏於文字，莫知自解；習禪者，虚無其性相，不可牽復。是此者非彼，未證者謂證。惠（應作慧）解之道，流以忘反；身口之事，蕩而無章。於是法門之前統，或幾乎息矣。既而教不終否，至人利見，惠聞（應作慧文）惠思或躍相繼。法雷之振未普，故木鐸重授於天台大師。大師像身子善現之超悟，備帝堯后舜之休相，贊龍樹之遺論，從南岳之妙解，然後用三種止觀成一事因緣，括萬法於一心，開十乘於八教，戒、定、惠（應作慧）之説，空、假、中之觀，坦然明白，可舉而行是。故教無遺法，法無棄人，人無廢心，心無釋行，行有所證，證有其宗，大師教門所以爲盛。故其在世也，光照天下，爲帝王師範；去世也，往來上界，爲慈氏輔佐。卷舒於普門示現，降德爲如來所使，階位境智蓋無得而稱焉。於戲！應跡雖往，正言不墜。習之者，猶足以抗折百家，照示三藏，又況聞而能思，思而能脩，脩而能信，信而不已者歟？斯人也，雖曰未證，吾必謂之近矣。今之人正信者鮮，遊禪關者或以無佛無法何罪何善之化。中人已下，馳騁愛欲之徒，出入衣冠之類，以爲斯言至矣，且不逆耳。故從其門者，若飛蛾之赴明燭，破塊之落空谷。殊不知坐致燋爛，而莫能自出，雖欲益之，而實損之，與夫衆魔外道爲害一揆。由是觀之，此宗之大訓，此教之旁濟，其於天下爲不侔矣。自智者傳法五世，至今天台湛然大師中興其道，爲予言之如此，故錄之以繫于篇。

（選自四部叢刊本唐文粹卷六一）

〔附　梁蕭心印銘〕

浩浩羣生，或動或静，或幽或明，旁魄六合運用五行，莫不因心而寓其形；波流火馳，出入如機，如環無端，莫知其歸；或細不可視；或大不可圍；日月至明或以爲昬；秋毫至微或以爲繁；或囊包天地；或渴飲四海。舒卷變化，惟心所在。夭壽得喪，惟心所宰。心遷境遷，心曠境曠。物無定心，心無定象，明則有天人，幽則有鬼神，苦樂相紛如絲之棼，有無云云，不可勝言，抑末也已！本則不然。惟本之爲體，寂兮浩兮不可遺兮！顯矣默矣，不可測矣。統萬有於纖芥，視億載於屈指。外而不入，內而不出。不闢不闔，不虛不實。無感不應，無應不神。在天而天，在人而人。常存而未始或存；常昬而未嘗不昬。豈惟我哉？蓋無物不然。豈惟我得？蓋無物不得。混而爲一，莫覩其極。故曰：心生法生，心滅法滅。離一切相，則名諸佛。

（同上）

三、十不二門

然此迹門，談其因果及以自他，使一代教門融通入妙故。凡諸義釋，皆約四教及以五味，意在開教悉入醍醐。觀心乃是教行樞機，仍且略點寄在諸説或存或没，非部正意，故縱有施設託事附法，或辯十觀列名而已。所明理境智行位法，能化所化意在能詮，詮中咸妙爲辯詮內始末自他故，具演十妙搜括一化，出世大意罄無不盡。故不可不了十妙大綱，故攝十妙爲觀法大體。若解迹妙本妙非遙，應知但是離合異耳。因果義一自他何殊？故下文云：本迹雖殊不思議一，況體宗用祇是自他因果法故，況復教相祇是分別前之四章，使前四章與諸文永異。若曉斯旨則教有所歸，一期縱橫不出一心三千世間即空假中，理境乃至利益咸爾。則止觀十乘，成今自行因果；起教一章，成今化他能所；則彼此昭著法華形成，使功不唐捐所詮可識，故更以十門收攝十妙。何者？爲實施權則不二而二，開權顯實則二而不二，法既教部咸開成妙故。此十門不二爲目，一一門下以六即檢之。本門已廣引誠證，此下但直申一理，使一部經旨皎在目前。

一者色心不二門，二者內外不二門，三者修性不二門，四者因果不二門，五者染淨不二門，六者依正不二門，七者自他不二門，八者三業不二門，九者權實不二門，十者受潤不二門。是中第一從境妙立名，第二第三從智行立名，第四從位法立名，第五第六第七從感應神通立名，第八第九從說法立名，第十從眷屬利益立名。

一、色心不二門者。且十如境乃至無諦，一一皆可總別二意，總在一念，別分色心。何者？初十如中相唯在色，性唯在心，體力作緣義兼色心，因果唯心，報唯約色，十二因緣苦業兩兼，惑唯在心，四諦則三兼色心，滅唯在心，二諦三諦皆俗具色心，真中唯心，一實及無，準此可見。既知別已攝別入總，一切諸法無非心性，一性無性三千宛然。當知心之色心即心名變，變名爲造造謂體用，是則非色非心而色而心，唯色唯心良由於此。故知但識一念，遍見己他生佛，他生他佛尚與心同，況己心生佛寧乖一念？故彼彼境法，差差而不差。

二、內外不二門者。凡所觀境不出內外，外謂託彼依正色心，即空假中。即空假中妙，故色心體絕，唯一實性無空假中。色心宛然豁同真淨，無復衆生七方便異。不見國土淨穢差品，而帝網依正終自炳然。所言內者，先了外色心一念無念，唯內體三千即空假中。是則外法全屬心性，心性無外攝無不周，十方諸佛法界有情性，體無殊一切咸遍，誰云內外色心已他？此即用向色心不二門成。

三、修性不二門者。性德祇是界如一念，此內界如三法具足。性雖本爾，藉智起修，由修照性，由性發修。存性則全修成性，起修則全性成修，性無所移修常宛爾。修又二種：順修，逆修。順謂了性爲行，逆謂背性成迷。迷了二心，心雖不二，逆順二性，性事恒殊。可由事不移心，則令迷修成了，故須一期迷了照性，成修見性修心二心俱泯。又了順修對性有離有合，離謂修性各三，合謂修二性一。修二各三共發性三，是則修雖具九，九祇是三，爲對性明修故合修爲二。二與一性如水爲波，二亦無二亦如波水。應知性指三障，是故具三，修從性成，成三法爾，達無修性唯一妙乘，無所分別，法界洞朗。此由內外不二門成。

四、因果不二門者。衆生心因既具三軌，此因成果名三涅槃，因果無殊始終理一。若爾因德已具，何不住因？但由迷因各自謂實若，了迷性實唯住因故。久研此因因顯名果。祇緣因果理一，用此一理爲因，理顯無復果名，豈可仍存因號？因果既泯理性自亡。祇由亡智親疎，致使迷成厚薄。迷厚薄故强分三惑，義開六即名智淺深。故如夢勤加空名惑絶，幻因既滿鏡像果圓。空像雖即義同，而空虛像實。像實故稱理本有，空虛故迷轉成性，是則不二而二立因果殊，二而不二始終體一。若謂因異果因亦非因，曉果從因因方克果。所以三千在理同名無明，三千果成咸稱常樂，三千無改無明即明，三千並常俱體俱用。此以修性不二門成。

五、染淨不二門者。若識無始即法性爲無明，故可了今即無明爲法性。法性之與無明遍造諸法,名之爲染。無明之與法性,遍應衆緣號之爲淨。濁水清水,波濕無殊。清濁雖卽由緣,而濁成本有。濁雖本有而全體是清,以二波理通舉體是用。故三千因果俱名緣起,迷悟緣起不離刹那。刹那性常緣起理一,一理之內而分淨穢。別則六穢四淨,通則十通淨穢。故知刹那染體悉淨,三千未顯驗體仍迷。故相似位成六根遍照,照分十界各俱灼然,豈六根淨人謂十定十? 分真垂迹十界亦然,乃至果成等彼百界。故須初心而遮而照,照故三千恒具,遮故法爾空中。終日雙亡終日雙照,不動此念遍應無方,隨感而施淨穢斯泯。亡淨穢故以空以中,仍由空中轉染爲淨,由了染淨空中自亡。此以因果不二門成。

六、依正不二門者。已證遮那一體不二,良由無始一念三千。以三千中生陰二千爲正,國土一千屬依,依正既居一心,一心豈分能所? 雖無能所依正宛然。是則理性名字觀行,已有不二依正之相,故使自他因果相攝。但衆生在理果雖未辦,一切莫非遮那妙境。然應復了諸佛法體非遍而遍,衆生理性非局而局。始終不改大小無妨,因果理同依正何別? 故淨穢之土勝劣之身,塵身與法身量同,塵國與寂光無異。是則一一塵刹一切刹,一一塵身一切身,廣狹勝劣難思議,淨穢方所無窮盡。若非三千空假中,安能成茲自在用。如是方知生佛等,彼此事理互相收。此以染淨不二門成。

七、自他不二門者。隨機利他事乃憑本,本謂一性具足自他,方至果位自卽益他。如理性三德三諦三千,自行唯在空中利他三千赴物,物機無量不出三千,能應雖多不出十界,界界轉現不出一念,土土互生不出寂光。衆生由理具三千故能感,諸佛由三千理滿故能應,應遍機遍欣赴不差,不然豈能如鏡現像? 鏡有現像之理,形有生像之性。若一形對不能現像,則鏡理有窮形事不通。若與鏡隔則容有是理,無有形對而不像者。若鏡未現像由塵所遮,去塵由人磨，現像非關磨者，以喻觀法大皆可知。應知理雖自他具足，必藉緣了爲利他功，復由緣了，與性一合方能稱性，**施設萬端則不起自性化無方所。此由依正不二門成。**

八、三業不二門者。於化他門事分三密，隨順物理得名不同，心輪鑒機二輪設化，現身説法未曾毫差。在身分於真應，在法分於權實。二身若異何故乃云卽是法身？二説若乖何故乃云皆成佛道？若唯法身應無垂世，若唯佛道誰施三乘？身尚無身説必非説，身口平等等彼意輪，心色一如不謀而化，常冥至極稱物施爲。豈非百界一心？界界無非三業，界尚一念三業豈殊？果用無虧因必稱果，若信因果方知三密有本。百界三業俱空假中，故使稱宜遍赴爲果，一一應色一一言音，無不百界三業具足，化復作化斯之謂歟！故一念凡心已有理性三密相海，一塵報色同在本理毘盧遮那，方乃名爲三無差別。此以自他不二門成。

九、權實不二門者。平等大慧常鑒法界，亦由理性九權一實。實復九界權亦復然。權實相冥，百界一念不可分別任運常然。至果乃由契本一理，非權非實而權而實。此卽如前心輪自在，致令身口赴權實機，三業一念無乖權實，不動而施豈應隔異？對説卽以權實立稱，在身卽以真應爲名，三業理同權實冥合。此以三業不二門成。

十、受潤不二門者。物理本來性具權實，無始熏習或權或實，權實由熏理常平等，遇時成習行願所資。若無本因熏亦徒設，遇熏自異非由性殊，性雖無殊必藉幻發，幻機幻感幻應幻赴，能應所化並非權實。然由生具非權非實成權實機，佛亦果具非權非實爲權實應，物機應契身土無偏，同常寂光無非法界。故知三千同在心地，與佛心地三千不殊，四微體同權實益等。此以權實不二門成。

是故十門門門通入，色心乃至受潤咸然，故使十妙始終理一。

如境本來具三,依理生解故名爲智。智解導行行解契理,三法相符不異而異,而假立淺深設位簡濫,三法祇是證彼三理,下之五章三法起用。既是一念三千,即空假中成故有用。若了一念,十方三世諸佛之法本迹非遥。故重述十門,令觀行可識。首題既爾覽別爲總符文可知。

(選自頻伽精舍校刊木藏經陽帙第一〇册)

四、始終心要

夫三諦者,天然之性德也。中諦者,統一切法;真諦者,泯一切法;俗諦者,立一切法。舉一即三,非前後也。含生本具,非造作之所得也。悲夫! 祕藏不顯,蓋三惑之所覆也。故無明翳乎法性,塵沙障乎化導,見思阻乎空寂,然茲三惑,乃體上之虛妄也。於是大覺慈尊晱然歎曰:真如界内,絶生佛之假名;平等慧中,無自他之形相;但以衆生妄想不自證得,莫之能返也。由是立乎三觀,破乎三惑,證乎三智,成乎三德。空觀者,破見思惑,證一切智,成般若德。假觀者,破塵沙惑,證道種智,成解脱德。中觀者,破無明惑,證一切種智,成法身德。然茲三惑三觀三智三德,非各別也,非異時也。天然之理具諸法故,然此三諦性之自爾。迷茲三諦,轉成三惑,惑破藉乎三觀,觀成證乎三智,智成成乎三德,從因至果,非漸修也。説之次第,理非次第,大綱如此,綱目可尋矣。

(據金陵刻經處本)

〔附〕 湛 然 傳

釋湛然,俗姓戚氏,世居晉陵之荆溪,則常州人也。

　　昔佛滅度後，十有三世至<u>龍樹</u>，始用文字廣第一義諦，嗣其學者號法性宗。<u>元魏高齊</u>間，有釋<u>慧文</u>默而識之，授<u>南嶽思大師</u>，由是有三觀之學。泊<u>智者</u>大師蔚然興於<u>天台</u>，而其道益大。以教言之，則<u>然</u>乃<u>龍樹</u>之裔孫也，<u>智者</u>之五世孫也，<u>左溪朗公</u>之法子也。

　　家本儒墨，我獨有邁俗之志，童卯逌焉，異於常倫。年二十餘，受經於<u>左溪</u>，與之言大駭，異日謂<u>然</u>曰："汝何夢乎？"<u>然</u>曰："疇昔夜，夢披僧服，掖二輪，遊大河之中。"<u>左溪</u>曰："噫！汝當以止觀二法，度羣生於生死淵乎！"乃授以本師所傳<u>止觀</u>。<u>然</u>德宇凝精神鋒爽拔，其密識深行沖氣慧用，方寸之間，合於天倪。至是始以處士傳道，學者悅隨，如羣流之趣於大川也。

　　<u>天寶</u>初年，解逢掖而登僧籍，遂往<u>越州曇一律師</u>法集，廣尋持犯開制之律範焉。復於<u>吳郡開元寺</u>敷行<u>止觀</u>，無何<u>朗師</u>捐代，挈密藏獨運於東南。謂門人曰："道之難行也，我知之矣。古先聖人，靜以觀其本，動以應乎物，二俱不住，乃蹈於大方。今之人或蕩於空，或膠於有，自病病他。道用不振，將欲取正，捨予誰歸？"於是大啓上法，旁羅萬行，盡攝諸相入於無間，即文字以達觀，導語默以還源，乃祖述所傳章句，凡十數萬言。心度諸禪身不踰矩，三學俱熾羣疑日潰，求珠問影之類，稍見罔象之功行，<u>止觀</u>之盛始，<u>然</u>之力也。

　　<u>天寶</u>末，<u>大曆</u>初，詔書連徵，辭疾不就。當大兵大饑之際，揭厲法流學徒愈繁，瞻望堂室，以爲依怙。<u>然</u>慈以接之，謹以守之，大布而衣，一牀而居，以身誨人耆艾不息。

　　<u>建中</u>三年二月五日，示疾佛隴道場，顧語學徒曰："道無方，性無體，生歟死歟其旨一貫，吾歸骨此山報盡今夕，要與汝輩談道而訣。夫一念無相謂之空，無法不備謂之假，不一不異謂之中，在凡爲三因，在聖爲三德，爇炷則初後同相，涉海則淺深異流，自利利人在此而已。爾其志之。"言訖隱几泊然而化，春秋七十二，法臘三十

四。門人號咽，奉全身起塔，祔於智者大師塋兆西南隅焉。入室弟子吳門元浩，可謂邇其人近其室矣。

然平日輯纂教法，明決前疑，開發後滯，則有法華釋籤、法華疏記各十卷，止觀輔行傳宏訣十卷，法華三昧補助儀一卷，方等懺補闕儀二卷，略維摩疏十卷，維摩疏記三卷，重治定涅槃疏十五卷，金錍論一卷，及止觀義例、止觀大意、止觀文句、十妙不二門等，盛行於世。

詳其然師始天寶，終建中，以自證之心，說未聞之法。經不云乎？云何於少時大作佛事，然師有焉。其朝達得其道者，唯梁肅學士，故摛鴻筆成絕妙之辭。彼題目云："嘗試論之，聖人不興其閒，必有命世者出焉。自智者以法傳灌頂，頂再世至於左溪，明道若昧，待公而發，乘此寶乘，煥然中興。蓋受業身通者，三十有九僧；縉紳先生，高位崇名，屈體承教者，又數十人。師嚴道尊，遐邇歸仁，向非命世而生，則何以臻此？"觀夫梁學士之論，儗議偕齊，非此人何以動鴻儒？！非此筆何以銘哲匠？！蓋洞入門室，見宗廟之富，故以是研論矣。

吁！吾徒往往有不知然之道。詩云："維鵲有巢，維鳩居之。"梁公深入佛之理窟之謂歟！有會稽法華山神邕作真讚。至大宋開寶中，吳越國王錢氏追重而諡之，號圓通尊者焉，可不是歟？

（選自金陵刻經處本宋贊寧續高僧傳卷六）

吉　藏

【簡介】　吉藏，生於公元五四九年（梁武帝太清三年），卒於公元六二三年（唐高祖武德六年），身歷陳、隋、唐三朝。他祖籍安息（今伊朗東北部、蘇聯土庫曼南部一帶），祖父爲避仇遷居我國，後定居金陵（今南京），吉藏就生在金陵。他的先輩都奉信佛教，吉藏七歲就跟當時名僧法朗出家，十九歲開始講經，頗富辯才。後來曾移住會稽（今浙江紹興）的嘉祥寺，所以後人也稱他爲嘉祥大師。吉藏深受歷代皇室的禮遇，隋煬帝大業初年請他到北方，住長安日嚴寺。在這期間，先後完成了中論疏、百論疏和十二門論疏的三論注疏，從而創造了三論宗。由于天台宗、唯識宗的競争等原因，三論宗不久就趨衰微，但它傳到日本後却流傳久遠。

吉藏著作很多，重要的有中論疏十卷、百論疏三卷、十二門論疏三卷、三論玄義一卷、大乘玄義五卷、二諦義三卷、大品般若經疏十卷、大品般若經游意一卷、仁王般若經疏二卷、法華經義疏十三卷、法華經游意二卷、法華經略疏六卷、法華經玄論十卷、法華論疏三卷、華嚴經游意一卷和涅槃經游意一卷等，其中又以論述三論要義的三論玄義、大乘玄義和二諦義最爲重要。

吉藏三論宗佛教思想核心是，一切事物都是因緣和合而生，是無自性的，所以是空的，即所謂諸法性空論。具體説，其要點有三：

一是“二諦”論。所謂二諦，指“真諦”（又稱“勝義諦”、“第一義諦”）、“俗諦”（又稱“世諦”、“世俗諦”）。吉藏認爲，一切事物是無自性的，空的，而世間的凡夫却顛倒地認爲是有，換句話講，順着世俗道理説，事物是有，其實是虛幻不實的，這種道理稱爲"俗諦"。出世間的聖賢則認識到宇宙萬物是無生的、空的，這是依照所謂真理説的，這種道理稱爲"真諦"。吉藏認爲只有認識、把握二諦，才是懂得佛教的真實教義。這是一種顛倒是非的唯心主義世界觀。

二是"八不"説。所謂"八不"，是指佛説緣起離開了八個極端，也即從八個方面來體會緣起性空的意義：不生不滅、不斷不常、不一不異、不來不去。由於事物没有自性，所以是不生，既然是不生，也就不滅。既然不生不滅，也就没有斷常、一異、來去。吉藏還進一步認爲佛教的出世間的涅槃境界也是因緣所生，是空的。這是採用否定的方法宣揚一切皆空的思想。

三是"中道"觀。吉藏以"八不"結合"二諦"來講"中道"。所謂"中道"，是離開二邊，不二的意思。例如，從"俗諦中道"講是非生滅，從"真諦中道"講是非不生滅，二者不離，把二方面合起來，非生滅非不生滅，就是"二諦合明中道"。其他斷常、一異、來去也是這樣。吉藏認爲這種不作肯定，離開二邊，才是合乎"中道"，也是對世界一切現象的最高解釋。由此建立引導人們脱離現實世界的中觀法門。這是一種帶有折衷、詭辯色彩的宗教唯心主義哲學。

一、三論玄義

卷　上

總序宗要，開爲二門：一、通序大歸，二、別釋衆品。初門有二：一、破邪，二、顯正。

夫適化無方，陶誘非一。考聖心，以息患爲主；統教意，以通理爲宗。但九十六術，栖火宅爲净道；五百異部，縈見網爲泥洹。遂使鹿苑坵墟，鷲山荆棘。善逝以之流慟，薩埵所以大悲。四依爲此而興，三論由斯而作。但論雖有三，義唯二轍：一曰顯正，二曰破邪。破邪則下拯沈淪，顯正則上弘大法，故振領提綱，理唯斯二也，但邪謬紛綸，難可備序，三論所斥，略辨四宗：一、摧外道，二、折毘曇，三、排成實，四、呵大執。

問：以何義故遍斥衆師？答：論主究其原，盡其理也。一源不究，則戲論不滅；毫理不盡，則至道不彰。以無源不究，羣異乃息。無理不盡，玄道始通。是以斯文遍排衆計。

問：既無法不究，無言不盡，應遍排羣異，何故但斥四宗耶？答：初一爲外，後三爲內，內外並收。毘曇明有，成實辨空，空有俱攝，斯二爲小。方等稱大，大小該羅。略洗四迷，則紛累都盡耳。

問：此之四執，優降云何？答：外道不達二空，橫存人法。毘曇已得無我，而執法有性。跋摩具辨二空，而照猶未盡。大乘乃言究竟，但封執成迷。自淺至深，四宗階級。

問：外道邪言，可得稱破，餘爲內教，可得亦破？答：總談破顯，凡有四門：一破不收，二收不破，三亦破亦收，四不破不收。言不會道，破而不收。說必契理，收而不破。學教起迷，亦破亦收。破其能迷之情，收取所惑之教。諸法實相，言忘慮絕，實無可破，亦無可收。泯上三門，歸乎一相。照斯四句，破立皎然。

所言摧外道者，夫至妙虛通，目之爲道。心遊道外，故名外道。外道多端，略陳其二：一、天竺異執，二、震旦衆師。

總論西域九十六術，別序宗要，則四執盛行，一、計邪因邪果，二、執無因無果，三、立有因無果，四、辨無因無果。

問：云何名爲邪因邪果？答：有外道云：大自在天能生萬物，萬物若滅，還歸本天。故云自在天若瞋，四生皆苦；自在若喜，則六道咸樂。然天非物因，物非天果，蓋是邪心所畫，故名邪因邪果。難曰：夫善招樂報，惡感苦果，蓋是交謝之宅，報應之場，以不達義理，故生斯謬。又夫人類生人，物類生物。人類生人，則人還似人；物類生物，物還似物，蓋是相生之道也。而謂一天之因，産萬類之報，豈不謬哉？

問：云何名爲無因有果？答：復有外道，窮推萬物，無所由籍，故謂無因。而現觀諸法，當知有果。例如，莊周魍魎問影，影由形有，形因造化，造化則無所由。本既自有，卽末不因他，是故無因而有果也。問：無因自然，此有何異？答：無因據其因無，自然明乎果有，約義不同，猶是一執。難曰：夫因果相生，猶長短相形。既其有果，何得無因？如其無因，何獨有果？若必無因而有果者，則善招地獄，惡感天堂。問曰：有人言，自然有因，自然無因，萬化不同，皆自然有，故無同前過。答曰：蓋未審察之，故生斯謬。如其精究，理必不然。夫論自者，謂非他爲義，必是因他，則非自矣。故自則不因，因則不自，遂言因而復自，則義成栟櫚。

問：云何名爲有因無果？答：斷見之流，唯有現在，更無後世，類如草木，盡在一期。難曰：夫神道幽玄，惑人多昧，義經丘而未曉，理涉旦而猶昏，唯有佛宗，乃盡其致。經云："如雀在瓶中，羅縠覆其口，縠穿雀飛去，形壞而神走。"匡山慧遠釋曰："火之傳於薪，猶神之傳於形；火之傳異薪，猶神之傳異形。前薪非後薪，則知指窮之術妙；前形非後形，則悟情數之感深。不得見形朽於一生，便謂識神俱喪。火窮於一木，乃曰終期都盡矣。"問（"問"當作"又"）曰："後學稱黄帝之言曰：形雖糜而神不化，乘化至變無窮。"雖未彰言三世，意已明未來不斷。

問曰：云何名爲無因無果？答：既撥無後世受果，亦無現在之因，故六師云：無有黑業，無有黑業報。無有白業，無有白業報。四邪之間，最爲尤弊。現在斷善，後生惡趣。問：斯之紛謬，起自何時？答：釋迦未興，盛行天竺。能仁既出，殄斯謬計，佛滅度後，柯條更繁，龍樹後興，重加剪伐。

次排震旦衆師，一、研法，二、聚人。問曰：天竺四術既是外言，震旦三玄應是內教。答：釋僧肇云：“每讀老子莊周之書，因而歎曰，美卽美矣，然期（棲）神冥累之方，猶未盡也。後見淨名經，欣然頂戴，謂親友曰，吾知所歸極矣。”遂棄俗出家。羅什昔聞三玄與九部同極，伯陽與牟尼抗行，乃喟然歎曰，“老莊入玄，故應易惑耳目。”凡夫之智，孟浪之言，言之似極，而未始詣也。推之似盡，而未誰至也。略陳六義，明其優劣。外但辨乎一形，內則朗鑒三世，外則五情未達，內則說六通窮微。外未卽萬有而爲太虛，內說不壞假名而演實相。外未能卽無爲而遊萬有，內說不動真際建立諸法。外存得失之門，內冥二際於絕句之理。外未境智兩泯，內則緣觀俱寂。以此詳之，短羽之於鵬翼，坎井之於天池，未足喻其懸矣。秦人疑其極，吾復何言哉？問：伯陽之道，道曰太虛，牟尼之道，道稱無相，理源既一，則萬流並同，什肇抑揚，乃詔於佛。答：伯陽之道，道指虛無。牟尼之道，道超四句，淺深既懸，體何由一？蓋是子佞於道，非余詔佛。問：牟尼之道，道爲真諦，而體絕百非。伯陽之道，道曰杳冥，理超四句，彌驗體一，奚有淺深？答：九流統攝，七略該含。唯辨有無，未明絕四。若言老教亦辨雙非，蓋以砂糅金，同盜牛之論。

聚人第二。問：佛名大覺，老曰天尊，人同上聖，法俱妙極。苟欲存異，將非杜不二之玄門，傷得一之淵府哉？答：悉達處宮，方紹金輪聖帝，能仁出俗，遂爲三界法王。老爲周朝之柱史，清虛是九流之派。子若欲令人一法同，何異塸阜共安明等高，螢燭與日月齊照？問：同人者之五情，異人者之神明，迹爲柱史，本實天尊，據實而談，齊之一貫。答：漢書亦顯品類，以伯陽爲賢，何晏、王弼稱老未及聖，設令孔是儒童，老爲迦葉，雖同聖迹，聖迹不同。若圓應十方，八相成佛，人稱大覺，法名出世。小利即生人天福善，大益即有三乘賢聖，如斯之流，爲上迹也。至如孔稱素王，說有名儒，老居柱史，談無曰道，辨益即無人得聖，明利即止在世間，如此之類，爲次迹矣。

折毘曇第二。一立宗，二破斥。有薩衛門人，序其宗曰：阿毘曇者，名無比法，無漏慧根，會理隔凡，其功冠絶，故云無比。超四執之外，越三界之表，羣聖之所讚歎，六道之所歸崇。敢有抗言，當屈之以理。問：夫欲立理，先須序宗源，未知毘曇，凡有幾種？答：部類甚多，略明其六：一者，如來自説法相毘曇，盛行天竺，不傳震旦；二者，鄰極亞聖，名舍利弗，解佛語故，造阿毘曇，凡二十卷，傳來此土。三者，佛滅度後三百餘年，有三明六通大阿羅漢，姓迦旃延，造八犍度，凡二十卷，傳來此土。所言八者：一雜、二使、三智、四業、五大、六根、七定、八見。言犍度者，翻之爲聚，以其八義，各有部類，目之爲聚也。四者，六百年間，有五百羅漢，是旃延弟子，於北天竺，共造毗婆沙，釋八犍度。毗婆沙者，此云廣解，於西涼州譯出，凡有百卷，值兵火燒之。唯六十卷現在，止解三犍度也。五者，七百餘年，有法勝羅漢，嫌婆沙太博，略撰要義作二百五十偈，名阿毘曇心，凡有四卷，亦傳此土。六者，千年之間，有達磨多羅，以婆沙太博，四卷極略，更撰三百五十偈，足四卷，合六百偈，名爲雜心也。其間復有六分毘曇，釋論云云，目連和須密及餘論師共造，並不傳此土。唯衆事分毘曇，是六内之一，此土有之。復有甘露味毘曇二卷，未詳作者，並傳此土。毘曇雖部類不同，大宗明見有得道也。

破斥第二，凡有十門：一、乖至道，二、扶衆見，三、違大教，四、守小筌，五、迷自宗，六、無本信，七、有偏執，八、非學本，九、蔽真言，

十、喪圓旨。蓋無比之名有餘，所明之理不足，非但遠乖方等，亦近迷三藏。略舉十門，顯其虛實。乖至道者，夫道之爲狀也，體絶百非，理超四句。言之者失其真，知之者反其愚，有之者乖其性，無之者傷其體，故七辨輟音，五眼冥照，釋迦掩室，淨名杜口，豈可以有而爲道哉？

第二扶衆見，然道實非有，遂言見有得道，乃是見有，非見道也。故淨名云："法名無染，若染於法，乃是染著，非求法也。"又夫見有者，名爲有見，非見道矣。故法華云："人邪見稠林，若有若無等，依止此諸見，具足六十二。"問：若執有無，此有何失？答：正觀論云："淺智見諸法，若有若無等，是則不能見，滅見安隱法。"於彼有大過矣。

第三違大教，思益經云："於未來世，有惡比丘，説有相法，得成聖道。佛垂此敕，懸誡將來，既曰惡人，理是邪説，違背大教，宜須破之。"

第四守小筌，夫爲未識源者，示之以流，令尋流以得源。未見月者，示之以指，令因指以得月。窮流則唯是一源，亡指則但是一月。蓋是如來説小之意也。而毘曇之徒，執固小宗，不趣大道，守筌喪實，故造論破之。

第五迷自宗，諸聖弟子，有所述作，本爲通經，而阿含之文，親説無相，故善吉觀法空而悟道，身子入空定而佛歎，阿毘曇人但明見有，故自迷本宗。

第六無本信，文殊問經云："十八及本二，皆從大乘出，無是亦無非，我説未來起。"十八者，謂十八部異執也。及本二者，根本唯二部，一大衆部，二上座部。而阿毘曇是十八部内薩婆多部，從大乘出，即大爲小本。而執小之流，聞大乘不信，是以破之。問：何以知執小之人，不信大法耶？答：智度論云："游延弟子答龍樹云：'我聞大乘，心不都信。'"故外國執小乘者，與學大乘人，分河飲水。

第七有偏執，大集經云："雖有五部，並不妨如來法界及大涅槃"，而阿毘曇人保執自宗，排斥他説，便違法界，拒大涅槃。累障既深，宜須傷歎。

第八非學本，大品經云："欲知四緣，當學般若。"外人問龍樹云：欲學四緣，應學毘曇，云何乃學般若？論主答曰：初學毘曇，似如可解，轉久推求，則成邪見。問曰：學毘曇云何乃成邪見？答：若言四緣生諸法者，誰復生於四緣，若四緣更從他生，則他復從他，如是無窮。若其四緣自然而有，不從他生者，萬物亦應不由四緣，當墮無因。故從則無窮，窮則無因，由此二門，則不信因果，故久學毘曇成於邪見。

第九藏真言，大集經云："甚深之義不可説，第一義諦無聲字，陳如比丘於諸法，獲得真實之知見。"本起經云："頞鞞沙門即五人之一，爲身子説偈云：'一切諸法本，因緣空無主，息心達本源，故號爲沙門。'身子聞之即得初果。"尋大小二經，皆明見空成聖，而阿毘曇謂觀有得道，故隱覆真言。

第十喪圓旨，涅槃經云："欲令衆生深識真諦，是故如來宣説於俗，若使衆生不因俗諦而識真者，諸佛如來終不説俗。"毘曇之流雖知俗有，不悟真空，既惑真空，亦迷俗有，是故真俗，二俱並喪。

排成實第三，一立義，二破斥。有訶梨跋摩高足弟子序其宗曰："成實論者，佛滅度後九百年内，有訶梨跋摩，此云師子鎧之所造也。其人本是薩婆多部鳩摩羅陀弟子，慨其所釋近在名相，遂徙轍僧祇，大小兼學，鑽仰九經，澄汰五部，再卷邪霧，重舒慧日。於是道振罽賓，聲流赤縣。成是能成之文，實謂所成之理，二百二品，十六卷文。四諦建章，五聚明義。説既精巧，歸衆若林。問：跋摩既排斥八犍，陶汰五部，成實之宗，正依何義？答：有人言，擇善而從，有能必録。棄衆師之短，取諸部之長。有人言，雖復斥排羣異，正用曇無德部。有人言，偏斥毘曇，專同譬喩。真諦三藏云：用經部義也，檢俱舍論經部之義，多同成實。

破斥第二，問：成實爲是小乘之論，爲是大乘，爲含大小？答：有人言，是大乘也；有人言，是小乘也；有人言，探大乘意以釋小乘，具含大小。夫珉玉精粗，蓋是耳目所睹。尚有昏明殊鏡，況妙道真僞，言亡慮絶，豈易識哉？今以十義證，則明是小乘非大乘矣。一舊序證，二依論徵，三無大文，四有條例，五迷本宗，六分大小，七格優降，八無相卽，九傷解行，十檢世人。〔舊序證第一〕，昔羅什法師翻成實論竟，命僧叡講之，什師没後，叡公録其遺言，製論序云："成實論者，佛滅度後八百九十年，罽賓小乘學者之匠，鳩摩羅陀上足弟子訶梨跋摩之所造也。" 其論云："色香味觸實也，地水火風假也"，精巧有餘，明實不足，推而究之，小乘内之實耳。此於大乘，雖復龍燭之於螢耀，未足喩其懸矣。或有人言，此論明於滅諦，與大乘均致。羅什聞而歎曰："秦人之無深識，何乃至此乎？" 吾每疑其普信大乘者，當知悟不由中，而迷可識矣。成實是羅什所翻，僧叡爲講論之始，後學不應孤負前匠。

依論徵第二，成實文云："諸比丘異論種種，佛皆聽故，我欲正論三藏内實義。" 訶梨自云正論三藏，故知成實理是小乘。若言斯論亦明大者，過在門人，非跋摩之咎。問：何以知三藏是小乘耶？答：法華云："亦不親近小乘三藏學者，恐大照未圓，小法容染，故智形宜隔，行止勿共。" 誡於大士，勿親近小人，則知三藏非大乘矣。智度論云："迦葉、阿難結集三藏，文殊、彌勒集大乘藏。" 外人問云：何故不於三藏内集大乘耶？論主答云：小乘不受大，不應小内而集大，以此推之。但是小乘耳。

無大文第三，原夫作論皆引佛言，如龍樹釋大，而還引大經，訶梨解小經，唯將小證，二百二品，並探四阿含，十六卷文，竟無方等。以此詳之，卽可知矣。

有條例第四，問：若成實釋小，不許兼明於大，亦應三論解大，不應兼明於小。答：義有條例，不應相濫。佛經有二，一者小乘，二者方等。若明大乘，必兼辨小；若辨小乘，不兼明大。故大乘經初有小乘衆，小乘經首無菩薩僧，示大能包小，小不含大。佛經既爾，在論例然。大乘之論兼明小乘，小乘之論不兼明大。若弟子之論探大釋小，如來之經義亦應然，則巨細互兼，何名大小？

迷本宗第五，問：成實論文，盛辨生法二空，與大品明四諦平等義既無異，故知應是探大釋小。答：四阿含教內有二空，論明二空，則還釋三藏，云何乃言探大解小？又身子毗曇亦辨二空，而是小非大，訶梨之論，義亦應同。問：身子毗曇亦探大釋小，與成實例同。彼既探大，則此非專小。答：身子所造，還釋佛毗曇。佛說既是小乘，彼論寧言探大。分大小第六。問：小明一空，大辨二空，可有差別。既同其二空，大小何異？答：雖同辨二空，二空不同。略明四種：一者，小乘拆法明空，大乘本性空寂；二者，小乘但明三界內人法二空，空義既短，大乘明三界內外人法並空，空義卽長；三者，小乘但明于空，未說不空，大乘明空，亦辨不空。故涅槃云：“聲聞之人，但見於空，不見不空。智者見空及以不空，空者一切生死，不空者謂大涅槃”；四者，小乘名爲但空，謂但住於空。菩薩名不可得空，空亦不可得也。故知雖明二空，空義有異，故分大小。

格優降第七，龍樹釋般若累教品云：“善吉觀生法二空，欲比菩薩二空，譬如毛孔之空比十方空，卽小空爲淺，大空爲深。”成實所明，但是聲聞空，非大士所得耳。

無相卽第八，法華信解品云：“四大聲聞自述所得空云，我等長夜修習空法，無生無滅，無小無大，無漏無爲，於佛智慧不生貪著。”

成實所辨，與此全同，故知非大也。問：何以知然？答：法華之文辨聲聞證空，不能卽空觀有，卽有觀空，故無相卽。成實所説亦無相卽，若明相卽，應空有並觀，若空有並觀，與大乘何別？問：何以知小乘義無相卽耶？答：釋論云：小乘內不明生死卽畢竟空，唯大乘乃説，故知爾也。

傷解行第九，涅槃經云："若以聲聞辟支佛心言無布施，是卽名爲破戒邪見。"小乘人入於空觀，不見布施，破大乘行，故云破戒；破大乘解，故云邪見。而成實明不見布施，是實法空，以爲宗極，欲爲大乘，勿起小心也。

檢世人第十，秦弘始七年，天竺有刹利浮海至長安，聞羅什作大乘學，以正觀論等諮而驗之。什公爲其敷折，爲頂受絕歎不能已已。白什公曰：當於此明震暉天竺，何由蘊此摩尼乃在邊地，我在天竺聞諸論師，深怪罽賓小乘學者，鳩摩羅陀自稱朗月之照，偏智小才，非此喻也。而訶梨惜其師以才自傷，以智自病，故作此論，以辨有法之實，明其依實之假，故以成實爲名。用天竺刹利之言驗之，跋摩師資皆小乘學也。爰至齊司徒文宣王，誠信三寶，每感嘉瑞，以齊永明十年十月，延請名德五百餘人，於普弘寺敷講。文宣王每以大乘經論爲履道之津涯，正法之樞鍵，而後生棄本崇末，卽請諸法師抄此成實以爲九卷，命周顒作序，恐專弘小論，癈大乘業。自爾已後，爰至梁武，盛弘大乘，排斥成實，衆師不可具記。

問：若以十義證成實爲小乘者，與毗曇優劣云何？答：求那跋摩遺文偈文："諸論各異端，修行理無二，偏執有是非，達者無違諍。"又釋論云有四種門：一者阿毗曇門，二者空門，三者昆勒門，此云篋藏，四者非空非有門。不得般若方便，學毗曇門則墮有見，學於空門則墮空見，學昆勒門則墮亦空亦有見，學非空非有門則墮愚痴論。若得般若，心無染著，隨機適化，通道利人，無相違背，而成實、毗曇各執空有，互相排斥，障道增見，皆失佛旨也。問：會空斷結，方得道耳，鑒有之心，何能隔凡，故知毗曇乖宗，成實得理。答：若言見空成聖，有不隔凡，三藏教門，應無得道。釋迦小乘一化，徒然虛設，待成實後興，方有大利，豈可然乎，問：毗曇但明人空，成實具明二空，云何兩論無有優劣？答：於小乘內分三品，一者，俱不得二空，如犢子部云："四大和合，有於眼法，五陰和合，別有人法。"此下根人也；二者，薩衛之流，但得人空，不得法空，爲次根人也；三者，譬喻訶梨之流，具得二空，爲上根人也。約空義淺深，則毗曇爲小乘之劣，成實爲小內之勝也。問：釋論云："佛滅度後，分爲二分，一但信人空，不信法空；二俱信人法二空。"但應有二，何得分三？答：犢子入真觀故，則見我空，出於俗諦，別有人體。龍樹約其入觀義邊，故但分二也。問：三論斥外道、毗曇，斯事可爾，而龍樹前興，訶梨後出，時節遙隔，何由相破？答：俱令執著，即便被破，何論前後？若前論不破後迷，亦應古方不治今病，扁鵲之術，末世無益矣。問：若法勝訶梨著小論以通三藏，馬鳴龍樹作大教以弘方等，巨細分流，何俟相破？答：佛説小乘，本爲詮大，保冥之徒，守指忘月，經自斥之，故論主依佛。問：有人言成實論探大釋小，此有何過？答：上已明之，必有此迷，今當更迷。探大釋小，則小大不收，進不馳於白牛，退失駕於羊鹿，纍論之言，驗之久矣。

呵大執第四，初立宗，次破斥。有大乘師曰：四術三玄，並爲外教；毗曇、成實，蓋是小乘。明理不周，在文不足。既障大乘，理宜須破。自方等絃宗，衆聖軌轍，教稱滿字，理曰無餘。信之則獲福無邊，毀謗招莫大之罪，但須伏膺甘露，頂戴法橋，不應破矣。問：必是夜光，宜應頂受，正恐多雜僞寶，須陶汰之，若謂無瑕，可陳其要。答：大乘博奧，不可具明，統其樞鍵，略標二意：一者，辨教莫出五時；二者，隔凡宗歸二諦。言五時者，昔涅槃初度江左，宋道場寺沙門慧觀，仍製經序，略判佛教凡有二科：一者，頓教，即華嚴之流，但爲菩薩具足顯理；二者，始從鹿苑，終竟鵠林，自淺至深，謂之漸教。於漸教內開爲五時：一者，三乘別教，爲聲聞人說於四諦，爲辟支佛演說十二因緣，爲大乘人明於六度，行因各別，得果不同，謂三乘別教；二者，般若通化三機，謂三乘通教；三者，净名思益，讚揚菩薩，抑挫聲聞，謂抑揚教；四者，法華會彼三乘，同歸一極，謂同歸教；五者，涅槃，名常住教。自五時已後，雖復改易，屬在其間，教雖五時，不出二諦，三假爲俗，四忘爲真，會彼四忘，故有三乘賢聖。

破執第二，前責五時，次難二諦。問：既有五時，云何分於大小？答：初一爲小，後四爲大。問：道理爲有大乘，爲無大耶？如其有大，則是有見，若言無大，何所立耶？又若謂有大異小，則有小異大，名爲二見。大品云：“諸有二者，無道無果。”涅槃云：“明與無明，愚者謂二。”又若實有大乘者，名有所得，有所得者，爲魔眷屬，非佛弟子。又有所得者，不動不出，無有乘義，不名爲乘。又大乘之宗，永斷生死，名爲斷見。涅槃是常，即是常見。乃爲斷常，何大之有？

次難五時，前總難，次別責。難曰：但應立大小二教，不應制於五時，略引三經、三論證之。大品經云：“諸天子歎曰，我於閻浮見第二法輪轉。”龍樹釋云：“鹿苑已轉小輪，今復轉大法輪。”法華經云：“昔於波羅捺，轉於四諦，今在靈鷲山說於一乘。”涅槃經云：“昔於鹿林轉小，今於雙樹說大。”故知教唯二門，無五時也。智度論云：“佛法有二：一者三藏，二者大乘藏。”地持論云：“十一部經，名聲聞藏，方等大乘，名菩薩藏。”正觀論云：“前爲聲聞說生滅法，次爲菩薩說無生滅法。”以經論驗之，唯有二藏，無五時矣。

問：若乃皆是菩薩藏者，華嚴、般若、法華、涅槃此四何異？答：須識四句，衆經煥然：一但教菩薩，不化聲聞，謂華嚴經也；二但化聲聞，不教菩薩，謂三藏教也；三顯教菩薩，密化二乘，大品以上，法華之前，諸大乘教也。命小乘人，説於大法，謂顯教菩薩，密示此法，以爲己任，如付窮子財，謂密化聲聞也。四顯教聲聞，顯教菩薩，法華教也。菩薩聞是法，疑網皆已除，化菩薩也。千二百羅漢，悉亦當作佛，化二乘也。四句之中，三義屬菩薩藏内開之，但化二乘爲三藏教矣。

次別難五時，問：若立五時有何過耶？答：五時之説，非但無文，亦復害理。若言第一名三乘別教，是義不然。依毗曇宗，三乘則同見四諦，然後得道。就成實義，但會一滅，方乃成聖。據大乘宗，同契無生，然後隔凡，是則初教亦通，何以言別？

次云大品是三乘通教，是亦不然。釋論云："般若不屬二乘，但屬菩薩。"若大品是三乘通教，則應通屬，何故不屬二乘？問：若依釋論明般若但屬菩薩，在經何故勸三乘同學般若？答：般若有二種：一者摩訶般若，此云大慧，蓋是菩薩所得，故不屬二乘；若以實相之境，名爲般若，則三乘同觀，故勸三乘令並學之。經師不體二種之説，便謂般若是三乘通教。

次云淨名是抑揚教者，是亦不然。大品呵二乘爲癡狗，淨名貶聲聞爲敗根，挫小既齊，揚大不二，何得以大品爲通教，淨名爲抑揚？

次法華爲同歸，應無所疑。但在五時之説，雖辨同歸，未明常住，而天親之論釋法華，初分有七處佛性之文，解後段壽量品，辨三身之説，斯乃究竟無餘，不應謂爲不了之教。次涅槃爲常住教者，然常與無常，皆是對治用門。若論涅槃，體絕百非，理超四句。舊宗但得用門，未識其體，故亦失旨也。

次難二諦，迷失二諦，凡有三人，一者毗曇，執定性之有，迷於假有，故失世諦，亦不知假有宛然而無所有，復失一真空。二者學大乘者,名方廣道人,執於邪空,不知假有,故失世諦;既執邪空,迷於正空,亦喪真矣。三者,即世所行,雖具知二諦,或言一體,或言二體,立二不成,復喪真俗也。問:真俗一體,此有何過? 答: 若俗與真一,真真俗亦真。若真與俗一,俗俗真亦俗。若真真俗不真,則俗與真異。若俗俗真不俗,則真與俗異。故二途並塞,一體不成。問:一既有過,異應無咎。答: 經云:"色即是空,空即是色。"若言各體,相即便壞,若有雙即,便二體不成,故進退無通,異義亦屈。然五時不立,真俗又傾,大乘之宗,言將何寄?

顯正第二,自上已來,破外道、毗曇、成實、大乘,從此已後, 序前四宗,斥於三論,故通其邪難,顯明正理。上既遍斥四宗,於時羣難競起,咸疑龍樹非是正師,所造之論應爲邪法。是故此章次明顯正義。正義雖多,略標二種,一明人正,次顯法正。言人正者,楞伽經大慧菩薩問世尊,滅度後是法何人持? 佛說偈答:"於我滅度後,南天大國中,有大德比丘,名龍樹菩薩,住初歡喜地,爲人說大乘,能破有無見,往生安養國。" 次摩耶經云:"摩耶問阿難曰: 佛滅度後,何人持法? 阿難答曰: 如來正法五百年,第一百年,優婆掘多說法教化,住持正法;次二百年,尸羅難陀比丘, 於閻浮提度十億人;次三百年,青蓮華眼比丘說法教化,度半億人;次四百年間,牛口比丘演說法要,度一萬人;第五百年,寶天比丘度二萬人,八萬衆生發菩提心,正法便滅。"六百年間,九十六種邪見競興,破滅佛法,馬鳴比丘,摧此外道。七百年間,有一比丘,名曰龍樹,善巧說法,燃正法炬,滅邪見幢。尋大小乘經,親記龍樹,破邪顯正。今內外並呵,大小俱斥,何所疑哉? 又馬鳴龍樹,佛有誠記,尚復生疑,法勝訶梨,無經所印,云何輒受? 問: 法勝乃未見誠文,訶梨亦有明據。阿含經云:"實名四諦,是故比丘當成四諦。"佛垂此敕,懸鑒有在,逮茲像末,允屬訶梨,爲成是法,故造斯論。紘宗若斯,豈虛搆哉?

答：蓋是通指像末，豈別主訶梨，故非所據也。

顯法正第二，問：龍樹著述部類甚多，三論偏空似非究竟。答：僧叡昔在什公門下，爲翻譯之宗，其論序云："夫百梁之構興，則鄙茅茨之仄陋；覩斯論之絃博，則知偏悟之鄙倍。"故偏主小乘，正歸此論。又如前云，天竺十六大國，方八千里，有向化之緣，並爲委誠龍樹爲無相佛。敢預學者之徒，無不翫味斯論，以爲喉衿。若是偏空，豈爲諸國所重？又羅什本執小乘，因此論而迴轍正觀。厥後衆師，藉斯文而曉迷。以此詳之，蓋是究竟無餘之説。

問：若内外並呵，大小俱斥，此論宗旨，何所依據耶？答：若心存内外，情寄大小，則墮在偏邪，失於正理。既失正理，則正觀不生；若正觀不生，則斷常不滅；若斷常不滅，則苦輪常運。以内外並冥，大小俱寂，始名正理。悟斯正理，則發生正觀。正觀若生，則戲論斯滅。戲論斯滅，則苦輪便壞。三論大宗，其意若此。蓋乃總衆教之旨歸，統羣聖之靈府，味道之流，豈不栖憑斯趣耶？

問：若内外並除，大小俱斥，乃爲斷見，何名正宗？答：既内外並冥，則斷常斯寂。二邊既捨，寧非正宗耶？難曰：夫有斷有常，故名之爲有，無斷無常，目之爲無。既其是無，何由離斷？答：既斷常斯寂，則有無等皆離，不應更復謂染於無。難曰：雖有此通，終不免難。夫有有有無名之爲有，無有無無始是大無，既其墮無，何由離斷？答：本對有病，是故説無，有病若消，空藥亦廢，則知聖道未曾有無，何所滯耶？難曰：是有是無，名爲兩是；非有非無，名爲兩非。既墮是非，還同儒墨。答：本非二是，故有雙非；二是既忘，雙非亦息。故知非是亦復非非。難曰：非是非非，還墮二非，何由免非？答：二是生乎夢虎，兩非還見空華，則知本無所是，今亦無非。

難曰：若無是無非，亦不邪不正，何故建篇章稱破邪顯正？答：夫有非有是，此則爲邪，無是無非，乃名爲正，所以命篇，辨破邪顯正。難曰：既有邪可破，有正可顯，則心存取捨，何謂無依？答：爲息於邪，强名爲正。在邪既息，則正亦不留，故心無所著。難曰：若邪正並冥，豈非空見？答：正觀論云：“大聖説空法，爲離諸見故。若復見有空，諸佛所不化。”如水能滅火，今水還出火，當用何滅？斷常爲火，空能滅之，若復著空，即無藥可滅也。難曰：既著空病，何故不服有藥而言息化？答：若以有化，還復滯有，乃至忘言，便復著斷。如此之流，何由可化？問：心有所著，有何過耶？答：若有所著，便有所縛，不得解脱，生老病死，憂悲苦惱，故法華云：“我以無數方便，引道衆生令離諸著。”淨名云：“不著世間如蓮華，常善入於空寂行，達諸法相無罣礙，稽首如空無所依。”三世諸佛，爲六道衆生心有所著，故出世説經。四依開士，爲大小學人心有所依，故出世造論。故有依有得，爲生死之本。無住無著，爲經論大宗。

難曰：若内外並冥，佛經何故説大小兩教？答：法華云：“是法不可示，言辭相寂滅。”如來於無名相中，强名相説，故有大小教門，欲令衆生，因此名相，悟無名相。而封教之徒，聞説大小，更生染著，是故造論，破斯執情，還令了悟本來寂滅，故四依出世爲如佛也。

問：此論名爲正觀，正有幾種？答：天無兩日，土無二王，教有多門，理爲一正，是故上來破斥四宗。華嚴云：“文殊法常爾，法王唯一法，一切無畏人，一道出生死。”但欲出處衆生，於無名相法，强名相説。令禀學之徒，因而得悟。故開二正：一者體正，二者用正。非真非俗名爲體正，真之與俗目爲用正。所以然者，諸法實相，言忘慮絶，未曾真俗，故名之爲體，絶諸偏邪，目之爲正，故言體正。所言用正者，體絶名言，物無由悟，雖非有無，强説真俗，故名爲用。此真之與俗亦不偏邪，目之爲正，故名用正也。問：既云真俗，則是二邊，何名爲正？答：如因緣假有，目之爲俗。然假有不可言其定有，假有不可言其定無，此之假有，遠離二邊，故名爲正。俗有既爾，真無亦爾。假無不可定無，假無不可定有，遠離二邊，故目之爲正。問：何故辨體用二正耶？答：像末鈍根，多墮偏耶，四依出世，匡正佛法，故明用正。既識正教，便悟正理，則有體正。但正有三種：一對偏病，目之爲正，名對偏正。二盡淨於偏，名之爲正，謂盡偏正也。三偏病既去，正亦不留，非偏非正，不知何以美之，強嘆爲正，謂絕待正也。在正既然，觀論亦爾。因於體正，發生正觀，名爲體觀。藉二諦用，生二諦觀，名爲用觀，故觀具二也。觀辨於心，爲衆生故，如實説體，名爲體論。若説於用，名之爲用論，故論具二也。正既有對偏、盡偏、絕待，觀論亦然，類前可知。

卷　下

次明經論相資，大品經云：“雖生死道長，衆生性多，菩薩應如是正憶念生死邊如虛空，衆生性邊亦如虛空。”此中無生死往來亦無解脱者，然既無生死亦無涅槃，則知亦無衆生及以於佛，寧有經之與論耶？故內外並冥，緣觀俱寂。然雖非生死涅槃，而於衆生成生死，故大品云：“諸法無所有，如是有。”既有衆生，故有諸佛。既有諸佛，便有教門。既有諸佛教門，則有菩薩之論。諸佛爲衆生失道，是故説經。菩薩爲衆生迷經，是故造論。然經有通別，在論亦爾。所言經通者，通爲息衆生顛倒，通爲開顯道門。所言論通者，諸聖弟子造一切論，亦通爲息迷教之病，申明正道。所言經別者，赴大小二緣，説大小兩教。所言論別者，爲破大小兩迷，申大小兩教，故有大小二論也。然就經論之中，具有能所之義。經以二智爲能説，二諦爲所説。論以二慧爲能説，言教爲所説，斯則經論各有能所也。

次明經論能所絞絡有四句不同：一者，經能爲論所，二者，經所爲論能，三者，論能爲經所，四者，論所爲經能。經能爲論所者，如來二智，卽是論主所悟。故法華明今昔兩教，爲直往菩薩及迴小向大之人，並令悟入佛慧。故涌出品云：“是諸衆生始見我身，聞我所説卽便信受，入如來慧”，此明昔教爲直往菩薩入佛慧也。次云除先修習學小乘者，我今亦令得聞是經，入於佛慧，此明今教迴小之人入於佛慧故。今昔兩教同明爲入佛慧，則知佛慧是所悟也。次明經所爲論能者，經所卽是二諦，能發生論主二慧故，佛之二諦爲能生，論主二慧爲所生也。次明論能爲經所者，論主二慧，由經發生也。次明論所爲經能者，論主言教，能申佛二諦也。次會四句爲二句，經若能若所並是能資，論若能若所皆是所資。又論若能若所悉爲能申，經若能若所悉是爲所申，故合成一能一所也。次泯一句以歸無句，以能而爲所，則能非定能；以所而爲能，則所非定所。以能非定能，是則非能；所非定所，是則非所。故非能非所，非經非論，非佛非菩薩，不知何以目之，故稱正法，强名中實也。問：能非定能，是則非能；所非定所，是則非所，出何文耶？答：中論然可然品云：“若法因待成，是法還成待。今則無因待，亦無所成法。”卽其證也。

次別明造論緣起，然所以造論者，如上所明，如來爲失道故説經，論主爲迷經故造論。爲失道故説經，此是根本失，論主爲迷經故造論，此是枝末失。又佛爲失道者説經，此失謂一往失。論主爲迷經故造論，此失卽失中更起失。所以然者，以其迷道，此是一失。如來説經，爲令入道，而復迷經，故是失中失也。一往之失，謂利根人聞經卽悟；失中之失，謂鈍根人也。

問：何等是迷經之人？答：卽是諸部異執。言諸部異執者，或二部，或五部，或十八部，或二十部，或五百部。言二部者，如來二月十五日入涅槃，諸聖弟子四月十五日，於王舍城祇闍崛山中結集三藏。爾時卽有二部名字，一上座部，謂迦葉爲上座，迦葉上陳如一夏，爲佛以法付屬迦葉，名上座部也。迦葉所領但有五百人，依智度論則有千人。二大衆部，即界外大衆，乃有萬數。婆師波羅漢爲主，此云淚出，常悲苦衆生而淚墮也，即五比丘中之一人。而年大迦葉，教授界外大衆，所以有二衆。迦葉有五百羅漢，前入界內，結集三藏。後多人來結集三藏，迦葉並不許之，有二因緣：一者，五百皆聰明人故；二者，已羯磨竟故。依智度論，阿闍世王但設千人食故，餘人來不得。從是以來，至佛滅度後百一十六年，但有二部名字，未有異執。百一十六年外，有舶主兒，名摩訶提婆，端正聰明，作三逆罪，後入佛法，凡有二事：一者，取諸大乘經內三藏中釋之，諸阿羅漢結集法藏時，已簡除此義，而大衆部用此義，上座部不用之，因爾起諍，遂成二部；二者，摩訶提婆自作偈言：“餘人染汙衣，無明疑他度，聖道言所顯，是諸佛正教。”以此一偈，安置戒後。布薩誦戒竟，亦誦此一偈。此偈有五事：一、餘人染汙衣者，提婆不淨出汙衣，而誑弟子言，我是阿羅漢實無不淨，但是天魔女，以不淨汙羅漢衣，故云餘人染汙衣。然此一語，有虛有實，其實是凡夫誑弟子說如上事，是故爲虛。魔女實能以不淨汙羅漢衣，是故爲實。其衆諍其所說，或虛或實，故分二部。二、云無明者，然羅漢乃無三界受生無明，而有無知習氣無明，故云無明。時衆或言羅漢有無明，或言無無明，因此起諍，故分二部。三、云疑者，須陀洹果乃於三解脫門無疑，而於外事有疑，故云疑也。四、他度者，鈍根初果而不自知得初果，問善知識，善知識爲說於三寶四諦無疑是初果相，其自觀察方知得初果，故云他度。五、聖道言所顯者，然得聖道時，亦有言所顯，如身子當口誦偈時，即得初果，故云言所顯。時衆諍此五義，或是或非，故成二部也。

問：此二部執，何義異耶？答：義異乃多，今略明其一。大衆部執生死涅槃皆是假名，上座部執生死涅槃皆是真實。至二百年中，從大衆部又出三部，于時大衆部，因摩訶提婆移度住央崛多羅國，此國在王舍城北，此部將華嚴般若等大乘經，雜三藏中説之。時人有信者，有不信者，故成二部。不信者，唯言阿難等三師所誦三藏，此則可信，自三藏外諸大乘經皆不可信。復有信大乘者有三因緣：一者，爾時猶有親聞佛説大乘法者，是故可信；二者，自思量道理，應有大乘，是故可信；三者，信其師故，是故可信。言三部者，一、一説部，此部執生死涅槃皆是假名，故云一説。二、出世説部，此部言世間法從顛倒生業，業生果，故是不實，出世法不從顛倒生，故是真實。三、灰山住部，前二從執義受名，此因住處爲因（此山有石堪作灰，此部住彼山中修道，故以爲名），其執毗曇是實教，經律爲權説，故彼引經偈云："隨宜覆身，隨宜飲食，隨宜住處，疾斷煩惱。"隨宜覆身者，有三衣，佛亦許；無三衣，佛亦許。隨宜飲食者，時食，佛亦許；非時食亦許。隨宜住處者，結界住亦許，不結界亦許。疾斷煩惱者，佛意但令疾斷煩惱，此部甚精進，過餘人也。至二百年中，從大衆部内，又出一部名多聞部。大衆部，唯弘淺義，棄於深義。佛在世時，有仙人值佛得羅漢，恒隨佛往他方及天上聽法。佛涅槃時，其人不見，在雪山坐禪。至佛滅度後二百年中，從雪山出，覓諸同行，見大衆部，唯弘淺義，不知深法，其人具足誦淺深義。深義中有大乘義，成實論卽從此部出。時人有信其所説者，故別成一部，名多聞部。於二百年中，從大衆部更出一部，名多聞分別部。佛在世時，大迦旃延造論解佛阿含經，至二百年，大迦旃延從阿耨達池出，更分別前多聞部中義，時人有信其所説者，故云多聞分別部。於二百年滿，有一外道，名大天，爾時摩伽陀國有優婆塞大弘佛法。諸外道爲利養故，皆剃頭出家，便有賊住比丘。大天爲賊住主。大天身自出家，所度弟子依大天衆出家受戒，爾時衆人共静斯事。上座部云，和上無戒及破戒，闍梨有戒，大衆亦有戒。受戒則得戒從大衆得。大衆知和上無戒，而與共受戒者大衆得突吉羅罪。問：戒既不從和上得，何故稱和上名？答：欲令受戒後，和上攝録，教誨弟子耳。薩婆多用此解餘部言，和上無戒及破戒，大衆有戒則不得戒。戒從和上得故，因此諍論，遂不容大天徒衆，因爾別住山間，於此山間執義又異，故有支提山部，及北山部。佛得道及轉法輪處，大衆處名支提，此處有山，名支提山，於彼山北，別有山，名北山部也。大衆部合別數，或五，或七，或八。言五部者，初一説部，二出世説部，三灰山住部，此初破成三也，次多聞部，次多聞分別部，故成五部。言七部者，因外道分成二部，謂支提山部，及北山部，前五因内執起，後二因外道起，故成七部。言八部者，則數根本大衆部也。

次上座弟子部者，佛滅度後，迦葉以三藏付三師，以修多羅付阿難，以毗曇付富樓那，以律付優婆離。阿難去世，以修多羅付末田地，末田地付舍那婆斯，舍那婆斯付優婆掘多，優婆掘多付富樓那，富樓那付寐者柯，寐者柯付迦旃延尼子。從迦葉至寐者柯，二百年已來無異部。至三百年初，迦旃延尼子去世，便分成兩部，一上座弟子部，二薩婆多部。所以分成二部者，上座弟子但弘經，以經爲正，律開遮不定。毗曇但釋經，或過本，或減本，故不正弘之，亦不棄捨二藏也。而薩婆多，謂毗曇最勝，故偏弘之。從迦葉至掘多正弘經，從富樓那稍棄本弘末，故正弘毗曇，至迦旃延大興毗曇。上座弟子部見其棄本弘末，四過宣令遣其改宗，遂守宗不改。而上座弟子部移往雪山避之，因名雪山住部。三百年，從薩婆多出一部，名可住子弟子部，即是舊犢子部也。言可住子弟子部者，有仙人名可住，有女人是此仙人種，故名可住子。有阿羅漢是可住女人之子，故名可住子。此部是此羅漢之弟子，故名可住子弟子也。舍利弗，是羅睺羅和上，羅睺羅是可住子和上，此部復是可住子之弟子。舍利弗釋佛九分毗曇，名法相毗曇。羅睺羅弘舍利弗毗曇，可住子弘羅睺羅所説，此部復弘可住子所説也。次三百年中，從可住子部復出四部，以嫌舍利弗毗曇不足，更各各造論取經中義足之，所執異故，故成四部。一法尚部，卽舊曇無德部也；二賢乘部；三正量弟子部，有大正量羅漢，其是弟子，故名正量弟子部。此三從人作名。四名密林部，從住處作名也。三百年從薩婆多部復出一部，名正地部。有婆羅門是國師，名正地部，善解四韋陀，出家得羅漢。取四韋陀好語莊嚴佛經，執義又異。時人有信其所説，故別爲一部。三百年中，從正地部又出一部，名法護部。其本是目連弟子得羅漢，恒隨目連往色界中，有所説法皆能誦持，自撰爲五藏。三藏如常，四呪藏，五菩薩藏。有信其所説者，故別成一部也。三百年中，從薩婆多部又出一部，名善歲部。迦留陀夷是其父，及多比丘尼是母，七歲得羅漢，值佛聞法，皆能誦持，撰集佛語，次第相對，破外道爲一類，對治衆生煩惱復爲一類，時人有信其所説者，故別爲一部也。三百年中，從薩婆多部又出一部，名説度部，謂五陰從此世度至後世，得治道乃滅。亦名説經部，謂唯經藏爲正，餘二皆成經耳。從上座部都合有十一部，大衆部有七部，合成十八部，足根本二部爲二十部。而薩婆多傳，有異世五師，有同世五師。異世五師者，一迦葉，二阿難，三末田地，四舍那婆斯，五優婆掘多，此五人持佛法藏，各得二十餘年，更相付屬，名異世也。同世五師者，於優婆掘多世卽分成五部，一時並起，名同世五師：一曇無德，二摩訶僧祇，三彌沙塞，四迦葉維，五犢子部。又大集經亦明五部，而文殊師利經部執論，及羅什分別部論，此三皆明二十部。所以有五部，復有二十部不同者，取其始終異執，故有二十。取其當世盛行，故但説五部。而言五部一時起者，則與上二十部義相違，或可見聞各異故也。所言五百部者，智度論釋般若信毀品云：“佛滅度後五百歲，後有五百部不知佛意，爲解脱故，執諸法有決定相，聞畢竟空，如刀傷心。”龍樹提婆，爲諸部異執失佛教意，故造論破迷也。

問：論主爲並破諸部，亦有不破耶？答：凡有四句：一、破而不取，若是諸部所説，乖大小乘經，自立義者，則破而不取，故智度論呵迦旃延弟子云：“三藏無此説，摩訶衍中亦無此説”，蓋是諸論義師自作是説，卽是其事；二、取而不破，如文殊問經云：“十八及本二，皆從大乘出，無是亦無非，我説未來起”；三、亦破亦取，破諸部能迷執情，收取諸部所迷之教；四、不破不取，就正道門，未曾有破，亦無所取也。

次明諸部通別義，論有二種，一者通論，二者別論。若通破大小二迷，通申大小兩教。名爲通論，卽中論是也。故前二十五品，破大迷，申大教，後兩品，破小迷，申小教。二者別論，別破大小迷，別申大小教，名爲別論。如攝大乘論、地持論等，謂大乘通論；十地論、智度論等，〔謂〕大乘別論；如成實論等，通申三藏，謂小乘通論。馬鳴菩薩師名脇比丘，造四阿含。優婆提舍別釋修多羅藏、善見毗婆沙，別釋毘尼藏。智度論云：“八十部律，八十部毘婆沙釋之。”善見律別釋，師子國要用十誦律，舍利弗別釋佛九分毘曇，如此別釋三藏，故是小乘別論。就三藏中復有通別。若具釋一藏，名爲通論。別釋一藏中一部，名爲別論也。

問：中論既通釋大小，應名大小通論，不得名爲大乘論也。答：雖釋大小，但爲顯大，故是大乘論。所以然者，以初分明大乘，中分明小乘，後分還明大乘故，以是義故，名大乘論耳。

問：十二門論是何論耶？答：是大乘通論，以始終破於大迷，通申大教，無破小迷，別申於小教，故是大乘通論也。

問：百論復云何？答：百論通破障大小之邪，通申如來大小兩正，故是大小通論，但始終爲明大乘，故屬大乘通論耳。

次明衆論立名不同門，衆論立名，凡有三種：一、從法爲名，如成實論等，實謂四諦之理，成謂能成之文，故云爲成是法，故造斯論，謂從法立名也；二、從人立名，如舍利弗阿毘曇等，智度論云："犢子道人受持此毘曇，亦名犢子毘曇也"；三、從喻立名，如甘露味毘曇等，亦如訶梨跋摩師鳩摩羅陀造日出論等也。四論立名，並是從法，非人非喻，就中自開四種：大智度論從所釋之經立名，大謂摩訶，智謂般若，度謂波羅蜜，論釋經題，故從所釋爲名；中論從理實立名；十二門從言教爲目；百論從偈句爲稱也。若通而爲言，四論通顯中道，理實並得。就理立名，四論同有言教開通，理實並得。以教爲稱，同有偈句，通得從偈立名。今欲互相開避，故有四部差別，所以立名不同也。

次明衆論旨歸門，通論大小乘經，同明一道故，以無得正觀爲宗。但小乘教者，正觀猶遠，故就四諦教爲宗。大乘正明正觀，故諸大乘經，同以不二正觀爲宗。但約方便用異，故有諸部差別。如明應說不應說，今昔開會，名爲法華。破斥八倒，辨常無常用，名爲涅槃。至論不二正道，更無別異，在經既爾，在論亦然。雖諸部有異，同用不二正觀爲宗。又經論同宗，佛說正觀爲經，論申正觀爲論，經論用異，正觀無別，故無量義經云："如水洗穢義同，約井池爲異。"自昔及今，一切諸教，同治斷常之病，同開正道，但約今昔教用異耳。今四論約用不同，故辨四宗差別。智度論正釋大品，而龍樹開大品爲二道，前明般若道，次明方便道。此之二道，即是法身父母，故大品以實慧、方便慧爲宗。論申經二慧，還以二慧爲宗。如中論申二諦，還以二諦爲宗也。

問：大品何故前明般若，後明方便耶？答：般若方便，實無前後，而作前後說者，般若爲體，方便爲用。故智度論云："譬如金爲體，金上精巧爲用。"故前明其體，後辨其用也。又非凡夫行，非賢聖行，是菩薩行。般若超凡，方便越聖，要前超凡後方越聖，故前明般若，後辨方便。又衆生起見，凡有二種：一者有見，二者無見。般若破其有見，方便斥其無見，故前明般若，後辨方便。若明次第者，三藏多說有教，以破外道，而封執三藏之有，故般若次說空，惑者著般若之空，故次說方便令其離空。故智度論序云："知邪病之自起，故阿含爲之作，以滯有之爲患，故般若爲之照"，卽斯意也。若約位而言，般若配於六地，故前明之，方便在於七地，故後說也。

問：舊亦明大品二慧爲宗，與今何異？答：今明聖心未曾二，爲衆生故無二說二，欲令因二悟於不二，故與舊不同。又雖明二慧，與舊亦異，舊義實慧但照空不達有，漚和但照有不達空，蓋是限局聖心，便成二見。今明至人體無礙之道，故有無礙之用。般若既照空卽能鑒有，方便既涉有卽能鑒空，具如二智中說。次明中論以二諦爲宗。所以用二諦爲宗者，二諦是佛法根本，如來自行化他皆由二諦。自行由二諦者，如瓔珞經佛母品明二諦能生佛，故二諦是佛母，蓋取二智爲佛，二諦能生二智，故以二諦爲母。卽是如來自德圓滿由於二諦，化他德由二諦者。如來有所說法，教化衆生，常依二諦。故中論云："諸佛依二諦，爲衆生說法也。"

問：何以知自他兩德，並由二諦耶？答：十二門論云："以識二諦故，卽得自利他利及以共利"，卽其事也。以二諦是自行化他之本，故申明二諦，以爲論宗，卽令一切衆生具得自他二利也。

問：何人迷二諦，論主破迷申二諦耶？答：有三種人迷於二諦：一者，小乘五百部，各執諸法有決定性，聞畢竟空如刀傷心，此人失第一義諦，亦失世諦。所以然者，空宛然而有，故有名空有，方是世諦。彼既失空，亦是迷有，故失世諦。故五百部執出如來二諦之外。二者，方廣道人謂一切諸法如龜毛兔角，無罪福報應。此人失於世諦，然有宛然而空，故空名有空。既失空有，亦失有空。如斯之人，亦失二諦。又諸外道亦失二諦，如有見外道，迷於真諦；空見外道，迷於世諦。又凡夫著有，故迷真諦，二乘滯空，迷世諦也。第三人得二諦名，而失二諦旨。斯執甚多，今略出二種：或言二諦一體，或言二諦異體，並不成二諦之義，具如疏初序之。今破此之失，申明二諦，故用二諦爲宗也。問：何以得知此論用二諦爲宗耶？答：略有三種：一者，瓔珞經佛母品明二諦不生不滅，乃至不來不去，今論正明八不，故知即是辨於二諦，故以二諦爲宗；二者，青目序論意，明外人失三諦，龍樹菩薩爲是等故，造此中論，即知破外迷失，申明二諦，故以二諦爲宗也；三者，關內曇影中論序云："此論雖無理不窮，無言不盡，統其要歸，會通二諦。"今還述舊釋，故知二諦爲宗也。

問：既名中論，何故不用中道爲宗，乃以二諦爲宗耶？答：即二諦是中道，既以二諦爲宗，即是中道爲宗。所以然者，還就二諦以明中道，故有世諦中道、真諦中道、非真非俗中道。但今欲名宗兩舉，故中諦互說，故宗舉其諦，名題其中。若以中道爲名，復以中道爲宗者，但得不二義，失其二義故也。

問：經何故立二諦耶？答：此有兩義：一者欲示佛法是中道故，以有世諦，是故不斷，以第一義，是故不常，所以立於二諦。又二慧是三世佛法身父母，以有第一義故生般若，以有世諦故生方便，具實慧方便慧，有十方三世佛，是故立二諦。又知第一義是自利，知世諦故能利他，具知二諦，即得其利，故立二諦。又有二諦故，佛語皆實，以世諦故說有是實，第一義故說空是實。又佛法漸深，先說世諦因果教化，後爲說第一義。又成就得道智者，說第一義，無有說世諦。又若不先說世諦因果，直說第一義，則生斷見，是故具明二諦也。

次明百論宗者，百論破邪，申明二諦，具如空品末說，亦應以二諦爲宗。但今欲與中論互相開避，中論以二諦爲宗，百論用二智爲宗，即欲明諦智互相成也。

問：百論何故用二智爲宗耶？答：提婆與外道對面擊揚，闢一時權巧智慧，但提婆權智，巧能破邪，巧能顯正，而實無所破，亦無所顯，故名實智。一論始終，明此二智，故以二智爲宗。中論不與内諍一時權巧，但共同學二諦之人，諍二諦得失，故以二諦爲宗。則中論用所申爲宗，百論用能申爲宗，欲明佛與菩薩能所共相成也。

次明十二門論宗者，此論亦破内迷，申明二諦，亦以二諦爲宗。但今欲示三論不同，宜以境智爲宗。所言境智者，論云："大分深義，所謂空也。若通達是義，即通達大乘，具足六波羅蜜無所障礙。"大分深義，謂實相之境。由實相境發生般若，由般若故萬行得成，即是境智之義。故用境智爲宗也。

次明四論破申不同門，所言破申者，凡有三義：一者，破外人迷教之病，故名爲破。申佛二諦教門，故名爲申；二者，申佛正教而邪迷自破，故名爲申破耳；三者，論主申明佛破，故名申破。諸大乘經破衆生虛妄，以顯一道。但末代鈍根不了如來破病顯道之意，四依菩薩還申明佛破，故名申破。非是經中自立義，論中自明破也。

問：何以知龍樹申佛破耶？答：最後邪見品云："瞿曇大聖主，憐愍説是法，悉斷一切見，我今稽首禮。"故知論主申明佛破，非自有破也。

問：經中有立有破，論主何故一向破耶？答：末世鈍根，迷佛立破，並皆成病，是以論主須並破之，然後具得申如來立破。

問：論主申佛破得稱論主破，論主申佛立應名論主立耶？答：亦得爾也。

問：四論破申云何同異？答：三論通破衆迷，通申衆教，智度論別破般若之迷，別申般若之教。就三論中自開二類：百論正破外，傍破内，餘二論正破内，傍破外。所以三論破内外者，一切衆病不出二種：一外道邪盡起迷，二内人稟教失旨，若破斯二，則衆病皆除。

問：百論破外可有明文？何處有破内文耶？答：破塵品中，外人以内義爲證，論主即破其所引，具如彼明。問：何故得破内耶？答：有三種義：一者，如向釋之，外人立義不成，引内爲證，故須破内；二者，内人立義與外道同，如立虛空常遍，乃至立涅槃身智俱無，並與外道同，故須破内；三者，外道立義與内人同，故須破之。如破因中無果品，說外道立於三相前後相生，與譬喻部同，立三相展轉一時生，與薩婆多部同，故須破内。故肇法師云："邪辯逼真，殆亂正道。"

問：中論何故傍破外耶？答：凡有四義：一者，欲顯中觀，無法不窮，無言不說，若一法不窮，一言不盡，則戲論不滅，中觀不生，是故内外並皆破之；二者，内人立義與外道同，故須破外；三者，外道立義與内人同，故須破外；四者，欲顯中實非内非外，不正不邪，故須破外。

問：百論破外亦有收取義不？答：亦有四句：一者破而不取，即是外道邪言，障中迷觀，於緣無益有損；二者取而不破，外道偷竊如來遺餘善法，今並收之。如賊盜牛，即其證也。又外道各邪心推盡冥智與内同，如蟲食木，偶得成字，亦取而不破；三者亦破亦取，外道偷竊佛教，不識旨歸，今破其迷教之情，收取所迷之教；四者不破不取，即顯道門，未曾内外也。

次明別釋三論，問：既有四論，何故常稱三論耶？答：略有八義：一者，一一論各具三義：一破邪，二顯正，三言教，以同具此義，故合名三論；二者，三論具合，方備三義，中論明所顯之理，百論破於邪執，十二門名爲言教，以三義相成，故名爲三論；三者，中論爲廣論，百論爲次論，十二門爲略論，三部具上中下三品，故名三論；四者，一切經論，凡有三種：一但偈論，卽是中論，二但長行論，所謂百論，三亦長行亦偈論，卽十二門論，以三部互相開避，而共相成；五者，此之三部，同是大乘通論，故名三論；六者，此三部同顯不二實相，故名三論；七者，同是四依菩薩所造；八者，同是像末所作，但欲綱維大法也。

　　次論三論通別門，以智度論對三論，則智度論爲別論，三論爲通論。就三論中自有三別，卽爲三例，百論爲通論之廣，中論爲通論之次，十二門爲通論之略。所以然者，百論通破障世出世一切邪，通申世出世一切正，故名通論之廣。中論但破大小二迷，通申大小兩教，不破世間迷，申世間教，故爲通論之次。十二門但破執大之辨，申大乘之教，爲通論之略。問：何故爾耶？答：外道邪興，遍障世出世大小一切教，故提婆遍破衆邪，備申衆教，是以論明始自三歸，終竟二諦，無教不申，無邪不破。中論爲對大小學人封執二教，故但破二迷，但申二教，是以論文有大小二章之説。十二門論辨觀行之精要，明方等之宗本，故正破大迷，獨申大教，是以論文命宗，但説略解摩訶衍義。問：十二門亦備破小乘外道，云何言但破大迷，但申大教也？答：雖備破衆病，而正意爲申大乘，故論文前明略解大乘，而後則言末世衆生，薄福鈍根，雖尋經文不能通了，卽知尋大乘失旨，但小乘外道障彼大乘，故須破之耳。又欲令小乘外道同入大乘，故須破之。問：百論申大小兩教，與中論何異？答：百論總申大小，然中論別申二教。又百論從淺至深，中論從深至淺。問：何故爾耶？答：百論爲迴邪入正，始行之人，故始自三歸，終入方等，故從淺至深。中論示諸佛本末之義，大乘爲本，小乘爲末，故從深至淺也。

　　次明四論用假不同門，一切諸法，雖並是假，領其要用，凡有四門：一因緣假，二隨緣假，三對緣假，四就緣假也。一因緣假者，如空有二諦，有不自有，因空故有，空不自空，因有故空，故空有是因緣假義也；二隨緣假者，如隨三乘根性，説三乘教門也；三對緣假者，如對治常，説於無常，對治無常，是故説常；四就緣假者，外人執有諸法，諸佛菩薩就彼推求，檢竟不得，名就緣假。此四假，總收十二部經，八萬法藏。然四論具用四假，但智度論多用因緣假，以釋經立義門故，中論十二門多用就緣假，百論多用對緣假。

次明四論對緣不同門，著於四論，略明二種：提婆菩薩震論皷於王庭，九十六師一時雲集，各建名理，立無方論。提婆面拆邪師，後還閑林，撰集當時之言以爲百論。龍樹菩薩潛帷著筆，探取外情，破病申經，故造中論。問：何故爾耶？答：龍樹聲聞天下，外道小乘不敢與交言，故潛帷著筆以造論也。提婆既爲弟子，物情所不畏憚，故與之交言，故後集以爲論。

次明三論所破之緣有利鈍不同門，今略舉中百二論明衆生得悟不同，凡有四種：一自有一種根緣，聞百論始捨罪福，終破空有，當此言下得悟無生；二有諸外道雖聞提婆當時所破，言理俱屈，猶未得悟，後出家竟，稟受佛經，方乃得悟，此中根人也；三有諸外道聞提婆之言，不了尋經，翻更起迷，爲中論所破方得悟，此下根人也；四有諸外道初稟提婆之言，乃至尋中論亦未得解，後因十二門觀玄略，方乃得悟也。

次別釋中論名題門，此論立名有廣有略，所言略也，但稱中論，故叡法師序云：“中論有五百偈，龍樹菩薩之所造。”而後但釋中論兩字，故名爲略。問：何故但稱中論，不題觀耶？答：中是所論之理實，論是能論之教門，若明理教，故義無不周也。所言廣者，加之以觀，故影法師中論序云：“寂此諸邊，名之爲中；問答拆徵，稱之爲論。”又云：“觀者，直以觀辨於心，論宣於口耳。”問：何故具題三字耶？答：因中發觀，由觀宣論，要備三法，義乃圓足也。

次第門，問：此三字有何次第耶？答：有二種次第：一者能化次第，二者所化次第。能化次第者，中謂三世十方諸佛菩薩所行之道，故前明中，由此道故，發生諸佛菩薩正觀，故次明觀；由內有正觀，故佛宣之於口，名之爲經；四依菩薩宣之於口，目之爲論也。約所化悟入次第者，稟教之徒，因論識中，因中發觀；若望於佛，因教識理，因理發觀也。

次制立門，所以但明三字不多不少者，略有三義：一者諸佛菩薩，凡有二德：一者自行，二者化他。中之與觀，謂自行也。論之一字，即是化他。自行化他，義無不攝，故但標三字。二者，化於衆生，要必具三：一者有所悟之理，二者因理發觀，三者由觀宣論，故但明三也。三者，以中對觀，是境智之名，以觀對論，爲行説之稱，因中發觀，故以中爲境，以觀爲智，如説而行爲觀，如行而説爲論，以義唯此四，故名字但有三名也。

次論通別門，通而爲言，三字皆中，皆觀，皆論。所言皆中者，理實不偏，故理名爲中。因中理發觀，觀非偏觀，觀亦名中。因中觀宣論，論非偏論，論亦名中。三字皆觀者，中是義相觀，觀是心行觀，論是名字觀。亦如三種般若，中是實相般若，觀是觀照般若，論是文字般若。三種皆論者，論是能論，故名爲論。餘二所論，亦名爲論也。就別而言，理實不偏，與其中名，智是達照，當其觀稱。論是言教，故目之爲論。

次明互發盡門，就中有中發觀，觀發中，緣盡觀，觀盡緣。所言中發觀者，如涅槃經云：“十二因緣，不生不滅，能生觀智，譬如胡瓜，能發熱病也。”觀發中者，衆生本謂因緣是生是滅，不知是中，以正觀檢生滅不得，方悟因緣是中，此則因觀發中。緣盡於觀者，凡夫二乘及有所得偏邪之緣，盡菩薩正觀之內，故名緣盡於觀。觀盡於緣者，邪緣既盡，正觀亦息，故名觀盡於緣。緣盡於觀，故非緣；觀盡於緣，故非觀；非緣非觀，不知何以美之，强名正觀也。

問：既得緣盡觀，觀盡緣，亦得中盡觀，觀盡中不？答：亦得爾也。中是智境，觀是境智，境不自境，因智故境。智不自智，由境故智。由智故境，境不自境。由境故智，智不自智。不自智則非智，不自境則非境，故是境盡於智，智盡於境。問：亦得緣發於觀，觀發於緣不？答：由邪緣故，得顯正觀，即是緣發於觀，由正觀故，顯緣是邪，謂觀發於緣耳。

次明別釋三字門，總論釋義，凡有四種：一依名釋義，二就理教釋義，三就互相釋義，四無方釋義也。依名釋義者，中以實爲義，中以正爲義。中以實爲義者，如涅槃釋本有今無偈云："我昔本無中道實義，是故現在有無量煩惱。"叡師中論序云："以中爲名者，照其實也。"照，謂顯也。立於中名，爲欲顯諸法實，故云照其實也。所言正者，華嚴云："正法性遠離，一切言語道，一切趣非趣，悉皆寂滅相。"此之正法，即是中道，離偏曰中，對邪名正。肇公物不遷論云："正觀論（肇論作中觀）曰：觀方知彼去，去者不至方"，故知中以正爲義也。理教釋義者，中以不中爲義。所以然者，諸法實相，非中非不中，無名相法，爲衆生故，强名相説，欲命因此名，以悟無名，是故説中，爲顯不中。問：中以不中爲義，出何文耶？答：華嚴云："一切有無法，了達非有無。"若爾，一切中偏法，了達非中偏，即其事也。所言互相釋義者，中以偏爲義，偏以中爲義。所以然者，中偏是因緣之義，故説偏令悟中，説中令識偏。如經云："説世諦，令識第一義諦；説第一義諦，令識世諦也。"四無方釋義者，中以色爲義。中以心爲義，是故華嚴經云："一中解無量，無量中解一。"故一法得以一切法爲義，一切法得以一法爲義。問：中有幾種？答：既稱爲中，則非多非一，隨義對緣，得説多一。所言一中者，一道清淨，更無二道。一道者，卽一中道也。所言二中者，則約二諦辨中。謂世諦中，真諦中。以世諦不偏，故名爲中。真諦不偏，名爲真諦中。所言三中者，二諦中及非真非俗中。所言四中者，謂對偏中，盡偏中，絕待中，成假中也。對偏中者，對大小學人斷常偏病，是故說對偏中也。盡偏中者，大小學人有於斷常偏病，則不成中。偏病若盡，則名爲中。是故經云："衆生起見，凡有二種：一斷，二常。"如是二見，不名中道。無常無斷，乃名中道。故名盡偏中也。絕待中者，本對偏病，是故有中。偏病既除，中亦不立。非中非偏，爲出處衆生，强名爲中，謂絕待中。故此論云："若無有始終，中當云何有？"經亦云："遠離二邊，不著中道。"卽其事也。成假中者，有無爲假，非有非無爲中，由非有非無，故說有無。如此之中，爲成於假，謂成假中也。所以然者，良由正道未曾有無，爲化衆生，假說有無，故以非有無爲中，有無爲假也。就成假中有單複疎密橫豎等義，具如中假義說。如説有爲單假，非有爲單中，無義亦爾。有無爲複假，非有非無爲複中。有無爲疎假，非有非無爲疎中，不有有爲密假，有不有爲密中。疎卽是橫，密卽是豎也。

　　次釋中不同，得有四種：一外道明中，二毗曇明中，三成實明中，四大乘人明中也。外道説中者，僧佉人言："泥團非餅非非餅，卽是中義也。"衞世師云："聲不名大不名小"，勒沙婆云："光非闇非明"，此之三師，並以兩非爲中，而未知所以爲中耳。毗曇人釋中者，有事有理。事中者，無漏大王不在邊地，謂不在欲界及非想也。理中者，謂苦集之理不斷不常也。成實人明中道者，論文直言離有離無，名聖中道。而論師云："中道有三：一世諦中道，二真諦中道，三非真非俗中道。"四大乘人明中者，如攝大乘論師明，非安立諦，不著生死，不住涅槃，名之爲中也。義本者，以無住爲體中，此是合門。於體中開爲兩用，謂真俗，此是用中，卽是開門也。又中假師云:"非有非無爲中,而有而無爲假也。"

(據<u>金陵刻經處</u>本)

二、大乘玄論(節選)

卷　一

二諦義有十重

第一標大意	第二釋名	第三立名	第四有無
第五二諦體	第六中道	第七相卽	第八攝法
第九辨教	第十同異		

二諦者,蓋是言教之通詮,相待之假稱,虛寂之妙實,窮中道之極號。明<u>如來</u>常依二諦說法,一者世諦,二者第一義諦,故二諦唯是教門,不關境理。而學者有其巧拙,遂有得失之異。所以若有巧方便慧學此二諦,成無所得;無巧方便慧,學教卽成有所得。故常途三師置辭各異,<u>開善</u>云:"二諦者,法性之旨歸,一真不二之極理。"<u>莊嚴</u>云:"二諦者,蓋是袪惑之勝境,入道之實津。"<u>光宅</u>云:"二諦者,蓋是聖教之遙泉,靈智之淵府。"三說雖復不同,或言含智解,或辭兼聖教,同以境理爲諦。若依<u>廣州</u><u>大亮法師</u>,定以言教爲諦。今不同此等諸師。問:<u>攝嶺</u>、<u>興皇</u>何以言教爲諦耶? 答:其有深意,爲對由來以理爲諦故,對緣假說。問:<u>中論</u>云:"諸佛依二諦說法",<u>涅槃經</u>云:"隨順衆生故說二諦",是何諦耶? 答:能依是教諦,所依是於諦。問:於諦爲失,教諦爲得不? 答:凡夫於爲失,<u>如來</u>於爲得,聖人於亦得亦失。而師云於諦爲失,教諦爲得者,乃是學教成迷。本於是通迷,學教於別迷。通迷是本,別迷末。本是前迷,末是後迷。問:何意開凡聖二於諦耶? 答云:示凡聖得失,令轉凡成聖。

司：於諦爲失者，何以言諦耶？答：論文自解，諸法性空，世間顚倒謂有，於世人爲實，名之爲諦。諸賢聖眞知顚倒性空，於聖人是實，名之爲諦。此卽二於諦，諸佛依此而説名爲教諦耳。

問：教若爲名諦耶？答：有數意：一者，依實而説，故所説亦實，是故名諦；二者，如來誠諦之言，是故名諦；三者説有無教，實能表道，是故名諦；四者，説法實能利緣，是故名諦；五者，説不顚倒，是故名諦。與他家異，有十種異：一者，理教異。彼明二諦是理，三假是俗，四絶是眞。今明二是教，不二是理。他家有理無教，今明有教有理；二者，相無相異。他家住有無，故是有相，今明有表不有，無表不無，不住有無，故名無相；三者，得無得異。他家住有無，故名有得。今明不住有無，故名無得；四者，理內外異。他家住有無，故名理外，今明不住有無，故名理內；五者，開覆異。他有住有，無住無，此有無覆如來因緣有無。今明二諦是教，是有表不有，無表不無，卽開如來教無有壅滯；六者，半滿異。他家唯有二，無不二，故唯教無理，名爲半字。今明具足理教，名爲滿字；七者，愚智異。涅槃云："明無明，愚者謂二，智者了達無二"，眞俗二者卽愚，不二者卽智，故知不二是理，二是教；八者，體用異。彼有用無體，今卽具有體用；九者，本末異。不二是本，二是末，他但有末無本，今具有本末；十者，了不了異。他家二諦住有無，故名不了。今明説有欲顯不有，説無欲顯不無，有無顯不有不無，故名了義。他但以有爲世諦，空爲眞諦。今明若有若空，皆是世諦。非空非有，始名眞諦。三者，空有爲二，非空有爲不二，二與不二，皆是世諦。非二非不二，名爲眞諦。四者，此三種二諦，皆是教門。説此三門，爲令悟不三。無所依得，始名爲理。問：前三皆是世諦，不三爲眞諦？答：如此。問：若爾，理與教何異？答：自有二諦爲教，不二爲理。皆是轉側適緣，無所妨也。

問: 何故作此四重二諦耶? 答: 對毗曇事理二諦, 明第一重空有二諦。二者, 對成論師空有二諦, 汝空有二諦, 是我俗諦, 非空非有, 方是真諦, 故有第二重二諦也。三者, 對大乘師依他分別二爲俗諦。依他無生分別無相不二真實性爲真諦, 今明若二若不二, 皆是我家俗諦, 非二非不二, 方是真諦, 故有第三重二諦。四者, 大乘師復言, 三性是俗, 三無性非安立諦爲真諦, 故今明汝依他分別二真實不二是安立諦, 非二非不二三無性非安立諦, 皆是我俗諦。言忘慮絕, 方是真諦。文含多義, 後文當釋。

問: 若以有無爲教, 表非有非無理者, 何不以非有非無之教, 表非有非無之理, 必以有無之教, 表非有非無理耶? 答: 不可以月指月, 應以指指月。若利根菩薩, 應如是説。但凡夫著有無故, 以有無表非有非無。

問: 若以於諦爲衆生説者, 更增其患, 何以依二於諦説法耶? 答曰: 凡夫著有, 二乘滯空, 今明如來因緣有無, 假有假無。假有故不有, 假無故不無, 云何增患耶?

問: 成論師云: "十六知見, 非二諦所攝。" 十六知見, 道理無此, 出自外道橫計, 故非世諦。既非世諦, 其即空亦非真諦。此義云何? 答: 若言十六知見出外道橫計, 非二諦所攝者, 陰界入等, 亦出凡夫橫計, 何得云二諦所攝? 若凡夫所見即是世諦者, 凡夫人應是聖人。

釋名第二。若如他釋, 俗以浮虛爲義, 真以真固爲名。世是隔別爲義, 第一莫過爲旨, 此是隨名釋義, 非是以義釋名。若爾, 可謂世間諸法者, 有字無義。今明俗以不俗爲義, 真以不真爲義, 若具足論之, 應以非俗非不俗遣四句爲俗義。但今對他浮虛是俗義, 今明不俗爲義, 是名出世法者。有字有義, 今引淨名經不生不滅是無常義, 五陰空無所有是苦義, 常途真實是諦義, 還以諦釋諦義, 例前可見。

　　解諦義有四家不同：一云，四諦理實是爲諦，遺教經云：“日可令冷，月可令熱。”佛説苦諦，真實是苦，不可令樂，故以理實爲諦。第二家云，境理非諦，能觀智爲諦，大經云：“若苦是聖諦者，地獄衆生有苦，應是苦聖諦，而今地獄等苦非聖諦，豈得前境爲諦？”第三解取能詮理之文言爲諦。第四家云，合取境智文理爲諦，若單境不智亦非諦，單取智文理亦非諦。今明四解並是並非，如衆盲摸象，不得象體，然不離象。經中非無此釋，諸佛方便隨從衆生，故作此説。今還一一難之。第一解云境理審實名諦者，地獄畜生，應是苦聖諦，毒蛇瞋，雀多欲，應是集聖諦；第二解云以智爲諦者，應名權實諦；第三解云文言詮審實爲諦者，文言終不得理，那得爲諦？第四解云若以境智合爲諦者，境智既其非諦，今合那得爲諦？如一沙不能出油，合二沙不得油也。今明此真俗是如來二種教門，能表爲名，則有二諦；若從所表爲名，則唯一諦，故非只以審實爲義。若二於諦，即以審實爲諦。若就因緣教諦，即有多義，或以誠諦之言釋諦，此二教表不二之道，教必不差違，即是諦義。依名釋諦如是。

　　若依義釋諦，諦以不諦爲義，此是豎論。若橫論，諦以諸法爲義，例如真俗義中説，俗以浮虚爲義，俗以真爲義，俗以不俗爲義，真亦然。更料簡諦待不諦，有五條意：一者，二諦相望，是二不諦，俗非真，真非俗，故二諦成二不諦；二者，非有非無，是二不諦義，能表是有無，所表非有無，故成二不諦；三者，二智是二不諦義，真俗既二境，境自待不境，不境即是智；四者，義有三種：一者就理外凡聖二緣二境，二者就理內凡聖二緣二境，三者豎理內外相望，有凡聖諦不諦義。理外凡聖者，如有於凡實，所以爲諦。空於凡不實，即是不諦。空於聖亦然，凡聖二人，各行一實一虚，故有諦不諦義。理內凡聖亦然。次豎論者，若理外凡聖，皆是顛倒有所得行，俱是凡夫，理內若凡若聖，皆名爲聖，二諦亦然。理外若真若俗，俱是俗諦。理內若真若俗，皆是真諦。理內所行，非外所行，理外所行，非內所行，有諦不諦義；五者，直就凡聖各自有諦不諦，如有於凡是實，卽此有於聖爲不實，只此一有，自有實不實，不須他釋。

次更明於諦教諦合論有三句：一者能諦所非諦，二者所諦能非諦，三者亦能亦所諦。能諦所非諦者，卽是於諦，有於凡實，空於聖實，取兩情爲諦，不取空有二境爲諦，言教諦是所非能者。二智是能説，二諦是所説，此就境智判能所，亦能亦所諦者，合取於教二諦。

更就教諦中復有三句：一能名諦，二所名諦，三亦能亦所名諦。言能名諦者，卽是真俗二教，以能表道故名諦。言所名諦者，真俗所表理實，故能表之教亦實，此從表實爲名。亦能亦所者，卽理教合説，非理卽不教，非教卽不理，理教因緣，此二皆實，故能所皆諦。於諦有三句：一皆得，二皆失，三亦得亦失。言亦得亦失者，凡於是有，此有爲失，諸賢聖真知性空，此空爲得。二皆失者，二皆是於，故二皆失。二皆得者，只知於二，卽知不二。既非二非不二，五句皆淨。然此三句，前二句卽於諦，後一句卽教諦，前二句卽於境，後一句教境。於境卽不轉，教境卽轉也。

立名第三，三門分別，前辨立名，次辨絶名，後辨借名。立名者，不真不俗，亦是中道。亦名無所有，亦名正法，亦名無住，此非真非俗，無名今假爲立名，此名以無名之所立名。如提羅波夷真不食油，强爲食油，二諦亦爾。以其真表不真，俗表不俗，假言真俗，以其假言，名無得物之功，物無應名之實。淨名經云："從無住本，立一切法。"無住卽無本，故云若能若所，皆以無住爲本。大品云："般若猶如大地，出生萬物。"般若、正法、無住，此三眼目之異名。若就用中，辨二諦反覆得立名，俗爲真立名，世爲第一立名，如言由世故第一，真俗亦如是。真應對世，第一對第二，而今真對俗，世對第一，非正相待義，聖人未必以對立名，故經云："法無有彼此，離相待故。"次明相待者，真俗當體受名，世與第一，用中褒貶爲稱也。第二辨絶名，常途相傳，世諦不絶名，引成論文。劫初時物未有名，聖人立名字，如瓶衣等物，故世諦不絶名，真諦與佛果，三師不同，光宅云："此二皆不絶名，真諦有真如實際之名。佛果有常樂我淨之名，但絶粗名，不絶細名。"莊嚴云："此二皆絶名，佛果出於二諦外，是故絶名。真諦本來自虛，忘四句，絶百非，故絶名。"開善云："真諦絶名，佛果不絶名。真諦之理，絶四句百非，故是絶名；佛果此世諦，所以不絶名。"若佛智冥如絶名，今明一往爲論，何爲不得，然非理實說。

今問：若劫初物作名銘者，以真諦無名，假名銘者，與真何異？又問：火名爲當即火離火，若使此火名即火，呼火即燒口，若使火名離火，何故不得水耶？故知非即離體有名，若在口中，不在火上，是即火絶名。且復從來蛇林虎杖，世諦絶名。復問：人是何物，人頭手等，何意呼人耶？強爲立名，豈非皆絶？1

次難佛果有三家：今先難初家，若使言真諦與佛果但絶粗名不絶細名者，今難：本以絶故妙，若不絶即不妙。難第二家真諦與佛果俱絶名者，今難：若以名求真不得真者，此名便有文而無理，真諦有文無理，如私陀言涅槃，佛果有理無文，如犢子存焉。難第三家佛果不絶，真諦絶名。同前二家所見，不具辨也。今明以四句辨之：一者俱絶，二者俱不絶，三者真絶俗不絶，四者俗絶真不絶。所言二諦俱絶者，二諦皆如，奈得皆不絶？二諦俱不絶者，得是如相，名爲如來，得是二如相，所以皆不絶。又言如來常依二諦說法，大論云："如瓶衣等法，世界悉檀即有，第一義悉檀即無，真如實際等，於第一義悉檀即有，世界悉檀即無。"此名字互有互無，故知二種俱絶俱不絶。三者真絶俗不絶，此文即多。經云："以世諦法故説，非第一義。"四俗絶真不絶，如言生不可説，不生亦不可説，生不生亦不可説，不生非不生亦不可説，四句皆不可説，即是世諦絶名。今更作一種方言，世諦即絶實不絶假，真諦即絶假復絶實，何者？衆生計有爲有，計無爲無，此之有無，是斷常二見，即是性實。今破有故言不有；破無故言不無，所以明佛説假有假無爲世諦。此假有不名有，此假無不名無。問：此假有何物有？明此假有，不名實有，假無亦是不名實無，是即此假有假無名爲世諦。所以其不名實有實無，故言絶。而此不有爲成假有，不無爲成假無，此即是不絶假義。若言二諦俱絶者，真諦絶四句離百非，世諦亦絶四句離百非。然此義從來所無，唯今家有也。言二諦皆絶四句，離百非者，俗不定俗，俗名真俗。真不定真，真名俗真。真俗假俗，俗真假真。假俗即百是不能是，百非不能非，假真亦爾。何者？假俗即是是不能是，百是亦不能是；非非不能非，百非亦不非。假真即非是不能是，百是亦不是。是非不能非，百非亦不非。是故皆離四句，絶百非也。雖二諦皆離四句，絶百非，然二諦俱絶爾大異。何者？俗諦絶即絶實，真諦絶即絶假。俗諦絶實者，是是即是實是，非非即是性非。以俗諦絶實故，是是不能是，百是亦不是，非非不能非，百非不能非也。真諦絶假者，非是是與假是，非非與假非。真諦絶性假故，非但是是不能是，非是亦不是，非但非非不能非，是非亦不非。是是與非是，一切不能是，非非與是非，一切不能非。真諦雙絶，世諦絶實，此即漸捨明二諦皆絶義。俗諦絶實，真諦絶假實。第二次就平道明二諦俱絶義，俗不定俗，由真故俗。真不定真，由俗故真。由真故俗，俗是假俗也。由假俗故真，真是假真。既云假俗，即四句皆絶，假俗非俗，假俗非不俗，假俗非亦俗亦不俗，假俗非非俗非不俗，假真亦爾。

　　第三論借名，就借與不借故，是絕不絕耳。若二諦俱絕，即是兩種皆借名；二俱不絕，即相與不借。今亦次還辨前三家所説，彼三家同明世諦有物有名，以名召物即得來，故不借名。真諦佛果，解有三家。今先難世諦不絕，若世諦有物即有名者，劫初時便應有名，不須聖人爲立名耶？若物本無名，何異真諦本無名，後爲真立名。問：是假借名者，後爲物立名，何故非借名耶？汝若以名求真，去真遠矣。我亦以名求物，去物遠矣。又問：今世諦以名求物，物得應名者，今且問，以瓶名爲在瓶上，爲在口中，具如先難。若在瓶上，何處有名？若在口中，瓶即無名。豈非是絕名，此即與真何異？若言真本無名，就世諦借者，今世諦中若有真名，可言其借，而今世諦中無有法名，真如絕離何得言借？且復經言，第一義諦有名有實，何時道無名。經又云："一切諸法，但有假名。"但有名無實，故言絕；但有名字，故謂爲借。若有名但假設，何意空就有借名而有不就空借名也？故若言真諦無名。就世諦借名，其義不可。今問：若以名求真去真遠者，此真名爲表真理不耶？若使此名表理，依名得理，何謂真理絕名，名即無用？此名既其不得理，此名終此浪説，可謂有理而無文。常途解真諦佛果有三家：光宅二種俱不絕妙名，即不須借；莊嚴云，二種俱絕，所以須借；若是開善，明佛果是世諦，有名故不須借；真諦無名，所以須借。此三解依前而難之，此不復重出，望前可見。今明，借此假之異名，然此經論所無。大小乘經不載此説，恐不應借語。而今言借者，只是隨他意語耳。今明借此假之異名。今二諦既有四句辨絕不絕義，今借與不借，準此可知。若二俱絕，即二諦俱不借，二諦不絕，即二俱借。若一絕一不絕，即一借一不借。若言二諦俱絕而論其借義，明真不可説名，二諦之名，無法可説，二諦俱絕，故不明借。今以非真假言真，非俗可言俗，俗待真故説，俗從真借名，真待俗故説，真從俗借名，所以二諦俱不絕。假論借名，然此借名，亦是不借。今以真不自真，由俗故。説真不自故，所以須他，故言借。若不借者，明若由真故説真。可得是借，由真故俗，那得是借也？故言此俗亦是不借也。横論借名如此，若豎論真從不真以借名，俗從不俗以借名。又問言：若從不真借名，只應真名不真，那得名爲真，俗亦如是。答：今明真不真，一亦不得借，異亦不得借，因緣假名字故言借。借是待之異名，若不待不真，不得説真，由不真故真，由真故不真。真不真因緣假説，故言借。

有無第四，今先辨假有，後辨假無。常途所明，凡有三種假名：一者因成假，以四微成柱，五陰成人，故言因成；二者相續假，前念自滅，續成後念，兩念接連，故言相續假；三者相待假，如君臣父子大小，名字不定，皆相隨待，故言相待假。若入道所捉三乘不同，聲聞用因成，緣覺用相續，菩薩用相待，而成論三藏爲宗，多明因成以入道。所以然者，凡有二義：一者因成是世諦體，續待爲用，若體已空，用即自遣；二者因成多重數，觀行自淺至深，初捉五根以空衆生，次捉四大四微以析法，所以多捉因成，若是續待二假，即無此重，故不用。

今明，正大品中三假爲宗：一者法，二者受，三名。解三假不同。今所用者，以四微成根大並法假，衆生假人，此是受假，一切名皆是名假。名假本通，就名假中，取能成義爲法假，所成義爲受假，不如他家法假爲體，餘二爲用。故大品云："般若及五陰爲法假，菩薩爲受假，一切名字爲名假。"內法如此，外法可知。四微四大爲法假，世界爲受假，一切名字爲名假。

今明相待爲本者，欲明大士觀行，凡有三義：一者相待假通無非是待，因續二假，未必盡假；二者相待假，無有實法，遣病即淨，因續二假，即有實法，遣病有餘；三者相待假無礙，長即待短，短還待長，因續二假，即成義有礙。唯以四微成大，不以大成四微，唯得續前不得續後，故用相待假。若是聲聞，因成爲體，續待爲用，體空用自去。今觀相待體，本來不生，今亦無滅，因續用去。從來有通別相待，通是開避相待，別是相集相待。如人瓶衣柱是通相待，長短方圓等是別相待。問：若相待空因續自去者，觀相待時觀何物相待？豈非先有因成，後有續待？答：不然。小乘觀行，先有法體析法入空，故但見於空，不見不空。今大乘觀相待者，不立法體，諸法本來不生，今卽無滅。初念爲無礙道，後念爲解脫道。是故經言不但見空，亦見佛性不空。

問曰：非有非無，而有而無，爲疏假，爲是密假？答曰：此是疏假。何故爾？以其兩來就有無二法辨，故是疏假。若辨密假，非有非不有，而有而不有，以其就一法明義，是卽兩法爲疏，一法故密。今何故辨此疏密？疏密者，爲明經中兩種百非，兩種對治。若言苦樂無我等，此是疏對治。若言實不實，衆生非衆生，安非安等，密對治。若言如來涅槃非有非無，此是疏百非。若言非因非不因，非果非不果，此是密義辨非。此明假有疏密。

問：前言非有非無，何物非有非無耶？答：前非有非無，非性有無，爲成世諦如義。問：後明非有非不有，何物有不有耶？答：今如是假有不有，故言非有非不有。言非有者，非不有有，言非不有者，非有不有，此既壞假，成真諦如。問：有不有是何物？答：諸法本從無生，皆以阿字爲本，是卽諸法皆歸阿字一無生門，故經言，四十二字皆歸阿字也。

二諦體第五，常解不同，有五家：初家明有爲體，空爲用，何故爾？明世諦是有，行者析有入空，無有因空入有，故有是其本，空爲其末；第二家云，以空爲體，有是其用，何以故？明空爲理本，古今常定，有是世間法，皆從空而生，故空爲其本，有是其用；第三云，二諦各自有體，以世諦假有，是世諦體，假有卽空無相，是真諦體，故言二諦各有體；第四云，二諦雖是一體，以義約之爲異。若以有來約之，卽名俗諦，以空約之，名爲真諦，而今此二諦唯一，約用有二；第五云，二諦以中道爲體，故云不二而二，二諦理明，二而不二。中道義立，彼家有時亦作體用即相卽，今皆不然。

問：第一解若言以有爲體，空爲用者，可以有爲理，空爲用不？體是理之異名，**既言有爲體是卽有爲理**。然皆見理得道，今若以有爲理，卽見有得道，今聖人皆見空斷結，明知空是理。

問：第二解空爲體，有爲用者，是卽成一諦，何謂二諦？汝今指空當體，是卽但空是諦，有非諦，若空有俱諦，何得偏用一空爲體？故不然。

問：第三解假有是世諦體，假有卽空爲真諦體，若二諦各有體，卽應成兩理，有自有爲理，空自空爲理，碩反何得辨其相卽？

問：第四解二諦唯一體，以義約之爲異者，今何以二諦唯是一體，是何物體？爲當一有體，爲當一空體？何處離此空有別有一體，而言以空有約之故二諦之別。

問：第五解二諦同中道爲體者，今問汝言若用中道爲體，爲是二諦攝，爲是二諦外物？彼解云：終是一無名無相，還是二諦攝，此是<u>開善</u>所用。<u>攝山高麗朗大師</u>本是<u>遼東</u>城人，從北土遠習<u>羅什</u>師義，來入南土，住<u>鍾山草堂寺</u>，值隱士<u>周顒</u>，<u>周顒</u>因就師學。次<u>梁武帝</u>敬信三寶，聞大師來，遣僧<u>正智寂</u>十師往山受學，<u>梁武</u>天子得師意，捨本成論，依大乘作章疏。<u>開善</u>亦聞此義，得語不得意。今意有第三諦，彼無第三諦。彼以理爲諦，今以教爲諦。彼以二諦爲天然之理，今明唯一實諦，方便説二。如唯一乘，方便説三，故言異雖復有五解，不出四句之計。初一有句，第二無句，第三第四亦有亦無句，第五解非有非無，既束爲四句是橫計，何得扶道？

問：何處經文，中道爲二諦體也？答：<u>中論</u>云：“因緣所生法，我説卽是空,亦爲是假名,亦是中道義。"因緣生法是俗諦,卽是空是真諦,亦是中道義是體。華嚴云:"一切有無法,了達非有非無。"故有無爲二諦,非有非無爲體。經云:"非有非無,假説有無。"涅槃經云:"隨順衆生,説有二諦。"故以教門爲諦。仁王經云:"有諦、無諦、中道第一義諦。"故知有第三諦。

問:教諦爲是一體,爲是異體? 答:如前言中道爲體,故是一體。若約用爲論,亦得假爲二體,但非正義。問:若言一體者,與他家一體何異? 答:他家定一定異,定亦一亦異。今明約第一重,故作此語。至第二第三第四重,不可言一,不可言異。

問:於諦爲是一體,爲是異體? 答:約二妄情爲二體爾,終無有兩物,如眼病空華,異空無華,故以一中道爲體。問:假有假無爲二諦,非有非無爲中道也(耶)? 答:一往開中假義故,假非中,中非假也。究竟而言,假亦是中。故涅槃經文,有無卽是非有非無,亦得中爲假,一切言説皆是假故。問:何物是體假用假,何爲體中用中耶? 答:假有假無是用假,非有非無是體假,有無是用中,非有非無是體中。復言,有無非有非無,皆是用中用假,非二非不二,方是體假體中,合有四假四中,方是圓假圓中耳。

明中道第六,初就八不明中道,後就二諦明中道。初中,師有三種方言:

第一方言云,所以牒八不在初者,欲洗淨一切有所得心,有得之徒,無不墮此八計中。如小乘人言,謂有解之可生,惑之可滅,乃至衆生從無明流來,反本還源故去。今八不橫破八迷,豎窮五句,以求彼生滅不得,故言不生不滅。生滅既去,不生不滅,亦生滅亦不生滅,非生滅非不生滅,五句自崩。然非生非不生,既是中道,而生而不生,卽是假名。假生不可言生,不可言不生,卽是世諦中道。假不生不可言不生,不可言非不生,名爲真諦中道。此是二諦各論中道。**然世諦生滅，是無生滅生滅。第一義無生滅，是生滅無生滅。然無生滅生滅，豈是生滅？生滅無生滅，豈是無生滅？故非生滅非無生滅，名二諦合明中道。**

第二方言云：所以明三種中道者，爲顯如來從得道夜至涅槃夜常說中道。又學佛教人作三中不成，故墮在偏病。今對彼中義不成，故辨三中。問：云何學佛教人三中不成？答：他云實法滅故不常，假名相續故不斷，今謂不常猶是斷，不斷猶是常，唯見斷常，何中之有？爲對此三中不成，明三種中道。今明中道者，無生滅生滅，爲俗諦中。生滅無生滅，爲真諦中。無生滅生滅，豈是生滅？生滅無生滅，豈是無生滅？故非生滅非無生滅，二諦合明中道。問：後明三中，與前何異？答：前明二諦中道，是因緣假，名破性中。第三雙泯二假，稱爲體中，亦名因緣，表中道故。前語有四重階級，一者初章四句，求性有無不可得，故言非有非無，名爲中道。外人既聞非有非無，即謂無復真俗二諦，便起斷見。是故第二説而有而無以爲二諦，接其斷心。第三欲顯而有而無，明其是中道，是因緣有無，不同汝性有無義，故第三明二諦用中，雙彈兩性。第四次欲轉假有無二，故明體中。初明性空，次後明假，第三明用中，第四明體中，故有四階，此是攝嶺興皇始末對由來義。有此四重階級，得此意者，解一師立中假體用四種意也。又初非性有無以爲中者，此是假前義，次而有而無名爲二諦，是中後假義，次假有非有，假無非無，二諦合明中道者，此是假後中義。問：破性中因緣表中道者，云何中前假中後假耶？答：中前假者，未説體中，前明於假，即上破性中後而有而無是也。中後假者，說用中體中竟，方説而有而無，正是動而常寂，寂而常用，乃是方便智化衆生。又中前假從用入體，中後假從體起用。問：第一方言出諸師計，後方言出諸師三中不成，云何異耶？答：第一方言破性外道八迷，破性明中，但出諸師計，諸法師計,亦有性義,亦言正破外,傍破內,故出諸師計。

第三方言云,世諦即假生假滅,假生不生,假滅不滅,不生不滅爲世諦中道。非不生非不滅爲真諦中道。二諦合明中道者,非生滅非不生滅。問:此與上何異?答:此有二意:一者,即世諦生是不生,如色即是空,故不生即是世諦。真諦不生者,此即相因義。因世諦生,明真諦不生。二者世諦中不生不滅,即是真諦假,非是破性明中,爲明世諦假生。雖生不起,世諦假滅,雖滅不失,故生滅宛然,而未曾生滅,故世諦中,即是真諦假。問:此與上何異?答:雖同生滅爲俗,不生滅爲真,但不生有三種:初方言,破定性生明不生;第二方言,破假生明不生。此中有異,破定性生,但破不收,破假生,亦破亦收;第三方言,約平道門,本來不生,故言不生,不言破病也。第二就二諦明中道,此中有三意:第一單義論單複,第二複義論單複,第三就二諦論單複。就初有兩,初正明單複,後明互相出入。今先正論單複中假義,偏說一假有,不說無,是單假。偏說一假無,不說有,亦是單假。偏說一非有,即是單中。非無亦爾,雙說假有假無,是複假。雙說非有非無,是複中。次釋其所以,凡有二義:一者爲利根人說單假,約鈍根人說複假,正言利根之者,聞一悟十故。若聞說假有,即解假無,乃至聞說非有,即解非無,所以不勞具明兩義。爲鈍根之人,隨言得解。若不具說,無有玄悟,所以雙明兩義也。二者爲鈍根人說單,爲利根人說複。爲鈍根之人不堪受圓教,所以且說單義,破其執;若利根人堪受圓教,所以爲說複義,便皆領受。次明互相出入,有八句:第一從單假入單中,或言假有不名有,從有入非有,無亦例爾;第二從單中出單假,或言非有假說有,非無假說無;第三從複假入複中,假有不名有,假無不名無,有無入非有無;第四從複中出複假,非有非無,假說有無;第五從單假入複中,或言假有不名有,假有不名無,從假有入非有非無,假無亦例爾；第六從複中出單假，或言非有非無假説有，非無非有假説無；第七從複假入單中，有無卽非有；第八從單中出複假，非有假説有不有，非無假説無不無。**次釋所以有二義：一者破衆生執實之病，隨計隨遣，所以遂有多句**；二者大士觀行，神通自在，無有隔礙，故或眼根入正受等，不復委釋。**大品云：**"或從散心中起入滅受定，滅受定起入散心中也。"第二就複義論單複，亦有二：初正明單複，二明出入。**初正明單複中假，假有是俗諦，假無是真諦，此是單假。**非有非無是中道，此是單中。假有假無爲二是俗諦，非有非無不二爲真諦，此是複假。非二非不二是中道，此是複中。正言非二盡有無，非不二盡非有非無，所以是複中。次釋其所以有二義：一往爲言，單中單假，明義卽淺，複中複假，明義卽深。所以然者，單家之二諦至複義時，還是俗諦，單家之中道至複義時，還成真諦。單家之中道，正盡有無二，未能盡不二；複家之中道，盡不二也。二者單**明義卽勝，複明義悉劣，所以然者，複假之有無，猶是前單假之有義，複中之非有非無，猶是前單假之無義**。複中之非有非無，猶是前單假之無義。複之非二非不二，猶是前單中之非有非無也。**但前直言有，便攝得有無，只直言無，攝得非有非無，只言非有非無，便攝得非二非不二。言略意廣，所以爲勝**。複家中假，言廣意劣，所以有勝劣。次明互相出入，有八句：**第一從單假入單中，假有不名有，假無不名無，入非有非無中道**；第二從單中出單假，非有假説有爲俗，非無假説無爲真；第三從複假入複中，假二不名二，假不二不名不二，入非二非不二中道；第四從複中出複假，非二假説二爲俗，非不二假説不二爲真；第五從單假入複中，假有不名二，假無不名不二，從假有無，入非二非不二中道；第六從複中出單假，非二假説有爲俗，非不二假説無爲真；第七從複假入單中，假二不名有，假不二不名無，從二不二，入非有非無中道；第八從單中出複假，非有假説二爲俗，非無假説不二爲真。第三階就二諦論單複有兩：一正明單複，二出入。一者俗諦明單複，二者真諦明單複。假有是俗諦，假無是真諦，是單假，複者假有假不有，是俗諦複假。假無假不無，真諦複假。非有爲中道，此是俗諦單中。以非無爲中道，此是真諦單中。非有非不有，此是俗諦複中。非無非不無，此是真諦複中。第二明出入有三：一就俗，二就真，三交絡。先就世諦明有八句：第一從俗諦單假，入俗諦單中。假有不名有，即是假有入非有；第二從俗諦單中，出俗諦單假，非有假説有；第三從俗諦複假，入俗諦複中，假有假不有，入非有非不有；第四從俗諦複中，出俗諦複假，非有非不有，假説有非有；第五從俗諦單假，入複中，假有入非有非不有；第六從俗諦複中，出單假，非有非不有，假説爲假有；第七從俗諦複假，入單中，假有不有，入非有；第八從俗諦單中，出複假，非有假説有不有。第二就真諦辨有八句：第一從真諦單假入單中，假無不名無也；第二從真諦單中出單假，非無假説無；第三從真諦複假入複中，假無假不無，非無非不無；第四從真諦複中出複假，非無非不無，假説無不無；第五從真諦單假入複中，假無非無，假無非不無；第六從真諦複中出單假，非無非不無，假説爲無；第七從真諦複假入單中，假無不無入非無；第八從真諦單中出複假，非無假説無不無。交絡明出入有十二句：第一從俗諦單假入真諦單中，假有不名無，壞有入非無；第二從真諦單中出俗諦單假，非無假説有；第三從真諦單假入俗諦單中，假無不名有，壞無入非有；第四從俗諦單中出真諦單假，非有假説無；第五從俗諦複假入真諦複中，假有假不有，入非無非不無；第六從真諦複中出俗諦複假，非無非不無，假説有不有；第七從真諦複假入俗諦複中，假無假不無，入非有非不有；第八從俗諦複中出真諦複假，非有非不有，假説無不無；第九從真諦單假入俗諦複中，假無不名有，亦不名不有，即是非有非不有；

第十從俗諦複中出真諦單假，非有非不有，假説名爲無；第十一從俗諦單假入真諦複中，假有不名無，亦不名非無，即是非無非不無；第十二從真諦複中出俗諦單假，非無非不無，假説名爲有。

第七重明相即，次辨二諦相即。經有兩文，若依大經云："世諦者即第一義諦，第一義諦即是世諦"，此直道即作不相離，故言即，此語少寬。若如般若經"空即是色，色即是空"，此意爲切也。開善明二諦一體，用即是即。龍光明二諦各體，用不相離即。衆師雖多，不出此二。

今難，若二諦各體，如牛角，并違諸經論，不足難也。今問：開善色即空時，爲色起時，空與色同起，故言色即空；爲當色未起，已有此空，故言色即空耶？若使色未起時，已有即色之空者，即空本有，色即始生，本與始爲異，云何相即？本有是常，始有無常，常無常異，不得即也。若言常無常一體者，燒俗時應燒真諦，俗生滅時，真應生滅。若言一體者，俗即真時，俗應是常，二諦俱常。若真即俗時，真應無常，二諦俱無常。若是一體而言俗無常真常者，我亦言一體故俗常真無常。

次難，汝色即空，爲有分際，爲無分際？若有分際，異體不得相即，若無分際，即混成一體，皆常皆無常。無分際，得一即失二諦，有分際，得二諦失相即，若爲通耶？龍光二諦異體，開善一體，今明二諦非一非異，離四句爲體。亦明非一非異，非不相離即，非即是即，離四句爲即。若於諦爲論，謂二諦各體，約兩情爲異，若約無所有爲論，空有皆無所有，故言一體。若教諦爲論，約用有二體，約中道爲論，終是一體。問：若爾，與他一異有何異耶？答曰：他人二諦，定境定理，定一定異，今明於諦如空華，眼病故見空華，無有一異，無華故，不得言與空一體。教諦者，非有非無，假説有無，未曾有無，不得有二體，亦不得言一體，故與他人異。既無有無，論何物即不卽，四句皆離，彼有色有空，以色卽空，故著前難。今明色畢竟空，將何物卽空耶？爲衆生見色，故言色卽空耳。有一方言云：假名説有爲世諦，假名説空爲真諦。既明假有，卽非有爲有，既明假空，卽非空爲空。非有爲有，非異空之有；非空爲空，非異有之空。非異空之有，有名空有；非異有之空，空名有空。有名空有，故空有卽有空。空名有空，故有空卽空有。

攝法第八，論二諦攝法，爲當盡不盡耶？常有三解：第一莊嚴云：“二諦攝法不盡。”所以然者，若是惑因感虛果，此卽是世諦；虛果故可空，卽是真諦。而常住佛果，體非虛假，故非世諦；不復可空，故非真諦。引仁王般若云：“超出二諦外。”第二開善解二諦攝盡，故云法無不總，義無不該者，真俗之理，舒之卽無法不是，卷之卽二諦爾已。故大品云：“設有一法出過涅槃者，我亦説如幻如夢，大涅槃空如來空。”第三冶城解云：“佛果爲真諦所攝，而非俗諦。”所以然者，佛果是真實之法，無復虛假，舉體妙絶，故真諦，舉譬如水本澄淳，以風潮因緣，故生波浪。若風息浪静，還復本水之清。内合本唯真諦之理顯，煩惱之風起，致生死之浪。生死既息，還一真之理。故大經云：“世諦生死時名生，不生死者盡也。”不生死卽是佛果。生滅言世諦，今並不同。第一解佛果出二諦外者，大品云：“不見有法出法性者，是名與般若相應，今還有一法出二諦外，卽非相應也。”不同第二解者，若言佛果爲二諦攝，卽佛果定在二諦之内，定是有無。成論云：“佛雖在世，不攝有無，況滅後耶！”中論云：“如來在世，不言有與無；如來滅後，不言有與無。”云何有無所攝也？不同第三解者，若言佛果唯是真諦無世諦者，卽失機照之能也。

問：今時所明二諦，攝法盡不盡耶？解云，大乘經具有二文，此並是如來方便爲緣之説。有時爲緣説二諦攝法盡，有時爲緣説攝法不盡，具有盡不盡二種法門也。又欲令攝盡卽盡，欲令攝不盡卽不盡，無所妨礙。何者？一家有單複六種二諦，前後明三種二諦，有時有三諦，有諦、無諦、非有非無中道第一義諦。有時攝三諦爲二諦，有無並世諦，非有非無爲第一義諦，乃至二不二爲世諦，非二非不二爲第一義諦，就此義得無有出二諦。

問：學佛二諦，云何得失？請爲陳之。答：有十句：一者定性二諦爲失，因緣假名二諦爲得。問：今只舉成論明三假義，不墮失門，彼明三假爲世諦，三假空爲眞諦，卽三假而常四忘，卽四忘而常三假，卽三假而常四絕，故有不自有，卽四絕而常三假，故空不自空，故非性義。今問三假爲世諦，四絕爲眞諦者，世諦之有，爲待眞空？彼答云：世諦待眞諦者，卽世諦爲能待，眞諦爲所待，二諦便是相待假，何得云三假爲世諦，四絕爲眞耶？若三假世諦之有，不待眞空者，既不相待，便成自性，故不可答也。眞諦之名，爲是世諦攝，爲眞諦攝？若是世諦攝者，卽世諦還待世諦，長還待長。若眞諦之名爲眞諦攝者，眞諦無名，何得攝名？問：相待假者，成實師云：“成已而待”，中假師云：“待已而成”，此云何？答：不然。論文自破云，未成云何待，成已云何待？令義待時卽是成，成時卽是待，故無前後之失，二者有無門。山中興皇和上，述攝嶺朗大師言，二諦是教。又言五眼不見理外衆生及一切法，此是二諦外，二諦不攝。理內二諦，宛然而有。不解大師意，執理內理外有異。三者有本無本門明得失，他無本，今義有本，不二正道，是有無之本。華嚴云：“正法性遠離一切言語道，一切趣不趣，悉皆寂滅性”，故非有非無，非亦有亦無，非非有非非無，故言遠離一切趣。

問：何故以二諦爲教門？答：以有無爲教，略有五義：一對理明二諦是教，以理無二，故非有非無，今說有說無，故有無爲教；二者望聖人體有無未曾有無，今說有無，此爲教緣，故有無爲教；三者爲拔見，舊義執有無是理，由來既久，卽二見根深，難可傾拔。攝嶺大師對緣斥病，欲拔二見之根，令捨有無兩執，故說有無能通不二理，有無非是畢竟，不應住有無中，有無爲教；四者以有無是諸見根，一切經論盛呵二見，斥於有無。如凡夫著有，二乘著無；又愛多者著有，見多者著無；又四見多者著有，邪見多者執無；又佛法中五百論師執有，聞畢竟空，如刀傷心，方廣執無，不信因果；又爲九十六種外道所執，不出有無。諸佛出世，復云有無是二理者，便增諸見心，何由可拔？故今明有無是教門，能通不二之理，不應住有無中，以欲息諸見故，經論明有無是教門。五者禀教之徒，聞有無是教，能通正道，超凡成聖，故有無是教。

問：以何文證二諦是教？答：文處甚多，舉一經一論。論云："佛依二諦說法"，故二諦爲教。大品云："菩薩住二諦中，爲衆生說法，爲著有者說空，爲著空者說有。"經論佛菩薩皆明二諦是教。

問：若以五義二文，證二諦爲教者，今亦以五難二文，明二諦非教。一者，若二諦是教者，佛說時卽有，不說卽應無二諦。若爾，本以二諦生於二智，佛不說二，卽無二智，既無二諦，佛何所照有二智？二者，若世諦是教，六度等行，皆是世諦，佛不說世諦，卽無世諦，便無六度等行。若爾，但有詮教法寶，便無涅槃法寶；三者，二諦爲境，發生二智，二諦名境界法寶。若二諦是教，但有詮教法寶，亦無境界法寶。若言教生智，故轉名境者，佛不說教，卽無教可轉，便無有境；四者，若二諦是教，色等萬法，皆是世諦。世諦既是教者，色等萬法亦應是教，若爾，佛不說世諦，卽無色等萬法；五者，世諦是教者，世諦唯有教大，應無實火用，若火唯是教，口中說火，卽應燒口。

次二文證二諦非教，若言眞諦是教者，經云："有佛無佛，性相常住"，而教卽有佛方有，無佛卽無，何卽得常住？經云："十二因緣，有佛無佛，常自有之。"故知世諦非教。答：諦有二種：一於諦，二教諦。於諦者，色等未曾有無，而於凡是有，名俗諦，約聖是空，名真諦。於凡是有名俗諦故，萬法不失。於聖是空名真諦故，有佛無佛，性相常住。教諦者，諸佛菩薩了色未曾有無，爲化衆生故，說有無爲二諦教，欲令因此有無悟不有無故，有無是教。而舊義明二諦是理者，此是於諦耳。於諦望教諦，非但失不二理，亦失能表之教。

問：於凡是有既失者，於聖是空亦是失否？答：一往對凡夫明聖爲得，若望教諦，皆是失也。以色未曾有無，而作有無解，故爲失。

問：經云：“一切世諦，若於如來，即是第一義諦”，亦是失耶？答：一往於諦非但不得表不二理，亦不得能表之教，但是謂情所見耳。若識兩種二諦，即五難自袪。

問：雖有此通，猶未可見，今說色有無是教諦者，不說有無即無教諦？答：以說爲教者，佛不說即無教諦也。

問：若爾者唯恆有二於諦耳，即無因緣有無？答：一切法常，是二於諦有無，亦恆是因緣有無。若於二緣，即是二於諦有無，諸佛菩薩了此色即因緣有無，然於與教，未曾二於二教；若因緣有無未曾有無，如此有無，能不有不無，故名爲教。

問：他亦云因緣有無，與今何異？答：今言因緣有無，此是方便說耳。聖爲教化衆生故，說是有無，敘此有無爲教也。他明道理既是有無，故今不同，但取此一意爲正答也。

問：有無望佛菩薩，即是因緣有無，即是因緣境，云何言是教？答：是因緣有無，可兩望之，發智即境，能開不有不無不二，即是教也。

問：佛照有無，有無名境，佛說有無，有無是教門。他亦云照有無有無是境，說有無有無亦是教，與今何異？答：他但得二於定性有無，此有無不得開不有不無，故不教也。又因緣有無是境耳，定性有無非境也，何者？有不自有，由無故有，無不自無，由有故無。是有由無故有，有是無有，悟此因緣有無，能生二慧。既是定性有無，卽生斷常二見，故不得名境也。

次說不說門明得失，他但明世諦說，真諦不說，世諦是三假，假故可說，真諦是四絕，絕不可說，衆師同此一解。今問世諦唯可說，真諦不可說，豈非定性也耶？答：今義世諦雖可說，說卽真不可說，真不可說，卽俗可說，故非是定性。

問：俗卽真故不可說，此爲是俗不可說，爲是真不可說，還是真不可說者？若爾，卽俗無不可說義，豈非定性耶？答：今總觀經論，具有四句：一、世諦說真不說，二、真說世不說，三、俱說，四、俱不說。此四句有多門，今具敍之：一者、世諦說生滅，真諦不說生滅，故云世諦說真諦不說也；二、真諦說不生滅，俗不說不生滅，故真諦說世諦不說也；三、世諦說生滅，真諦說無生滅，故二諦俱說；四、世諦不說無生滅，真諦不說生滅，故二諦俱不說也。問：此四句出何處？答：釋論初卷云：“人等世諦故有，第一義故無；如法性等，第一義故有，世諦故無。”卽是斯義。二者、明生滅此是世諦說，不生滅是世諦不說，不生不滅是真諦說，非不生非不滅是真諦不說，是卽二諦俱說俱不說也。三者、說生滅說不生滅，皆是世諦故說，真諦不說生滅，亦不說不生不滅，故云世諦說真諦不說也。四、真諦說世諦不說者，世諦雖說生滅不生滅，實無所說，真諦雖無所說，而無所不說。

問：世諦雖說而無所說，無所說卽入真諦，真諦無所說而無所不說，還是世諦，何處有世諦不說真諦說耶？答：有所得定性義如此耳。世諦自是說，若無所說，卽屬真諦。真諦自無所說，若有說還屬世諦，如此真俗皆是障礙法門，今明諸佛菩薩無所得空有，因緣無礙，故空是有空，有是空有。空是有空，雖空而有，有是空有，雖有是空。說是不說說，不說是說不說。說是不說說，故雖說而不說，不說是說不說，故雖不說而常說。故得世諦不說而真說也。

問：中論云："俗諦有言說，第一義諦無言說。"諸人言，真諦無名言，一切名言，皆是世諦。若言教爲真諦者，言教生滅故，真諦應生滅。若真無生滅，汝今何以言真諦並是教耶？答：不以言教爲真諦，乃言說真說俗故言真俗耳。四者顯不顯明得失，有所得有無，定住有無，不能顯道，無所得有無，方能顯道，故言顯不顯門。五者理教得失門，他但有理無教，今有理教。六者淺深門明得失，他但明空有爲二諦，故淺，今明四重二諦，故言深。七者理內外門明得失，一理外義，二理內義。若心行理外，故云理外；心行理內，故云理內。八者無定性門明得失，如一色未曾自性，亦非是假，於性緣成性，於假緣成假，理內外得無得亦然，如一色未曾真俗，貪人見色爲淨，不淨觀人，色爲不淨也。九者約相待門明得失。

問：此對治何人耶？答：凡有三義：一爲學攝論人，不執三性，存三無性理。三性者，依他，分別、真實。分別性者，卽是六塵，爲識所分別，故言分別性；依他性者，本識爲種子所依，故名依他；真實性者，二無我真如。三無性者，知塵無相，故言分別無相性；依他無生性者，知本識無生，故言無生性；知無我理無性，故真實無生性。三論云：無性法亦無，他家不遣三無性。今論遣三無性，故言皆得相待也。十者泯得失門，若見上來諸義爲失，以無內外，泯性假爲得，故皆爲失。若能無得無失，不知何以目之，强稱爲得，故以十門分別他今二義也。

辨教第九，常途諸師，頓漸無方。三種判教，於漸教中有五時二諦。初四諦教時，事理二諦，般若教時，空有二諦。淨名經褒貶二諦，法華經三一二諦，涅槃教常無常二諦也。今義菩薩聲聞藏判於佛教。今明小乘明事理二諦，一切大乘經，通明空有二諦。問：若爾者，涅槃經明空者二十五有，不空者大涅槃，以空爲世諦，以妙有不空爲第一義諦耶？答：此對三修比丘，昔日灰身滅智，爲無餘涅槃。今日妙有不空，非是判於二諦。若汝所問，何故經云迦毗羅城空，大涅槃亦空，亦空并空，豈非空爲第一義，有爲世諦耶？

問：四重二諦有文證耶？答：文證甚多。經云：或説世諦爲第一義諦，或説第一義爲世諦，或説空有爲世諦，非有非無爲第一義諦。

問：華嚴經爲是釋迦所説耶？答：釋迦有兩名：盧舍那、釋迦。盧舍那名普遍淨，乃是功德之名；釋迦性名。又見者不同，有二佛故。舍那在淨土説法，釋迦在穢土説法，故約見者，修者爲報佛，短者化佛，乃如此方釋迦爲本，十方分身釋迦爲迹。故言舍那爲本，釋迦是迹耳。

明同異第十，有兩師，一者空假名，二者不空假名。不空假名者，但無性實有，假世諦，不可全無，如鼠嘍栗。第二空假名，謂此世諦，舉體不可得。若作假有觀，舉體世諦。作無觀之，舉體是真諦。如水中案瓜，手舉瓜令體出，是世諦；手案瓜令體没，是真諦。今明義就此兩義爲三階：一往俱非前二解，不同食栗者，假有法恆不空，假壁内空無性，豈非即有是空耶？所以亦不同第二解者，若没舉體空，即無復世諦；若出時舉體俗有，無復真諦，亦不得並，有時便空，空時便有。第二階，會時亦並得會，雖復有而空，即空而有，但言空時亦不失有，言有時亦不傷空，還同第一不空世諦義，而未始有一有而不空，無有一空而不有。空時舉體空，有時一切有，亦得還同第二空世諦義。第三階，一取一捨，碩乖食栗，取用案瓜，從來二諦不成案瓜義，從來有二理各別，豈得稱爲案瓜二諦？今始得用此義，以唯是一瓜，本非出没，譬如唯是一道，非有非無，而瓜用中，

有時而出，有時而没。譬二諦用，或時説俗，或時説真，所以始是案
瓜義。此譬亦小分之説，瓜没時不出，出時不没，今無有有時不空，
空時不有，此處不齊，不得舉出没爲譬。今出無別出，還是没者出，
没無別没，還是出者没。故空無別空，説有者爲空，有無別有，説空
爲有故也。次周顒明三宗二諦：一不空假，二空假，三假空。空假
者，開善等用。假空者，四重二諦中，初重二諦，雖空而宛然假，雖
假而宛然空，空有無礙。問：若假空者，假生不生時，爲當不於實
生，不假生耶？答：不生有三種：若假生不生，此無性實生義；二者
自有假生不生，不於假生，爲世諦中道，用真諦之假爲世諦中；三者
明假生卽不生，安不生置真諦。若不生不滅合論，有三種不生不
滅：一者不性生滅，明於俗諦；二者不假生滅，明真諦；三者俗諦爲
有，故明不生。真諦無，故明不滅。二諦合論，故言不生不滅。

卷　二

八不義有六重

第一辨大意　　第二明三種中道　　第三論智慧中道
第四雜問　　第五論單複諸句　　第六明不有有

第一辨大意者，八不者，蓋是諸佛之中心，衆聖之行處也。故
華嚴經云："文殊法常爾，一切無畏人，一道出生死，更無異趣也。"
卽是論初八不。故豎貫衆經，橫通諸論也。故經云："不一亦不二，
不常亦不斷，不來亦不出，不生亦不滅也。"又經中明百非，非與不
及無三名，亦得通目一法，亦不無其異，不得一向一種，後別明之。
異者，如不有，非有，及與無有，不得不異義。如食，無食則未曾有
食。若言不食，則非是無食，故知有異也。雖異而爲洗諸法，卽明

三字不異，還是一意，以八不洗除盡淨諸法，故經中具有百非，即還是百不百無等，故多有所關義。所以豎入羣經之深奧，橫通諸論之廣大也。明經之深處，即是八不。不則不於一切法也。以不而明義，故知其深奧也。如成論等釋，雖言百非百不及與絕等，而有理存焉，謂得還成失，即是小乘觀行有所得，不離斷常心，非關經之深遠也。今明以不而爲義，義即該廣也。言豎者，謂之縱，縱只是深，即經之深旨。如言非不無等，亦復不於無等。經之深處也。橫通諸論者，橫只是廣闊之稱，亦爲對治藥病，如有無相治等，悉是橫論。如言有即爲橫，不有爲豎，亦如絕爲橫，不絕爲豎。若不絕爲橫，則非絕非不絕爲豎，以不義據初，如是深不亦於不，何所而不不？如言爲橫，不言爲豎，橫豎亦不定，隨而望之。若有無斷常相治爲橫，病息藥除故爲豎，故以隨處得論，而言八不豎入經深者，深義經也。橫通諸論者，辨論破病用，經未始無橫，如三修八倒，斷常相破，論未始不明豎。如十二門論言："若使無有有，云何當有無，有無既已無，知有無者誰。"豈非遠豎義！故經明深豎不義，不義不有有，故未始無橫，論辨而明藥病，藥病無而明不，未始無豎，不不一切，以不明義，豈不窮深？深義亦不，即是菩薩觀行。若謂有此深遠，即是聲聞觀也。然不義非止入經深，亦廣明衆行，行般若之因，會涅槃之果，皆爲八不所不，不此深勝法，以不而爲深義，深義亦不也。

　　但釋八不名者，如不生者，諸論師言，此法不生，而不妨有種種釋生相也。今明此不，不於生，生本來不生，亙十方橫，通三世豎，一切佛法皆同，無非不生也。如成實論師云："真理名不生，理境也。"今大乘義，若有理如是生，無有一法是有而不生也。若言有理存焉是不生者，亦應有理存焉非是有，如本有常住不生等，如是破求之。今明諸法不生，不生故名無生。無生法忍既爾不生，何得有滅之對生？生故方滅，既不生亦復不滅也。以有無三時等，檢求滅相不可得，如論破乳，不於乳時滅，亦不異時滅，具出彼論也。

第二明三種中道，成論師解八不不同。一云，八不並是真諦中道，亦是真諦也；二云，不生不滅是中道，即是真諦不有不無中道。餘六不，是俗諦中道也。今謂不然，彼不解大乘論意，小乘義意判如此耳。今云，八不具三種中道，即是二諦也。但成論師解三種中道：一、世諦中道，二、真諦中道，三、真俗合論中道也。世諦中道者，世諦不出三假故，依三假明中道：一因成假，不一不異明中道也。何者？一柱攬四微爲一，是不一而一，四塵同成一假，不異而假，實殊故，異故，不一一故，不異異故，不一不異因成明中道也。二相續不常不斷明中道，但相續假不同，一云補處明續假也。二云前玄與後一明續假，如識心之終，想心之初，當中央爲假。三龍光傳開善云：“明續假，後起接前，前轉作後，即是生至共成假也。”雖三師說不同，而相與續故不斷，滅故不常，不斷不常，明相續中道也。三相待假明中道，即是有開避相待，如色心等法，名爲通待，亦名定待也。如長短、君臣、父子等法，短不自短，形長故短，長不自長，形短故長，如此相奪待，乃至君臣、父子等，名爲別待，亦名不定待也。通別雖殊，悉是相待假明中道，假而非真，稱當於理，故非虛。非真非虛，通明世諦中道也。

真諦中道，無名無相，寄名相待，真待真無，故無表非無，亦復非有，非有非無，名真諦中道也。

真俗合中道者，如俗諦言有，有非實有，真諦名無，無非定無，非有非無，名爲兩合中道也。

梁武帝勅開善寺藏法師令作義疏，法師講務無閑，諸學士共議出安城寺開公、安樂寺遠子，令代法師作疏。此二人善能領語，精解外典，聽二遍成就十四卷，爲一部，上簡法師。法師自手執疏讀一遍,印可言之,亦得去送之。此疏云:"二諦中道,云何談物耶? 以諸法起者,未契法性也。既未契故,有有則此有是妄有。以其空故是俗也。虛體即無相,無相即真也。真諦非有非無而無也,以其非妄有故; 俗雖非有非無而有,以其假有故也。與物舉體即真故非有,舉體即俗故非無,則非有非無,真俗一中道也。真諦無相,故非有非無,真諦中道也。俗諦是因假,即因非即果,故非有,非不作果,故非無,此非有非無俗諦中道也。"龍光作三種中道,與開善作三種中道,言方少異。綽師有二體,藏師一體,而意趣是同。並是有所得,終恐不離斷常,須一一破之也。先破俗諦中道,汝因成中道,假名不一一,實法不異異。且問不異異,爲是二名名二法,爲名一法? 若謂汝四塵是異,異目四塵,四塵其實有異,何得言不異異? 不異之名,復可得安假上耶? 汝言假名不一一,一名名假,不得目實,實名不一,只見兩名名二法,云何是中道? 若二名名二法,而名爲中道,總別二名名二法,亦應中道。色心二名名二法,亦應是中道。若言色心異故不辨中者,如三聚成假,寧得假實明中道耶? 若言相成故名中道者,色心相因,故亦得論中也。又汝言不一不異爲中者,不一除四塵,不異除假名,除假除實,以何爲中? 兩除則無物,不可名大虛爲中故,安中無所故,虛妄説也。破開善義,汝言有即此有是妄有,既言妄有,有箇妄有法,那得是中道? 妄有則顚倒之別名,故非中道也。又言即因非即果故非有,非無作果故非無,此非有非無俗諦中道者,此是何物中道,可非似小兒戲耶? 覩百草之中,非關佛法之中,正是外道義也。百論云:"迦毗羅弟子誦僧佉經云:'泥團非即瓶故非有,非不作瓶故非無,非有無爲中道。'若爾,豈非正是僧佉義耶?"

　　次破相續中道,續假雖有三説,人所盛用,後起接前義也。問:無常念念不住,豈得轉前作後,後起續前,令前不滅義? 彼答云: 有爲法有二義：一念念滅，不論續；二應滅而不滅，論相續假也。今謂不然，若言應滅而不滅者，亦應應有而不有，而諸法無非有新新生滅。如居士經云："卽生卽老卽死，寧有應滅而不滅？"舉體遂不滅者，復誰滅耶？若舉體滅者，復誰在不滅耶？而滅者刹那念念恆滅，不曾不滅，不滅者恆不滅，只見斷常兩片，何得中道？彼謂一法有此滅不滅二義，故得明中道也。今謂不然，一法有滅有不滅義者，滅義邊無有一法不滅，舉體消亡，何處有不滅義，辨相續假耶？又汝爲是一法爲中，爲是二名爲中？若二名爲中，二名名何物？爲目二法，爲目一法？若二名目二法，只見兩名兩法，何得是中耶？若二名名一法，只見一法上有兩名，如童子上眼目二名，寧得是中道耶？汝言安何處？一法有滅不滅義，安一法上，一法是何物？是心是虛空？是心者，心是事故，故非中也。應滅不滅兩義復相違，故非中也。若一名名中者，如色一名名一色，亦應是中道。如向無與向有二義，上兩名目者，只見二名名二義，不見中道。若兩除則無所，無所何爲中也。

　　次破相待假明中，彼云因成假爲體，相續爲用，相待爲法立名。若言假故不真，不真是虛稱，當於理不虛者，此假虛是當理。當理故不虛，以何言耶？若言外道說爲虛故不此虛者，他假不當稱理。汝假當理之假虛，不虛不真，安何處耶？又若約長短明中者，亦不然。以五尺爲短，一丈爲長。長自在長，不在於短。短自在短，不在於長。只見長短兩片，中名出何處耶？若長自長，長則不須短者，亦應只用長成於中。若不爾者，二物共爲一長。二物共長，定是誰長耶？又言不短不長，不彼不此名爲中者，此則成兩除，則無所，無所何名爲中？如是應廣破。如論品品悉破相待，自現於文中。如燃可燃品中破也。

　　次破真諦中道，彼云真不生不滅，無相無名，所以寄名名真，無而非無，有而非有，寄名名中道也。今云不然，若言真無名，寄名名真爲中者，有能寄有所寄以不？若有所寄，卽有所名物。若無所寄，非能非所者，則無真理，則同邪見也。若言真是世諦假名，寄名真諦者，世諦虛假，何者爲真？真名爲實，世諦浮虛，何得名實？又真諦絕名，何勞須寄名？名若可寄，則不應絕，絕則不須寄也。又行人尋真得真，得云何名中道？若寄名名真，所寄之理不可寄者，只不可寄是名，何謂是無名也？若寄名名真，真理無名無相者，亦不應言智會真，真不被會故，亦無人會真斷結。若言實理可會者，亦應實理有名。若言世諦有中，真理無中不中，此乃是世諦中道。真理無中，云何言真諦中道？開善義本言虛體則無相，無相是真諦者，虛是俗理，無相是真理，既有二理，卽是二物，云何是中道也？又真理非有非無而無也，此而無之無，非無爲無，既言非無那是無，若言對有之無，此無是偏無，故非中也。

次破合二諦辨中道，彼言世諦言非無，真諦言非有，非有非無合明中道也。今謂不然，既言兩捨，何名中道？又非無則是有世諦，非有只是真諦無，兩名兩處，兩名兩處不同，何得名中道耶？開善義本云，舉體卽真故非有，舉體卽俗故非無，則非有非無真俗一中道也。今云不然，既言舉體卽真，卽是無相，無名則失俗，復有何物而言卽相，非有非無爲中道耶？故雖有三種中道，檢之無所無當，故但有語言，非佛法中道也。

次破地論中道，彼云：阿梨耶識，本來不生不滅，古今常定，非始非終，但違真故起妄想。故彼云：六識煩惱，隨覆梨耶，名爲如來藏，後修十地之解，分分斷除妄想六識，六識既盡，妄想之解亦除。顯真成用，名爲法身。譬如風起雲除，風息皎日獨朗。法身既顯，有諸應能所，以不生現生，不滅現滅，不因不果，因果等諸用非一。故經云："佛真法身，猶如虛空，應物現形，如水中月也。"今謂不然，法身本有,爲何因可得？若爲因得，則非本有，無因則同外道義。若言本有,何以名中道耶？又本來有此四句百非清淨法,自應遣顛倒,那忽爲煩惱所覆,後修得十地之解, 尚能遣煩惱, 本來常定法身,不能遣之,翻成末之修解卻惑,本既不能,末亦不能也。今大乘無所得義,約八不明三種中道,言方新舊不同, 而意無異趣也。山中師對寂正作之,**語待不語不語待語,語不語並是相待假名, 故假語不名語,假不語不名不語,不名不語不爲無,不名語不爲有**,即是不有不無世諦中道。但相待假故,可有説生,可無説滅, 故以生滅合爲世諦也。真諦亦然,假不語不名不語, 假非不語不名非不語,不名非不語不爲非不無,不名不語,不爲非不有,則是非不有非不無真諦中道也。相待假故,可有説不滅,可無説不生,即是不生不滅,故合爲真諦也。二諦合明中道者,假語不名語, 假不語不名不語,非語非不語,即是非有非不有,非無非不無, 二諦合明中道也。生滅不生滅合明,類此可尋也。今明必須對他故起, 他有有可有,則有生可生,有滅可滅。有生可生,生是定生。有滅可滅,滅是定滅。生是定生,生在滅外。滅是定滅,滅在生外。生在滅外,生不待滅。滅在生外,滅不待生。生不待滅,生則獨存。滅不待生,滅則孤立。如斯生滅,皆是自性,非因緣義宗也。今則不爾,無有可有,以空故有。無生可生,亦無滅可滅,但以世諦故, 假名説生滅。假生生非定生,假滅滅非定滅。生非定生,滅外無生, 滅非定滅,生外無滅。滅外無生,由滅故生。生外無滅,由生故滅。由滅故生,生不獨存。由生故滅,滅不孤立。此之生滅,皆是因緣假名,因緣生生而不起,所以不生;因緣滅滅而不失,所以不滅。故不生不滅, 名爲世諦中道也。餘句例之可尋,不復具出也。

　　次明對世諦有生滅,故名真諦不生不滅,所以空有爲世諦。**假生假滅,有空爲真諦。假不生假不滅,此不生不滅,非自不生不滅,**

待世諦假生滅，明真諦假不生滅。世諦假生滅，既非生滅，真諦假不生滅，亦非不生滅，故非不生非不滅，爲真諦中道也。餘句亦例之可知也。

次明二諦合中道者，有爲世諦，有生有滅，空爲真諦，不生不滅。此不生滅，即是生滅不生滅。此生滅，即是不生滅生滅。不生滅生滅，是則非生滅，生滅不生滅，是即非不生滅，故非生滅非不生滅，是二諦合明中道也。生滅既爾，餘句應例可解也。

又論釋不常不斷，文言有人不受不生不滅，而信不常不斷也。成實師釋文云，以相續故常，念念生滅不自顧爲斷，以見斷常故，所以不信不常不斷，須廣破如前說也。論言有人不受不生不滅，而信不常不斷者，一云，不受不生不滅者，即是悟不生不滅，而於不常不斷等未悟故，言而信不常不斷，以見有斷常故也。二云，長安影法師云，非是不信不常不斷，但自有人得悟不同，解心未徧，雖知諸法不生不滅，而未悟不常不斷，如前說也。今謂諸法究竟不生，理自不滅，以不生故，何得有常？以無常故，何得有斷？若望論文，後解爲勝。文言雖聞不生不滅與不常不斷，猶謂四門成諸法故也。若例者，雖聞不生不滅，猶謂六門成諸法者，未悟也。故大品經相行品云："行亦不受，不行亦不受，行不行亦不受，非行非不行亦不受，不受亦不受也。"又似如成論賢聖品云："知不作者，不信作等，是名上人也。"不常不斷者，若以有爲有，則常是實常，斷是實斷也。今以空故有，常不名常，斷不名斷，世諦假名，說有常有斷，假常不可常，假斷不可斷，即是不斷不常世諦中道也。不一不異者，然不一或可對二乃至百千等，而言對不異者，異一之外，二三等悉是異，謂有一異也。但成論師明假實有一異義，若以有故有，即是實一異，如前破也。亦如論說，若言有一，不應爲諸法成，以不一故，如手足等諸分成身，何得言異相，異相亦不可得。故論破云，若一者不應芽莖等別,若謂穀有可芽葉等別異者,等是異相,何不名樹等芽葉耶?
故知不異亦復不一故,諸法本來不生,何得有一異?但一是不一
一,異是不異異,假一不可爲一,假異不可爲異,既無一無異,卽是
世諦中道也。不來不出者,既言不來,則應對不去,而言不出者,義
有所兼,非止此八,則應有無量。不來則應對有不去,不出應對有
不入,是互舉耳。凡有二義:一者,示有所兼,非止有八事;二者,雖
異而內有所兼者,既有不來,則有不去,既有不出,則有不入,不生
不滅,不有不無等,一切諸法相攝門也。如成論與外道師等所計,
或言從冥初來,微塵世性等來,亦如初流水反去出離等。今大乘明
義,由出故去,出卽是去,由入故來,入卽是來。若有來去說作來去
者,卽實來實去。今明以空來去,故不名來去,以世諦假說來去,雖
來不可來,雖去不可去,故來無所從,去無所至。故金剛般若經云:
"若言如來有來有去者,是人不解佛所說義。若言空故說來去,則
來無所從,去無所至,故言如來也。"又淨名經云:"對文殊言,不來
相而來,不見相而見。文殊答云:'如居士言,來不便來,去不更
去。若來有所從,則來已更來,若去有所至,則去已更去,故今來無
所從,去無所至也。'"故論云,如蛇從穴出,鳥來棲樹等,不見有如
是等相,故知無有來出也。

問:八不中何故云不來不出,是攝法有所兼,而不生不滅等非
耶?答:不生不滅等,亦是攝法,如不生則攝一切有生等皆盡,不滅
則收一切滅無等,此二自足收攝悉盡。但爲得悟者不同,雖聞不生
不滅,而信不常不斷,故須說不常不斷,欲令觀行周普故。今不來
不出亦然,而言攝法者,爲不來應對不去,出卽對入,來出既不對
故,以來攝去,出攝入,生滅既對,對故不言攝。如不生外,如是不不
生,豈得不攝?須得此意釋之可尋也。但明對有二義:一者對治,如
不淨觀治貪欲,慈悲治瞋恚等,皆是相對治明對義;二者相對,名味

敵對,如大經言,常樂觀察諸對治門,所謂苦樂乃至恆不恆,恆應對不暫不恆,而不無賒切,亦是攝法意也。苦樂對義則切,止明二法異外,如是不攝,若言苦不苦異苦外,如是不苦,攝義則廣遠,如淨不淨,淨對穢等,一切例然,皆有賒切意可尋,不須復歷法辨也。作三種中道,相多種勢,意終是同,但方言異耳。今二種方法,作如前所說也。

問:何故世諦假生假滅,真諦假不生假不滅耶?答:有二種勢:一者世諦破性,明性空,即是假生假滅,真諦破假,明因緣空,故即是假不生假不滅也。問:世諦破性明性空,性空爲世諦中道,應用性有爲世諦,既以假有爲世諦,則用假空爲中道也。答:今明無別有性空,只名假爲性空,從功用作名,誰能空此性?假能空此性,名假作性空,性空邊故,即是中道。假故,即名世諦也;二者假生假滅,自是不生不滅中,假不生假不滅,自是非不生非不滅中,即是表義。但橫兩相望,自是因緣義,則遣二執也。又攝嶺師云:"假前明中是體中,假後明中是用中,中前明假是用假,中後明假是體假。"故非有非無,而有而無,是體中;假有不名有,假無不名無,故非有非無是用中;非有非無,而有而無,是體假;假有不名有,假無不名無是用假。故用中假,皆屬能表之教,無假無中,乃是所表之理也。

第三明智慧中道,所言二智中道者,二智是方便慧及以實慧,亦具三中道也。實方便豈可言方便?豈可言非方便?方便實豈可言實?豈可言不實?則是二慧各明中道,實方便則非方便,方便實則非實,非實非方便,名爲二慧合明中道也。然非實非方便,名爲一正觀,非真非俗,名爲一正中,亦得是正境。故金光明經云:"遊於無量甚深法性也,但是境智,是則非智。既是智境,是則非境。非智非境,渺然無際。前雖開境智,竟無所開,今雖泯智境,未曾是合也。"若能如此演說,即能滅諸戲論故,亦有能說是因緣,是故龍樹致敬也。

問：何故不例二諦三種中道，假方便智非方便智，假實智非實智，非方便非實明中道，假非方便智非不方便智，假非實智非不實智，非不方便非不實智合明中道等耶？答：亦得，但欲示多種勢耳。又明二智中道，然諦智非前非後，亦非一時故，非諦非智，諦智因緣，假名不二而二故，如來內智明審，潛謀密照，外彰口吐名諦也。然諦非二亦復不一諦，此二緣故言二也。如二諦中説，而由智能諦所尋，此智何因而得，亦由悟諦故生，故諦能智所，能所因緣，不一不二，乃至應般若，此能所則通也。若佛自然人，則佛智是能，諦是所；若弟子望此者，佛諦能，論主智所，然此能所復何定，智生於境，託諦則境也。論主智能照，境是所照，但此諦則是論主所也。佛非因非果，而名如來爲果。般若非因非果，而假名爲因。故假名所設，差別不同，或名生忍法忍順忍違忍無生忍等。十地亦名十忍，三十心亦名三十忍，卽是一無量，無量一等也。然二諦明中道，諦智因緣，不一不二，亦非前非後，而爲前緣開因緣前後方便之教，若無內智明審，外照根緣，何能吐此諦？故智能諦所，但佛智不空而已。必由諦故發諦能智所，是論主只悟諦能爲智所，智所見諦能，能所不一不異。二諦既論中道，在智亦名中道，觸事悉得也。但般若非因非果非佛非菩薩，故假名佛菩薩。佛菩薩所行名爲因，名爲般若，菩薩佛所行名爲果，名爲薩婆若，故無差別差別。説因爲十地，始則歡喜，終乎法雲，五忍三十心，非是豎論也。至論般若，非言可名，非能非所。第一義中行，爲無學所行，諸佛能行，行亦不受，不行亦不受，行不行亦不受，非行非不行亦不受，不受亦不受。能説是因緣，正明二智中道，能説是佛智，能説於因緣八不正教也。又言是論主稟佛正經生智，智所諦能，論主得悟生智，智能諦所，能造論申經故，佛與論主師弟相成，其道無異，卽是入如來室坐如來座也。論主歸敬佛能説因緣正經，稟學得解，解由於佛。今申經造論，歸敬三寶。殊於外道因緣之經，經常無所從出也。諸説中第一者，如來雖復種種説法，反常合道，説小乘教，未是了義之言，乃是大乘之由漸也。八不顯了究竟之説故，八不收束皆盡，諸佛同此一致，故言第一。又佛弟子説、仙人説、諸天説、變化人説，未是第一。今佛説因緣教，故云第一也。二智中道，由諦故智，二諦中道，由智故諦，所以諦智智諦，非諦非智，假名中道。佛意權實是因緣，如前説。

亦有人言，論主能説生下論，今亦不乖此言。但今謂歎佛智明審，鑒達根緣，能吐此二諦之八不正教，明諸法因緣，一道清淨故，戲論門盡。故言爲論，其意可明。故顯佛圓智能説誠諦之言，故是智是諦，故龍樹學佛所爲，智之未足，故没其智諦之名也。若未應般若以來，應有所爲，莫非戲論。若解教體，理能滅於戲論。凡夫二乘心所行，無非戲論。理外行心，無非戲論。應須消滅損之，凡有三種相對，或時四種：一者善惡相對，惡是墮墜，乖理無出功，故十惡爲戲論。善是清昇，扶理有出之義故，十善非戲論。成實論亦云：“一等四執爲戲論。”又言：“三性中善惡非戲論，無記是戲論。”何者？善惡二性，有果可記，故非戲論。無記汎淡，無得果之功，故名爲戲論也。今依華嚴經云：“唯善非戲論，惡無記並是戲論。”明惡亦得苦果，但非是趣向歸理得佛義，故名爲戲論。唯善法能得佛果，故大經云：“雖復疊華千斤，不如真金一兩也。”二者有相無相，相對明之。亦言有漏無漏相對也。有相是分別，故爲戲論。無相無分別，故非戲論。有相善還屬戲論。故大品經云：“相善不動不出，不爲乘也。”故佛藏經云：“爲人説有相法，是衆生惡知識。爲衆生説無相法，是衆生善知識。”有相乖理，故經云：“寧起五逆一念，不起有相心。”經所以作此語者，明相心傷理大故所以重，實是兩罪盟重。而起五逆者，五逆但損惱身，而不妨心用。得近理義，有相心傷理故，無得近理義故，求相善比丘，則遠離於佛。所以相心現前，定無般若義也。五逆事雖起，而不妨用心見理義也。有漏卽有相，無漏則是無相。有漏之善，唯得三有果報，未能出離生死。正是不動不出，故名戲論。無漏之法，破裂生死，故不名戲論也。又地、攝、成、數等師，恐落求相善比丘宗，彼聞之驚怖，而聽大乘無所得宗，人見此意耳。彼師徒無有覺此意也。三者一異相對，雖言有相是戲論，無相非戲論，若是有相異無相，便是戲論。見相無相不異，乃名非戲論。乃至善惡、生死、涅槃、解惑等並類然。故大經云："明與無明，凡夫謂二。智者了達，其性無二也。"故大品經三慧品云："諸有二者，名有所得，無有二者，名無所得也。"又大經云："有所得者，無道無果，無所得者，有道有果也。"若以異爲非，不二爲是，此則不識不二，還成戲論，復須遣之。無一無二故，有時就四法辨，行四句是戲論，不行四句則非戲論也。故反折論云，若言諸法有，是增益謗；若言諸法無，損減謗；若言諸法亦有亦無，是相違謗；若言諸法非有非無，是戲論謗；若言諸法非非有非非無，是無慚愧謗也。故思益經云："一切法邪，一切法正也。"又大品經云："菩薩無方便，行色無常苦等，並是戲論。"故凡厥有所得行心，於般若紛然乖，則戲論師也。故因緣門中，一不可得，二亦不可得，亦一亦二，非一非二，非不一非不二，皆不可得也。如五句三昧，不與二乘共，廣大之用也。故四對此三，無出無離，何者？諸有所得，別有住處，論其出，今謂本自不住，今亦無出，無住無出，故非戲論。若言有戲論可滅，是無戲論，亦是戲論。亦是戲論故，今明八不不戲論，非止滅戲論，不戲論亦滅。滅者，非是小乘斷德之滅，此是大乘摩訶衍，淨悟諸法本來不生，今亦不滅，畢竟淨名滅，故言善也。故戲論無戲論，論因緣具足，方便假名，不一不二，一道平等。戲論之善，是善巧權行，故名善。善者，能也。

問：戲論不戲論等皆滅，卽前來所明記無記乃至二不二善惡等，望道悉非者。戲論既非，不戲論亦是戲論也。答：須識之，只八不不二善，是非戲論。若是不二，還成戲論。非謂不二不戲論，自非八不不者，則戲論不滅也。何異絕絕絕不絕，卽無絕無不絕，豈可以言，言絕不絕耶？

第四雜問難，問：八不，明中假二諦，自心所作，有出處耶？答：有文有理，文則八不，處處經論散出，但菩薩瓔珞本業經下卷云："二諦義者，不一亦不二，不常亦不斷，不來亦不去，不生亦不滅也。"又大經二十五師子吼品云："十二因緣，不生不滅，不常亦不斷，不一不二，不來不去，非因非果。"與中論次第小異而意同也。理則二諦是教，故假生假滅等是世諦，假不生假不滅是真諦，故具明中假義也。

問：八不是不生不滅等，教不生不滅，爲理不生不滅之不生不滅等耶？答：具含兩不生不滅等，但理爲正，教則傍也。問：何以知之？答：彼經中列八不竟云而相卽聖智無二，故是諸佛菩薩智母也。大經云："涅槃之體，非有無，非亦有亦無也。"大品經相行品："身子白佛：'諸法實相云何有？'佛云：'諸法無所有，如是有，如是有無所有，是事不知，名爲無明也。'"中論序大意云：聞不生不滅畢竟空，便失二諦也。又四諦品云："諸法雖無生，而有二諦也。"故知具含中假，而中爲正宗，二諦爲傍，具如二諦中説也。

問：八不是佛説者，龍樹造中論時，卽引經中八不，安論初爲非？答：不可定判，或賓伽引經中安處，或可龍樹引經中八不序無畏論初，故注論者安中論序意初也，而應非是釋論中八不牽安處。大論中至難處，卽指中論爲正觀論，如正觀論中説，故知釋論、中論後造也。又亦可青目於千年中出世，注中論，或可引釋論中八不，安處中論序意也。

問：釋論中指正觀論者，何必是中論耶？答：中論觀法品云：
"正觀論之稱"，故知中論是正觀論也。故相傳云中論是釋論之骨
髓也。

問：八不八非八無，是一是異？答：亦可一，亦可異，是一眼目
異名也。異者，八不中爲正，故八不無對，非等有對，故異也。

問：八不中不生不滅，得云兩不爲不得耶？答：既云不生不滅，
那非兩不也。問：不生復不滅，兩過導所不？所以言兩不者，不生
復不滅。兩過導不，故得論兩不？不滅不生，故應是兩中也。答：
雙除生滅，始是正中也。問：若雙除生滅，方是正中者，亦應生滅雙
除，唯是一不不？答：不生復不滅，雙不於生滅，所以一中也。問：
若雙除故一正中者，亦應雙除二諦故一正中，則無三種中也。答：
實是一道正中，爲除病故，辨三種中，亦除執故，兩不二中，並得
義也。

問：假生不生，假滅不滅，不生不滅，名爲世諦中。假不生非不
生，假不滅非不滅，非不生非不滅，名爲真諦中道者。世諦不生不
滅中，與真諦假不生假不滅，若爲異耶？答：安假簡異中不生等，故
則殊也。問：假不假寧異耶？答：對假生假滅，明假不生假不滅，此
假不生等，皆是不二中道之用。除假生假滅，與假不生假不滅等，
不生非不生，不滅非不滅，方是正中也。故假不生假不滅，如假生
假滅，悉是假，亦是用，亦是末也。不生不滅中，如非不生非不滅
中，皆是中，亦是體，亦是本也。雖體用與中假等開，而無蹤跡，非
體非用非中非假，强名體用中假等也。

問：中論四諦品云："因緣所生法，我説卽是無，亦是假名，亦是
中道。"則是三義云何耶？答：明此偈多種勢，今一種意釋之。此一
偈有三句，卽勝八不，八不正是一中道句。言因緣所生者，是因緣
所生之生滅法，此所生之生滅，既從因緣而生，故無可爲生，無可爲

滅,只是空生空滅。所生既空,能生此生滅之因緣亦空,能生所生既並無,故言我説卽是無也。故中論觀法品云:"生時空生,滅時空滅也。"涅槃論云:"王宮生,生而不起; 雙林滅,滅而不無也。"亦是假名者,卽是第三句。以假故,有能生之因緣。以假故,有所生之生滅。假生不名生,假滅不名滅也。以假生滅不名生滅,故卽是第三句不生不滅中道。故云亦是中道義也。大乘論明義有二種法門:一云義次,二謂根緣次也。義次者,必須前後相生,始終次第也。根緣者,有疾卽除,有緣卽説,不必須前後相生也。明因緣義則總,若識因緣者,名爲佛法。不識因緣,則非佛法。故中論四諦品云:"若見因緣,則見佛與法也。今破外因緣,則總破衆病。申佛因緣,則總申佛教也。"故因緣在論初也。

問: 二諦亦總收衆教,此中論既言二諦爲宗者,若學教之流,正迷二諦,何不題破二諦品耶? 答: 亦得不得,得者,外人聞不生不滅畢竟空,便失二諦,欲申二諦,故造論; 又迷佛二諦,故生諍論,爲此造論。亦得二諦在論初也。不得者,二諦語局,因緣則通,以二諦但是二非不二,但是教而非理,若是教之與理,二與不二,並是因緣,義則總也。

問: 因緣既總,何故不以因緣爲宗? 答: 二諦爲宗,豈離因緣? 但諸佛説法,常依二諦,今正與外人共諍佛二諦,故以二諦爲宗也。又青目序品意云: 因緣卽是八不,八不卽是因緣,八不既貫論初,因緣亦標論首也。問: 何以知八不卽是因緣耶? 答: 偈及長行並有文證。偈言:"能説是因緣,卽能説八不因緣。"長行云:"説因緣相,所謂不生不滅等也。"問: 八不是因緣,若破因緣, 卽破八不,若申八不,卽應申因緣耶? 答: 若體因緣卽是八不,無假須破,但外人不識因緣卽是八不,八不自是真諦,因緣自是世諦,彼解因緣僻故,所以破因緣品也。

問：龍樹爲稱佛教申，爲不稱教申？若稱教申者，佛前説小後説大，今何故前明大後説小？若不稱教申，卽是顛倒也？答：有四義：一、龍樹稱佛本意，申佛教也，所以者何？諸佛出世，爲一大事因緣故，謂一乘道，但爲淺鈍之緣，曲爲小教，今申佛本意故前申大也；二、欲明中百兩論，互相開避，百論前淺後深，中論前深後淺也；三、佛自前説小，後明大，中論自説大乘，實不欲説小，但爲外人不堪學大乘觀行，故論主更爲説小乘也；四、欲示小乘從大乘出，是故前大後小也。

問：因緣語通，故生與不生，皆是因緣。八不但是不生，云何言因緣卽是八不也？答：八不不生，此是因緣不生，故不生卽得生也。故中論云：“如經中説，若見因緣，卽名見法。見法卽見佛也。若不見因緣，卽不見法。不見法卽不見佛也。”此是借因緣破不因緣也。故大經云：“是諸外道，無有一法不從因緣生。佛性不爾，不從因生。”故是借不因緣破因緣也。

問：佛性既非因緣，是無因以不？答：亦得。故云涅槃無因而體是果，然佛性非因亦非果也。故中論具有二義：如破無因等外道計，故説十二因緣，此是借因破無因。又文中破四緣生，故是借非因緣破因緣，至論正法，未曾是因緣及不因緣也。

問：能説是因緣，善滅諸戲論，與因緣所生法，二處因緣，是因緣，是同是異？答：既云兩處，寧得是同？復是假名因緣，那得異？而意同也。今大乘明因緣義，因者如依因習因生因等，並是説緣爲因。若如四緣等，皆是説因爲緣。若緣緣於因，因卽是緣，緣義爲因。若因因於緣，緣義亦因，故因緣義通。而言八不不生不滅等爲因緣，但因緣義無差別差別，開爲三義：一者當體得因緣名，只八不是因緣故，何者？因不生故不滅，不滅故不生，則八不是因緣，只八不不生等是言説故，無非因緣故，云當相是因緣，名八不爲因緣，佛八不不一切故也；二者八不是因緣本，故名因緣，則因緣空，壞因緣故。八不非因緣，既八不不一切，不生不滅等，亦不因緣與不不因緣，豈得當體是因緣？是故因緣本也；三者破因緣已得名，如毗曇辨六因等，明諸法等也。今明八不不一切，辨無因緣法，破外道因緣義，故名因緣。然備有此三義，遂得悟不同，抑沒不無淺深之異，而具有三義，名觀因緣品也。

問：能說因緣者，唯障邪說是戲論，邪觀亦是戲論？答：有通有不通，何者？二而不二通，不二而二別。問：若通者，邪觀亦是邪說不？答：既未邪言，云何是邪說？問：若未邪言，未是邪說者，亦未戲言，未是戲論也？答：戲論是借譬之名，故名邪觀，於道無所剋獲，如小兒戲論爲耳。問：未邪說已是戲論者，未正說已是正說經也？答：亦如前無差別差別，即不得差別無差別，亦有明之。故大經云：“伽葉佛時，非無此經，但不說耳。”問：以不戲論止戲論，亦以戲論止戲論不？答：亦通得也。問：若以戲論止戲論，令不戲論，亦應以不戲論止不戲論，令成戲論，反決也。答：兩途既皆言止，故相與令息，故戲論止戲論。尚令不戲論，豈況不戲論止不戲論，而令成戲論耶？問：既以戲論止戲論，即以言止言。答：得，自有以不聲遮聲，自有以聲遮聲也。

問：若以言止言，亦應以捆出捆，以病治病，即應以長待長也。答：相待論相成，就相顯發爲論，止治令有所去離故，此義即通，所以不例也。問：上云常無常等四句並戲論者，四句悉戲論不？答：有所得四句，並是戲論，無所得方便說四句，悉非戲論，亦是正說。問：無所得四句非戲論者，亦應無所得顛倒非戲論也？答：無所得假名說四句則便，假安顛倒則不便，何故爾？以衆生多顛倒少不顛倒故。若任而論之，正善具成就，演說四顛倒即倒也。問：若有所得四句皆是戲論，無所得四句並非戲論耶？答：一往相對論，常是戲論，無常非戲論，又無常是戲論，常非戲論，復常無常俱是戲論，非常非無常非戲論。總括始終明之，凡論相心四句成有所得，並是戲論，就後方便，皆非戲論也，故反折論云謗也。

第五辨單複中假義有三意：第一明單義論單複，第二明複義論單複，第三辨二諦單複義。就初有兩：第一正明單複，第二論互得相入也。今先正論單複中假義，若偏說假有不說無，是單假也。偏說假無不說有，亦是單假偏，說一非有是單中。偏說一非無亦是單中。雙說假有假無，是複假。雙說非有非無，是複中也。

問：何意明單複句耶？答：凡有二義：一者一往為利根人說單假，為鈍根人說複假。利根人者，聞一修行十，若聞說假有，則悟解假無，乃至聞說非有，則解非無，所以不勞具明有二義也。為鈍根人隨言得解，若不具說，不能懸悟故，所以雙明二義也。二者為鈍根人說單假，為利根人說複假。以鈍根人不堪圓教，所以說單義，破其病執。若利根人堪聞圓旨，所以說複假義，便能領持也。

次明互得相入出，有八句。第一從單假入單中，或言假有不名有，從有入非有，無亦然也；第二明從單中出單假，或言非有假說有，非無假說無也；第三明從複假入複中，假有不名有，假無不名無，則是有無入非有非無，無亦然也；第四明從複中出複假，明非有非無說有無，非無非有說無有也；第五明從單假入複中，或言有人非有非無，無入非無非有也；第六明從複中出單假，或言非有非無假說有，非無非有假說無也；第七明從複假入單中，有無則非有，無有則非無也；第八明從單中出複假，非有假說有不有，非無假說無不無也。

次釋所以然者，有二義：一者破眾生執實之病，隨計遣，所以遂成多句也；二者明大士觀行，融通自在，無有滯礙，故地持云："從有無方便，入非有非無也。"華嚴經云："或東方入正受三昧等不復具出”，又大品經云：“或散心中起入滅盡定，滅盡定起入散心中，則是迴轉總持入出無礙方便也。”第二就複義論單複，複有二：初正明單複，後明出入義。初正明單複中假，假有是世諦，假無是真諦，此是單假。非有非非無是中道也，此是單中。假有假無爲二，是俗諦複假。非有非無不二，是俗諦複中。二不二是真諦，是複假。非二非不二是中道，此是複中。正言非二非不二，盡有無非有非無，所以正中也。

次明其所以，有二義：一往爲言，單中單假，明義則淺，複中複假，明義則深也。所以然者，單義之二諦，至複義時，還俗諦；單家之中道，至複義時，還成真諦。單家之中道，止有無，未能盡不二，複家之中道，盡二復盡不二也。二者單明義則勝，複明義翻劣。所以然者，複假之有無，猶是單假之有義；複假之非有非無，猶是前單假之無義也。又複中之非二非不二，猶是前單中之非有非無義也。但前直言有，使攝得有無，止言無，便攝得非有非無，止言非有非無，便攝得非二非不二，言略意廣，所以爲勝。複家中假，言廣意略，所以爲劣也。

後明互得相出入有八句也，第一從單假入單中，假有不名有，假無不名無，入非有非無中道也；第二從單中出單假，非有假說有爲俗，非無假說無爲真也；第三從複假入複中，假二不名二，假不二不名不二，入非二非不二中道也；第四從複中出複假，非二假說二爲俗，非不二假說不二爲真也；第五從單假入複中，假有不名二，假無不名不二，從假有無，入非二非不二中道也；第六從複中出單假，非二假說有爲俗，非不二假說無爲真也；第七從複假入單中，假二不名有，假不二不名無，從二不二，入非有非無也；第八從單中出複假，非有假說二爲俗，非無假說不二爲真也。

第三就二諦論單複，復有二：一正明單複義，二論出入義。正明復有兩：一者俗單複，二者真單複也。假有是俗單，假無是真單也。複假者，假有假不有，是俗諦複。假無假不無，是真諦複。非有爲中道，是俗諦單中。非無爲中道，是真諦單中。非有非不有，是俗諦複中。非無非不無，是真諦複中也。

第二明互出入有三：一明俗，二明真，三明交絡。先約世諦明，有八句：第一從俗諦單假，入俗諦單中，假有不名有，卽從有入非有也；第二從俗諦單中，出俗單假，假非有説爲有也；第三從俗複假，入俗複中，假有假不有，非有非不有也；第四從俗諦複中，出俗諦複假，云非有非不有，假説有非有也；第五從俗諦單假，入複中，假有非有，假有非不有也；第六從俗諦複中，出單假，非有非不有，説爲一假有也；第七從俗諦複假，入單中，假有不有，入於非有也；第八從俗諦單中，出複假，非有假説有不有也。

第二就真諦辨，亦有八句：第一從真諦單假入單中，假無不名無也；第二從真諦單中出單假，非無假説無也；第三從真諦複假入複中，云假無假不無，非無非不無也；第四從真諦複中出複假，云非無非不無，假説無不無也；第五從真諦單假入複中，假無非無，假無非不無也；第六從真諦複中出單假，云非無非不無，假説爲無也；第七從真諦複假入單中，云假無假不無，入一非無也；第八從真諦單中出複假，云非無假説無不無也。

第三約二諦交絡明出入，有十二句：第一從俗諦單假，入真諦單中，云假有不名無，壞有入非無也；第二從真諦單中，出俗諦單假，云非無不乖有，非無假説有也；第三從真諦單假，入俗諦單中，云假無不名有，壞無入非有也；第四從俗諦單中，出真諦單假，云非有不乖無，非有假説無也；第五從俗諦複假，入真諦複中，云假有不有，入非無非不無也；第六從真諦複中，出俗諦複假，云非無非不無，假説有不有也；第七從真諦複假，入俗諦複中，云假無假不無，非有非不有也；第八從俗諦複中，出真諦複假，云非有非不有，假説無不無；第九從真諦單假，入俗諦複中，云假無不名有，亦不名不有，即是非有非不有也；第十從俗諦複中，出真諦單假，云非有非不有，假説爲無也；第十一從俗諦單假，入真諦複中，云假有不名無，亦不名不無，則是非無非不無也；第十二從真諦複中，出俗諦單假，云非無非不無，假説爲有也。

第六料簡不有有也。若了單複諸句，則解不有有義，若不了單複，不有有亦難解，故須廣辨也。此意望兩大經宗明之：一經無所有爲宗，故經云：“正法寶城善有”，一經有所無爲宗，故大品第三卷相行品云：“身子白佛云：‘諸法實相云何？’佛言諸法無所有。”如是有，如是無所有，是事不知，名爲無明也。不有有若相對而解釋，有十六意也：

第一不有有者，明其道非有非無，而結爲有，故言不有有也。然只結正道爲有，不論其用，體無二相故。若結爲有，不得結爲無，結爲無，不得結爲有，此是結獨義。只道非有復非無，非是有而結爲有故，言不有有也。約不無無，類然也。

第二不有有，就假上明之。三假有是不有有也，他假有是有故有，今假有是不有有也。

第三不有有者，道非有非無，而側出有一用，故言不有有。然道非有非無，而起用應雙起，而但起一用，故言側出也。不無無亦然也。

第四不有有者，明用假有非是有，故言不有。結用歸體，體是有故。今言不有有也，此異前約體上言不有有，亦異第三體不有是有。而起一有用，此但以不特名用，用不是有，而體是有，故言不有有也。不無無類之。

第五不有有者，爲破有執故，執者謂有是有，不知不有爲有故。

今破者，明有非有故有，乃是不有有，此是以有破有，但能破是不有有，所破是有有也，約不無無類也。

第六不有有者，爲破無執執法是無，今以不有有破之。若以有有破無，此乃是敵義，故執不去，今以不有有破無，無而得去，故言不有有也。不無無亦爾也。

第七不有有者，破一切有，若有有若不有有，皆以**不特**不之，故言不有。而起一切有用，若有有若不有有**爲用**，故合言不有有也。不無無亦類也，以不特不一切無，故言不無，而起一切無爲用故，合不無無也。

第八不有有者，重進明義，明不有則不一切有一切無，合空故言不有，而起一切有一切無爲用故，合言不有有。不無無亦爾也。不無以不於一切有無，故言不無，而起一切有無，故言不無無。然起一切有無用，此用應是有，何得言是無？然今望本爲言，此有無起不有無故，此有無故是無也。又從他所起，皆無體，故是無也。

第九不有有者，橫門明義不有，自有以無爲有，故言不有有。然以無爲有故，是以不有爲有，故言不有有。不無無亦類也。以有爲無，故言不無無也。

第十不有有者，只以不特不此有有之故，言不有有。異前合用不有有破有有，亦異前以不特一切有合無，以起一切有無，故言不有有。今但單用一不特，不此有有之執，令盡而不令起，故言不有有也。不無無亦爾也。

第十一不有有者，合明具八意，何者爲八意？一不有有屬非有，一不有有屬非無，一不有有屬非亦有亦無，一不有有屬非非有非非無，一不有有屬有，一不有有屬無，一不有有屬亦有亦無，一不有有屬非有非無。何者？初言不有有，豈可是有？非是有故，屬非有也；第二不有有，不是無，故屬非無；第三不有有，既不是有無，故不屬亦有亦無，故言屬非亦有亦無；第四不有有，不屬非有無，故言屬非非有非非無，然不有有，乃當屬有無二句，豈是非有無，故言非非有非非無也；第五不有有屬有者，以不有爲有，豈不是有耶？第六不有有屬無者，只以不有爲有，此望本故是無也；第七不有有屬亦有亦無者，既雙明不有有，豈不是亦有亦無耶？第八不有有屬非有非無者，不有有不名有，不有有不名無，故名非有非無。故此一章門中，合明八意。正爲八意相次第，故不煩離明。而前十章不可合説，故離辨也。不無無亦如是也。

第十二明不有有兼用者，不有有故離斷過，何者？若不有不復有，可是斷，而今不有有，故離斷過。亦離常過者，若以有爲有，可是常過，而今只不有爲有，故離常過。如是一異有無是非即離等過皆免也。不無無亦爾也。

第十三不有有若攝諸法者，不有有攝得因得果一切法等，故言不有有也。不無無亦然也。

第十四不有有類諸法者，不有有既具上十意八意，及相益相攝等，不因因不果果，如是不常常不生生等，雖一法皆具上意，故可謂是一中解無量，無量中解一，如是展轉生非實智者，即無所畏也。

第十五不有有得失意者，如經試問，答言：諸法不有有，即爲得，即具五義：一得不二義，二得不自假名義，三得相待義，四得無所得空義，五得中道義也。若答者言，諸法是有爲有者，即失五義故，不有有判道非道義也。不無無亦類也。

第十六不有有離門明義者，向合言不有有，今有時復須單言不有，有時應須單言有也。今此中單言不有者，此爲欲明有義，何者？我以不不此有，不以不此無，故不有得是有也。若以不不於無，可令是無，而今以不不有故，只不有是有。事如小乘明義，色即是好，不可此色非好也，故得不有是有義，得此義故，聞破不畏，得訶不瞋等也。**次得言有，反成破有義，何者？** 我本破有故言有，如世人不耐惡而言惡，此惡之言，豈不令除此惡？今有亦然，我不耐此有故言有，豈不破此耶？又直言有，不說有因緣故，是破有義，單言無亦然。

次單言有則是中道，不得言有非方是中道也。何者？ 直言有，此非是非有，亦是有有，此有既非是是有，復非非有，豈非是中道乎？又有上自有是非，我直言有，不言其是，復不言非，故此有卽離是非，故是中道。若有雖離是非，而有此有，故非中道者，汝中道雖離有無，而有此中，故得是中道者，何妨我有離是非，故得是中道耶？且自我直言有，亦不言有此有，知無此有故言是中道。單無亦然。

次單明有具足一切諸法，何者？ 此有是無所有故，若有所無卽失一切法，今是無所有名有，故具足一切法也。**單言無亦然**，但是無所得故言無，此無豈不具足一切法耶？

次釋性空意者。 然有無所以得有諸法意無礙者，正由有性空故爾。今須釋性空，亦是多意，但辨八意也：一者明本性是空，但遇緣故有，有止還本性，故言性空也；二者明本性是空，而末是假有，如是意故性空也；三者本性常空，無有不空時，故言性空也；四者明只因緣諸法是空，故言性空也；五者破性有得此空，故言性空也；六者破無性法，**此法明止空有性故**，言性空也；七者明無所有法性是空，故言性空也；八者有所無法性空故，言性空也。今略明八意異相，而大意無異。但是一性空，如是諸法性空，隨義便用，用一卽度之須得意，如空中織羅紋也。性空既爾，畢竟亦然。

次明因性空辨得失待不待義也。 失此性空故失，失不待得，得性空故爲得，得卽待失，何者？正爲得失反故，失既失得，故失不待得，得者得於失，故得待失，此分際義也。第一須得意最急事也，如中道絶假，故不待假，假不絶故，假待中也。次辨斂開意，然得失由斂開，故須釋也。但斂開自有橫豎，判自有二望取也。橫開爲能豎，卽斂，菩薩習行諸行，望道卽是自行，是斂。若望衆生，卽是化他，亦是能。但不化他時，是化他只自行。卽是化他，如是不有有，有病藥相治，去留成壞，理内外有得無得反順等，種種用不可具列也，大意如此也。

問：既有不有有多種勢者，有不有亦多種勢不？答：亦得假有還結有不有也。又假有不有，表理結體也。餘例可尋也。

卷　三

佛性義十門

一大意門　　二明異釋門　　三尋經門　　四簡正因門
五釋名門　　六本有始有門　　七内外有無門　　八見性門
九會教門　　十料簡門

甘藥停山，由來已久。圓珠沈水，實自積時。而隨其流處，六味不同。競捉瓦石，三乘成異。謬言羊角之刀，復據如繩之像，敢承佛意，輕布弱言。庶得影現鏡中，面還得所。少失鄉土，名爲弱喪。不知反本，稱曰無明。蕩識還原，自爲佛性。

異釋第二。古來相傳釋佛性不同，大有諸師，今正出十一家，以爲異解。就十一師，皆有名字，今不復據列，直出其義耳。

第一家云：以衆生爲正因佛性。故經言正因者謂諸衆生，緣因者謂六波羅蜜，既言正因者謂諸衆生，故知以衆生爲正因佛性。又言一切衆生悉有佛性，故知衆生是正因也。

第二師以六法爲正因佛性。故經云：不卽六法，不離六法。言六法者，卽是五陰及假人也，故知六法是正因佛性也。

第三師以心爲正因佛性。故經云：凡有心者必定當得無上菩提。以心識異乎木石無情之物，研習必得成佛，故知心是正因佛性也。

第四師以冥傳不朽爲正因佛性。此釋異前以心爲正因，何者？今直明神識有冥傳不朽之性，説此用爲正因耳。

第五師以避苦求樂爲正因佛性，一切衆生，無不有避苦求樂之性，實有此避苦求樂之性，卽以此用爲正因。然此釋復異前以心爲正因之説，今只以避苦求樂之用爲正因耳。故經云：若無如來藏者，不得厭苦樂求涅槃。故知避苦求樂之用，爲正因佛性也。

第六師以真神爲正因佛性。若無真神，那得成真佛？故知真神爲正因佛性也。

第七師以阿棃耶識自性清淨心爲正因佛性也。

第八師以當果爲正因佛性，卽是當果之理也。

第九師以得佛之理爲正因佛性也。

第十師以真諦爲正因佛性也。

第十一師以第一義空爲正因佛性。故經云：佛性者名第一義空。故知第一義空爲正因佛性也。

但河西道朗法師與曇無讖法師共翻涅槃經，親承三藏，作涅槃義疏，釋佛性義，正以中道爲佛性。爾後諸師皆依朗法師義疏，得講涅槃，乃至釋佛性義。師心自作，各執異解，悉皆以涅槃所破之義，以爲正解，豈非是經中所喻解象之殊哉？雖不離象，無有一人得象者也，是故應須破洗。今一一問義若得立，可得以爲正因。義若不成，豈不取邪因爲正因耶？大略言有十一家，其間細論，更有諸釋。今時無有用者，故不復出之。

然十一家，大明不出三意。何者？第一家以衆生爲正因，第二以六法爲正因，比之兩釋，不出假實二義，明衆生卽是假人，六法卽是五陰及假人也。次以心爲正因、及冥傳不朽、避苦求樂、及以真神、阿黎耶識，此之五解，雖復體用真僞不同，並以心識爲正因也。次有當果，與得佛理，及以真諦，第一義空，此之四家，並以理爲正因也。今次第須破之。

第一師以衆生爲正因者，今只問何者是衆生，而言以此爲正因耶？經云："若菩薩有我相人相衆生相則非菩薩"，又言如來説衆生卽非衆生。正因本爲菩薩。經既説言有衆生相則非菩薩，寧得以衆生爲正因耶？故知有衆生者皆是妄想，何可以妄想顚倒得爲正因耶？又若以衆生爲正因者，只問昔日初教已明有衆生不？若初已明有衆生者，便應初教已明正因佛性，彼釋言，初教已明衆生，但未説爲正因耳。若爾，後教説衆生爲正因者，還指初教衆生以爲正因不？若爾，初教衆生，理中已是正因，若理中已是正因者，則理中已明佛性也。若不可言初教已辨佛性者，云何以衆生爲正因耶？又汝引經言一切衆生悉有佛性，故知衆生是正因佛性者，不然。既言衆生有佛性，那得言衆生是佛性耶？若言衆生是佛性者，可得言一切衆生悉有衆生，一切佛性悉有佛性不？若不得者，故知衆生與佛性有異，不得言衆生是佛性也。

又難第二家。經云：佛性者不卽六法，不離六法者。言此是何語，而橫引之。此文乃明佛性非是卽六法，復非是離六法，何時明六法是佛性耶？若言不離六法，故六法是佛性者，復言不卽六法，故六法非是佛性。此語若爲得通，明知以不解讀經故，所以致謬耳。次問中有五家。雖復五解言異，或體或用，而皆是心家體用。前第三家以心爲正因佛性者，不然。經云："有心必得菩提者。"此明有心之者必得菩提，何時言心是正因佛性耶？于時畏有如此謬故，卽下經云："心是無常佛性常"，故心非佛性也。經既分明言心非佛性，而强言是者，豈非與佛共諍耶？心既不成，心家諸用，冥傳不朽，避苦求樂等，悉皆同壞也。大涅槃經處處皆明佛性，是故時人解佛性者，盡引涅槃爲證。何處文辨冥傳不朽避苦求樂爲正因佛性耶？勝鬘經云："若無如來藏者，不得厭苦樂求涅槃者。"此正明由如來藏佛性力故，所以衆生得厭苦求樂，何時明厭苦求樂是正因佛性耶？彼師云，指當果爲如來藏，以有當果如來藏故，所以衆生得厭苦求樂者，不然。性品云："我者即是如來藏，如來藏者即是佛性。"明佛性本來有之，如貧女寶藏，何勞指當果爲如來藏，且當果體猶尚未有，而能令衆生厭苦求樂，豈非是漫語者哉？若據人證者，舊來誰作如此釋？此是光澤法師一時推畫，作如此解。經無證句，非師所傳，故不可用也。乃至第八阿棃耶識亦非佛性，故攝大乘論云："是無明母，生死根本，故知六識七識乃至八九，設使百千無量諸識皆非佛性。何以故？皆是有所得，五眼所不見故。"

次有第三四家，並以理爲正因佛性，而不無小異。前之兩家，以當果與得佛之理爲正因佛性者，彼言是世諦之理。次有兩家，以真諦與第一義空爲正因佛性者，此是真諦之理也。以第一義空爲正因佛性者，此是北地摩訶衍師所用，今問：若依涅槃文，以第一義空爲佛性者，下文即言，空者不見空與不空名爲佛性，故知以中道爲佛性，不以空爲佛性也。真諦爲佛性者，此是和法師、小亮法師所用。問：真諦爲佛性，何經所出？承習是誰？無有師資，亦無證句，故不可用也。當果爲正因佛性，此是古舊諸師多用此義。此是始有義，若是始有，即是作法，作法無常，非佛性也。得佛理爲佛性者，此是零根僧正所用，此義最長，然闕無師資相傳。學問之體，要須依師承習。今問：以得佛理爲正因佛性者，何經所明？承習是誰？其師既以心爲正因佛性，而弟子以得佛理爲正因佛性者，豈非背師自作推畫耶？故不可用也。

通論十一家，皆計得佛之理。今總破得佛之理，義通十一。解事既廣，宜作三重破之。

第一作有無破，只問得佛之理，爲當有此理，爲當是無？若言是有，有已成事，非謂爲理。若言是無，無即無理，即墮二邊，不得言理也。

第二作三時破，只問得佛之理，爲是已理？爲是未理？爲是理時有理？若言已理，則理已不用，無復有理。若言未理，未理故未有。若言理時有理者，若法已成則是已，若法未有則墮未，故無別第三法稱爲理也。

第三即離破，只問得佛之理爲當即空，爲當離空？若言即空者，則早已是空，無復有理；若言離空有此理者，空不可離，豈得離空而言有理？又離空而有理者，則成二見。經云："諸有二者，無道無果。"豈可以二見顛倒爲正因耶？作此三條推求不可得，非唯四家義壞，通十一計皆碎也。

問：破他可爾，今時何者爲正因耶？答：一往對他，則須併反。彼悉言有，今則皆無；彼以衆生爲正因，今以非衆生爲正因；彼以六法爲正因，今以非六法爲正因；乃至以真諦爲正因，今以非真諦爲正因；若以俗諦爲正因，今以非俗諦爲正因；故云非真非俗中道，爲正因佛性也。以藥治病，則須此說。對他雖爾，又須橫豎論之。故此非衆生義，有淺有深，橫論爲藥，則如向辨。豎則望道，只非衆生等，即是正因。若言是是非是，亦何者非衆生而說衆生乎？但非衆生而說衆生，此之衆生，豈可言其有？豈可言其是無？豈可言其是亦有亦無非有非無耶？若識此衆生者，何爲問非正因，乃至六法真諦，義亦如此。若徹了深悟，此則正因佛性，義已具足。前是橫論一重，此復是豎論一重，便成兩重論正因義也。

尋經第三，既識佛性，應須徧讀衆經，由來舊辨。<u>阿含經</u>中亦明佛性，但有小妨耳，故云："一切衆生，悉有聲聞性，悉有辟支佛性，悉有佛性。"阿含旣爾，其餘諸經，亦有說佛性語，但不甚分明。如是衆經明佛性，亦復何嫌？故新金光明經云："若了義說，是身卽是大乘，卽如來藏，卽如來性也。"華嚴經云："菩薩隨喜心，不斷如來性。"又言："欲不斷佛種性者，當發菩提心。"又華嚴性起品卽是明佛性義，從寶王如來性，而起離世間因，得入法界果，結前因果，生後因果。故華嚴明佛性，有因有果，而未作正因緣因之名，亦未作果與果果之稱，至如具足明佛性義，卽如涅槃中所辨，故具明有因有因因有果有果果。今時一師，每以涅槃經爲證。然此一教，處處皆明佛性，故哀歎品中瑠璃珠喻，亦是具足明佛性義。如是如來性品皆明佛性義，乃至師子吼迦葉廣明佛性事，義乃顯然。故一師所引文句，以師子吼文爲正也。故師子吼菩薩問言：云何爲佛性？以何義故名爲佛性？如是凡有五問佛性，如來次第答。答：第一問言，善男子，汝問云何爲佛性者，善男子，佛性者，名第一義空。第一義空，名爲智慧，斯則一往第一義空以爲佛性。又言，第一義空，名爲智慧，豈不異由來義耶？今只說境爲智，說智爲境，復云所言空者，不見空與不空。對此爲言，亦應云所言智者，不見智與不智，卽不見空除空，不見不空除不空，除智又除不智，遠離二邊，名聖中道。又言，如是二見，不名中道，無常無斷，乃名中道。此豈非以中道爲佛性耶？是以除不空則離常邊，又除於空卽離斷邊，不見智與不智，義亦如是。故以中道爲佛性。是以文云，佛性者，卽是三菩提中道種子也。是故今明第一義空，名爲佛性。不見空與不空，不見智與不智，無常無斷，名爲中道。只以此爲中道佛性也。若以此足前十一師，則成第十二解。然若識正道，知道無有一，豈復有二釋於其間哉？而言第一義空爲佛性者，非是由來所辨第一義空，彼明第一義空，但境而非智，斯是偏道。今言智慧，亦非由來所明之智慧,彼明智慧,但智而非境,斯亦是偏道義,非謂中道也。但中道義難識,具如二諦中辨,非中非邊,不住中邊,中邊平等,假名爲中。若了如是中道,則識佛性。若了今之佛性,亦識彼之中道。若了中道,即了第一義空。若了第一義空,即了智慧。了智慧,即了金光明諸佛行處。若了金光明諸佛行處,則了此經。云光明者,名爲智慧。若了智慧,即了佛性。若了佛性,即了涅槃也。

簡正因第四。但正因難識,今作兩種檢之。一作車輪,明義無始終檢;二作三世,明義有始終檢也。無始終義,即如涅槃云:"十二因緣,不生不滅,不一不二,不常不斷,不來不去,不因不果。"又言:"佛性者,有因,有因因,有果,有果果也。"是以無始終義,作四句明之。所言因者,即是境界因,謂十二因緣也。所言因因者,即是緣因,謂十二因緣所生觀智也。境界已是因,此之觀智,因因而有,故名因因。好體十二因緣,應是因因而有,故名因因。彼向望前,此即望後,皆是因因也。所言果者,即三菩提,由因而得,故名爲果。所言果果者,即是大般涅槃。由菩提故得,說涅槃以爲果果,菩提即是智,涅槃即是斷,由智故説斷也。此是無始終義。何者?如所生觀智,因因而有,故名因因。十二因緣,亦因因而有,又是因因,既互爲因與因因,故是無始終也。

第二作三世有始終檢者,凡有三句:一者是因非果,即是境界因,故經言:"是因非果如佛性";二者是果非因,即是果果性,故經言:"是果非因名大涅槃";三者是因是果,即如了因及二菩提,斯即亦因亦果,望後爲因,望前爲果。既言境界是因非果,涅槃是果非因,所以名爲有始終義。

問:先明四句,後說三句,有正因不?答:未有正因。問:若前明四句,後説三句,既並非正因者,未知何者爲正因耶?答:前四句所明因果,因是傍因,果是傍果義。所以然者,因則異果,果則異

因，豈非是傍義？故先言有因有因因有果有果果，皆未是正因。若
言非因非果，乃是正因耳，後說三句，是因非果，是果非因，是因是
果，皆未名正。若言非因非果，此乃是正。故經云：“非因非果，名
爲佛性也。”故於四句中，更足第五句，方是正因。於三句中，更足
第四句，方是正因。所以佛性非因非果，而說因說果，不因而因，開
境智，故有二因，謂因與因因也。不果而果，開智斷，故有二果，謂果
與果果。至論正因，豈是因果？故非因非果，卽是中道，名爲正因，
故以中道爲正因佛性。故經云：“佛性是三菩提中道種子也。”所以
佛性卽是中道種子，亦可得以中道因爲正種子也。若單道義者，此
中應須眼見師子吼文也。然先言正因佛性，非因而因，故有二因，
謂境了二因；非果而果，故有二果，謂菩提與涅槃。今此二因二果，
並非正因，由非因非果正因，故有此因果。所以此二因二果，並皆
是傍，若非因非果，乃是正因。故若緣若了，並非正因，非緣非了，
乃是正因。若菩提涅槃，並非正果，非菩提非涅槃，乃是正果也。

　　問：若爾，則成六種佛性，何者？因中有緣因了因，復有正因，
豈非三因？果有菩提涅槃，則成二果，復有非菩提非涅槃，名爲正
果，豈非六種佛性耶？答：亦得六種佛性，今則不爾。所以然者，但
因中名爲佛性，至果便成性佛，故在因但名爲非因，在果則名爲非
果，只是一箇非因非果，而今爲辨佛性故，經爲正因，所以但有五
性，不爲六性也。

　　釋名第五。釋名有二種，先釋通名，次釋別名。通名不同，有
三家：第一解云，佛性兩字，皆是果名，佛名覺者，此故宜非因。性
以不改爲義，果體既常，所以不改也。因中暗識，故非覺者，既其遷
改，不得名性，但衆生必有當得此佛性之理，故言悉有佛性也；第二
師釋佛性者，此是因中，難第一家云，經既言一切衆生悉有佛性，云
何言因中無有此名？因中衆生有覺義故，是佛有必當之理，不改名

性也; 第三家分字解釋, 佛是果名, 性是因名, 還舉第一家爲難, 衆生愚暗癡惑耳。然未有智慧, 若有覺法, 可許佛覺, 而卽衆生都無有覺, 云何言衆生是佛？乃研生死小智, 終成果地大覺, 其果始名爲佛, 故佛是果名。但衆生必當得此之理不改, 故名爲性, 性只是理, 所以性是因中也。然此三説, 今並不用, 皆須洗之, 還以三家義自相難破也。

問: 今義云何爲當在因, 爲當在果, 爲當在因果耶？答: 今時明義無在無不在, 故云無在無不在, 佛所説也, 只以如此義, 故名爲佛性。雖無在無不在, 而説在説不在者, 佛性在因, 佛性在果。故果因名佛性, 因果名性佛。此是不二二義, 不二二故, 二則非二, 故云: 二不二是體, 不二二是用。以體爲用, 以用爲體, 體用平等, 不二中道, 方是佛性。一切諸師釋佛性義, 或言佛性是因非果, 或言是果非因, 此是因果二義, 非佛性也。故經云: "凡有二者, 皆是邪見。"故知一切諸師, 不知佛性, 各執一邊, 是非静論, 失佛性也。若知因果平等不二, 方乃得稱名爲佛性。故經云: "非因非果, 名爲佛性也。"佛性既爾, 涅槃亦然。若知生死涅槃, 平等不二, 此乃得稱名爲涅槃。故經云: "佛知一切衆生畢竟寂滅, 是涅槃相, 不復更滅也。"

次釋別名。先言正因佛性, 非因非果。非因而因, 故有二因, 謂境界因與了因。非果而果, 故有二果, 謂菩提與涅槃也。言境界因者, 卽是十二因緣能生觀智, 以是觀智境界, 故名境界因。以能生觀智之前緣, 故亦名緣因。言了因者, 觀智能了出佛果, 故名了因。既了出佛果之緣因, 故有時呼了因以爲緣因也。菩提者, 此言正徧知道, 是從智爲名。涅槃者, 此言寂滅, 是則從斷爲目也。前四句有因者, 謂十二因緣, 正言十二因緣, 非菩提之正因, 而言因者, 以其能生觀智, 與因作因, 故名爲因。若例此者, 大涅槃亦非是正觀之正果，以菩提果爲果，故亦應單名爲果，若言涅槃與果爲果，故宜名果果者，十二因緣亦爾。與因作因，故應名因因。而經云因因者，謂十二因緣所生觀智。此因因而有，故名因因。若爾，十二因緣，亦因因而有，何故不名因因？然雖復例通有如此義，但十二因緣作因因始，故單名爲因，所以經云是因非果也。觀智從十二因緣而生，因因而有，故名因因也。所以有果，則是三菩提。從觀智因而有，故名爲果。若言三菩提是觀智之正果，故單名果者，觀智亦是三菩提之正因，亦應單名有因。若言觀智從因而有，故宜名因因者，三菩提亦從果而有。故亦應名果果而不爾，正言三菩提酬因之始，故直名爲果。涅槃從三菩提果而有，故名果果也。然此四種兩因兩果，並皆是傍，不得名正。非因非果，乃名正因，不因故有二因，不果故有二果，所以此因是不因，此果是不果，故非因非果，乃名爲正。然非因非果，自可名正。但其在因故名正因，其果則呼爲正果。然此正義，終不復可定言，故或時呼爲道，或時呼爲中，或時呼爲正因。若齊言而取，終亦不得。何者？言其正也，果自不正，因亦非正，亦非是非因非果，亦不非是非因非果也。問：若爾是何？答：此中無是，故當有以超然悟言解之旨，點此悟心，以爲正因，付此觀心，非言可述，故迦葉每歎不可思議也。

　　本有始有第六。問：佛性爲是本有，爲是始有？答：經有兩文，一云：衆生佛性，譬如暗室瓶瓫，力士額珠，貧女寶藏，雪山甜藥，本自有之，非適今也，所以如來藏經明有九種法身義；二云：佛果從妙因生，賣騲馬直，不賣駒直也。明當服酥，今已導臭，食中已有不淨，麻中已有油，則是因中言有之過，故知佛性是始有。經既有兩文，人釋亦成兩種：一師云：衆生佛性本來自有，理性真神，阿梨耶識，故涅槃亦有二種：性淨涅槃，本來清淨；方便淨涅槃，從修始成也。第二解云：經既說佛果從妙因而生，何容食中已有不淨，故知佛性始有。復有人言，本有於當，故名本有。問：若爾，便是本有耶？答：復有始有義。又問：若始有應是無常？答：我復有本有義，此何異二人作劫，張王互答耶？彼若如本有，應如如來藏經諸喻。若言始有，應是無常。而言本有於當，此是何語？定本定當耶？無量世界，無邊佛智，應不圓耶？若言如無邊而照，可自破之，何勞更難？照若窮盡，卽是有邊，照若不盡，智則不圓，此難那得去，本有始有義，亦如是。一切有所得義，無不自死，而人不覺耳。故一切諸人，莫不網羅於其中矣。若執本有，則非始有，若執始有，則非本有。各執一文，不得會通經意，是非靜競，作滅佛法輪，不可具陳。但地論師云：佛性有二種：一是理性，二是行性。理非物造，故言本有。行藉修成，故言始有。若有所得心望之，一往消文，似如得旨，然尋推經意，未必如此。何者？但大聖善巧方便，逐物所宜，破病說法，何曾說言理性本有行性始有耶？例如說如來藏義，楞伽經說：“無我爲如來藏”，涅槃說：“我爲如來藏”，此兩文復若爲配當耶？本有始有，其義亦爾。若言理性本有非始，行性始有非本者，更執成病，聖教非藥，而世間淺識之人，但見其語，定以爲是，以成迷執也。今一家相傳，明佛性義，非有非無，非本非始，亦非當現。故經云：“但以世俗文字數故，說有三世，非謂菩提有去來今，以非本非始故，有因緣故，亦可得說故。”如涅槃性品明佛性本有，如貧女寶藏。而諸衆生執教成病，故下文卽明始有，故知佛性非本非始，但爲衆生說言本始也。

問：若言佛性非本非始者，以何義故說本始？答：至論佛性，理實非本始，但如來方便，爲破衆生無常病故，說言一切衆生佛性，本來自有，以是因緣，得成佛道。但衆生無方便故，執言佛性，性現相常樂，是故如來爲破衆生現相病故，隱本明始。至論佛性，不但非是本始，亦非是非本非始。爲破本始，故假言非本非始，若能得悟本始非本始，是非平等，始可得名正因佛性。衆生因是深保成佛道，若不如是，非佛性也。若廣論本有始有義，例如新故。何者？第一念是新，第二念是故。譬如新米，初出者是新，次者非復是新，亦得第一念爲故，第二念爲新，先者名故，後始起者是新，是則先後皆得名新，故言新新生滅。亦可初後皆得名故，故言初故後亦故。新故既通初後，本有始有，義亦復然。新故義通初後，但説初故名新，久新名故，定知何者爲新，何者爲故？故知都無新無故。故釋十號文云："上者名新，士者名故，體大涅槃，無新無故。"既言體大涅槃，無新無故，亦得言體大涅槃，無本無始。此一往明無本無始義。然無本無始義，此是清淨體，亦何失寄言本始義耶？今約事論之，如無明初念始起爲新，佛果後起爲故，何異先兩念相望，初念爲新，後念爲故耶？亦得佛果始起，此則名新，無明住地已久，此則名爲故。何異兩念相望，初念名故，後念名新。然本始只是新故，本只是故，始只是新，無明初念與佛果相望，既皆得是新，皆得是故，亦皆得是始，皆得是本，無明與佛果，既得如此，生死涅槃亦爾，皆得是始，皆得是本。是故生死爲始，涅槃爲本。涅槃爲始，生死爲本。生死始有，涅槃本有，何異第一念爲新，第二念爲故。生死本有，涅槃始有，何異第一念爲故，第二念爲新。故生死涅槃，不是本有，不是始有，而終是無本無始。而今假名説故，更互爲本始無異。經言："本有今無，本無今有，本若是有，今則是無，本若是無，今則是有，故今之與本，皆得名有，皆得名無。"此文意終爲明無本無今義，故下文卽結言：三世有法，無有是處。故知三世皆不得言有，但今假名説故，本有今無，本無今有，通生死涅槃，皆是有無。若悟假名，論有論無，至竟終是無有無無，故言三世有法，無有是處，何異説新故本始，至竟終是無有新故本始義耶？當知説新故，本來指新爲故，指故爲新。本始亦爾，指本爲始，指始爲本。指始爲本，故此本是始本，指本爲始，故此始是**本始**，**本始**非始，始本非本，故云至竟終是無本無始義也。

辨内外有無第七。今辨佛性内外有無義，此重最難解。或可理外有佛性，理内無佛性，或可理内有佛性，理外無佛性。今先辨理内外，次説有無。然由來亦言有理内外凡夫及内道外道，故信等五根未立者，理外行心，名外凡夫。五根立者，理内行心，名内凡夫。故言理内行心，理外行心，既有此語，亦即是理内外義。但舊師等不甚分明，作此名教耳。經言，復次道有二種：一外二内。外道道者，無常無樂，内道道者，有常有樂。菩提解脱，亦復如是。**聲聞菩提**，無常無樂，諸佛菩薩所有菩提，常樂我淨，解脱亦然也。

問：菩提只是道，何故兩出耶？解云：菩提者，是所行之道，**先明道者**，是能行之道，能所爲異也。又若言一切諸法有生滅者，皆是理外，悉屬外道。若一切諸法無生滅者，皆是理内，則屬内道。故今明發心悟不生不滅，如般若中所辨，名爲内道也。分理内外竟。

今次明佛性之有無。問：爲理外衆生有佛性，爲理内衆生有佛性耶？答曰：問理外衆生有佛性不，此不成問，何者？理外本自無有衆生，那得問言理外衆生有佛性不，故如問炎中之水本自不曾有，何得更問炎中之水從何處來，是故理外既無衆生，亦無佛性，五眼之所不見。故經云："若菩薩有我相、人相、衆生相，即非菩薩。"是故我與人乃至今人，無有佛性，不但凡夫無佛性，乃至阿羅漢，亦無佛性。以是義故，不但草木無佛性，衆生亦無佛性也。若欲明有佛性者，不但衆生有佛性，草木亦有佛性。此是對理外無佛性，以辨理内有佛性也。

問：衆生無佛性，草木有佛性，昔來未曾聞，爲有經文？爲當自作？若衆生無佛性，衆生不成佛；若草木有佛性，草木乃成佛。此是大事，不可輕言，令人驚怪也。答：少聞多怪，昔來有事，是故經言：“有諸比丘，聞說大乘，皆悉驚怪。”從坐起去，是其事也。今更略舉愚見，以酬來問。大涅槃哀歎品中，有失珠得珠喻，以喻衆生迷故失無佛性，悟故得有佛性。故云：“一闡提無佛性”，殺亦無罪也。又呵二乘人如燋種，永絶其根。如根敗之士，豈非是明凡聖無佛性耶？衆生尚無佛性，何況草木？以此證知不但草木無佛性，衆生亦無佛性也。又華嚴明善財童子見彌勒樓觀，即得無量法門，豈非是觀物見性，即得無量三昧？又大集經云：“諸佛菩薩，觀一切諸法，無非是菩提。”此明迷佛性故，爲生死萬法，悟即是菩提。故肇法師云：“道遠乎哉，即物而真！聖遠乎哉，悟即是神也。”若一切諸法無非是菩提，何容不得無非是佛性？又涅槃云：“一切諸法中，悉有安樂性”，亦是經文。唯識論云：“唯識無境界”，明山河草木，皆是心想，心外無別法。此明理內一切諸法，依正不二，以依正不二故，衆生有佛性，則草木有佛性，以此義故，不但衆生有佛性，草木亦有佛性也。若悟諸法平等，不見依正二相，故理實無有成不成相，無不成故，假言成佛。以此義故，若衆生成佛時，一切草木亦得成佛。故經云：“一切諸法皆如也，至於彌勒亦如也。”若彌勒得菩提，一切衆生皆亦應得，此明以衆生彌勒一如無二故；若彌勒得菩提，一切衆生皆亦應得。衆生既爾，草木亦然。故知理通。故欲作無往不得，是故得名大乘無礙，此是通門明義也。若論別門者，則不得然，何以故？明衆生有心迷，故得有覺悟之理，草木無心，故不迷，寧得有覺悟之義？喻如夢覺，不夢則不覺。以是義故，云衆生有佛性，故成佛；草木無佛性，故不成佛也。成與不成，皆是佛語，有何驚怪也？上來至此，明理外無佛性，理內有佛性也。

　　第二明理外有佛性，理內無佛性。如般若經云：“如是滅度無量衆生，實無衆生得滅度者。”華嚴亦云：“平等真法界，一切衆生入，真實無所入。"既言一切衆生入，當知是理外衆生入，而實無所入者，此入理内無復衆生，故言實無所入，是知理外有衆生，故得入也。如是滅度實無度者，亦作此釋。此至理内實無衆生得滅度者，當知理内既無衆生，亦無佛性，理外有衆生可度，故言理外衆生有佛性。然本有理内，故説理外，理内既無，理外豈復有耶？先則爲成交互辨義，故理外若無，理内則有，理内若無，理外則有，或時言内外俱有，或時説内外俱無。故經云："闡提人有，善根人無，善根人有，闡提人無。二人俱有，二人俱無也。"問：那得作此不定説耶？答：此豈得有定？故涅槃經云："若有人説，一闡提人定有佛性，定無佛性，皆名謗佛法僧。"今既不欲謗佛法僧，豈敢定判？義中自有四句，故内外有無不定。所以作此不定説者，欲明佛性非是有無故，或時説有，或時説無也。問：若言定爲非者，不定爲是耶？答：若言不定爲是者，還復成定，定既非是，不定亦非，具如論破。但破定故言不定，有四句如前。若洗淨已，復不定而爲定，亦何得而無定耶？今只就不定爲定者，有理外衆生，理外草木，有理内衆生，理内草木。定何者有佛性，何者無佛性耶？若不定爲定説者，經中但明化於衆生，不云化於草木，是則内外衆生有佛性，草木無佛性。雖然，至於觀心望之，草木衆生豈復有異？有則俱有，無則俱無，亦有亦無，非有非無，此之四句，皆悉並聽觀心也。至於佛性，非有非無，非理内非理外，是故若得悟，有無内外，平等無二，始可名爲正因佛性也。故涅槃論云："衆生有佛性非密，衆生無佛性亦非密，衆生即是佛，乃名爲密也。"所以得言衆生無佛性者，不見佛性故。佛性無衆生者，不見衆生故。亦得言衆生有佛性，依如來藏故。亦得言佛性有衆生，如來藏爲生死作依持建立故。

明見性第八。迦葉問言：云何諸菩薩能見難見性？師子吼問言：若一切衆生有佛性者，何故不見？一切衆生所有佛性，十住菩薩

以何等眼不了了見，佛以何眼而了了見也？性品答：見有二種：一
者十地、或言十住，名爲慧眼見，舉珠喻釋；二者外道凡夫，名爲信
見，或如羊角，或如火聚等。師子吼品明慧眼見故，見不了了，佛眼
見故，則了了。經文如此判釋，多言十住菩薩，方見佛性，猶如羅
穀，九住以還，未見佛性。但華嚴經云：“初發心時，便成正覺。”若
如此者，初發心時，則見佛性，故一師云：涅槃所明十地，應是地前
未得真悟菩薩，故見性不明，而華嚴所明十地，從佛智慧出，此是真
悟菩薩，故云初發心時，便成正覺。但地論師據行位判，行通位別，
涅槃辨位別義，故菩薩位智猶未極故，十地菩薩見性不明，九地猶
未見，華嚴明行通義，故云初發心時便成正覺也。又涅槃經云：“十
地菩薩，但見其終，不見其始，諸佛如來，始終俱見。”諸師釋此文，
種種不同，或言十地菩薩未斷無明，故言不見其始，而伏惑已周，去
佛近，故言見終也。又云：“十地菩薩去終近，故云見終；去無明住
地遠，故言不見其始。”又云：“十地去初地遠故，言不見其始，但見
其終。”佛既衆惑已盡，因圓果備，故云始終俱見。一師云：因果本
來不二，乃是無二無不二，故名爲不二。雖復不二，而開因果二，菩
提心爲因，佛則是果，此是一重開也。又明果不可頓階，所以因中
開爲十地，此是第二重開也。如是於一一地中或更開爲三，乃至爲
四，如初地先開爲十迴向，乃至十住等，斯則初地爲始，十地爲終，
十地非初，故云不見其始，則是第十，故言見終，亦得對言初地見始
不見終也。果既不開，所以始終俱見。此故是無始終始終，不見而
見也。

　　會教第九。經中有明佛性法性真如實際等，並是佛性之異名，
何以知之？涅槃經自說，佛性有種種名，於一佛性亦名法性、涅
槃，亦名般若、一乘，亦名首楞嚴三昧、師子吼三昧。故知大聖隨緣
善巧，於諸經中說名不同。故於涅槃經中名爲佛性，則於華嚴名

爲法界，於勝鬘中名爲如來藏自性清淨心，楞伽名爲八識，首楞嚴經名首楞嚴三昧，法華名爲一道一乘，大品名爲般若法性，維摩名爲無住實際，如是等名皆是佛性之異名。故經云："無名相法，假名相說。於一法中，說無量名。於一名中，說無量門。以是義故，名義雖異，理實無二。"

問：若理實無二，以何義故，說種種名？答：若依名釋義，非無所以，何者？平等大道，爲諸衆生覺悟之性，名爲佛性。義隱生死，名如來藏。融諸識性，究竟清淨，名爲自性清淨心。爲諸法體性，名爲法性。妙實不二，故名爲真如。盡原之實，故名爲實際。理絕動靜，名爲三昧。理無所知，無所不知，名爲般若。善惡平等，妙運不二，名爲一乘。理用圓寂，名爲涅槃。如此諸義，如喻似何，譬如虛空，不動無礙，有種種名，雖有諸名，實無二相，以是故云，名字雖異，理實無二也。

問：若言真如法性，並是佛性之異名者，經說真如法性，亦是空之異名。今未知佛性是二諦中第一義空不？若言是者，既言是空，那得以此爲佛性耶？會通諸經，使不相違，善則善矣，然新聞異響，未見深旨。一切諸人，並皆同疑。願爲開示，以遣疑滯也。答：涅槃經云："佛性者，名第一義空。"豈非是空爲佛性耶？若以空爲空者，非佛性也。故下文云："所言空者，不見空與不空，名爲佛性。"二乘之人，但見於空，不見不空，不見佛性，故知於有所得人，不但空非佛性，佛性亦非佛性也。若於無所得人，不但空爲佛性，一切草木並是佛性也。

問：若皆是佛性，不得言非，若非佛性，不可言是，有何所以言一切並非，而復即言一切並是，豈非是過分答耶？答：至論平等佛性之理，非空非不空，非有非不有，非法性非不法性，非佛性非不佛性也。以一切並非，故能得一切並是。何者？平等之理，以非空有故，假名法性。非不空有故，假名空有。以非法性故，假名佛性空有。非不法性故，假名法性。以非佛性故，假名法性空有。非不佛性故，假名佛性。當知平等大道，無方無住故，一切並非。無方無礙故，一切並得。若以是爲是，以非爲非者，一切是非，並皆是非也。若知無是無非是，無非無不非，假名爲是非者，一切是非，並皆是也。故知上來十一家所説正因，以是爲是故，並非正因佛性。若悟諸法平等無二無是無非者，十一家所説，並得是正因佛性。

料簡第十。然料簡中，應論得失義。若本來清淨，何因緣故失？本既不失，今云何失？若後失者，先亦應失。先既清淨，後亦應淨。答此義者，如第九卷説解純陀疑差別無差別義。若廣辨者，備擧涅槃一部來解釋，猶亦不可盡。此義不可卒了，且待後問也。

一乘義三門

一釋名門　　　二出體門　　　三同異門

釋名第一。一乘者，乃是佛性之大宗，衆經之密藏，反三之妙術，歸一之良藥。迷之即八軸冥若夜遊，悟之即八軸如對白日也。釋名者，唯有一理，唯教一人，唯行一因，唯感一果，故名爲一。法華論云："一謂同義，如來法身，聲聞法身，緣覺法身，三乘同一法身，故名爲一。"乘者，運出爲義。運出有三種：一者以理運人，從因至果，如大品云："是乘從三界出，到薩婆若中住"；二者以德運人，如法華云："得如是乘，令諸子等，喜戲快樂"；三者以自運他，如涅槃云："乘涅槃船，入生死海，濟度羣生矣。"

出體第二。一乘體者，正法中道爲體。攝論云："性乘行乘果乘"，中邊分別論云："乘具五義：一乘本，謂真如佛性；二乘行，即福慧等；三乘攝，謂慈悲等；四乘障，謂智障無明；五乘果，即佛乘也。"唯識論云："乘三體六義，三體者，一自性，二乘隨，三主得。六義者，一體如空，出離四謗，二者因謂福慧，三者攝一切衆生，四者境界真俗，五者障卽皮肉心，六者果謂無上菩提。”十二門論云：“乘具四事：一者乘本，謂諸法實相；二者乘主，由般若導萬行得成；三者乘行，餘一切行；四者果，謂薩婆若。”法華論云：“亦明三種：一者乘體，謂如來平等法身卽是佛性；二者乘果，謂如來大般涅槃；三乘緣，卽是六度了因。”此猶三種佛性，不說果果性者，果果性屬果門，境界性者屬因門，故廣說有五，略說唯三也。

問：乘以何爲體？答：經論雖種種說，不過三種，謂理行果，今以正法爲體。問：理是不動，云何名運出耶？答：以其不動，故能令衆生運出。別而論之，順忍爲運，得無生忍爲出。通論一一皆運出，因乘自運運他，果乘與理乘，自不運而能運他。問：此經明乘，正以何爲體？答：若就因果用，以果爲宗。若就正法體，卽以正法爲宗。今明若因若果，皆正法故運，故以正法爲宗。有人言此經萬善爲乘體，有人言以果萬德爲宗，有人言境智爲宗，今明就用非無此義，而不得乘深體故，以正法中道爲經宗，爲一乘正體。

問：三論學者，恆彈有所得義，云何稱用異說耶？答：若言破相爲宗，是有所得義。今申無所得，諸師義皆得皆非，得用不得體，異執永消，同歸一極，無執不破，無義不攝，巧用如甘露，拙服成毒藥也。

問：大品明理教行果四乘，與今何異耶？答：彼經不明開權，與此爲異。

問：勝鬘法華何異？答：法華會三乘，爲漸悟菩薩說、正對三乘；勝鬘爲頓悟菩薩說，不對聲聞緣覺，但對人說，與此爲異。問：若爾，法華究竟說，何故須涅槃教？答：失心子須涅槃，不失心子不須涅槃，但爲鈍根衆生故說，是以大通智勝佛燃燈佛不說涅槃，利根衆生故。又此經明三事：一車、二牛、三儐從。車，因果萬行萬德。牛，亦通因果，中道正觀離斷常垢爲白牛。由正觀故，引萬行出生死，此卽般若導成萬行。問：般若是乘，云何喻牛耶？答：一法兩義，引導如牛，運義如車，餘不爾。運出故有車義，無引導之能，故無牛義，界內爲儐從。果地牛者，真慧爲牛，六通無垢爲白牛，駕遊五道，運出衆生。儐從者，卽界外因爲儐從。問：此經未明正因佛性，此義何耶？答：此人不得經味。法華論云："七處明正因性，今略出四處，諸法從本來，常自寂滅相，此明自性住佛性。"又云："同入法性，此是佛性之異名。"又云："開示悟入佛之知見。"論釋知見明佛性，普賢菩薩及授惡人記，有正因性故。問：有人言，此經未明常住，此義云何？答：此是小乘氣分，此經諸法從本來，常自寂滅相，此是法常住義。常在靈鷲山，明人常義，我淨土不毀。此名依報常義，依報正報，人法皆常，云何是無常耶？依論釋壽量品文，三身壽量法報二身是常。問：有人言，遺三而一存，此義爲得？答：此是有所得義。大品云：非三非一，故名大乘。此經不可示，言辭相寂滅，此以超四句，百非洞遣，強說名乘。三一爲二，非三非一爲不二。二不二爲粗，非二不二爲妙。二不二非二非不二爲粗，言忘慮絕爲妙。三一開會，凡有十門：一者開三顯一，二者會三歸一，三者廢三立一，四者破三明一，五者覆三明一，六者三前明一，七者三中明一，八者三後辨一，九者絕三明一，十者無三辨一也。開三顯一者，開昔三乘是方便，示今一乘是真實，故云開三顯一也。會三歸一者，會彼三行，歸一佛乘，故云汝等所行是菩薩道也。廢三立一者，廢昔三教，立今一乘教，故云於諸菩薩中，正直捨方便，但說無上道也。破三明一者，破其執三異之情，以明一乘之道也。覆三明一者，如來趣三一兩緣，當有三一之教，昔則以三覆一，今則以一覆三。三前明一者，未趣鹿苑說三之前，寂滅道場已明一實之教，謂三前明一也。三中明一者，從趣鹿苑說於三乘，佛乘第一，緣覺第二，聲聞第三，謂三中明一也。三後辨一者，三乘之後，法華教門，以會彼三乘,同歸一道,謂三後一也。絶待一者,如無言世界,外則無言無示,内則無慮無識,故不論一三而已,即此爲佛事故,則復是一故,云絶待一也。無三辨一者,如香積佛土,彼土無有二乘名字,謂無三辨一也。但有清淨大菩薩衆,謂有一也。前之五種,就義論一,後之五種,約時處諸文不同,教門差别,故開五也。

問:云何名會三歸一?答:若識會三歸一,先須知開一爲三。開一爲三者,昔指大乘之因,説爲小乘究竟之果也。今還指小乘究竟之果,即是大乘之因,故名會也。

問:小乘人謂是究竟,爲是迷因,爲是迷果乎?答:實是大因,謂是小果,故是迷因也。

問:以何義故,明一乘是三乘中佛乘?復以何義明一乘非是三乘中佛乘耶?答:若明三乘攝出世乘盡,故對二乘之方便,明佛乘是真實,故文云唯此一事實,餘二則非真,所以明一乘是三乘中之一也。就佛乘中復開真應,昔爲二乘人説佛方便身,故佛乘是方便身,則以今教明佛身是真實故,真實之乘異方便佛。如師子座長者,異著弊垢衣長者,是以約今昔兩教,明佛有權實不同,是故一乘非三乘中之一也。

問:此經中始末,或言佛以方便力示以三乘教,則三乘並是方便,又云唯此一事實,餘二則非真,則二是方便,兩文相違,何以會通耶?答:此二文猶是一義,無相違也。於一佛乘,方便説三。次云一乘是實,二是方便,如人手内實有一果,方便言三果。次第論者,一果是實,二是方便,故方便説三及二,是方便猶是一義,不相違也。

問:爲會三歸一,爲會二歸一?答:此亦是一義。智度論云:“於一佛乘,開爲三分。”如人分一斗米爲三聚,亦得合三聚爲一聚,亦得言會二聚歸一聚,會三會二,猶是一義,不相違也。若究竟爲言,中道爲宗。論云："性乘若就用爲談，萬善爲乘體，萬善之中，以般若爲體。"報習兩善，取習因爲乘體，報因住生死不取。問：若爾，不應會人天五乘爲一乘。答曰：人天是報果，而此乘體有習因義故會，乃是增上緣義。別而爲論，有漏善非乘體，無漏善爲乘體。乘有二種：有漏善爲遠乘，無漏善爲近乘。乘有二種：一者動乘，二者不動乘。萬行爲動乘，如來藏佛性中道爲不動乘。

問：乘以運出爲義，中道佛性不運出，云何名爲乘體？答：以其不動，故能令萬善動出，亦令行者動出生死，住彼涅槃，故名爲乘。小乘初教，以果爲乘，故言三車在門外，此是盡無生智果，大乘因與果爲乘。問曰：若大乘因果爲乘者，何故經言於佛果上更無說一乘法事？答曰：此約自不運義，不言不運他。

次同異第三。有人言，因成假爲乘用，一善不滿，不成乘用，故合爲萬，方有運用，例如欂櫨等，非假則無有用。二云相續爲用，若實法念念自滅，無有運用，故言相續爲有用。三云相待爲一，此中果一故因一，善既衆多，以此一果，一於萬善。今明萬善悉有運出之義，亦如百流，一一自有向海義，不以海一故，百流爲一。

問曰：若非因成有力，復非相續，云何一念實法善有運出耶？答曰：以不運爲運，不續爲續故，終是相待爲本，是以相待有乘用。次引經文，問曰：經云："十方佛土中，唯有一乘法，無二亦無三。"云何名無二無三耶？答曰：有人言，無二者，無聲聞緣覺二。無三者，無偏行六度菩薩。又昔三乘皆是方便，今教別有一車，異昔三也。問：何以然？答：經云："佛以方便力，示以三乘教。"通以三爲方便，既以三爲方便，則以一爲真實，則會昔三乘歸今一實也。又云："願賜我等三種寶車，昔既索三，今便賜一。"故索所不與，與所不索，則知別有大車，異昔三小，以文理推之，則有四車也。評曰：三車四車，諍論紛綸，由來久矣，了之則一部可通，迷之則八軸皆壅。今以八文徵之，方見此釋爲謬。

第一文云，<u>如來</u>但以一佛乘故，爲衆生説法，無有餘乘，若二若三，此文次第列三乘也。但以一佛乘者，謂佛乘爲第一也。無有餘乘若二若三者，無有緣覺爲第二，聲聞爲第三。以此文詳之，則唯有三車，則執四爲謬矣。

問曰：經常列三乘，不作次二次第，今何以然耶？答曰：以佛乘爲第一，緣覺爲第二，聲聞爲第三，此從上數至下，豈非次第耶？問曰：何故作此次第耶？答曰：此正判三乘有無義也。初句明唯有一佛乘，次句無二無三，明無餘乘，以唯有一佛乘故，佛乘爲實，無二無三故，二乘爲方便也。又<u>普門品</u>中，亦列佛乘爲初，次及緣覺，後明聲聞，與今同矣。

第二文云，尚無二乘，何況有三？大論舉況者，皆舉勝以況劣。若言第三是偏行六度菩薩者，昔三乘中佛乘爲勝，二乘爲劣，若言第三，乃應舉三況餘二，云何舉二況第三耶？三者，偈云：“唯此一事實，餘二則非真。”唯此一事者，即一佛乘實也。餘二則非真，緣覺聲聞，此二非真也。則以偈文釋長行無二無三意。佛恐像末鈍根，尋經不解故，轉勢頌之，令煥然易悟。

第四文云，諸佛語無異，唯一無二乘，全同前矣。

第五文云，但以一乘法，教化諸菩薩，無聲聞弟子。此文最分明，既云但以一乘教化菩薩，則有菩薩也；無聲聞弟子，則無餘二乘也。

六者，<u>信解品</u>云：“密遣二人。”

七者，<u>化城喻品</u>云：“世間無有二乘而得滅度，唯一佛乘而得滅度耳。”

八者，偈云：“唯有一佛乘，息處故説二。”諸文甚多，略舉八證。此釋既非，則四乘義謬，會三亦失。復有人言，但有三乘，會三歸一者,歸三中佛乘,非三外別有一也。評曰:若但有三乘,不違八證,尋經首尾,復害六文。佛以方便力示三乘教,則知三乘皆是方便,云何會二方便歸一方便耶?又云:於一佛乘分別説三。又云,於一佛乘隨宜説三。又諸子索三父皆不與,明無三可趣索,有一以賜機。若三中之一是實有者,諸子無所索,父無所賜也。又虛指門外,明有三車,諸子出門,無三可見。若三中之一是實有者,父非虛指,子出應見。又三中之一是實者,則會二歸一,不名會三歸一。

問:立四則違八證,辨三復害六文,請會通之,令無壅滯。答:世間淺識,言不相違,況復一切智人,説應鉾楯。又如來説八萬法藏,乃至塵沙法門,尚無二言,況一經中應有兩説,以此推之,是知失在學人,何復敢嫌大聖?今所明者,八證六文,猶一意耳。且會二文,餘皆可領。一云方便説三,次云唯一是實,餘二非實者,唯一佛乘,欲引導衆生故,方便説三。考實而言,唯一佛乘是實,餘二非真,是故説三説二,猶一意耳。假設近喻,以況遠旨。如父手中,唯有一果,欲引諸子,説一果爲三果,考實而論,唯有一果無二果,是故二文無相違也。以三二既明,會義可領。晚見法華論,釋十方佛土中尚無二乘,何況有三?與今意同。論云:"此是遮者,明無二乘涅槃,唯佛究竟無上菩提有大涅槃耳。"此但明無有二乘,唯有佛乘,不言無偏行六度菩薩,故光宅失旨也。

次論四句。問:會三歸一,破三歸一,開三顯一,廢三立一,有何異耶?答:會三歸一者,乃會教會行會緣。言會教者,昔開三乘五乘之教,並爲顯一道,所表之道既一,能表之教亦復言一,故一切教,皆名大乘教也。會行者,汝等所行是菩薩道,如來昔説有三行者,爲趣一道故,令修三行,所期之道無二,能趣之行豈三耶?所言會人者,如來出世,本爲教菩薩,不教餘人,三所行既是菩薩道,能行之人皆成菩薩也。故文云:"但爲教菩薩,無聲聞弟子,會教正是一時，會行及人，遠令至佛也。”

問：會有幾種？答：自有融會稱會，自有會歸稱會，如向明也。融會稱會者，既會三歸一竟，緣即疑云，三若歸一，何故説三？是故釋言，昔以方便故説三，今以如實故説一，此是融會今昔三一之義，亦名會也。若是會歸之義，正就三行。融會之義，宜就教門。所以然者，若會三因，同歸作佛，如是之義，會行爲正，不用教門作佛故，教非會歸也。

問：有人言，此經未明佛性，但明緣因，復言覆相明常，此義云何？答：乃是成論淺悟之徒，有如此失，值大寶而不取，遇深經而不求，豈異弱喪與窮子，反走於舍宅？此經云：“常在靈鷲山，常在此不滅，劫火燒盡時，我淨土不毀。”既言依正兩報常住，又法華論云：“釋壽量品文，有法身壽量，報佛壽量，化身壽量，豈非常耶？”又處處明法性，法性是佛性之異名。身子言：我等同入法性，云何如來以小乘法而見濟度？又方便品初，明佛知見，即是佛性。乘有三種：理乘即是中道佛性，行乘即是緣因佛性，果乘即是果佛性，因因性境界性屬正因，果果性屬果性，故不開五性也。

索車義第二。問：爲是三人索三，爲是二人索三耶？答：舊經師云：三人索三車也。何以知然？下文云：爾時諸子，各白父言，願賜我等三種寶車，故知三人索三。又所以索三者，實無三乘，但昔於一佛乘，方便説三，以是方便行，所以索也。評曰：今以十義推之，不應有三人索也。一者，本以三車譬於三果，故云今此三車，皆在門外。二乘人出門外，至許車處，覓果不得，可言索果。菩薩之人，未至許處覓佛果不得，何有索佛果耶？答曰：原索意者，本爲昔有今無，是故索耳。若今昔俱有者，必不索也。尋大小乘經，始終皆明佛乘是有，如初教明佛乘是有，至法華亦明佛乘是有，以始終明佛乘是有，故不索也。

問：乘以何物障？答：大論既以六度爲大乘體，六弊即是障也。若取乘出義，即著生死以爲障。若取乘廣大義，即以狹劣爲障。若以出世無所得六度故能動出，即以有所得六度爲通障，六弊爲別障。譬中云，三車在門外者，此總相説耳。依昔義者，二車在三界正使門外，佛果在習氣無知門外，二乘人以正使限域爲門，佛以無知習氣限域爲門，昔説二乘人盡無生智，在三界正使門外，今二乘人斷正使盡，而不見車，是故索耳。昔説佛果在習氣無知門外，今菩薩斷正使盡，習氣無知即盡，即便成佛，亦無索也。問：何時索車耶？答：舊云，得羅漢已後，法華之前有索。又難：若未説法華已生疑者，身子得果竟，應言，我今自於智，疑惑不能了，爲是究竟法，爲是所行道，豈待法華方有此釋索？故今明待法華方索也。

次論一乘壽量果，有人言，未明常住。又難：若度五百而未常，亦應未度五百即應是常，若未度非常，則已度是常矣。又經云："佛度五百而言未度者，佛昔明度三百，亦應未度。若昔言度三百，佛實度者，今亦應實度五百也。"若順經故遂度五百，則已免三相，何事非常？今所釋也，壽量品亦具明三身。法華論云："王宮現生，伽耶成佛，名爲化佛，久已成佛，乃至復倍上數，故名爲報佛。"如實知見三界之相，無有生死，若退若出，明法身佛。但三身不同，若法華論明三身者，以佛性爲法身，修行顯佛性爲報佛，化衆生義爲化身。若攝大乘論所明，隱名如來藏，顯名爲法身耳。此二皆名法身，就應身中自開爲二，化菩薩名報身，化二乘名化身。或云：化地上名報身，化地前名化身，地論法華論是菩提留支所出，攝大乘是真諦三藏所翻，此三部皆天親之所述作，而明義有異者，或當譯人不體其意。今欲融者，會衆經及論，或二身，或三身，或四身，今總束爲四句：一、合本迹，如金光明經，但辨一本迹也，故云，佛真法身，猶如虛空，應物現形，如水中月；二、開本開迹如此，大凡論明有四佛，開本爲二身：一法身、二報身。法身即佛性，報身謂修因滿迹，爲二身。化菩薩名舍那，化二乘名釋迦也；三、開本合迹，如地論法華論所明，開本謂二身，謂佛性是法身，佛性顯爲報身；四、開迹合本，如攝大乘論所明，合佛性及佛性顯皆名法身。開迹身爲二，化菩薩名舍那，化二乘名釋迦，此皆經論隨義説之不違，亦皆不體其意，故起諍論耳。若常無常者，別而爲言，法應二身爲常，化身無常；通而爲言，三身俱常俱無常。化身以大悲爲體，故是常；法身有隱顯，故義説無常，應身始起義，是無常。金光明經云：“應化二身無常者，開迹合本。”問：三身有幾名耶？答：經論不同，法身，舍那身、釋迦身，亦名法身；報身、化身，亦名法身；應身、化身，又名佛所見身，菩薩所見身，二乘凡夫所見身。法身亦名自性身，又名法性身。

問：若如是者，應有六身八身，應有一佛身，本迹二身，何故但名三身耶？答：依法華論，二身爲自德，化身爲化他德。攝論，法身爲自德，二身爲化他德。若爾，法身爲自德，化身爲化他德，應身亦自亦化他，故立三身。亦可法身爲體，報身爲相，化身爲用，體相用故立三身也。

涅槃義三門

一釋名門　　二辨體門　　三八倒門

涅槃者，蓋是安心之本宅，凡聖所同歸。故肇公云：“九流於是乎交歸，羣聖於是乎冥會。”諸方等經，亦盛談此説。摩訶言大多勝，而大有二種：教大理大。理大者，文言所言，大者名之曰常，莫先爲相。涅槃有二家：一云有翻，二云無翻。無翻有四家：一云，佛在西國涅槃，東土無有此語，故無翻；二云，涅槃一名含於衆名，其猶一音含無量音，故一音説法，以異類各解；三曰，涅槃一名，含於衆義，故有常樂我淨等；四云，涅槃一名，不含衆名，亦不含衆義，但以涅槃一名，通名諸法，其若先陀波，一名四實，同無翻。有翻六家：一云無爲，二云無累，三云解脱，四云寂滅，五云但滅，六云滅度。若言涅槃不翻者，漢地衆生，應無利益。二者，大本云："大覺世尊，將欲涅槃。"六卷當此文處云："大牟尼尊，今當滅度。"經既有翻，云何不翻？今同有翻第六家，但彼一向有翻，今明相待涅槃有翻，絶待涅槃不可翻也。光宅云："法滅人度，今明若人度法亦應度，生死涅槃，人法俱有，亦應言人滅法度。"開善云："滅度之名，皆目無法，度言永滅。"今明若凡夫滅不永滅，故不明度，暫滅故名滅，亦應言暫度故名度。靈正云："滅主於無，度目有法，舉斷德，目妙有，圓體不生煩惱爲涅槃。"今明若不生煩惱名涅槃者，不由智滅而名涅槃耶？今明涅槃離四句，中道正觀，永免爲正度。將人帖之，目人，將法帖之，目法，至論度，非人非法，此是正度。而此正法，離有所得，而假名義，名爲正度。涅槃無名，強爲立名也。

辨體第二。靈正云："涅槃體者，法身是也。"尋此法身，更非遠物，即昔神明，成今法身。神明既是生死萬累之體，法身亦是涅槃萬德之體。今明不然，以用爲體，不及涅槃深義，今以中道正法爲涅槃體。開善云："總明萬德體，無累爲滅度。"而經初明三德者，簡異昔日二種涅槃，有餘時身智在，解脱不滿，無餘時解脱滿，身智不在。今日涅槃，身智在、解脱滿，三德之中，法身爲體，般若解脱爲用。今明萬德三德爲體者，離此無別涅槃用望。若言法身爲體，無有萬德，云何是涅槃體？今明涅槃體者，正法爲體？而正法絶能所四句百非。故中論涅槃品云："有亦非涅槃，無亦非涅槃，亦有亦無，非有非無，亦非涅槃，無得無至。無得者，非因果所得；無至者，無處可至。"開善云："凡夫不會不冥，初地以上，亦會亦冥，佛果冥而不會。"又云："金剛以還，會而不冥，佛果亦會亦冥。"今明若初地以上冥義應常，亦常亦無常俱有。若佛果冥一者，爲智一，爲境一，一何所目，若智成境者無智耶？彼云，至亡彌存，至亡義成一，彌存義度衆生。彼云初地以上稱境，而智是會義，而有無當方所，不得冥一，佛果萬累永絶，無有方所，故冥。若成一者，無有度衆生義，彌存不成。今明般若無知故冥，無所不知故彌存。爲緣故冥，爲緣故彌存，非定有冥存。地論云："性淨方便淨涅槃。"性淨涅槃，是本有理顯現，名性淨涅槃；緣修萬德，名方便淨涅槃。二涅槃體別異，今明二涅槃體無別，非一非異，非亦一亦異，絶四句爲涅槃體。成實師云："本有始有，涅槃體一。"若一者，爲始有一？爲本有一？何處離本有始有，別有涅槃一也？今明於本有名始有，始有名本有，非離本有有始有，非離始有名本有。離四句名本有始有二涅槃體也。地論師性淨涅槃有二種解：一云本有萬德，二云本無萬德。但是萬德體，故言萬德。

問：修成涅槃，假有萬德，正法涅槃，有萬德不？答：若有亦非，無亦非，四句皆非，故言無受名涅槃，五種不受，名五不受三昧。

問：地論師性淨涅槃，成論師本有涅槃，今日正法涅槃，有何異耶？答曰：地論師阿梨耶識，攝論師阿摩羅識，成論師成佛理顯現，名爲法身，定是有法故，以常爲經宗。今明中道爲佛性，中道有何隱顯？若以常爲經宗者，大論云："無常一邊，常爲一邊，非是常爲究竟。"純陀哀嘆，對生死苦無常，明佛果常樂。至後迦葉涅槃，非常非無常，非有非無，非因非果，今明四句百非洞遣爲涅槃體，常無常是用，諸法師但得其用，不識深體。

但解涅槃，不同外道三師，小乘二説，方等四計。檀提婆羅門計於此身即是涅槃，蓋明欲界爲涅槃。阿羅羅仙人計無想爲涅槃，此計色界爲涅槃。鬱頭蘭弗計非想爲涅槃。三外道以三有爲涅槃。小乘二師者，毗曇計無爲爲涅槃，是常，是善，本有，在煩惱外，斷煩惱起得得之屬於行者。成論明涅槃，但是無法。大乘四種：一明涅槃是妙有爲體，是世諦法；二云，以空爲涅槃，即是實相，名第一義諦;三云,涅槃非真非俗,出二諦外;四云,超出四句,方是涅槃。唯四師大明二義,成實明本有始有,地論師性淨方便淨,攝論師四種涅槃:一本性寂滅涅槃,二有餘,三無餘,四無住處涅槃。法身故,不住於生死;應化二身故,不住於涅槃。次用無我真理,又三無性理,名無住處涅槃。諸師同釋涅槃備於三德,謂法身、般若、解脫。所以三德爲涅槃者,略有四種義:生死與涅槃相對,生死有三障:謂煩惱、業、苦,對報障故名法身,對業障故辨解脫,對煩惱障説於般若。二者,欲顯如來三業自在,有法身故,身業自在,具般若故,口業自在,有解脫故,意業自在。三者,無境不照,名爲般若。無感不應,名法身。無累不盡,稱解脫。故三德爲宗。四者,爲對二乘三德不圓,有身智,解脫不足,解脫亦圓,則無身智,故名如來三德圓備。成論云:“佛果名妙有。”若爾,應是妙爲,若妙故非爲,亦妙故非有。彼云,有是法體,爲即是相,佛果是法體之有,已離生滅相故,非是有爲。並云,若涅槃離相故非爲者,亦應離始故非生。若始起故名生,亦始起故名爲。又並若有而非爲,亦應爲而非有。成論師云:有四種生死:流來生死,分段生死,八地已上變易生死,七地中間生死。攝論師云:有七種生死:三界分段爲三種,變易有四種。初二三地爲方便生死,四五六地爲因緣生死,七八九地爲有有生死,第十地名無有生死。夫人經言,有漏業因,四住爲緣,感分段生死。無漏業因,無明住地爲緣,感變易生死。今言方便生死,即是無明住地。因緣生死,即是無漏業。有有生死,即是生住二相。無有生死,即是滅相。若通而爲論,一一地皆具四種:地前三阿僧祇,地地三阿僧祇,三十三阿僧祇。今望經論無定。若言無量阿僧祇是小劫,言三十三阿僧祇是中劫,三阿僧祇劫成佛是大劫。有人言,從初發心斷五住煩惱,同粗同細,又言地前斷四住煩惱,又攝論師地前伏四住上心,初地已上,方斷種子。成論師明地前伏見諦,初地斷上品,二地斷中品,三地斷下品盡,四地斷修道上品,五地斷中品,六地斷下品盡,七地斷習氣,八地已上斷無明三品盡。今明十信伏見一處住地,十解伏欲愛住地,十行伏色愛住地,十迴向伏有愛住地,初地初心斷四住地盡,初地已上,斷十重無明。地持論云:"二障三處過,地前一向伏。初地至十地斷煩惱障盡。"從初地斷智障,至金剛心斷智障習氣,問:與他家何異耶? 答:他家生死在此,涅槃在彼,眾生在生死,佛在涅槃,今明生死即涅槃。故中論云:"若求如來性,即是眾生性;求涅槃性,即是世間性。"故經云:"明無明,愚者謂二,智者了達,其性無二。"若捨生死別取涅槃,是爲愚人不離生死,若知生死與涅槃無有差別,方得涅槃。他家前有煩惱,後起智慧,斷彼煩惱,內外大小乘,皆言有煩惱生,而今斷滅,即煩惱不滅。今求煩惱,本自不生,今亦無滅。若能如是知,前念爲無礙,後念爲解脫,故能斷惑。外人見煩惱不煩惱二,即同明無明,愚者謂二。今明煩惱不煩惱,本無二相,故能斷惑。問:何以得知地前爲分段? 初地已上爲變易耶? 答:涅槃云:"初地菩薩破二十五有,得金剛三昧。"法華論云:"初地以上,有無雙照,受變易身,若迴小入大聲聞,從初發心,受變易果報。"問:成論師云,一向無實行聲聞,此義爲理不耶? 彼言夫人經云,三乘初業,不愚於法故。答:此義不然。一切經論,皆有聲聞,法華經中,內秘菩薩行外現是聲聞者,權行聲聞故,權實二種聲聞,夫人經不愚於法者,是利根人,非是純根能爾也。

八倒第三。問:經明三修八倒,何等是三修比丘耶? 答:三修者,一常無常,二苦樂,三我無我。常者,凝然也。無常者,遷流。樂者,怡愈。苦者,逼惱。我者,性實。無我者,不自在通稱。修者,習義也。然此三種,相對合辨,名爲三修,離說即是六修,若具足而應是四修,離即八修。謂淨不淨,所以除淨不淨但明三修六修者，不淨觀是遠方便因中除不淨觀，故果中除淨觀。若對治八倒，應辨八修，因中苦無常無我不淨，果上取常樂我淨，故八修。有人言，六修皆是俗觀。又言，果上三修，一向俗觀。因中前三修是俗，無我是真。今明通皆是俗，皆是真。八倒者，前倒常樂我淨，外道時起四倒，謂常倒樂倒我倒淨倒，佛破四倒，故説無常苦無我不淨。比丘佛果上更起苦無常無我不淨，更起後四倒，謂無常倒苦倒無我倒不淨倒，前倒後倒合論，故有八倒。外道起生死計有常樂我淨，佛初説四諦，破四倒，説生死中但有苦無常無我不淨，無有常樂我淨。比丘聞此，非但生死苦無常無我不淨，佛果亦苦無常無我不淨，起後四倒，故涅槃云："但生死苦無常無我不淨，佛果是常樂我淨。"破其佛果苦無常無我不淨，故有八修八倒。若外凡夫起八倒者，是見諦煩惱。若學人起八倒者，是修道煩惱。若羅漢起八倒者，是界外煩惱。八倒體者，謂三倒是也，一心倒，二想倒，三見倒。謂一切心了別，是心倒。一切心想像，皆是想倒。一切心決了，名見倒。今所用也，生死中四倒，正迷生死無常苦，傍迷佛果常樂；果上四倒，正迷佛果常樂，傍迷生死無常苦。所以然者，計生死常，非但不識無常，亦不識常。計佛無常者，非但不識常，亦則不識無常。

　　問：若計常者，正迷無常，傍迷常法。計無常者，正迷常，傍迷無常者，得言解無常之解，即解常，解常之解，即解無常不？答：惑性浮漫，得言一惑兩迷，解性不漫，解無常解，不解常，解常之解，不解無常。起倒人者，外凡夫人，起前四倒，入內凡位，不復起之。後四倒者，入內凡位？乃至羅漢起之。智度論云："三倒生時，前起想心，後起見倒。"此從輕至重，斷時前斷見倒，後斷想心。四倒體者，婆沙云："以慧數爲體，前倒是凡夫，後倒是聖，合論具八倒也。"外謂無常見常爲倒，無常見無常不倒，今依中論，倒與不倒皆倒，前後八倒，前後八行皆倒，故十六倒。常，無常，亦常、亦無常，非常、非無常,四句皆倒。我樂淨皆四句,皆生死,十六倒。佛果上苦無常無我各四句,合十六倒,並合三十二倒。

問:前明斷伏,以何文證初地斷見諦與思惟? 答:十住論云:"初地斷見諦盡,又斷三界思惟。"問:以何文證初地以上斷十重無明? 答:相續解脫經云:"斷二十二愚,初地斷二愚,第十地斷二愚,金剛心斷二愚,合爲二十二無明。"攝論云:"斷十重無明,初地斷凡夫性無明。"問:何意初地斷凡夫性無明? 答:地前猶有習故,離二種我,未真證生法二空。初地以上,真證生法二空。凡夫性無明,開爲二:一者障一切法無明,二者潤三惡道無明。問:何爲人斷伏耶? 答:內凡夫伏惑,聖位斷也。有人言,十解六心爲外凡夫,七心以上名內凡夫。今明若就位退爲論,十信六信爲外凡夫,七信以上名內凡夫。若就發心爲論,未入十信名外凡夫,十信初心名內凡夫。

問:爲空智斷,爲有智斷? 答:經云:佛爲增上慢人,說斷煩惱,實不斷也。又經云:斷,何者是也? 若言有煩惱不能斷,無煩惱何所斷也? 若言斷者,爲見惑斷;若見惑斷者,即明闇並,云何斷煩惱? 若不見懸斷者,天竺燃燈,震旦闇皆破。如此推之,即畢竟不斷,如此了悟,即是斷也。有所得人,空解斷,有解不斷。今明有所得人,空有俱不斷,無所得,空有俱斷。自有中伏假斷,如求性有無不可得故,名非有非無,但伏性有無,猶未斷也。

次明假有假無,即性有無始斷,既識假有假無,知畢竟無有定性有無,故名假斷。次云假伏中斷者,對性有無,說假有假無,以伏性有無,故云假伏。悟假有不有,假無不無,爲中道。前性有無惑斷,故名假伏中斷,亦得假伏假斷,中伏中斷。如識假有無即性有無永斷,名爲假斷。自有識假有無,但伏性也。

問:金剛心斷惑盡耶? 答:開善云:"佛地斷惑盡",夫人經云:"佛智所斷,佛菩提智所斷。"今明金剛心斷惑盡。夫人經云:"斷者,解脱道,遮未來不生。"正是金剛心無礙道中斷。

問:得言地前爲無礙,初地爲解脱不? 答:開善云爾,今謂不然。初地自開爲無礙解脱。

問:金剛爲轉爲謝耶? 答:毗曇則謝,成實則轉。金剛若謝,別有佛果。云何般若變名薩婆若,轉金剛成者? 云何轉無常而後常? 今所明者,應有轉謝及不轉不謝。若了悟金剛本不生滅,卽金剛是佛,故不轉不謝。經云:"一切衆生,本來寂滅,不復更滅。"於妄謂之心,息生滅之見,故名爲謝。得了悟之者,爲生滅悟無生滅,故名爲轉。

(選自北京刻經處本大乘玄論)

三、二　諦　義(節選)

叡師中論序云:"百論治外以閑耶,斯文袪内以流滯,大智釋論之淵博,十二門觀之精詣,尋斯四論者,真若日月在懷,無不朗然鑒徹矣。"若通此四論,則佛法可明也。師云:"此四論雖復名部不同,統其大歸,竝爲申乎二諦,顯不二之道。"若了於二諦,四論則焕然可領; 若於二諦不了,四論則便不明。爲是因緣,須識二諦也。若解二諦,非但四論可明,亦衆經皆了。何以知然? 故論云:"諸佛常依二諦説法,既十方諸佛,常依二諦説法,故衆經莫出二諦。"衆經既不出二諦,二諦若明,故衆經皆了也。

……………………

借有以出無,借無以出有。借有以出無,住世諦破無見; 借無以出有,住第一義破有見。故説二諦破二見也。説二諦令悟不二者,如華嚴明一切有無法了達非有非無,此卽説有無悟非有非無。

説二悟不二,此卽理教義也。一切經論,凡有所説者,不出此三種也。然前説二諦令悟第一義諦,此二諦卽有得有失。諸法性空,顚倒謂有名諦,卽是失諦,諸賢聖眞知性空,卽是得諦。故此二諦有得有失也。次説二諦令離二見者,此二諦竝是失,何者?爲著有衆生説第一義,爲著空衆生説世諦,此有無竝是衆生所著,是故皆失也。次説二悟不二,此二諦竝得,何者?因二悟不二,二卽是理教,不二卽是教理;二卽中假,不二卽假中;二卽體用,不二卽用體,故此二諦是得也。次名前二諦凡諦聖諦,世諦是凡諦,性空卽聖諦。第二二諦,竝是凡諦。爲著有衆生説空,爲著空説有,借有破無,借無破有,此之有無竝是凡夫諦也。然復有聖諦義,何者?所借有無是病皆凡,能借有無竝藥皆聖也。第三二諦,二悟不二假中義,此二諦竝聖,何者?如中論云:"因緣所生法,我説卽是空,亦爲是假名,亦是中道義。"從來明此是三是義,一因緣卽是空,二是假,三是中。此之二諦,豈凡夫所知?唯聖能了,又非二聖所及,但菩薩境界也。問:何故就二諦説法?説二諦有何利益耶?解云,略出兩論文,一者中論四諦品云:"若人不能知分別於二諦,卽於深佛法,不知眞實義明。"若不解二諦,於深佛法不知眞實;若了二諦,於深佛法卽知眞實義,故知説二諦有大利益。二者十二門論觀性門云:"若人不知二諦,則不得自利他利共利。"若知二諦則得三利,此之二論互出耳。然此二益攝一切益盡。中論明知深佛法益,十二門明利衆生益,上求下化,不出二益也。

……………………

方廣道人,計一切法空,如龜毛、菟角無因果君臣父子忠孝之道。此人不識如來世諦,若不識世諦,此有何過?失世諦則失第一義諦。失第一義諦則不得涅槃。中論云:"若不因世諦,不得第一義,不得第一義,則不得涅槃。"故此人過失極大也。

……………………

前申破後迴破。前申破，住如來因緣世諦破空見，住如來因緣第一義破有見，帶申破。後迴破者，借有破無，借無破有，此有無並是衆生有無，皆須破洗，一無所留。借無破有，有去無亦除，故是迴破。此即説於二諦破衆生二見，故有大利益也。

……………………

空是有空，既其失有，是即失空，又且有即是空。中論云：“因緣所生法，我説即是空。”既即是空，失有即失空。空既然，有亦爾。

……………………

又利益者，離斷常二見。了世諦第一義諦，離常見；了第一義諦世諦，離斷見。離斷常二見，行於聖中道，見於佛性。若不了二諦，即不行中道，不見佛性。不見佛性，即無性佛等。若了二諦，即離斷常，行於中道，見佛性，即有性佛等。爲是故當知，識二諦有大利益也。

……………………

此三種二諦，竝是漸捨義，如從地架而起，何者？凡夫之人，謂諸法實録是有，不知無所有，是故諸佛，爲説諸法畢竟空無所有。言諸法有者，凡夫謂有，此是俗諦，此是凡諦。賢聖真知諸法性空，此是真諦，此是聖諦。令其從俗入真捨凡取聖，爲是義故，明初節二諦義也。次第二重，明有無爲世諦，不二爲真諦者，明有無是二邊，有是一邊，無是一邊，乃至常、無常、生死、涅槃，竝是二邊。以真、俗、生死、涅槃，是二邊故，所以爲世諦；非真、非俗、非生死、非涅槃，不二中道爲第一義諦也。次第三重，二與不二爲世諦，非二非不二爲第一義諦者，前明真、俗、生死、涅槃，二邊是偏，故爲世諦；非真、非俗、非生死、非涅槃，不二中道爲第一義，此亦是二邊，何者？二是偏，不二是中，偏是一邊，中是一邊，偏之於中，還是二邊，二邊故名世諦;非偏非中,乃是中道第一義諦也。**然諸佛説法,治衆生病,不出此意,爲是故明此三種二諦也。**

······················

次時明二諦廢立義。問:有無表不有無,悟不有無時,爲廢有無爲不廢耶? 次結二難,若悟不有無廢有無,如得月忘指者,不然。何者? 本了有無得不有無, 若廢有無即無有無, 無有無寧有不有無? 涅槃經云:"菩薩具二莊嚴,即能解知一種二種。"若言無一二者,是義不然。何以故? 若無一二, 云何得説無一無二, 要由一二得有無一二? 若爾, 要由有無得悟不有無, 何得廢耶? 若便不廢有無者亦不然,若不廢有無者,何得從來云得月忘指,會理忘筌耶? 師解云:"具有廢不廢義。"所言廢者,約謂情邊,即須廢之,何者? 明汝所見有者,竝顚倒所感,如瓶衣等,皆是衆生顚倒所感,妄想見有。故中論云:"若謂以現見而有生滅者,即爲是癡妄而見有生滅,**顚倒感得此眼,求此眼不可得,諸法亦不可得,特癡妄見有,是故須廢也。**"此則用空廢有,若更著空,亦復須廢,何者? 本由有故有空, 既無有, 何得有空? 故中論云:"若使無有有,云何當有無?"又云:"若有不空法,可有於空法? 不空法尚無, 何得有空法。"此之空有,皆是情謂,故皆須廢。乃至第三節,謂情言有,亦皆須廢,何者竝是謂情,皆須廢之也。

問:若此三種二諦皆廢,用何物爲二諦教耶? 解云:"約緣邊即是謂情,佛爲説邊即是教門,今明,此等皆謂情,皆須廢之也。何以故? 謂情所見,皆是虛妄,故廢之也。又非但廢妄,亦無有實。本有虛,故有實,既無虛,既無實,顯清净正道。此亦明法身,亦名正道,亦明實相也。然此已拔從來也。何者? 從來云,取相煩惱,感六道果報,此須廢。廢六道生死,得如來涅槃,今明有生死可有涅槃,既無生死,既無涅槃。無生死,無涅槃。生死涅槃,皆是虛妄。

非生死，非涅槃，乃名實相。一往對虛辨實，若無彼虛，卽無有實也。若就三重二諦義辨者，卽由來人廢立在初節二諦義中，何者？彼廢世諦立真諦，何者取相煩惱，感得六道果報名爲世諦，斷取相煩惱，六道果報謝，此卽廢世諦而有真諦之境。由真諦境生佛妙智，此卽廢世諦立真諦。今明，此之二諦，竝是謂情，皆悉須廢，何但初節二諦須廢，乃至第三重皆須廢。何以故？此皆謂情，故須廢之也。此卽一往廢三，不廢不三也。

　　次就三種二諦中論廢不廢，明無方便三卽廢，有方便三卽不廢。無方便三廢者，明此三倒謂有三，實無此三，是故須廢。如陽炎謂是水實無水也，然亦無有廢。何者？有水可廢，既無水，何所廢？而言廢者，約彼謂有故言廢也。有方便三不廢者，卽不壞假名，說諸法實相，不動等覺，建立諸法。既云不壞假名說諸法實相，豈當得不二廢二？若得不二廢二，卽壞假名說諸法實相，動等覺建立諸法，唯假名卽實相，豈須廢之？如中論云："是假卽中。"廢假名卽廢中。既不廢中，豈當廢假？斯卽空有有空，二不二，不二二，橫竪無礙。故肇師云："欲言其有，有非真生，欲言其無，事像既形。"又云："譬如幻化人，非無幻化人。幻化人非真人也。"此唯幻化人非人，非人不無幻化人。幻化人非人，非人人。諸法亦爾，故不廢也。此就有方便無方便，因緣不因緣，論廢不廢如此。

（以上選自卷上）

　　隨名釋者，如俗以浮虛爲義，又俗以風俗爲義，然此具出內外故。律有國土毘尼，隨國土處所，風俗不同也。禮記云："君子行禮不求變俗。"故風俗爲義也，從來唯得前釋，無有後解也。

　　　　⋯⋯⋯⋯⋯⋯⋯⋯⋯

　　真俗義，何者？俗非真則不俗，真非俗則不真。非真則不俗。俗不礙真，真不礙俗。俗不礙真，俗以爲真義，真不礙俗，真以爲俗義也。

·················

六道本性清净，無所有。於衆生故，無所有，如是有也。論釋亦爾，諸法本性空，世間顛倒謂有，名之爲諦。亦六道本無所有，於衆生有六道也。既云於衆生有六道，即知不六道。佛説此於名不無所以，説此令衆生悟道。何者？既云於六，即知不六也。如人可憐，實不可憐，而言可憐者，於此可憐，既知於可憐，即悟不可憐。諸法亦爾，於有即悟不有也。

（以上選自卷中）

然二諦體亦爲難解，爰古至今凡有十四家解釋，若一一詳其得失，約經論簡其邪正者，則大經時序，今略出當路三家解，試而論之。大師常出三家明二諦體義，第一家明二諦一體，第二家明二諦異體，第三家明二諦以中道爲體。就明二諦一體家復有三説：一云真諦爲體，二云俗諦爲體，三云二諦互指爲體。第一真諦爲體者有二義，一者明空爲理本，明一切法皆以爲空本，有非是本，爲是故，以真諦爲體也；二者有爲俗諦，折俗本爲悟真故，真爲體也。言俗爲體者，要由折俗故得真，若不折俗則不得真，良由前折俗故得真，所以俗爲體也。第三家説互指爲體云，前兩家竝僻，今明具二義，明空爲有本故，真爲俗體，俗爲真用，折俗得真故，俗爲真體，真爲俗用，二諦互爲體，真俗互爲用也，此即是開善門宗有此三釋。開善本以真爲體，餘兩釋支流也。第二家明二諦異體，三假爲俗諦體，四忘爲真諦體；名相爲俗諦體，無名相爲真諦體故，二諦體異也。第三明中道爲二諦體者，還是開善法師，用中道爲二諦體，彼明二即於不二故。彼序云："二而不二，二諦即中道；不二而二，中道即二諦。故以中道爲二諦體。"

·················

俗不定俗，俗名真俗。真不定真，真名俗真。真俗假俗，俗真假真。假俗則百是不能是，百非不能非，假真亦爾。何者？假俗則是是不能是，百是亦不是，非非不能非？百非亦不非。假真卽非是不能是，百是亦不是，是非不能非，百非亦不非。

（以上選自卷下）

（選自日本大正大藏經卷四五）

〔附〕 吉 藏 傳

釋吉藏，俗姓安，本安息人也。祖世避仇移居南海，因遂家於交廣之間，後遷金陵而生藏焉。年在孩童，父引之見於真諦，仍乞詺之。諦問其所懷，可爲吉藏，因遂名也。

歷世奉佛門無兩事，父後出家，名爲道諒。精勤自拔，苦節少倫，乞食聽法，以爲常業。每日持鉢將還，跣足入塔，遍獻佛像，然後分施，方始進之。乃至涕唾便利，皆先以手承取，施應食衆生，然後遠棄，其篤謹之行初無中失。諒恒將藏聽興皇寺道朗法師講，隨聞領解，悟若天真。年至七歲投朗出家。採涉玄猷日新幽致，凡所諮稟妙達指歸，論難所標獨高倫次，詞吐贍逸弘裕多奇。至年十九處衆覆述，精辯逢遊，酬接時彥綽有餘美，進譽揚邑有光學衆。

具戒之後聲聞轉高，陳桂陽王欽其風采，吐納義旨欽味奉之。隋定百越，遂東遊秦望，止泊嘉祥如常敷引。禹穴成市，問道千餘。志在傳燈，法輪相繼。開皇末歲煬帝晉蕃置四道場，國司供給，釋李兩部各盡搜揚，以藏名解著功，召入慧日，禮事豐華優賞倫異。王又於京師置日嚴寺，別教延藏往彼居之，欲使道振中原行高帝壤。

既初登京輦道俗雲奔，見其狀則傲岸出羣，聽其言則鐘鼓雷動。藏乃遊諸名肆，薄示言蹤，皆掩口杜辭尠能其對。然京師欣尚妙重法華，乃因其利即而開剖。

時有曇獻禪師，禪門鉦鼓，樹業光明道俗陳迹，創首屈請敷演會宗。七衆聞風造者萬計，隘溢堂宇外流四面，乃露縵廣筵猶自繁擁，豪族貴遊皆傾其金貝，清信道侶俱慕其芳風。藏法化不窮財施填積，隨散建諸福田，用既有餘，乃充十無盡。藏委付曇獻資於悲敬，逮仁壽中年，曲池大像舉高百尺，繕修乃久身猶未成，仍就而居之，誓當搆立，抽捨六物并托四緣，旬日之間施物連續，即用莊嚴峙然高映，故藏之福力能動物心，凡有所營無非成就。

隋齊王暕夙奉音猷，一見欣至而未知其神府也，乃屈臨第并延論士，京輦英彦相從前後六十餘人，並已陷折前鋒，令名自著者，皆來總集。藏爲論主，命章陳曰："以有怯之心，登無畏之座，用木訥之口，釋解頤之談。"如此數百句。王顧學士傅德充曰："曾未近鋒御寇，止如向述恐罕追斯蹤。"充曰："動言成論，驗之今日。"王及僚友同歎稱美。時沙門僧粲，自號三國論師，雄辯河傾吐言折角，最先徵問，往還四十餘番。藏對引飛激注瞻滔然，兼之間施禮貌詞彩鋪發，合席變情赧然而退，於是芳譽更舉頓爽由來。王謂未得盡言，更延兩日，探取義科重令豎對，皆莫之抗也。王稽首禮謝永歸師傅，并瞡吉祥塵尾及諸衣物。晚以大業初歲，寫兩千部法華。隋曆告終，造二十五尊像，捨房安置，自處卑室，昏曉相仍竭誠禮懺。又別置普賢菩薩像，帳設如前，躬對坐禪，觀實相理，鎮累年紀不替於終。

及大唐義舉，初屆京師，武皇親召釋宗，謁於虔化門下。衆以藏機悟有聞，乃推而敍，對曰："惟四民塗炭，乘時拯溺，道俗慶賴，仰澤穹旻。"武皇欣然，勞問勤勤，不覺影移語久，別敕優矜，更殊恒禮。

武德之初，僧過繁結，置十大德。綱維法務，宛從初議，居其一焉。實際定水欽仰道宗，兩寺連請延而住止，遂通受雙願，兩以居之。

齊王元吉,久揖風猷親承師範,又屈住延興, 異供交獻。藏任物而赴,不滯行藏,年氣漸衰,屢增疾苦。敕賜良藥,中使相尋。自揣勢極難瘳,懸露非久,乃遺表於帝曰:"藏年高病積,德薄人微,曲蒙神散尋得除愈,但風氣暴增,命在旦夕,悲戀之至,遺表奉辭。伏願久住世間, 緝寧家國,慈濟四生,興隆三寶。"儲后諸王並具遺啟累以大法。至於清旦索湯沐浴,著新净衣,侍者燒香,令稱佛號,藏跏坐儼思如有喜色,齋時將及,奄然而化。春秋七十有五,卽武德六年五月也。遺命露骸,而色愈鮮白。有敕慰贈,令於南山覓龕安置,東官已下諸王公等,並致書慰問,並贈錢帛。

今上初爲秦王偏所崇禮,乃通慰曰:"諸行無常,藏法師道濟三乘,名高十地,惟懷弘於般若,辯囿包於解脫,方當樹德淨土,闡教禪林,豈意湛露晞晨業風飄世,長辭奈苑遽掩松門,兼以情切緒言見存遺旨,迹留人往彌用悽傷。"乃送於南山至相寺,時屬炎熱坐於繩牀,屍不擢臭,跏趺不散。弟子慧朗樹續風聲,收其餘骨,鑿石瘞於北巖,就而碑德。

初藏年位息慈英名馳譽,冠成之後榮扇逾遠。貌像西楚,言實東華。含嚼珠玉變態天挺,剖斷飛流殆非積學,對唔帝王,神理增其恒習,決滯疑議,聽衆忘其久疲。然而愛狎風流,不拘檢約,貞素之識或所譏焉。加又縱達論宗頗懷簡略,御衆之德非其所長。在昔陳隋廢興,江陰陵亂,道俗波迸,各棄城邑,乃率其所屬往諸寺中, 但是文疏並皆收聚,置於三間堂內。及平定後方洮簡之,故目學之長勿過於藏。注引弘廣咸由此焉。講三論一百餘遍,法華三十餘遍,大品智論華嚴維摩等各數十遍,並著玄疏盛流於世。及將終日,製死不怖論,落筆而卒。詞云:"略舉十門以爲自慰,夫含齒戴髮,無不愛生而畏死者,不體之故也。夫死由生來,宜畏於生,吾若不生，何由有死？見其初生，卽知終死。宜應泣生，不應怖死。"
文多不載。

（選自金陵刻經處本唐道宣續高僧傳卷一三）